本著作得到国家社科基金重大项目（11&ZD171）课题组支持，同时受到湖南省"十二五"重点学科公共管理学科、湖南省第三批高校科技创新团队资助，特别致谢！

公共服务视野下的
动物防疫法治

Rule of Law on Animal Epidemic
Prevention under
the Perspective of Public Service

李燕凌　贺林波◎著

人民出版社

序

在人类进化发展的历程中,动物起到了重要的作用,动物与人类和谐共处,朝夕相伴。先人们很早就认识到,人类与动物的密切接触可能是影响人体健康的重要原因之一。中国在春秋时期就有了关于狂犬病等传染病的记载;殷墟出土的文物中有中国最早的关于人畜寄生虫病的记载;东汉张仲景在《金匮要略》中记载:"六畜自死,皆疫死,则有毒,不可食之"。西方国家在很早就发现,病原体侵入人体和动物,定居并繁殖,造成感染和破坏组织,并在人与动物间传播,是历史上大规模传染病爆发流行的重要原因之一。

毋庸置疑,动物防疫对防止动物疫病跨地区传播有非常重要的作用。中国在秦朝时期就设置了动物疫病边检机构,防止其他地区的动物疫病传入,但是直到近代,动物疫病与人体健康的关系才引起人们的足够重视,人类才开始建立现代化的动物防疫制度。在民国时期,由于养殖规模的持续扩大以及动物、动物产品国际贸易的增加,中国被传入大量的外来动物疫病,造成了巨大的经济损失,影响了中国民众的身体健康。新中国成立之后,政府从三个方面建构和完善了中国的动物防疫体系。首先,建立了动物疫病防检机构和体系。国家成立了兽医行政机构和兽医事业机构。1949年中央人民政府设农业部,内设畜牧兽医司,司内设兽医处。1954年起国务院设农业部,内设畜牧局,局内设畜禽疫病防治处、动物检疫处、药政药械管理处。1981年成立中华人民共和国动物检疫总所。1982年成立全国畜牧兽医总站。其次,重大动物疫病防控成绩显著。从1949年至1990年,我国共研制成功各种安全、稳定、效力良好的动物疫(菌)苗85种,其中弱毒疫(菌)苗60种,灭活苗25种。我国研制成功的猪瘟、牛瘟、猪喘气病、家畜口蹄疫等疫苗达到世界先进水平,我国的猪瘟苗已被世界几十个国家应用,被世界公认为最优秀疫苗。全国已查明的畜禽传染病共有200多种,并已掌握了各种动物主要疫病的分布状况、流行规律和危害程度。目前我国重大动物疫病的发病区域逐年减小,死亡率大幅度下降,长期危害畜禽健康的动物重大疫病得到了控制。最后,动物防疫工作逐渐走上了法治化的轨道。新中国成立以来,党和政府十分重视动物疫病防检的法制建设,陆续颁布了一系列专门的法律法规,使动物重大疫病的防、检、治工作走上了有法可依和以法治疫的轨道。1959 年 11 月 1 日由农业部、卫生部、对外贸易部、商业部联合颁发《肉品卫生检验试行规程》;1985 年 2 月 14日国务院发布《家畜家禽防疫条例》,于同年 7 月 1 日起施行;1987 年 5 月 21日国务院发布《兽药管理条例》,于 1988 年 1 月 1 日起施行;1991 年 10 月 30日全国人大通过《中华人民共和国进出境动物植物检疫法》,于 1992 年 4 月 1日起施行;1997 年 7 月 3 日全国人大通过《中华人民共和国动物防疫法》,于1998 年 1 月 1 日起施行;2007 年 8 月 30 日《中华人民共和国动物防疫法》由第十届全国人民代表大会常务委员会修订通过,自 2008 年 1 月 1 日起施行;农业部相继发布了几十部围绕动物防疫检疫的法律法规及其配套规章,各省(自治区、直辖市)人民政府也相继发布动物防疫条例、实施办法(或实施细则)。

随着中国经济快速发展,动物养殖模式或方式也发生较大变化,由家庭散养为主向"规模化、产业化养殖为主,家庭散养为辅"的模式转变,人类经济活动对生态环境造成的巨大破坏也是令人震惊的。生态环境的变化使动物疫病变异的可能性更大、更不可预测,而动物养殖模式的转变又为动物疫病跨地区大规模流行提供了条件。有科学家证实,2003 年的 SRAS 病毒的天然宿主是中华菊花蝠,中间宿主是果子狸。正是通过人类与果子狸的密切接触,造成了SARS 在人际间的爆发流行。自 2005 年以来,中国内地几乎每年都会爆发高致病性禽流感,其中 H3、H5、H7 可以在人畜间传播流行。重大动物疫病反复爆发流行,严重威胁人类的身体健康和动物养殖业的生产安全。

在全面深化市场经济体制改革的今天,站在生态文明建设的高度,着眼于建设科学的国家治理体系与治理能力现代化,我们加强动物防疫法治与动物防控公共服务能力建设并举,便成为当然的历史使命。就形式法治原则而言,作为公共服务的动物防疫遵循的制度,应当具有普遍性、一般性、不自相矛盾性等特征;就实质法治而言,作为公共服务的动物防疫,政府主管部门的行政权力必须受到法律严格的控制,公民的相关基本权利必须受到法律的严格保护。就公共服务与法治的关系而言，法治原则是动物防疫工作的底线，而公共服务则是动物防疫工作的上线，是动物防疫工作必须持续努力改善的目标。

　　基于这种基本理念，李燕凌、贺林波两位作者在他们所著的《公共服务视野下的动物防疫法治》新作中，全面阐述了动物防疫、公共服务与法治的基本范畴和基本关系，分析了作为公共服务的动物防疫的政府角色、功能和行政，研究了动物防疫工作与法治原则可能存在的冲突，以及给法治原则可能带来的挑战，从生态文明与治理能力现代化两个视角研究了动物防疫法治应当遵循的基本原则。该著从动物疫情公共危机演化机理出发，分三个部分讨论、解析或批判了中国现行的动物防疫法律法规，并结合中国近年来动物疫情爆发案例分析提出了相关的修改建议。特别值得肯定的是，李燕凌、贺林波两位作者，根据他们正在承担的国家社科基金重大项目"突发性动物疫情公共危机演化机理及应急公共政策研究"的阶段性成果，以加强重大动物疫情公共危机防控政府绩效管理为动力，以建构重大动物疫情公共危机管理区域协调机制为手段，以促进公民参与动物防疫治理和推进国家治理能力现代化为目标，提出了一系列完善中国动物防疫法治工作的政策建议，问题研究立意高、导向明，具体措施接地气、有实效。

　　十多年来，我一直对中国环境保护能力建设、中国区域协调机制、政府职能优化、公共危机管理中的公共政策等有浓厚的研究兴趣。李燕凌教授是我近年来新结识的好朋友，他主持承担国家社会科学基金重大项目，倾力于重大动物疫情防控公共政策及法治研究颇有收获。他们在研究过程中，有感于与我的一些前期研究成果产生共鸣，盛情邀约我为这本书作序。诚意难却，欣然命笔，一方面对朋友新著佳作欣然祝贺，另一方面也对中国的动物防疫法治、国家治理能力现代化建设倾注期望，是为序！

北京大学政府管理学院党委书记

教授，博士生导师

2014 年 7 月 18 日于燕园

目　　录

第三部分　治　理

第一部分

理　　念

　　动物防疫是一项既古老又现代的活动。从人类开始学会驯化并饲养动物作为食物中蛋白质的主要来源以来，人类的健康就开始受动物疫病的影响，只是在人类社会的早期，受科技水平的限制，人们还没有认识到两者之间的因果关系。自近现代以来，随着社会分工的专业化和细化，动物养殖也逐渐演化为一个独立的行业，并伴随着现代化的进程而逐步实现了工业化。工业化的动物养殖给动物疫病的变异和传播带来了有利条件，给社会整体福利带来负面影响的机率也逐步增加，而且随着科技的进步，人们也逐渐认识到动物疫病存在着人畜共患的可能性，这加剧了动物养殖可能演化为严重公共危机的程度。在市场经济条件下，动物防疫一般由动物养殖者或所有人实施自治，然而，随着动物疫病变异和传播可能性的加大，动物防疫自治所带来的负外部性使其逐步演化成一项必须要由政府来提供的公共服务。众所周知，在法治社会中，政府必须坚持"法无明文授权不得为"的基本原则，然而，动物防疫的公共服务与政府提供的常规公共服务存在诸多差异，政府如果依据上述原则提供动物防疫的公共服务，就可能达不到良好的社会效果。毫无疑问，在法治社会中，我们既要坚持政府管理社会的任何行为都应当受到法律的治理，又要坚持政府管理社会的行为能够最大程度地实现或保障社会公共利益,动物防疫相对于常规社会治理而言,其最大的特征在于,它使法治社会对政府的上述两个要求处于相互矛盾的状态之中。为了解决这个问题,我们必须要对动物防疫法治的问题进行全面的梳理,分析动物防疫法治的基本范畴,在动物防疫法治的历史中寻找经验,辨明动物防疫法治中存在的挑战与冲突,理清动物防疫法治的脉络,确立动物防疫法治的基本原则。

第一章　动物防疫法治:范畴、沿革与展望

在这一章,我们将仔细辨别与动物防疫法治相关的若干范畴,主要包括动物防疫、社会自治、公共危机、公共服务和法治等,为动物防疫法治的研究奠定基础;在此前提下,我们将讨论动物防疫法治的源起、发展与现状,分析动物防疫法治在现阶段存在的理论与实践问题,分析改进动物防疫法治的必要性和可能性,展望动物防疫法治的可能发展方向。

第一节　动物防疫法治的基本范畴

一、动物防疫

根据《中华人民共和国动物防疫法》第三条的规定,动物防疫是指"动物疫病的预防、控制、扑灭和动物、动物产品的检疫"。在这个定义中,动物疫病和动物是两个理解动物防疫范畴的关键概念,还需要进一步明确其含义。动物可以分为驯养动物和野生动物,野生动物与人存在密切接触的可能性比较小,基本上可以排除在动物防疫的范畴之外。驯养动物根据驯养的目的不同可以区分食用动物(家畜家禽)、实验动物、观赏动物、演艺动物、伴侣动物和水生动物以及其他人工驯养的野生动物等。这些驯养动物由于需要实现人驯养的特定目的,因而与人保持着较为密切的接触或联系,一旦爆发动物疫病,就不仅很容易在驯养动物之间进行传播扩散,在特殊情形下也容易感染人类(比如人畜共患型动物疫病)。因此,我们可以基本上确认,动物防疫范畴中的动物应当主要是指驯养动物的防疫。

然而,在某些情形下,与驯养动物不存在密切接触或联系的人也存在感染

动物疫病的可能性,因为人们虽然不与驯养动物进行密切接触或保持联系,但是却可能食用或使用动物产品,利用动物的繁殖材料对动物进行繁殖。由此可见,为了使动物防疫更有成效,必须扩大动物概念的含义,对"动物"做扩张性解释,将动物产品纳入到动物的定义之中。根据人类驯养动物并使用动物产品的社会实践,一般可以将动物产品区分为两种最基本的类型,其一是供人类食用和使用的动物产品,包括但不限于动物的肉、生皮、原毛、绒、脏器、脂、血液、骨、蹄、头、角、筋以及可能传播动物疫病的奶和蛋等。除此之外,还可以根据动物疫病传播的实际情况,实时将其他迄今为止还未发现但有可能传播动物疫病的动物产品纳入到动物产品的范围之内;其二是动物繁殖材料,包括但不限于动物的精液、卵和胚胎等。除此之外,还可以根据动物疫病传播的实际情况,实时将其他迄今为止还未发现但有可能传播动物疫病的动物繁殖材料纳入到动物繁殖材料的范畴之内。

除了动物的定义之外,为了明确动物防疫的范畴,还需要对动物疫病这一概念进行更为明确的定义。从动物医学的角度而言,动物疫病可以根据不同的标准进行分类,但是从动物防疫必要性的角度而言,动物疫病一般可以区分为可传播性动物疫病和非传播性动物疫病。非传播性动物疫病是指动物所感染的疫病不会在动物间也不会在动物与人之间进行传播扩散的动物疫病。非传播性动物疫病由于不会在动物之间也不会在动物与人之间进行传播,其感染的疫病仅影响被感染的动物,不会对其他驯养动物和人类构成威胁,只会对动物养殖者或所有人的财产构成威胁,不会成为一个影响公共卫生安全的问题,只会成为一个影响动物养殖者或所有人财产损失的问题,因此没有必要对此类型的动物疫病采取防疫措施,这种动物疫病的预防与治疗交由动物养殖者或所有人自负其责是最佳的处理方式。传播性的动物疫病根据传播的病原体不同,还可以进一步区分为动物传染病和动物寄生虫病,动物传染病是指病原体侵入动物体内,使动物产生并能够互相传染、造成流行的疾病,比如口蹄疫、高致病性禽流感、狂犬病、猪链球菌病和高致病性猪蓝耳病等;动物寄生虫病是指由寄生虫寄生在动物体内而引起的疫病,比如猪囊虫病和血吸虫病等。这些疫病不仅有可能在驯养动物之间进行传播,而且还有可能在人与动物之间进行传播扩散,产生严重的社会问题。这些疫病的预防与控制是不能完全依赖动物养殖者或所有人的,政府必须采取相应的防疫措施,提供有效的防疫服务,否则这些动物疫病可能就会失去控制,给人类社会造成难以估量的损失。

当然,还需要引起注意的是,可传播性动物疫病根据其容易感染的程度和可能带来的危害程度的不同,还可以进一步区分为不同层次的可传播性动物疫病。这种区分无疑是必要的,因为政府所采取的动物防疫措施或提供的动物防疫服务,没有必要对所有的可传播性动物疫病达到相同的严格程度或相同的服务标准。根据《中华人民共和国动物防疫法》第四条的规定,动物疫病分为以下三类:"(一)一类疫病,是指对人与动物危害严重,需要采取紧密、严厉的预防、控制、扑灭措施的;(二)二类疫病,是指可能造成重大经济损失,需要采取严格控制、扑灭等措施,防止扩散的;(三)三类疫病,是指常见多发、可能造成重大经济损失,需要控制和净化的。"一般情况下,一类动物疫病对人与动物危害严重,不仅会对整个养殖行业造成毁灭性的打击,而且还有可能严重威胁到人体的健康。对于这类动物疫病,无疑应当采取最为严厉的动物防疫措施或者提供标准最高的动物防疫服务;二类动物疫病主要是指可能造成重大经济损失,不会对人体健康产生影响或威胁,也就是说,这类动物疫病只可能威胁到整个养殖行业,使整个行业产生较大经济损失。对于这类动物疫病,需要采取的动物防疫措施或提供的动物防疫服务,相对于第一类而言,标准要低一些;三类动物疫病主要是指可能造成重大经济损失,但是常见多发,相对而言比较容易控制。对于这类动物疫病,只需要采取控制和净化的动物防疫措施,或者提供相应标准的动物防疫服务即可。

在明确了动物及动物疫病的具体范围之后,我们可以对动物防疫的范畴进行进一步的解读。根据动物疫病发病传播的一般规律,动物防疫工作至少可以区分为三个不同的阶段,即预防阶段、应急阶段和善后阶段。在动物防疫的预防阶段,政府要进行有针对性的科技研发工作,研究能够快速有效发现动物疫病的检测手段,研究能够对动物疫病进行有效预防的疫苗;政府要提供动物及动物产品的检疫设施,安排检疫人员,投入检疫资金,为快速发现和确定动物疫病确定人、财、物的基础;政府应当要求或主动安排防疫人员对驯养动物进行强制性免疫,以彻底消灭某些已知类型的动物疫病的传播流行。在应急阶段,政府要采取合理的防疫措施或提供适当的防疫服务,对易感动物或人群进行紧急免疫,对染疫地区进行封锁、控制、净化和消毒,对染疫动物及动物产品进行强制性扑杀和无害化处理,对已经感染动物疫病的人员进行隔离治疗,并做好相关人员的安抚工作,加强应急信息的宣传,注重与社会公众的沟通,及时处理打击社会谣言等。在善后阶段,政府应当及时发放防疫补贴,帮助快速恢复生产,对应急阶段紧急扑杀的动物进行补偿,对已经感染动物疫病的人群做好后续治疗工作,总结动物防疫工作的经验,做好动物防疫的信息反馈工作等。当然,需要引起注意的是,我们在此讨论的动物防疫,并非仅指政府的动物防疫措施或工作。在动物防疫的过程中,除了政府要发挥主要和引导作用之外,动物养殖者或所有人以及其他相关社会群体也是动物防疫工作的主体,也就是说,动物防疫并非仅仅是政府的一项管理工作,而且也是一种以政府为主导的多主体共同参与的社会治理工作。

二、公共危机

公共危机是一个多义词,与紧急事件、紧急情况、危机事件、突发事件等概念的含义相当接近,在英语中一般使用"Public Crisis"或"Public Emergency"。在《中华人民共和国突发事件应对法》中使用的是"突发事件",从内容上来看,与公共危机同义。该法第三条第一款规定:"本法所称突发事件,是指突然发生,造成或者可能造成严重社会危害,需要采取应急处置措施予以应对的自然灾害、事故灾难、公共卫生事件和社会安全事件。"从这个定义中,可以确定公共危机这个范畴一般应当具有以下几个特征:

首先,公共危机的发生一般具有突发性。这个特征强调公共危机的不可预料性或者难以预料性。公共危机明显与人类的认知能力相关,随着人类科技水平的提高,许多原来被视为公共危机的,可能不再是公共危机,因为人类的科技水平已经能够预测其发生。然而,即使如此,还是有许多事件人类无法完全做出精确的预测,或者某些事件人类只能做出大致的预测,比如气象预报、汛期预警、地震监测等,人类只能大致预测其发生的时间、地点和规模,对于具体的时间、地点和规模,以及可能带来的损害等,还是无法精确预测,也就是说,还是具有一定的突发性。更为重要的是,随着人类社会影响自然环境的程度和规模越来越大,许多事件的发生可能会完全超出人类的预测能力之外,比如2003年的SARS,就在世界各国没有任何预警的情况下大规模爆发流行了。对于此类事件,可以说是公共危机突发性特征最直观的表现。

其次,公共危机一般具有不确定性。公共危机的不确定性主要是指公共危机的发生、发展与消亡的规律不为人所知或者人类无法完全理解。哲学上的必然与偶然范畴可以解释这种特性。从哲学上而言,可知论者一般假设世界是可知的,因为世界是以规律的方式存在的,也即是世界是以必然性的方式存在的,世界上之所以会出现偶然性事件,是因为人类还无法完全认识世界的必然性,这时世界就在人类面前表现出不确定性;而不可知论者认为世界的存在状态是神秘的,即使人类已经认识到的规律性,也不是必然的,而仅仅是特定条件下的必然性,一旦条件改变,这种必然性就会消失。无论哲学上的假设如何,人类社会发展的历史表明,自然与社会中存在许多人类无法预测、无法控制的事件,尽管随着人类认知能力的提高,某些不可预测、不可控制的事件变得可预测和可控制,但是又会出现新的不可预测与不可控制的事件,这些事件如果有可能造成严重影响,就会演变为公共危机。

再次,公共危机一般具有严重性和公共性。尽管人类不可预测和不可控制的事件非常多,但是并非每个不可预测和不可控制的事件都会演变成公共危机,只有那些非常严重的不可预测和不可控制的事件,而且是具有公共性的事件才有可能演变成公共危机。在此,严重性与公共性实际上是一个问题的两个方面。如果不可预测和不可控制的事件仅仅影响到社会个体的利益,比如某个人患上了绝症,尽管这对患病的人而言是毁灭性的,但是由于只涉及其个人利益,而不会演化为公共危机。如果不可预测和不可控制的事件影响到了社会公共利益,就可能影响社会结构的稳定性,使社会结构解体,人类之间相互合作的条件或机制就可能会被打破,人类可能会重新进入相互之间剧烈冲突的状态,这对整个社会而言无疑是非常严重的。

最后,公共危机一般具有时间紧迫性。某个事件具有突发性、不确定性、严重性和公共性,还不一定就是公共危机,因为如果该事件本身的发展并不紧急,人类就可以在全面理解该事件的发生发展规律之后再采取应对措施,这种事件就可能不会演变成公共危机。只有在这种事件的发展十分迅速,在短时间内能够快速发展并酿成严重后果,人类必须在很短的时间内采取应对措施才能最大限度地消除不利影响的事件,才有可能是公共危机。

根据《中华人民共和国突发事件应对法》第三条的规定,公共危机一般可以区分为四种不同类型,即自然灾害、事故灾难、公共卫生事件和社会安全事件。自然灾害一般是指由于自然因素所引发的公共危机（诱发自然灾害的原因并非绝对是自然原因，特殊情况下人为因素也可能引发自然灾害，比如在防火区附近丢弃烟头有可能导致森林火灾）；事故灾难在诱因上多具有人为因素或者是人为因素与自然因素相结合的特征，人为因素一般表现为行为人在主观状态上存在过错；公共卫生事件是指"突然发生、造成或者可能造成社会公众健康严重损害的重大传染病疫情、群体性不明原因疾病、重大食物和职业中毒以及其他严重影响公众健康的事件"；社会安全事件主要包括恐怖袭击事件、经济安全事件和涉外突发事件等。社会安全事件的诱因是人为因素，而且造成事件发生的人为因素在主观上多出于故意。

动物疫情只在特定情形下才可能演化为公共危机，而且只可能演化为公共卫生危机。根据前述，动物疫病可以区分为三个等级，其中仅有第一个等级可能会对人体健康产生严重影响，其余两个等级只可能对养殖行业产生经济利益上的重大影响。因此，只有在出现人畜共患类型的动物疫病时，并且这种疫病的发生、发展和消亡具有不可预测和不可控制的特性时，动物疫情才可能成为公共卫生危机事件。对于其他类型的动物疫情，尽管可能会对养殖行业和消费者的消费产生不利影响，但是却还没有达到形成公共危机的程度。因此，在动物防疫的过程中，我们必须要注意区分动物疫情的不同类型，根据不同的法治原则，采取不同的治理手段或措施。

三、公共服务

公共服务（Public Service）是一个含义非常丰富的范畴，从最一般的意义上而言，凡是社会自治所不能解决问题的领域都需要公共组织（包括政府和非政府组织）来提供相应的服务，这些服务都可以称为公共服务。然而，即使如此，根据社会公众对服务的需求程度不同，还是可以将公共服务区分为两种基本类型，一种是间接公共服务，另一种是直接公共服务。所谓间接公共服务是指维护社会安全、市场经济秩序和宏观经济稳定的公共服务。这些公共服务是政府的基本职能，是政府存在的主要目的之一，即使是古典自由主义者，比如亚当·斯密，都会在部分程度上认同这种公共服务的必要性。按照社会契约论的观点，比如洛克，在政府出现之前，社会处于完全自治的状态，然而这种自治有许多解决不了的问题，人与人之间的依靠"丛林法则"保持生存就是其中最重要的一个问题,为此人们需要组建政府,由政府来保障社会安全,使人们脱离"丛林法则"的控制。因此,社会安全可以说是间接公共服务中最为基本的一个,亚当·斯密曾经将这种类型的国家称为"警察国家",意思是政府只需要提供保障社会安全的服务即可。当然,一个国家仅仅依靠警察明显是不行的,因为即使在完全的市场经济中,当事人对达成的自愿协议有可能存在着违约的道德风险,还可能存在着理解不一致而发生争议的情形,为了化解纠纷,国家还需要提供维护市场经济秩序的"司法服务",这种类型的国家被称为"法官国家"。对于市场经济的自发性所导致的后果,尽管古典自由主义者认为是市场正常波动的表现,然而20世纪二三十年代世界经济大危机使人们不再相信这种观点,人们认为市场经济并不能完美地调整市场秩序,存在着"市场失灵"的情形,社会需要政府提供宏观经济调控的服务,需要政府采取货币和财政等宏观调控手段,来帮助市场恢复有效率的秩序状态。上述三类公共服务之所以为间接公共服务,并不是意指这种公共服务不重要,而是意指这种类型的公共服务是社会中任何人都需要的,否则社会就可能会解体,但是这种需要又不是直接满足人们日常生活的,如果不发生纠纷的话,许多人可能基本不会需要这些公共服务。

直接公共服务是指能够满足人们直接生活需要的公共服务,比如满足人们衣食住行、教育、医疗和工作等直接生活需要的公共服务。这些类型的公共服务在古典自由主义者看来,是完全没有必要的,政府的职能不应当扩张到这些领域。在他们看来,人们社会生活的直接需要,都应当要通过自己的努力去争取和满足,而不应当依赖政府,因为这对于不需要依赖政府的人而言,是不公平的,因为政府需要向全社会征税才能提供这种类型的公共服务,对许多缴纳了税收然而却不需要政府提供这些公共服务的人而言,这就等于是个人付出相应的成本却没有获得相应的收益,这明显是不公平的。不仅如此,政府提供此类公共服务也是没有必要的,因为政府如果提供了这些服务,那么实际上就等于放纵了许多不愿意通过努力工作而满足自己需要的人,使他们对自己的社会生活缺乏责任感。然而,自马克思开始,许多理论家逐渐发现了这种观点的虚假性和不正确性。尤其是马克思的《资本论》的发表,深刻揭示了资本家与工人之间看似完全自由的劳动力—工资交易中存在的剥削,资本家享受了其不应当享受的更多的剩余价值,而工人仅获得了能够保障其基本生活的工资标准。根据这些观点,一个人在社会生活中所处的地位或生活状态,并不完全是个人不努力工作的原因导致的,很大程度上是由既定的社会制度所决定的,个人对这种社会制度基本上处于无能为力的状态,也就是说,一个人在社会中的所得,在某种程度上并不是其"应得"的。受近两个世纪以来工人阶级社会革命的压力,许多资本主义国家逐渐调整了其经济社会政策,自由放任的经济学理念逐渐向福利经济学转向,政府职能也逐渐从社会安全和市场经济秩序维系,逐渐向为人们提供直接公共服务的方向转变,许多国家建立了免费医疗、养老保险、失业保险和社会救济的制度,由政府提供这些类型的公共服务,以解决人们在社会生活中的后顾之忧。

动物防疫是一项具有综合性的社会活动,其既是需要动物养殖者或所有人进行自治的活动,也是需要政府提供间接公共服务的活动,在特定情形下其还需要政府提供直接公共服务。之所以如此,是因为动物疫病的类型本身具有多样化的特征,根据不同的动物疫病类型,需要政府提供的公共服务内容也有所差别。某些动物疫病根本不具有传播性,只会影响到已经感染此疫病的动物,对人体健康也不会产生不利影响,那么此种类型的动物防疫就完全属于动物养殖者或所有人自治的事项,政府不应当对此进行干预,也没有必要为其提供任何内容的公共服务。如果某些动物疫病可以在动物间进行传播,不仅会影响到已经感染疫病的动物,而且也会向其他健康的动物传播,那么这可能会危及到整个养殖行业的经济安全,可能会扰乱养殖行业或动物产品市场的基本秩序,并且完全通过社会自治也不能解决这个问题,因为某些动物养殖者可能存在不对染疫动物进行免疫的道德风险或侥幸心理。只有通过政府下达强制性的免疫命令,这些类型的动物疫病防疫才有可能收到较好的社会效果。在这个意义上,政府实际上提供了与维护社会治安相类似的公共服务,因此可以算作是间接公共服务。另外,还存在着一些动物疫病,比如高致病性禽流感,不仅会在动物之间进行传播,而且会向人类传播,影响人体的健康,危及整个社会的生命健康安全。如果动物或人被这些动物疫病所感染,而政府不提供公共服务,比如提供免费的医疗,对动物或人进行强制性免疫,那么被感染动物的所有人或被感染的人如果没有条件进行医疗或免疫,或者心怀侥幸心理,那么就可能危及到整个社会。在这种情形下,政府毫无疑问必须向整个社会提供直接的公共服务,服务的内容可能包括但不限于提供免费医疗、进行强制免疫、对疫区进行隔离消毒等。

四、法治

法治(Rule of Law)是一个含义非常丰富,但又极易引起误解的范畴。中西方的历史上都曾经出现过"法治"与"德治"孰优孰劣的争论,然而实际上两者是在完全不同的意义层面上进行讨论的。中国历史上的"儒法之争",本质上都是维护君主专制制度的,都认为君主本身不受法律的治理或约束,差别仅在于治民的手段,儒家强调"以德治国",方能使人民"有耻且格",法家强调"以法治国",方能做到"令行禁止"。古希腊亚里士多德与柏拉图之间的争议,是在另一个层面上展开的,柏拉图的"理想国"希望根据人们的德性来分配社会地位,只有智慧高超且德行修养好的人才能成为统治者,即"哲学为王的统治",勇敢的人应当成为国家的保卫者,而节制的人则成为国家的生产者。对这三类人,应当以不同的道德要求来进行治理。亚里士多德则认为,将一个国家的统治权交给一个道德高尚的人是不安全的,因为即使道德高尚的人也可能会受到欲望的诱惑而做出败德的事情,这对国家的治理而言是非常不利的。而如果使用法律来约束统治者,就可以凭借法律的刚性有效制约统治者滥用权力的行为,尽管这样可能会牺牲个案正义,但是相对于统治者滥用权力的危害而言,法治是一种更优的选择。总而言之,中国的"儒法之争"侧重于治民手段的争论,而古希腊的"德法之争",不仅关注治民的手段,更重要的是关注治官的手段,也即是对所有的人实施法治。亚里士多德对法治的定义可以反映这一特征,即"已经制定的法律获得了普遍的服从,而人们所服从的法律又是制定得很好的法律"。

现在,全世界法治国家对法治范畴的核心含义达成了共识,一般都认同"法律至上"的核心理念,认为法治是"法律的治理",而不是"用法律来治理",两者虽然只有一字之差,然而意思却有根本性差别。前者强调法律在社会治理中拥有至高无上的地位,所有的行为尤其是国家治理行为(其中主要是政治权力)都应当服从法律的治理,政治权力不能凌驾于法律之上,而后者强调统治者或政府使用法律对社会进行治理,统治者或政府本身可能并不受法律的治理,统治者或政府可能是社会中的特权者。也就是说,法治可以分成两个部分,一个部分是对人民或社会的治理,另一部分是对政府本身的治理,在这两个部分中,法律都应当拥有最高的地位,不应当受到社会权力或政治权力的非法干预。

从这个角度而言,"法治"与"法制"是两个完全不同的范畴,拥有完备的"法制"不一定就实现了"法治",反之,实现"法治"的国家,也不一定有体系完备的"法制"。法制是指法律制度,描述的是一种关于法律的事实状态,自国家形成以来,就有法律制度,奴隶社会、封建社会、资本主义社会和社会主义社会概莫能外。法治是指法律的治理,是"使人们的行为服从法律的活动",不仅被统治者或人民要受法律的治理,而且统治者或政府也要受法律的治理,自人类进入资本主义社会之后才有真正的法治,因为在奴隶社会和封建社会中,都存在着君主或其他特权阶层(奴隶主和封建领主),他们使用法律治理社会,而他们本身可能不受法律的治理。

与法治同时发展而来的其他范畴,比如人权、民主、自由和宪政等都是法治核心理念"法律至上"的衍生物,由于这些范畴本身具有多义性和模糊性,因而并不能代表法治的核心本质。民主和宪政基本上作为限制政府权力,保证政府接受法律治理的工具性概念而存在的,由于不同国家的国情不同,为了达到控制政府权力的法治目标,民主与宪政的具体内容在不同国家存在较大的差别;人权与自由是作为避免公民受到政府滥用权力的不利影响,从而鼓励公民对政府进行监督的工具性概念而存在的,由于国情不同,这两者在具体内容上同样存在较大的差别。由于相对于政府滥用权力而言,公民滥用权利而不受政府治理的可能性要小得多,因而上述四个衍生范畴都与控制政府权力有关,一种是直接的通过民主与宪政进行控制的方式,另一种是间接的通过唤醒公民的权利意识进行控制的方式。

动物防疫法治也是在上述意义上使用法治范畴,强调动物防疫过程中政府必须依法采取防疫措施,政府必须遵守动物防疫法律及其他相关法律,政府不得利用动物防疫的机会滥用权力,侵害公民的基本权利。政府也必须在动物防疫过程中接受公民的合法监督,以保障公民的基本权利为目标,在各种利益冲突之间进行合理权衡与协调,以帕累托最优或优化的原则来判断或衡量政府行为的合法性与合理性。值得注意的是,我们所强调的动物防疫法治主要是指动物防疫法律应当具有至上性,对于实现动物防疫法律至上性或保障政府服从法律治理的衍生范畴,比如人权、自由、民主和宪政等,我们坚持这些衍生范畴应当与一个国家的国情匹配的观念，不以西方国家的观念为标准来衡量适用于我国的这些法治衍生范畴。概括而言，本书所讨论的动物防疫法治主要涉及以下几个方面的内容：其一，动物防疫法律制度的完备性。中国是成文法国家，如果要实现动物防疫法治，制定一部体系完备的动物防疫法是必要条件。其二，政府执行动物防疫法律制度的理念。在一个法治的国家中，政府的行为与法律保持一致无疑是法治的基本必要条件，除此之外，政府的行为还应当具有合理性，毕竟成文法律是存在许多局限性的，如果政府不坚持正确的理念，那么法律很可能成为侵犯公民基本权利的帮手。其三，实现动物防疫法治的机制。"徒法不足以自行"，一部完美的法律制定出来之后，还需要有一系列的机制来保证法律的实施，不仅保证政府严格遵守法律，而且也使公民自愿服从法律的治理，这就需要从政治、经济、社会和文化等多方面入手，建构完善的保证动物防疫法治得以实现的机制。

第二节　动物防疫法治的历史沿革

一、动物防疫法治的起源

恩格斯认为，"政治经济学家说：劳动是一切财富的源泉。其实劳动和自然界一起才是一切财富的源泉，自然界为劳动提供材料，劳动把材料变为财富。但是劳动还远不止如此。它是整个人类生活的第一个基本条件，而且达到这样的程度，以至于我们在某种意义上不得不说：劳动创造了人本身。"①动物获取食物以维持生存的倾向完全受本能支配，生物链的稳定性保证了动物充足的食物来源，动物不会考虑也不需要考虑食物的存储以备不时之需的问题。人类是理性动物，不仅可以通过劳动获取食物，而且可以通过改变劳动方式或创造新的劳动方法而获得充足的食物来源。驯化并饲养动物就是人类发明的一种完全不同于动物本能性捕食的获取食物来源的方式，是人类有意识地改变劳动方式而创造出来的用于获取食物来源的新劳动方式。驯化并饲养动物，构成了人类获取食物中蛋白质来源的主要方式，到目前为止，人类还无法完全摆脱这种方式的限制。

---

① 《马克思恩格斯全集》第 3 卷，人民出版社 1972 年版，第 509 页。

我国是世界上最早驯化和饲养动物的国家之一,早在伏羲氏时代中国古代人民就已开始驯养由狩猎获取的过剩动物,这些动物逐渐演变为家畜家禽。仰韶文化遗址和龙山文化遗址的发掘表明,在7000多年前,我国先民就已经形成了养殖"六畜(马、牛、羊、猪、狗、鸡)"的传统。在人类驯化饲养动物之前,自然界的生态环境处于相对稳定的状态,动植物之间构成了封闭稳定的生态结构,动植物很少发生传染性疾病,即使发生也会被稳定的生态环境化解。然而,自从开始驯化和饲养动物之后,由于动物被人为地豢养在一起,与人类共同生活,也由于人类逐渐开始的定居生活,导致自然界对动物疾病的化解或容纳能力降低,使动物疾病发生的可能性显著增加。另外,由于人类与动物在基因序列上的相似性,动物疾病也易于向人类传播。当然,人类认识到动物疾病的人畜共染性,还需要经历很长的历史时期。

据《左传》记载,"十一月甲午国人逐瘈狗,瘈狗入华臣氏,国人从之",这说明春秋时期人们就已经认识到狂犬病可以由犬类向人类传播,当时的人们所采取的措施是直接将患病的犬予以扑杀;在殷墟出土的文物中,已经有猪囊虫病、羊的疥癣病等寄生虫病可以人畜共患的记载;在春秋秦穆公时期,临军少宰孙阳对马传染病防治颇有心得,被誉为"伯乐"。这个时期,人们对动物疫病的认识还处于自发阶段,尽管已经认识到动物疫病有向人类传播的可能性,然而对于动物疾病防疫,无论从防疫方法还是制度方面而言,都未形成体系性的认识,防疫方法以经验性认识为主,比如东汉张仲景《金匮要略》一书中记载:"六畜自死,皆疫死,则有毒,不可食之";"肉中有如米点者,不可食之";"秽饭馁肉臭鱼,食之皆伤人"等。而防疫制度则根本没有建立,完全处于民众自发防疫的状态。这与人类社会发展的早期,动物饲养的规模不大,人类社会群体之间的流动较少有直接关系,在这段时期所爆发的动物疫病,数量相对较少,即使存在动物疫病,对人类的社会生活也没有造成较大的影响,因而也就不会成为人类社会关注的焦点问题。

动物防疫的制度化建设始于秦始皇时期。随着人们对动物疫病发生机理的认识了解,人们逐渐认识到切断动物疫病的传播路径是防治动物疫病的有效措施之一。比如秦律规定,凡诸侯国来的客人,要用火燎烧其车辕和牵挽用的马具,以防止其将寄生虫病带入秦国国内。应当说,这是中国有史以来最早的关于由政府采取措施防治动物疫病的文献记载,相对于西方国家直到19世纪末期才正式立法规制动物防疫问题而言，在时间上至少要早两千年左右。但是，比较遗憾的是，中国历史上的动物防疫，一直偏重于动物医学方面，并在这方面留下了许多宝贵的文献资料，对于政府采取法律或政策手段进行防疫方面，却一直未给予足够的重视，基本上由民间自助或自发发展。但是无论如何，这段历史表明，动物防疫不仅仅是一个科学或医学上的问题，由于人类生活方式的改变，人类社会之间交流的密度增加，人畜共患性疾病的致死性等因素的存在，使得动物防疫也是一个需要政府采取法律或政策措施的问题。动物防疫的问题在西方国家进入自由资本主义时期之后，才凸现为一个日趋严重的问题，动物防疫的制度化建设的重要性逐渐超过了其防治的科学性方面。

二、动物防疫法治的发展

动物防疫成为一个严重的社会问题，受到人们的普遍关注，是 19 世纪末期以后的事情。从社会发展的历程来看，动物防疫成为一个严重社会问题的主要原因有：其一，自由资本主义制度的发展，使自由贸易能够增加国家的财富的观念成为一种共识，不同国家或地区基于比较优势生产出的产品，只有被交易到需要它的其他国家或地区，才能改善各方的利益状态。自由贸易的发展，促进有生产优势的国家或地区大量养殖食用动物，并将动物制品出口至有强烈需求的国家，造成了动物及其制品在不同国家或地区的大规模流动，这为动物及其制品所携带的病原体在其他国家或地区传播创造了条件。根据生态学的一般理论，在某个国家或地区所养殖的动物及生产的动物制品，由于自然环境的相互制约，本土动物及其制品所携带病原体在本地传播扩散的可能性比较小，因为长期的自然进化，形成了限制其传播扩散的天然屏障，而一旦脱离了特定国家或地区的自然环境，这些动物及其制品所携带的病原体可能就不会受到自然环境的限制或控制，造成这些病原体在新地区大规模传播扩散。其二，商业化、集约化和生产线式的养殖，也是造成动物疫病大规模爆发流行的主要原因之一。在自由资本主义制度之前，动物养殖大多处于散养状态，养殖户养殖动物的主要目的是自给自足，不将动物及其制品作为商品销售。在这种情形下，由于养殖规模不大，又处于散养状态，自然界有足够的净化能力，可以将许多动物携带的病原体限制在可控的范围之内。然而，由于社会分工的细化，许多人脱离了农业和养殖业，加入到工人阶级的队伍，无法再通过自给自足的方式来养殖动物,获得动物性蛋白质来源,只能依靠市场供给,这给动物养殖带来了巨大的市场需求,一部分人专门从事动物养殖行业,并将其做成动物制品,满足这些人的切实需求。为了降低养殖成本,使养殖动物的利益最大化,集约化养殖是不可避免的趋势,这就会导致部分国家或地区养殖动物的密度过大,远远超过了自然界所能吸纳的能力,使自然界净化病原体的能力被严重削弱,为动物疫病的大规模爆发流行创造了条件,同时由于高密度养殖使动物疫病更容易传播扩散。

正是由于上述原因,在19世纪末期的欧洲,多次爆发大规模动物性疫病,给整个欧洲社会带来了恐慌性情绪。1872年,欧洲大面积爆发牛瘟,由于当时对牛瘟爆发传播的原理和路径不清楚,加之受自由资本主义时期"有限政府"理念的影响,政府对此也没有采取任何的干预或防治措施,给整个欧洲的养殖业带来了毁灭性的打击。人们逐渐认识到,14世纪意大利政府所采取的检疫措施是防止动物疫病大规模爆发流行的有效手段。"检疫"一词在意大利语的意思是指"40天",在14世纪,欧洲普遍流行鼠疫、霍乱和疟疾等三种恶性传染病,意大利政府为了防止这些疾病传入国内,要求所有进入意大利的居民必须在口岸停留"40天",没有相应的病症出现才可以进入国内。意大利政府的这种措施收到了良好的效果,对于控制上述三种烈性传染病起到了重要作用。牛瘟的爆发流行使欧洲许多国家的政府采取相应的检疫措施,控制其他有牛瘟爆发的国家或地区的牛肉制品进入。然而,政府单方面所采取的这种措施,很容易被既得利益集团所利用,成为设置贸易壁垒的隐形手段。事实上也是如此,许多欧洲国家借口动物疫病传播,设置许多非常规动物检疫措施,甚至直接上升到法律层面,这使得欧洲国家动物制品的自由贸易受到极大的影响。比如,1879年,意大利从美国进口牛肉时,发现牛肉中带有旋毛虫,意大利政府随即采取法律措施,宣布禁止从美国进口牛肉。1881年,奥地利、德国和法国等欧洲国家开始效仿意大利,由国会通过法律禁止从美国进口牛肉,这给美国的牛养殖业带来了毁灭性的打击,使人们认识到动物检疫措施也有成为阻碍自由贸易发展的可能性。而在亚洲国家中,日本是最早由政府采取动物检疫措施的国家之一,在1871年,日本就在边境口岸设置了相应的检疫站,防止西伯利亚牛瘟传入日本。

尽管如此,由于只是部分国家采取了动物检疫措施,而且当时动物疫病爆发的规模也比较小，加之当时还没有发现牛瘟可以向人类传播的可能性，这些措施虽然给自由贸易带来了负面影响，但随着动物疫病的消散，各个国家所采取的动物检疫制度也逐渐失去了作用。然而，1920 年的一个事件，直接导致了世界动物防疫制度的全面进化。在 1920 年，某进口商从巴基斯坦进口了一批活牛，打算运往巴西销售，然而在比利时停留期间，由于转运时间过长，导致这批牛所携带的病原体开始在比利时当地传播，引发了欧洲部分国家大规模牛瘟的爆发。以此为契机，1921 年 5 月 27 日，由法国发起召开了国际动物流行病学大会，大会一致认为，应当成立一个控制动物传染病的国际组织。1924 年 1 月 25 日，阿根廷、比利时、巴西和法国等 28 个国家的代表再次齐聚巴黎，一致同意在巴黎创立"国际兽疫局"，后改为"世界动物卫生组织（OIE）"。截至 2010 年，已有 177 个国家加入了该组织，接受该组织所倡导的动物疫病预防与检疫的法律或政策建议。

实际上，自世界动物卫生组织（OIE）成立伊始，其所倡导的《世界动物卫生法典》就一直处于相互矛盾的请求之中。一方面，社会分工细化提高了社会生产力，使养殖成为一种专业化和职业化的工作，动物及制品成为一种可大量跨地区交易的商品，只有允许动物及制品可以跨国家或地区进行自由贸易，才能实现经济资源的最优配置，满足交易各方的实际需要，增进交易各方的实际利益；另一方面，动物及制品的规模化、集约化和商业化生产，以及跨国家或地区自由流动，确实给动物疫病的大规模爆发、流行和传播创造了条件，由于许多动物疫病不仅在动物之间进行传播，还具有人畜共患性，使动物疫病很容易演化为严重的公共危机，给人民的生命财产安全造成严重影响。如何将这两个相互矛盾的要求融合在一起，既保证动物及其制品的自由贸易，同时又能够防止动物疫病的传播扩散，是世界动物卫生组织（OIE）成立的主要目的，也是其倡导的《世界动物卫生法典》要解决的主要问题。

这个问题的解决在某种程度上可以依赖科学技术水平的持续提高。随着动物疫病检测技术的发展，人们可以及早发现尚未爆发的动物疫病；随着动物疫病治疗水平的提高，人们也可以及早发现染疫的动物，并采取有针对性的治疗措施；随着检疫水平的提高，政府可以快速有效地发现输入或输出的动物及制品是否包含病原体，并及时采取措施，切断动物疫病的传播路径，将动物疫病阻止于国门之外。但是，仅仅依赖科学技术水平的提高并不能从根本上解决这一问题。首先,科学技术水平的发展永远滞后于动物疫病的发展变化。动物疫病的检测、治疗和检疫技术的发展,只有在动物疫病已经发生的情形下才会引起科学家们的注意,并加以研究以发展出相应的技术,而感染动物的病原体却总是存在突变可能性,在一种动物疫病的检测、治疗及检疫技术被发明出来以后,由于病原体的变异,可能会使这些相应的技术立即失去相应的效果,从而无法达到完全防止动物疫病的目标。其次,在动物疫病防治过程中,可能存在道德风险。如果动物及其制品的所有者发现其生产的产品存在病症,那么其可能会不顾道德上的谴责或良心上的责备,为了使自身利益最大化,而隐藏这些信息,将染疫动物及其制品销往其他国家或地区,造成动物疫病的流行传播。即使现有的科学技术水平能够检测并治愈动物感染的疫病,相关的利益主体可能还是会基于成本的考虑,不采用这些新的检测或治疗措施,而是故意隐瞒真实信息销售动物及其制品。

因此,动物防疫问题必须依赖于政府的积极作为才能解决。然而,不同国家或地区的政治体制不同,政府应对解决动物防疫可能会受到不同既得利益主体的操纵或支配,使动物防疫问题演化为一种隐形的自由贸易壁垒,即借口动物防疫,实行地方保护主义,阻碍自由贸易。为此,世界动物卫生组织(OIE)倡导的《世界动物卫生法典》,实际上就是要在缔约国之间达成动物防疫问题的共识,消除相互之间的偏见,遵守共同的游戏规则,防止缔约国制定带有阻碍自由贸易的动物防疫制度,同时促进缔约国制定能够有效阻止动物疫病传播扩散的动物防疫制度。这项工作吸引了许多国家的兴趣,从最初的28个缔约国发展到现在的177个缔约国就是最直接的证据。

《世界动物卫生法典》获得广泛认同的另一个证据是,世界贸易组织(WTO)制定的《卫生与植物卫生措施实施协议》(SPS)规定,世界动物卫生组织(OIE)所制定的标准、准则和建议是动物卫生和人畜共患病的国际标准。SPS制定的主要目的在于提供多边协议框架,将协议国制定、通过和实施卫生措施时,其对国际贸易的影响降至最低。任何加入世界贸易组织(WTO)的成员国在制定相应的动物防疫法律或政策时,必须以OIE制定的《世界动物卫生法典》为标准,一般情形下不得超出这个标准;如果成员国需要制定更加严格的标准,则必须证明这种措施经过潜在健康风险的科学评估程序。因此,《世界动物卫生法典》到目前为止,是各国制定动物防疫制度的基本标准,代表了动物防疫制度化建设的最高成就。

《世界动物卫生法典》共由四个部分构成。第一部分由动物疫情通报制度、国际贸易中兽医道德与认证、进口风险分析、进出口程序和兽用生物制品风险分析等五个方面的制度构成。第二部分主要为推荐性政策，作为各成员国在制定动物防疫措施降低动物疫病引入风险的基本标准。该部分将动物疫病区分为 A 类病 15 种和 B 类病 59 种，并提出了相应的防疫建议。第三部分主要为动物疫病防治方法的基本标准，主要包括国际贸易中应该适用的动物疫病诊断方法、采集和加工动物精液和胚胎、卵时应遵循的动物卫生标准、畜禽饲养场的动物卫生条件、病虫害扑灭方法、动物运输条件以及流行病学监测系统等。第四部分主要为促进自由贸易的卫生通用证书，重点推荐了动物及动物产品进行国际贸易时应该使用的卫生证书。

尽管动物防疫制度的国际化水平已经达到了很高的程度，然而由于各国的国情不同，加之各国饲养的动物在品种和类别上还存在重大差别，导致动物疫病爆发传播的趋势在近几十年来并没有受到很大的控制，反而其爆发的规模有逐步扩大的趋势，不仅如此，人畜共患性动物疫病似乎相对于之前还有增加的趋势，造成的影响也有扩大的趋势。例如，1996 年至 1997 年日本爆发了大肠杆菌 0517 流行事件，患者达到 7 万人以上，遍布日本 44 个地区，死亡人数 12 人；1994 年英国爆发了疯牛病，当年就有 13 万头牛患病，至 1996 年 3 月 20 日止，英国政府才发现并宣布疯牛病可以传染给人，潜伏期可以长达 5～15 年。为了防治疯牛病，英国政府焚烧了 400 万头牛，直接损失达 37 亿英镑，对农民的赔偿费用高达 200 亿英镑。这反映了动物疫病的防治技术还处于相对落后的状态，但是应当引起我们注意的是，动物疫病在全世界传播扩散可能更多的是制度方面的原因，现有的科学技术也许无法完全发现并治愈动物疫病，但是一个良好的动物防疫制度却可以阻止动物疫病向全世界传播扩散。

第三节　动物防疫法治的前景展望

一、动物防疫法治的可能性与必要性

（一）动物防疫法治的可能性

动物防疫是一项具有综合性的活动，与政府的常规治理活动存在着显著

的区别,这可能会形成对法治的挑战。动物防疫活动的特殊性主要表现在以下几个方面:

第一,动物防疫是一项常规性与应急性相结合的活动。根据公共危机演化的一般原理,公共危机的发生发展大致可以划分为三个阶段,即预警、应急和善后。根据前述定义,动物防疫是公共危机的一种特殊类型,是公共危机中的公共卫生事件,因此相应地,动物防疫活动也可以分为三种,即公共危机预警阶段的预防工作、公共危机应急阶段的应对工作和公共危机善后阶段的稳定工作。尽管预防工作和善后工作与应急工作存在着紧密联系,但是这两者还是与政府的常规工作更接近一些,需要政府依法合理推进。而动物防疫的应急工作在本质上与其他公共危机的应急工作是一致的,差别仅在于活动的专业性不同,但是动物防疫的应急工作又是以预防工作为前提的,预防工作的好坏对应急工作的成效存在显著的影响,而应急工作的成果又对善后工作的难易程度会产生正相关的影响。正因为如此,动物防疫工作可能会形成对法治的挑战。

第二,动物防疫是一项确定性与不确定性相结合的活动。在动物防疫过程中,政府的某些防疫行为是确定可预测的,而有一些防疫行为则是不确定不可预测的。很明显政府所采取的动物防疫行为之所以是确定性与不确定性相结合的,原因可能在于动物疫病相对于人类科技水平的发展程度而言,有一些动物疫病是能够为人类所预测和控制的,而有一些动物疫病是不能够为人类所预测和控制的,或者是能够为人类所预测但不能够为人类所控制的。对于可预测和要控制的动物疫病,政府可以在事先制定相应的法律规范,用以约束政府的动物防疫行为,使之具有确定性和可预测性。而对于后两种情形,并不能在事先就制定约束政府行为的法律规范,而且即使制定了也可能无法有效应对,这就使政府行为具有了不确定性,当然也就可能形成对法治的挑战。

第三,动物防疫是一项自愿性与强制性相结合的活动。根据动物疫病的类型不同,动物防疫明显表现出自愿性与强制性相结合的特征。对于不具有传染性的动物疫病,由于只会感染到动物养殖者或所有人的动物,对其他人养殖的动物或人类没有影响,就只可能由动物养殖者或所有人自己来采取相应的防疫措施,政府没有必要进行干预,也没有必要提供公共服务,而应当将此类服务交给市场,市场通过自发机制来解决。如果当事人愿意承担动物疫病所带来的损失，政府也应当允许，只要这种意愿没有影响到其他人或社会公共利益。而对于具有传染性的动物疫病，由于不仅会感染动物养殖者的动物，而且也会向其他动物传播，甚至会向人类传播。如果允许动物养殖者自愿采取防疫措施，由于动物养殖者存在不进行防疫的投机可能性，可能会使动物疫病的传播扩散失去控制。如果强制性地要求动物养殖者对动物进行防疫，那么动物养殖者可能会支出许多防疫成本，而从中受益的人和社会却没有分担这些成本，这明显是不公平的，可能也会引发动物养殖者的不满。为了解决这个问题，政府需要仔细辨别动物疫病的类型，并有针对性的采取相应的动物防疫措施，毫无疑问，政府的这种选择性执法行为可能会形成对法治的挑战。

第四，动物防疫是一项保护公民基本权利与防止公共利益不受损害相结合的活动。在动物防疫过程中，保护公民基本权利与防止公共利益不受损害之间经常存在冲突。在预防过程中，政府可能要求动物养殖者对动物进行强制性免疫，这无疑妨碍了公民的财产自由权利，然而政府采取这项措施无疑可以有效保护公共利益；在应急过程中，政府可能会对染疫动物进行扑杀，对感染人群进行强制性隔离和治疗，这些措施侵犯了公民的人身自由权和财产权，但是却保障了社会公共利益不受过度损害。在善后阶段，政府可能会对动物养殖者恢复生产进行补贴，可能会对在应急阶段受到政府行为损害的人进行补偿，这对市场恢复是有利的，因而对社会公共利益也是间接有利的，然而这种措施却需要以财政支出为代价，这可能会影响纳税人的利益。在常规社会的治理中，政府保护公民基本权利基本上就是保障了社会公共利益，政府对公民基本权利所做的限制，也就是公共利益所在，两者基本上没有什么实质上的冲突。然而，在动物防疫过程中，政府保护公民基本权利与保障社会公共利益之间可能存在负相关的关系，政府在两者之间选择的平衡性措施无疑可能会形成对法治的挑战。

尽管动物防疫工作的上述特征可能会形成对法治的挑战，然而实现动物防疫工作法治化还是存在可能性的。法治是形式法治与实质法治的统一体，所谓形式法治是指遵循"有法可依、有法必依、执法必严、违法必究"要求所实施的治理行为，强调政府和人民的社会治理行为的严格合法性。形式法治是实现法治的基本前提，因为只有政府和人民都严格地遵守法律，整个社会才会实现基本的法治秩序，人民才会在日常生活中有稳定的心理预期，才会对自己所追求的目标有实现的足够信心,不用担心目标实现的结果可能被政府或其他强权者任意剥夺。然而,仅有形式法治是不可能实现真正的法治的,一部恶法也有可能满足形式法治的基本要求,尽管这类恶法也可能会给人们带来心理上稳定的预期,比如一部规定任何人随意丢弃垃圾将判处死刑的法律无疑是恶法,但是只要其在社会中获得了严格的实施,做到了法律面前人人平等,这部法律无疑也会给人们带来稳定的心理预期。但是,我们还是认为,由恶法治理的社会不可能是真正的法治,因为在这种法治状态下,法律可能成为奴役人民的工具,成为限制人民自由的工具,成为损害人民权利或利益的工具,满足的却仅仅是统治者或治理者或少数特权者的私利。因此,法治除了要具备基本的形式法治要求之外,更重要的是,还需要满足一些基本的实质法治要求,其中最重要的判断标准之一是,形式法治是否扩大了人们的自由与权利,是否增加了社会整体的福利水平,而又同时没有损害某个人或某些人的自由、权利或利益。如果形式法治的严格性达到了促进实质法治目标实现的要求,那么这无疑是真正的法治,反之则并不是真正的法治。如果取消形式法治要求的严格性反而能够实现实质法治所要求的目标,那么这种取消无疑具有正当性,而且也是真正的法治。概括而言,形式法治与实质法治的关系可以总结为:形式法治的严格性有助于实质法治则是真正的法治,形式法治的严格性无助于实质法治则不是真正的法治,形式法治的不严格性有助于实质法治则是真正的法治。

根据这个标准来判断,动物防疫工作的特殊性尽管会存在对法治的挑战,但是我们知道,这种挑战主要是对形式法治要求的挑战,无论是常规性与应急性相结合的特征,还是确定性与不确定性相结合的特征,以及自愿与强制相结合的特征,从本质上而言都是对"有法可依、有法必依、执法必严、违法必究"要求的挑战。通俗地说,就是动物防疫的治理工作基本上不可能满足形式法治的严格要求,动物防疫的治理工作要求采取相对比较灵活的应对措施,而这些措施基本上在事先不可能由法律预先规定,于是动物防疫的治理要求取消严格的形式法治要求,形成了对法治的挑战。然而,这种挑战仅仅是可能存在的,如果这种挑战不仅不会对实质法治的目标构成威胁,而且还有利于这些实质法治目标的实现,那么这种挑战就不是真正的挑战,只要最终实质法治的目标获得了足够的保障,那么动物防疫法治的实现还是具有可能性的。

（二）动物防疫法治的必要性

尽管动物防疫法治是可能的，然而动物防疫治理过程中对形式法治要求的取消或抵制，可能会带来一些新的威胁，比如可能会导致政府借此机会滥用权力，也可能会导致社会公众不服从政府指令而带来社会秩序的混乱等。由此观之，动物防疫法治还是存在诸多的必要性。

首先，在动物防疫治理过程中还是存在控制政府权力的必要性。对政府权力的控制一直是法治理念中最为核心的要素之一，可以说现代法治社会的建设一直以控制政府权力为主要任务，无论是古典自由主义者，还是近现代的政治学家、社会学家和法学家，都认同这一观点。古典自由主义者从公民自由具有至上性的角度来阐述这一问题，强调公民自由与政府权力控制之间的因果关系；政治社会学家，比如韦伯，从政治机构的“科层制”特征，强调其体系性的特点，进而说明现代社会的政治机构都是按照控制政府权力的方向进行设计的。可以说，人类社会发展到现在，法治是人类找到的控制政府权力最好的方式。当然控制政府权力也是各有利弊，有利的一面在于可以有效保障公民基本权利不受侵犯，使公民活得更有尊严，不利的一面在于政府在治理社会的过程中缺乏灵活性。但是，尽管如此，控制政府权力所带来的利益明显高于其弊端。在动物防疫治理过程中也是如此，尽管动物防疫治理过程中需要赋予政府更灵活的治理权力，但是还是要防止政府借此机会滥用权力，甚至借此机会修改宪法，获得更多其原来没有的权力，增加其侵害公民权利的可能性。为此，需要对政府的动物防疫治理实施法治，只是由于动物防疫治理与常规社会治理存在诸多不同之处，因而我们需要改善政府动物防疫的法治形式或模式。

其次，在动物防疫治理过程中还是存在保障公民权利的必要性。控制政府权力的根本目的在于保障公民基本权利。古典自由主义者为了强调这一点，一般假设公民基本权利具有先验合理性，即所谓“天赋人权”。人们之所以需要政府，是因为人们在行使天赋权利时存在着相互冲突的可能性，也存在着权利界定不清楚而导致纠纷的可能性，还存在着违反相互之间约定的可能性（即投机行为或道德风险）。人民通过与政府达成社会契约的方式组建政府，授予政府治理权力，用以解决社会冲突或社会合作过程中的不方便。政府拥有权力本身不是目的，政府使用权力需要实现的目的——保护公民天赋的人权不受侵犯,才是其终极目的。在动物防疫治理过程中,动物养殖者养殖的动物属于动物养殖者的财产,如果感染的是不会传播的疫病,那么这并不需要政府采取任何措施,这属于公民自治的范围;如果感染的是可能传播的疫病,那么就可能会影响其他人的财产权(在人畜共患的情形下,会影响其他人的生命权和健康权),这时就需要政府采取防疫措施对公民的基本权利进行保护。政府所采取的防疫措施,可能会限制某些人的财产权和人身权,而且这些限制是具有不确定性的,这可能与政府权力行使的根本目的相背。然而,我们知道,政府所采取的这些防疫措施,目的在于使社会公众不至于受到过于严重的损害,相对于这个目的而言,受政府强制防疫措施影响的公民基本权利必须要做出让步,否则整个社会结构就会解体,不愿意受到政府防疫措施影响的人最终反受其害。因此,在动物防疫过程中,尽管存在着公民基本权利保护之间的冲突,但是,"两权相争取其轻"是唯一合理的选择。

最后,在动物防疫治理过程中还是存在维护社会公共秩序的必要性。法治相对于人治而言,其最大的不同之处在于,法治秩序是每个人的秩序,而人治秩序仅仅是统治者或治理者所需要的秩序。"令行禁止"在法治和人治秩序中有不同的解读。在法治秩序中是指每个人都受法律的治理,遵从法律而行动,每个人都能够根据法律预测到其他人的行为方向,每个人都能够基本上形成稳定的心理预期。在人治秩序中,除统治者之外的其他人才受法律的治理,而且这种法律具有不确定性,随着统治者或治理者的意愿发生变化,除统治者之外的每个人必须根据统治者下达的指令行动,才能达到"令行禁止"的状态,这种秩序并不是每个人的秩序,它仅仅是统治者或治理者的秩序。在动物防疫过程中,由于动物疫病传播所可能带来的威胁,容易使人们产生恐慌心理,造成社会秩序的混乱,使人们的行为失去可预测性,也会失去稳定的心理预期。也就是说,在动物防疫过程中,容易发生常规社会状态不易发生的事,使人们原有的行为预期落空,进入法治的真空状态。一旦人们在动物防疫过程中的行为失去控制,使政府在疲于应付动物防疫公共危机的同时,还必须要努力采取措施恢复社会秩序的稳定,这无疑会增加政府处置动物防疫的成本,不仅如此,如果社会秩序维系不恰当,还会引发新的公共危机,使两种类型的公共危机叠加,加剧社会的不稳定状态。因此,即使是在动物防疫治理过程中,也还是需要通过法治来维系最基本的社会秩序。

二、动物防疫法治的现状与问题

（一）动物防疫法治的现状

一个国家的法治至少应当从制度体系、治理机制和理念等三个方面来认识，动物防疫法治也是如此，要考察一个国家的动物防疫法治的现状，必须要考察这个国家的动物防疫制度体系（包括国内法和国际法两个层面），必须考察这个国家实施动物防疫的治理机制以及这个国家对动物防疫法治理念认识的一致性程度。根据这个标准，我们认为，中国当前的动物防疫法治可以从以下四个方面来进行描述：

第一，已经基本形成了比较完备的国内动物防疫法律体系。就国内法律制度体系层面而言，中国的立法权至少可以区分为两种基本类型，一种是国家立法权，由全国人民代表大会及常务委员会行使的"法律"立法权，和由国务院行使的"行政法规"立法权（还可能接受全国人大及常委会的委托进行立法），另一种是地方立法权，由省、自治区和直辖市的人大和政府以及较大市的人大和政府所行使的"地方性法规"和"地方性规章"立法权。就动物防疫而言，全国人大及常委会相继制定了《中华人民共和国动物防疫法》、《中华人民共和国畜牧法》和《中华人民共和国进出境动植物检疫法》等三部法律，国务院制定了《重大动物疫情应急条例》和《重大动物疫情应急预案》等二部行政法规。各个省、自治区和直辖市根据当地的实际情况，在全国人大及常委会和国务院制定的"法律"和"行政法规"的基础上，相继制定了适用于各省的动物防疫方面的"地方性法规"和"地方性规章"，县级政府根据国务院的《重大动物疫情应急预案》相继制定了适用于各地的重大动物疫情应急预案，已经基本上形成了比较完备的国内动物防疫法律制度体系。

第二，已经基本形成了动物防疫国际合作的制度框架体系。1924年，由于源自印度的疯牛病在全欧洲流行，给牛养殖行业和市场消费造成了毁灭性打击，28个国家在巴黎成立一个国际组织，即国际兽疫局，世界动物卫生组织的前身，截至2011年1月，该组织的成员国达到178个，中国于2007年正式以主权国的身份加入了该组织，接受了该国际组织关于动物防疫国际合作的基本制度框架。为了适应动物防疫国际合作的需要，中国于2008年修改了《中华人民共和国动物防疫法》，使之与世界动物卫生组织的框架协议保持一致。由于中国已经于2001年11月正式加入世界贸易组织（WTO），世界贸易组织将世界动物卫生组织的动物防疫框架协议承认为国际贸易的标准,因此中国在涉及动物进出口检疫工作方面,应当遵守世界贸易组织的相关协定。这意味着《世界动物卫生法典》四个部分已经成为中国动物防疫法律的一部分,世界动物卫生法典由四个部分组成,第一部分由动物疫情通报制度、国际贸易中兽医道德与认证、进口风险分析、进出口程序和兽用生物制品风险分析等五个方面的制度构成。第二部分主要为推荐性政策,作为各成员国在制定动物防疫措施降低动物疫病引入风险的基本标准。该部分将动物疫病区分为A类病15种和B类病59种,并提出了相应的防疫建议。第三部分主要为动物疫病防治方法的基本标准,主要包括国际贸易中应该适用的动物疫病诊断方法、采集和加工动物精液和胚胎、卵时应遵循的动物卫生标准、畜禽饲养场的动物卫生条件、病虫害扑灭方法、动物运输条件以及流行病学监测系统等。第四部分主要为促进自由贸易的卫生通用证书,重点推荐了动物及动物产品进行国际贸易时应该使用的卫生证书。世界动物卫生法典与《中华人民共和国动物防疫法》如果存在不一致之处,根据国际法优于国内法的原理,应当优先适用《世界动物卫生法典》的条款。

第三,已经基本形成了比较成熟的动物防疫治理机制。在经历了2003年的SARS危机之后,国家加大了公共危机应急机制方面的建设工作,于2005年开始,国家相继通过了《中华人民共和国突发事件应对法》,设立了国家应急指挥中心,加大了应急设施投入的力度,增加了公共卫生疫病预防与应急的投入,同时开始制定各种类型的突发事件公共危机应急预案,并组织相关单位和人员进行实地演练,增强突发事件的应急处置能力。到目前为止,全国各级政府部门都已经设立了动物防疫的专门治理机构,配备了相应的工作人员,财政预算中都增列了动物防疫的相应支出。各地方政府结合当地的实际情况,都制定了动物防疫的应急预案,成立了动物防疫应急指挥机构,明确了动物防疫的控制措施或手段,规定了动物防疫应急的善后处置措施及相应的补偿标准。也就是说,中国目前已经基本上形成了比较成熟的动物防疫治理机制,2003年之后,中国再没有出现如2003年SARS那样的大规模动物疫病传播的情形,尽管在各地都出现了零星的动物疫情,但是得益于成熟的动物防疫治理机制,加之有完备的动物防疫法律体系,这些动物疫情都得到了有效的控制。

第四，已经基本形成了动物防疫法治的共识。自2003年SARS危机以来，由于中国政府加大了动物防疫法律体系的建设力度，同时努力完善动物防疫公共危机的治理机制，同时这些年以来爆发流行的动物疫病也相对较多（尽管由于控制得力并未大规模流行），政府和社会公众对建设动物防疫法治的可能性与必要性有了一定程度的共识。社会公众认为只有政府采取强有力的措施，才能及时制止和预防动物疫病的传播流行，将动物防疫制止在萌芽状态，尽管动物养殖者或所有人由于政府的动物防疫行为受到一定的损害，其他社会公众的行动自由也会受到一定的限制，但是社会公众对政府所采取的动物防疫措施，以及在动物防疫过程中实施法治的必要性，基本上表示赞同。不仅如此，社会公众还从持续爆发流行的动物疫病中学习到了许多相关的预防知识，为政府的治理工作减轻了一定的负担。

（二）动物防疫法治存在的问题

尽管动物防疫法治在制度建设、机制设立和治理理念方面取得长足的进步，基本上形成了法治的雏形，但是对照现代法治社会的基本理念和要求，中国的动物防疫法治还存在一些需要改善的地方。

第一，国内动物防疫法律制度还存在诸多不健全之处。法治不仅是要达到"有法可依、有法必依、执法必严、违法必究"的状态，而且法治还要求是"良法之治"。法治之法的"善良"体现在两个层面上，首先是法律形式上的"善良"，要求法律具有一般性、普遍性、确定性、不自相矛盾性、统一性、官方行为与法律的一致性以及法律具有可救济性等特征，否则法治当无实现之可能性，因为缺乏上述特征的法律，会使想要遵守法律的人无所适从，无法获得心理上稳定的预期，丧失最基本的社会安全感。对照这些标准，中国的动物防疫法律制度无疑还存在诸多不健全之处，抛开一般性、普遍性的标准，中国的动物防疫法律制度体系在确定性、不自相矛盾性、统一性、一致性和可救济性上都没有达到相应的标准，尤其是一致性和可救济性方面严重缺乏，在动物防疫治理过程中，中国各级地方政府所采取的动物防疫措施，很多都是基于所谓的"红头文件"，而非出自法律的规定，对于在政府动物防疫措施中受到损害的当事人，也缺乏明确的救济措施或途径。其次法治之法的"善良"还表现在实质方面，即其所实现的目的是"善"的，即要保障公民的基本权利不受损害，要保证公民的人格尊严受到尊重，要保证政府权力得到了较为严格的控制等等。法治之法在实质方面的"善"主要是为了保证动物防疫法律制度不至于偏离其应有的方向。对照这个标准,中国的动物防疫法律制度还存在有待改善之处,许多在动物防疫过程中受到损害的人并没有获得充分足够的补偿,政府所采取的许多措施的合理性也存在一些问题,某些措施可能完全没必要,既支出了大量的社会成本,又没有收到较好的动物防疫效果。

第二,动物防疫国际合作还存在不完善之处。动物防疫的国际合作存在着两个相互冲突的请求,其一是要保证动物及其制品在国际贸易市场上的自由流通,因为自由贸易是增进所有人利益的最佳方式,另一个则是随着动物及其制品的自由贸易,动物疫病在全世界流行爆发的可能性大大增加。在世界动物卫生法典未被大多数国家接受之前,只要有国家怀疑其他国家的动物及其制品存在着动物疫病的可能性,就可能会采取禁止进口措施,或者提高进口动物及其制品的检疫标准,设置动物疫病方面的贸易壁垒。世界动物卫生组织(即国际兽医局)在 1924 年最初成立的时候,其确立的宗旨就在于要统一世界上动物防疫的专门术语和可采取的措施,并规范协议国交换动物疫病传播情况的基本信息,为消除动物及其制品在国际上自由贸易流通的障碍做出贡献。经过近 90 年的发展,世界上大多数国家都认可了这种做法,中国也于 2007 年加入了该组织,并且该组织的规则也被世界贸易组织接受。但是,即使如此,我们还是会发现,在当今动物防疫国际合作的过程中存在着许多问题,比如对于发生动物疫病的国家而言,如果其隐瞒真实信息导致动物疫病向其他国家传播流行,世界动物卫生组织的规则并没有明确规定国家的赔偿或补偿责任,这是导致某些国家在动物防疫国际合作的过程中采取投机行为的主要原因之一。当然,除此之外,还存在着某些国家滥用进出口动物及其制品检疫措施,制造贸易壁垒,以及根据政治需要宣布停止进口有动物疫病风险国家的产品,从而保护本国相关产业的问题。这些问题的存在,说明动物防疫国际合作的法治还有进一步完善的必要性。

第三,动物防疫的治理机制还存在一些问题。动物防疫的治理机制虽然是一个管理学上的问题,但是却与法治存在着密不可分的关系。一般认为,动物防疫的治理机制至少应当包含以下几个问题:其一是设置动物防疫的治理组织(机构或主体);其二是要配置动物防疫治理组织的职能;其三是要规范动物防疫组织采取防疫措施的行为,也即是要有相应的法律制度或根据制度制定的相关规范性文件。动物防疫治理组织的设置是法治中的重要问题，尤其是宪法上的重要问题。宪法最重要的部分之一就是合理设置政权机构，并规定各政权机构之间的相互关系和相应的职能，以及规定各政权机构的行为规范。由于法治的核心是控制政府权力和保障公民基本权利，因而在政权机构的设置方面一般要求进行适当的分权，以制约政权机构的治理权力，保证动物防疫法律能够得到有效的实施，确保官方行为与动物防疫法律保持一致。我国当前的动物防疫治理机制存在的最大问题在于，要求相互配合或合作的内容比较多，而要求相互控制或制约的内容太少，这种治理组织的设置容易导致动物防疫治理过程中政府权力滥用，导致动物防疫法律制度经常被政府违反而不会受到责任追究。另外，即使在要求动物防疫组织相互合作的内容中，也存在着相互之间的法定职责不清的问题，也就是动物防疫法律虽然设定了一个主要的负责机构，但对于其他辅助机构应当在动物防疫的过程中做什么却没有明确的规定，只是强调要服从政府的统一指挥，这无疑是与法治的基本精神相违背的。

第四，政府和社会公众对动物防疫法治的认识还存在一定的偏差。法治的最高状态是，不仅法律获得了普遍的遵守与服从，而且人们也知道其他人也严格的遵守和服从法律，并且也愿意主动的遵守与服从法律。这就需要一个国家的政府和人民既要对动物防疫法律制度达成共识，同时还需要对动物防疫法律制度的理念达成共识。人们不仅在道德上支持政府所采取的动物防疫措施，而且政府本身也会完全依据法律而为，尊重人们对动物防疫信息的知情权，保障人们在动物防疫过程中的基本权利。然而，在当前中国的执法文化中，人情还是在或多或少地影响着动物防疫法治理念共识的达成，执法者往往根据人情关系或其他与法律不相关的因素，对不同的对象采取不同的动物防疫措施。除此之外，中国是一个地区差异较大的国家，不同地区的文化也在影响着动物防疫法治共识的达成。一般而言，在比较贫困的地区，人情观念越是严重，法治观念也相对较差。由于中国的社会治理似乎还未完全适应陌生人社会，一旦脱离了人情观念的控制，在法律又存在诸多漏洞的情形下，诚信已经成为一个严重影响达成法治理念共识的阻碍性因素，在动物防疫法治过程中，各种投机主义行为盛行。

三、动物防疫法治的发展趋势与路径选择

面对动物防疫法治存在的上述问题,世界各国都采取了相应的应对措施,中国也不例外。从中国近年来发展完善动物防疫法治的做法来看,中国的动物防疫法治呈现出与西方国家不同的发展趋势。动物防疫法治的这些发展趋势及展现的实际效果可以证明,"有限政府"和"全权政府"的法治路径都不适合于动物防疫法治,只有"服务政府"才是最佳的法治路径选择。下文将首先阐述中国动物防疫法治的发展趋势,在此基础上再论述适合于中国的最佳动物防疫法治路径选择。

(一)动物防疫法治的发展趋势

从中国近年来的动物防疫法治实践来看,中国的动物防疫法治呈现出以下六种发展趋势:

第一,动物防疫法治的指导思想有贴近动物防疫实际需要的趋势。在法治起源的阶段,支撑法治的指导思想往往具有宏大叙事的风格,以所谓"人权、民主、自由和正义"等作为实施法治的基本价值理念。应当说,在反对封建专制的过程中,这种宏大叙事风格的指导思想起到了非常重要的作用,相对于封建专制时代的特权和奴役思想有重要的进步意义。然而,正如以《圣经》中的父权作为君权的正当性基础一样,以人的自然权利作为政治权力的正当性基础也具有形而上学的性质,缺乏坚实的实践基础。19世纪以来,法治的指导思想逐渐发生转向,这种转向与哲学上形而上学理论向实证性理论转向具有密切的联系,体现了时代对法治的实际需要,也就是说,法治指导思想的变化也是时代的产物,代表了一个时代的普遍性需求。在文艺复兴初期,人们的实际需求是打破封建专制,废除特权阶层对人民的奴役,实现人类最基本的自由。而在封建专制被打破之后,人们发现又面临着新的问题,主要是在放任自由的制度体系下,社会整体利益得不到足够的保护,贫富悬殊逐渐扩大,已经构成了影响社会可持续发展的重要障碍。尤其是马克思主义哲学,将法治的基础建立在经济基础之上,不仅更贴合社会实际情形,而且解释力更强。在这种背景下,动物防疫法治的指导思想也有贴近动物防疫实际需要的趋势,这里的实际需要主要是指当前中国人民的实际生活需要,而不是所谓抽象的人权、自由和平等。也就是说,动物防疫法治的指导思想现在朝着一切向满足人民实际生活需要的方向发展。

　　第二,动物防疫法治的价值体系有普遍性和特殊性相结合的趋势。在传统的法治观念中,价值体系明显具有普遍性的特征,也就是具有普适性,只要是法治国家都应当遵循这些基本价值体系。然而,无论何种价值观念,在某种意义上而言都是一种地方性知识,受不同国家或地区的文化或其他因素支配,比如免于强制的自由,在西方国家的理解中是不受任何人强制的自由(包括父母),而在中国的理解中,人情观念是主要的文化基础,不受强制的自由可能就不包括父母的强制,中国人也许认为父母对子女的强制性干涉绝对是正当的。再比如,西方人极其珍视的政治权利,明显受西方个人主义与宗教文化的影响,而在缺乏基督教信仰以及偏好于集体主义的中国,中国人更偏好于在其熟悉的人群中出人头地,而并不把政治权利视为比财产权利甚至人身权利更重要的权利。动物防疫法治的价值体系明显具有普遍性与特殊性相结合的趋势,普遍性体现在动物防疫法治过程中对政府权力的控制与对公民基本权利的保护,而特殊性则体现在政府采取相关措施的偏好以及人民对政府行为好坏的评价上,中国动物防疫法治部门更偏好于以最终结果来评价工作,而不偏好于以程序是否正当来评价工作,动物防疫法治的参与者也持有类似的态度。也就是说,如果在动物防疫法治过程中,政府虽然遵从了严格的法定程序但是却没有收到较好的治理效果,人民是不会满意政府的防疫工作的,反过来,如果政府并没有严格遵从法定程序但是却取得了较好的防疫效果,那么人民对政府的支持力度反而更大。

　　第三,动物防疫法治的基础有定型化的趋势。法治一般以民主和宪政为基础。西方国家的民主一般为选举竞争式民主,即由人民公开投票选举议员,再由议员选举国家领导人并投票表决法律的民主,宪政一般为权力分立式宪政,即立法权、行政权和司法权三权分立、相互制衡,再通过司法审查来控制立法和行政。西方国家通过近二三百年来的法制建设,已经使法治的基础完全定型了。中国自1997年提出建设社会主义法治国家以来,法治的基础也逐渐开始定型。中国的民主制度逐渐朝着协商式民主的方向发展,中国不采取西方式的选举竞争式民主,而是根据中国国情与文化的特征,按照科学发展观和建设和谐社会的理念,发展协商式民主,既保障了公民参与社会治理的权利,又起到了西方民主制度应该起到的作用。中国的宪政制度朝着中国共产党领导下的社会主义宪政方向发展,既坚持了中国共产党的领导,又可以达到对政府行使权力的有效控制。动物防疫法治的基础也是如此,中国的动物防疫治理者在治理过程中,并不如西方国家的政府一样,盲目屈从选民的选票,而是采取与人民协商的方式来处理,达到多赢的社会效果。而在政府权力控制方面,中国采取党委指导、人大监督和社会监督相结合的方式,全方位地控制动物防疫部门在防疫过程中的权力,还采取事前与事后监督相结合的方式,收到了良好的效果。

第四,动物防疫法治有逐渐成为主要治理方式的趋势。中国和西方社会的历史上都曾经出现过法治与人治孰优孰劣的争论。中国历史上出现的是"儒法之争",即儒家与法家对法治与人治何为较优治理手段的争论,西方历史上出现的是柏拉图与亚里士多德之间关于此问题的争论。然而,两者还是存在许多关键性差别,最重要的差别是,中国历史上的争论主要围绕"治民"而展开,而西方历史上的争论则正好相反,围绕着如何"治官"而展开。时至今日,许多不理解现代法治理念的中国人还是认为,法治与人治的关键区别,就是政府采取何种措施治理社会,采用法律的则为法治,相反则为人治。自1997年中国提出建设法治政府以来,中国民众对法治观念的理解逐渐深入,人们开始慢慢了解,法治不仅是治理人民和社会,更重要的是要治理政府,也即是有权治理者也应当受到法律的治理。根据这个观念,在原来的动物防疫法治模式中,中国的动物防疫法治实质上并非法治,因为治理的主要内容是要求人民服从法律,对于政府是否应当遵守法律则既不详细,也不具体。而随着法治社会建设的推进,动物防疫法治开始逐渐向政府和人民都应当接受法律治理的方向转变,这可以说是真正的动物防疫法治的开始,原来的只要求人民遵守动物防疫法律,而允许政府随意采取防疫措施的观念开始慢慢消退。也就是说,动物防疫法治开始真正成为中国在该领域主要的治理方式。

第五,动物防疫法治有加强司法化的趋势。权利救济机制是实现法治的重要条件之一。众所周知,执法主要依赖于行政机关,然而行政机关在执法的过程中,由于自己既是执法者,同时也是利益相关者,其对法律和事实的理解可能会存在偏见,为了防止此种偏见,需要设立司法机构,以一种不直接参加执法事务的身份参与到行政机关与行政相对人之间纠纷解决的过程,以保证对法律无偏见的理解和对相关事实的正确认定。也就是说,司法化是法治过程中实施权利救济的最重要的措施。党的十八届三中全会决定,要加强司法建设,增加司法机关独立性,减少其判决案件受到不正当干涉的可能性,增加司法机关审判案件的透明度,将法院的裁决文书上网,成为公开可查询的信息,使司法机关接受民众的监督。这说明,中国的法治建设又迈上了新的台阶,法治朝着加强司法化的方向发展。尽管在动物防疫法治过程中,司法介入的程度不够深入,许多受到动物防疫措施影响的人还无法通过司法的方式来维护自己的合法权益,但是我们有理由相信,随着国家法治司法化的趋势加强,动物防疫法治也必然会呈现出类似的发展趋势。

第六,动物防疫法治有人权保障逐渐加强的趋势。人权保障是法治起源的根本原因。在古典自由主义者看来,政府出现之前,人类长期处于"自然状态"之中,社会以完全自治的方式来解决问题。然而,在社会自治的过程中,存在诸多难以解决的问题,比如社会规则跟不上社会时代的需要,人们对社会规则的理解如果出现差异没有中间人进行裁决,人们可能存在投机行为等,也就是说,在社会自治的状态下,人们虽然拥有绝对的不受强制的自由,但是这种消极自由其实是不受保障的,有随时受到别人侵犯的可能性。为了解决这个问题,人们达成社会契约成立了政府,其目的正在于解决社会自治的不便。然而,这又会带来新的问题,政府一旦从人们手中获得了治理权力之后,就有可能滥用手中的权力,给人们的自由与人权带来新的威胁。也就是说,政府的成立可能使人们摆脱自由与权利受到其他人随意侵犯的可能性,但是却带来了受到政府侵犯的可能性,比如奴隶社会与封建社会中,人们的悲惨命运就是明证。自法治起源以来,人们逐渐认识到,只有控制好政府权力才能更好地保障人权。而自20世纪的金融危机以来,人们开始认识到,只承担有限职能的政府并不能更好地保障人权,政府必须做更多的事情,比如提供更多的公共服务,才能更好地保障公民的基本人权。因此,法治发展的基本趋势是,人们对人权保障的要求越来越高,相应地对政府的要求也越来越高。在动物防疫法治领域也是如此,人们不仅要求政府保护好动物及其制品的财产权不受侵犯,还要求政府保障所有的公民(包括动物产品消费者和其他公民)不受动物疫病传播的损害,甚至要求政府在采取动物防疫措施时,任何人的权利都不能受到损害,但是社会整体福利却要得到改善。无疑这给政府的执政增加了许多压力,但是无论如何,这是现代法治社会人权保障逐渐加强的表现之一。

(二)动物防疫法治的路径选择

尽管中国的动物防疫法治呈现出上述六个方面的发展趋势,但是相对于动物防疫法治存在的问题而言,我们还需要找到一条解决问题,推动上述发展趋势继续完善的合适路径。选择何种路径,对于动物防疫法治目标的实现具有非常重要的意义,因为一个错误的选择,可能并不会使我们朝着正确的方向前进,反而离既定目标越来越远。因此,在解决中国动物防疫法治路径选择问题时,我们需要排除一些错误的路径,在此基础上我们才能发现正确的法治路径,并坚信我们的选择是正确的。

首先,以个人主义方法论为基础的"有限政府"的法治路径与动物防疫法治的实际需要不相适应。"有限政府"是西方国家传统的法治路径,其方法论基础为个人主义。个人主义方法论实际上是一种分析社会的视角或前提,如果认同个人是社会的主体,个人之间关系的总和构成了社会,在个人之外并不存在独立的可以决定个人身份、地位和意识形态的社会结构或制度,也就是说,在个人主义方法论视角下,人的本质是其"理性"或者"意志自由"。与个人主义方法论相对应的是社会主义方法论,认为社会结构或制度是先于个人存在并且能够决定个人身份、地位和主观意识形态的东西,人的本质是其"社会性"或"政治性",在社会主义视角下,人是没有"意志自由"的,人的动机来源及受何动机的支配都是由先在的社会制度或社会意识决定的。在个人主义方法论视角下,人的基本权利被认为是天赋的或自然性的,这个世界上没有什么其他东西在重要性上要优于人的基本权利,尽管这种基本权利由于没有政府的保护而非常脆弱。为了论证政府存在的必要性,个人主义方法论者一般会假设在政府出现之前存在着所谓的"自然状态",认为这种状态中人享有天赋的自然权利,只是在这种状态中,由于没有政府的存在,行使自然权利会存在诸多不方便之处,于是人们将会相互达成社会契约,组建政府,授予政府一定的权力,由政府对社会进行治理,但是人们不会把所有的自然权利全部授予政府,未授予政府的权力,政府不得行使,这就是所谓"有限政府"理念的来源。

在"有限政府"的法治路径中,通过限制政府权力行使的范围来达到控制政府权力以保障公民基本权利的目的,在资本主义早期确实起到了促进生产力发展的作用。然而,沿着这条路径发展到一定阶段之后,法治逐渐遭遇了许多难以解决的困境,比如贫富悬殊、环境污染、经济危机、失业、养老和医疗无保障等等。在"有限政府"的理念下,法治基本上无法解决上述问题,因为在这种理念下,政府的职能局限在保护国家安全和社会安全,公正裁决解决纠纷方面,如果政府想突破这种限制,就必须增加征税范围和幅度,势必会影响富有群体的财产权,当然也就会遭到他们的反对。动物防疫法治如果采用"有限政府"的法治路径,那么对于政府免费提供的动物防疫服务、对动物采取强制性扑杀或免疫以及对感染地区或人群进行强制性隔离等措施都属于越权行为,即属于没有当然也无法获得法律授权的行为。政府如果采取这些措施,就是超越职权的行为,当然也就是违法行为,这就与法治的基本理念相违背了。

其次,以管理主义为基础的"全权政府"的法治路径与动物防疫法治的实际需要不符。在一些后发的新兴国家中,有些国家为了尽快追上发达资本主义国家的步伐,采用管理主义为基础的"全权政府"作为实现法治的路径,部分国家还取得了令世人瞩目的成绩,比如新加坡就是如此。这些国家与西方国家在经济条件、政治条件、社会条件、文化条件和宗教条件方面存在巨大的差异,如果全盘引进西方国家的法治模式,就会存在水土不服的问题,比如文化上注重人情观念和宗教上缺乏坚定信仰的国家,如果坚持以市场经济作为发展的基础,那么就很难实现社会最大限度的自治,因为人们一旦脱离熟人社会"人情"观念的限制,突然进入以陌生人社会为基础的市场经济体制,那么诚信就会成为最大的障碍和问题,人们既对法律规则没有坚定的信仰,又不受熟人社会中"面子"观念的制约,很容易形成一切以实现自身利益最大化为目标的行为取向,导致人们间相互冲突的状况加剧,使以社会自治为主要治理方式的国家完全进入混乱状态。于是,为了保证人们遵守法律规则,这些国家选择了管理主义为基础的法治路径,也即是政府主导和推进的法治模式。在这种路径中,如果公民不遵守法律,那么政府将采取积极措施促使公民服从法律,如果政府官员不遵守法律,那么政府将采取更严厉的措施来保证其服从法律。这样就导致政府全面介入社会事务的管理当中,"从摇篮到坟墓"的任何事务,政府事无巨细都要介入管理,以保证公民和政府官员能够遵守法律,根据法律行事。

管理主义的法治路径无疑在新加坡以及其他一些国家取得了成功,新加坡政府不仅是世界上最廉洁的政府之一,而且其管理高效也是世界知名的,更重要的是,经过几十年的建设,新加坡这个国家确实具有达到了与西方国家相似的法治状态。然而,我们认为,新加坡管理主义法治路径的成功并不具有代表性,反而应当说具有特殊性。其中最大的特殊性可能是这个国家的规模不大(包括人口与地域规模),以管理主义的方式推进法治确实能够在短时间内实现法治秩序。但是,随着国家规模的扩大,管理主义的法治路径必然会出现"管理无效益"的问题,即随着规模的扩大,管理信息的沟通成本加大、决策执行的成本加大以及监督执行的成本也在加大(山高皇帝远),这些增加的成本会逐渐成为管理主义法治路径难以回避的障碍。中国就不可能选择管理主义的法治路径,因为中国的地域范围比较大,各地区之间的差异也比较大,人口众多,以管理的方式推进法治,管理成本会非常高昂,高到足以阻止法治的实现。动物防疫法治也是如此。中国各地养殖的动物类型各不相同,自然和社会条件也存在较大差异,根本就无法以完全统一的方式来推进法治,这无疑与法治的基本精神相违背(因为法治之法的首要要求或条件就是"法律应当具有普遍性)。

最后,以公共服务为基础的"服务型政府"的法治路径是到目前为止动物防疫法治最优的路径选择。"有限政府"的法治路径与时代发展的需要不符,而"全权政府"的法治路径则既不适应中国的国情,也与法治的基本理念想违背。如果选择"服务型政府"的法治路径,那么既有可能满足中国动物防疫的实际需要,也有可能符合法治的基本理念,因此可以称为动物防疫法治的第三条路径。"服务型政府"以公共服务理念为理论前提,"有限政府"法治路径中的政府职能可以涵盖在公共服务范畴之下,即所谓的一般公共服务或间接公共服务,而时代发展对政府提出的新的职能要求,比如提供养老保险、失业救济和医疗保险等,则是所谓的基本公共服务或直接公共服务。总而言之,社会公众对政府职能的需求都可以以公共服务进行解释,政府职能范围的边界,就由社会公众对公共服务的需求程度来确定,随着社会的发展,社会公众对公共服务的需求也会发生变化,那么政府职能也应当随之进行调整。由于公共服务理念的这种灵活性,使之很容易满足动物防疫工作的实际需要。而法治基本理念中对政府权力的控制,在公共服务范畴下也可以得到很好地解释和执行。从实质层面而言,政府权力是否合法合理的判断标准是,是否最好地提供了相应的公共服务,是否在不损害任何一个人利益的前提下改善了其他人的利益或社会整体的利益。从形式层面而言,公共服务的"公共性"和"服务性"是动物防疫法律是否达到"善良"的基本判断准则,也是衡量政府行为是否在实质上保持了与动物防疫法律一致的重要判断标准。只要坚持了这两种基本性质,就可以有效地控制政府权力,同时也可以有效地保障公民的基本权利,甚至可以在更高层次上扩大公民所享有的基本权利的内容和程度。

本书对动物防疫法治的探讨正是基于这样一种视角。为了论证这一法治路径选择的正确性,我们首先需要论证动物防疫是否为一种"公共服务"的问题(可以从动物防疫的政府角色、效率和行政等三个方面展开),在此基础上,我们还需要证明作为公共服务的动物防疫如何将动物防疫工作的实际需要与动物防疫法治紧密结合起来,使动物防疫工作既有成效,也符合法治的基本要求。在公共服务视野下确立了动物防疫法治的基本理念之后,我们可以考虑中国现行的动物防疫法律制度,分析其是否与已经确立的动物防疫法治理念相吻合,我们可以考察中国各级政府应对动物防疫的案例,分析其治理过程是否符合已经确立的动物防疫法治理念。

第二章 作为公共服务的动物防疫：
角色、效率与行政

第一节 动物防疫中的政府角色

一、动物防疫中的公民自治

自由主义最重要的教训之一就是，认为没有政府支持的公民自治可以达到解决社会问题的最佳效果。自由主义的上述观点首先表现在经济领域，认为不加约束的市场机制可以在资源配置方面达到最佳的效果。两百多年前，亚当·斯密就提出，追求自身利益的个体在市场这只看不见的手的引导下可以实现社会的最佳利益，人们所享受的晚餐"并非出于屠夫、酿酒师或面包师的仁慈，而是出于他们的自身利益"。① 市场机制最重要的原理是自愿交换，这就意味着，只有当两个人认为交易对自己有利时，才会进行交易。从整体上而言，只要一个社会中发生了相互自愿的互惠的交易，就必然会给整个社会带来好处，因为既然交易是相互自愿且互惠的，就不会有人从中受到损害。除此之外，市场机制还有良好的激励机制，鼓励所有的公民生产最有价值的产品，并使用它们进行交易，以便从其他人那里获得对自己最有价值的东西。但是，在亚当·斯密的理论中存在两个问题，一个是逻辑问题，一个是事实问题。逻辑问题是，斯密分析的是两个人发生交易的简单情形，而市场是由无数人之间的交易共同构成的，将市场机制的作用等同于两个人发生交易情形的简单累加无疑是有问题的，在无数人发生交易的市场中，如何能够必然保证每一个交易都会使双方受益而不会损害其他人的利益呢？将这种机制的作用称为"看

---

① [英]亚当·斯密：《国富论》，郭大力、王亚男译，商务印书馆 2009 年版，第 374 页。

不见的手"，实际上就是将市场机制的作用神秘化，将市场视为一个"自在之物"，本身不需要任何解释就可以产生人们需要的结论；事实问题是，即使在两个人的交易中，双方对各自交易的东西所掌握的信息是不对称的，"买者永远没有卖者精"。除此之外，两个人为了达成交易，需要相互了解对方的需求及所提供产品是否满足自己的需要，这需要双方付出一定的交易成本，如果交易成本过高，这可能会阻碍双方发生交易。信息不对称可能会产生欺诈的问题，而交易成本过高则会阻碍一些本可以实现自己最佳利益交易的进行。如果放大到整个市场，那么信息不对称和交易成本的问题会更加明显，使亚当·斯密的理论失去适用的有效性。

亚当·斯密的理论也可以适用于政治社会领域。适用于政治社会领域的斯密理论强调社会自治的重要性，否认政府能够在社会治理过程中充当重要角色，认为基于自治的社会最终会形成自生自发的秩序，这是一个不需要政府参与治理的社会，在这种社会中，人们会遵守约定俗成的社会规则，按照自己的意志行事，社会秩序看似杂乱无章，实际上则是"形散而神不散"，人们在约定俗成规则的支配下，能够自动实现社会的有序化。当然，社会自治理论存在着与市场经济同样的逻辑与事实问题。哈耶克从知识论的角度对此进行了修正。他认为，人类社会存在两种不同类型的秩序，一种是组织秩序，一种是自生自发的秩序。前者通过组织者的命令来构建，"一切行动听指挥"，只适合于组织规模比较小，组织目标相对明确的小型社会，而一旦社会规模比较大，组织者的命令就会存在以下问题，即命令在传达过程中被扭曲、执行命令的过程有违反道德的风险以及命令本身不符合实际情况的需要等，导致组织者希望看到的社会秩序无法实现。也就是说，组织秩序之所以难以在规模较大的社会中实现，主要的原因在于"人类知识的有限性"，人类不是上帝，不是全知全能的，无法在掌握所有相关信息的前提下做出完全理性的决策，执行或遵守命令的人也不是完全理性且忠诚于组织者的，他们有自己的个人目标或利益需要去实现，组织者的利益与个人利益不可能完全一致，作为组织者也缺乏足够的能力来保证人们完全服从或遵守其下达的命令。哈耶克实际上是从知识能力的角度阐述了"全能或全权政府"治理社会的不可能性。反之，哈耶克认为，如果将社会行动的决策分散给社会中的每一个人，由社会成员自己决定如何行动，通过相互协商来解决社会问题，那么就可以避免由组织者统一指挥带来的"无知"和"无能"的问题。对于许多个人间相互协调的行动形成的社会秩序，哈耶克称之为"自生自发的秩序"。对于这种秩序形成的原理，哈耶克采用了与亚当·斯密同样的论证方式，认为长期进化形成的"约定俗成"的社会规则能够自动起到型构社会秩序的作用，就如同市场是"看不见的手"一样，拥有调整经济资源最优配置的功能。①

　　然而，"约定俗成"的社会规则能够自动调适社会秩序的观点遭到了许多学者的反对，有的学者还是来自于自由主义阵营。就经济理论方面而言，科斯认为，亚当·斯密的理论没有考虑决策信息不充分和交易成本的问题，而一旦将这两个问题考虑进去，社会成本最低或经济资源配置最优的决策就不一定总是会出现，决策信息的不充分以及交易成本过大都有可能会阻碍上述结果的出现。② 而就政治社会理论而言，哈特认为，哈耶克的理论至少存在三个难以解决的问题。其一，"约定俗成"的规则具有严重的滞后性，难以解决新出现的社会问题。一种"约定俗成"的社会规则的形成并最终获得共识，需要经历很长的时期，而社会的发展变化具有突变性，很多情形都完全出乎人们的预料之外，这些情形一旦出现，就无法完全按照"约定俗成"的社会规则来处理，就会打乱已经形成的社会秩序。其二，"约定俗成"的社会规则可能存在较大模糊性，导致不同的人对其有不同的理解。尽管"约定俗成"的社会规则最大的优势在于受其约束的人们对其有几乎一致的理解，但是这是在共同的生活环境下形成的，也就是说，这种理解上的一致性是生活条件或环境的相似性导致的，一旦脱离了具体的语境（生活条件或环境），那么人们对这种规则的理解就会发生变化或产生分歧。而分歧一旦产生，由于涉及各方的利益，没有人想放弃自己对规则的理解，于是社会秩序就不可能在这种规则的约束下得到维系。其三，"约定俗成"的社会规则缺乏足够的强制性约束力，存在违反它的道德风险。"约定俗成"的社会规则能够完全发挥其作用，有一个非常重要的假设性前提，即每一个社会成员都是理性且道德完善的，而实际上这一假设是完全不可能的，生活在实际社会中的社会成员，既不可能是完全理性的，在道德上也不可能是完善的，他们完全有可能只关注眼前利益而忽视长远利益，

---

① 参见［奥］哈耶克：《法律、立法与自由》，邓正来译，中国大百科全书出版社1999年版。
② 参见［美］米德玛：《科斯经济学：法与经济学和新制度经济学》，罗君丽译，格致出版社2010年版。

他们完全有可能为了使自己的利益最大化而损害其他人的利益,对这些人的行为,"约定俗成"的社会规则根本就不可能给予强制性制约,不仅如此,由于这些人的行为没有受到相应的强制性惩罚,还会给许多其他人带来负面信息,认为只有违反这些社会规则才能给自己带来最大的利益,于是社会就会进入一种争相违反"约定俗成"社会规则的"逆向选择"的状态,最终导致这种社会规则完全解体,社会进入完全无秩序的状态。①

动物防疫制度的发展历程是上述观点之间争论的最好注脚。在自由资本主义时期,食用动物养殖逐渐专业化、职业化和规模化之后,动物及其制品的流转也随之繁荣起来,当时对于动物及其制品流转过程中出现的问题,大多由当事人以自治的方式解决,比如对于动物及其制品的价格、质量和交付等问题都由市场机制来调整,而对于动物及其制品所可能包含的疫病,一般由诚实信用原则和市场竞争机制来调整,即动物及其制品的生产者本着诚实信用的原则,不故意向交易对象交付含有病原体的动物及其制品,或者应当尽到一个合格动物及其制品生产者所应当尽到的法律义务来生产动物及其制品,如果没有达到这种要求,那么则必须赔偿由此造成交易对象的损失。另外,由于市场竞争机制的存在,也给动物及其制品的生产者造成了一定的社会压力,迫使其本着诚实信用的原则来交付合格的动物及其制品,否则就有可能会被市场淘汰。除此之外,相关自治性的行业协会的存在也是解决动物及其制品存在问题的主要方式之一。自治性行业协会的存在,可以自主协商确定行业发展的共同规则,在发生争议的情况下,自治性行业协会还可以组织实施协调工作,化解纠纷;除此之外,自治性行业协会的存在,还可以为行业参与者提供资信上的保证,使其他参与者和消费者降低寻找信誉度较高的行业参与者所产生的交易成本。

然而,动物防疫自治同样存在着上述难以解决的问题。第一,存在着动物疫病信息不充分的问题。在自治性动物防疫过程中,由从业者个人投入大量资本对动物疫病进行诊断、监测和治疗,存在两个主要的困难,其一是从业者个体可能没有如此多的资本实力来承担这些项目;其二是从业者并不能从这些项目中获取收益,因为从业者所实施的这些项目,很难向受益者收费,也就

---

① 参见[英]哈特:《法律的概念》,张文显译,中国大百科全书出版社1999年版。

是说,从业者所从事的这些项目具有很强的"外部性"。正因为上述两个困难,导致从业者个体基本上不会对动物疫病进行科学研究,使自治性动物防疫存在着比较严重的信息不充分的问题,自治者无法精确掌握动物疫病的类型、发病规律和科学的预防控制手段,也无法在动物疫病爆发流行之后,快速有效地采取措施,控制动物疫病的持续爆发流行。

第二,存在着动物疫病信息不对称的问题。在自治性动物防疫过程中,由于从业者都是受私有财产权保护的个体,都想从动物养殖中获取个人利益,而动物及其制品的交易各方,对动物疫病的信息掌握处于严重不对称的状态,在通常情形下,掌握信息更充分的一方可能会与另一方本着诚实信用的原则进行协商,然而在已经发生大规模疫病的情形下,受到动物疫病威胁的一方可能会因此而破产,为了保障自己的利益,就可能会违反诚实信用的原则,以承担道德风险作为代价,隐瞒其对动物及制品可能含有病原体的信息,将利益受损的风险转移至其他人,或者由其他人与其共同分担利益受损的风险。由于自治过程中,仅存在道德上可能的惩罚,缺乏政府的介入,因此这种各自保护个人利益的行动可能并不会形成良好的社会秩序,而会引发动物疫病的快速传播流行,如果存在人畜共患的情形,那么由此带来的后果将极其严重。

第三,存在着违反共同约定的动物防疫规则的道德风险。在自治性动物防疫过程中,从业者可能会在长期的发展过程中,通过相互协商谈判而形成约定俗成的动物防疫规则,这些规则在应对常见的动物疫病方面有一定的效果,并且可以体现自治的优势,因为这可以有效地减少应对动物疫病的交易成本。但是,一旦出现新的动物疫病,在信息不充分的情形下,受自利动机的驱使,约定俗成的规则就会存在被违反的道德风险,而且也由于出现的动物疫病是前所未有的,约定俗成的规则也缺乏应对的能力,也就是说,即使人们有良好的道德感,也不能保证这些规则的实施或遵守能够有效地应对动物疫病的传播流行,而反过来又会加剧人们违反约定俗成之动物防疫规则的可能性,最后导致这些规则的完全失效。

第四,还存在着对共同约定的动物防疫规则理解差异的问题;除了上述有违反约定俗成之动物防疫规则的可能性之外,由于缺乏公正且权威第三者的介入,从业者可能会产生对这些规则理解上的差异,比如对动物疫病类型的命名、对不能交易的感染相应动物疫病的类型认定等问题,从业者可能会基于其生活环境所给予的"前见"而对此加以解读，导致认识与理解上的差异。这种理解上的差异可能产生的影响包括，从业者各方对由此产生的纠纷相持不下，更为严重的是，可能会延误控制动物疫病传播流行的最佳时机，导致动物疫病的大规模爆发流行。

第五，还存在着对动物防疫无力应对的问题。自治性动物防疫存在的最严重的问题可能来自于对动物防疫的应对无力。一个显而易见的事实是，一个组织良好的群体与一个缺乏组织的群体相比，即使前者的人数和个体的能力不如后者，由于前者容易形成合力，就能够比后者产生更大的能量。在自治性动物防疫过程中，尽管各方存在着共同利益，有共同行动以应对动物疫病的现实性和必要性，然而由于自治性群体缺乏地位中立且权威获得一致认同的领导者，并且缺乏必要的强制性手段或措施，就无法采用有效的措施使利益主体形成合力，共同应对动物疫病的传播扩散。即使在某些情形下能够暂时性的形成合力，一旦紧急情形消失，这种合力也会随之消失。而动物防疫的有效性需要采取长期措施，从动物疫病的监测、检疫到动物疫病的治疗，并不是短期内就能够轻易解决的，必须持之以恒，形成稳定的动物防疫体系才能有效应对，这明显是自治性动物防疫所不能解决的。

二、动物防疫中政府的消极角色

自治性动物防疫难以解决的问题为政府应当充当的角色预留了可能性。从理论上而言，亚当·斯密和哈耶克为市场经济条件下社会自治政府应当充当的角色，提供了一个分析的框架和抽象的定位。就分析的框架而言，他们一般认为社会自治不仅在经济效率上有明显优势，而且在社会道德意识的培育方面也明显优于政府主导的模式。但是，尽管如此，社会自治还是存在一些其本身难以解决的问题，这构成了分析政府在社会自治中应当充当何种角色的分析框架；就抽象定位而言，两者都认为，"最小规模"或"有限"的政府是最好的政府，也就是说，如果政府在社会自治中充当的角色能够局限于解决社会自治自身不能解决的问题方面，那么政府就是"最小规模"或"有限"的政府，同时也就是最好的政府。根据哈耶克的观点，政府的规模应当局限在以下三个方面：

首先，政府应当保障"每个人确获保障的私域"。这是政府在公民自治型社会中最重要的一种角色,也即是充当"权利保护者"的角色。政府的这种角色主要体现在以下几个方面:其一是充当权利的界定者。在公民自治型社会中,公民之间最容易产生纠纷的事情就是权利边界不清楚,对于什么是"你的",什么是"我的"没有明确的划分标准,即使有一定的标准,也可能无法获得所有社会成员的公认。政府对权利的界定,能够产生公示公信的效果,即政府通过采取一定的方式对权利进行界定,可以使所有的社会成员仅凭借政府措施中的外在标志就知道谁拥有这些权利,所有的社会成员都愿意相信政府的这种界定,而且也知道其他社会成员也相信政府对权利边界的界定。其二是充当权利的保护者。在公民自治型社会中,即使政府采取了一定的措施对权利进行了界定,而且这种界定产生了公示公信力,还是会存在一些严重的侵犯权利的问题。政府所界定的权利实际上代表了公民个人所拥有的个人利益,非经公民个人同意的任何形式的权利丧失都是不能获得公民认同的,然而由于个人能力与机遇的差别,可能会导致公民个人利益在程度上的较大差别,在嫉妒心或其他不良心态的支持下,某些公民个人可能会产生非法获取其他人的利益从而侵犯他人权利的想法,一旦这种想法变成行动,就会对公民权利或"确获保障的私域"造成影响,最终可能造成公民自治社会的解体。也就是说,公民个人也许可以成为自己权利的保护者,但是如果仅由公民个人来保护自己的权利,政府不对此进行保护,那么就会造成"弱肉强食"的状态,弱者的权利根本得不到任何保护,强者的权利也有可能被人随意侵犯,最后可能退化到自然状态,由自然进行选择,适应者才能生存,而这必然是人类社会的退步;其三是充当权利的仲裁者。即使政府对权利的界定具备了公示公信力,即使政府努力地保护每个人所拥有的权利或"私域",公民之间还是有可能会发生权利之间的争议。因为在社会发展的过程中,公民之间可能会发生利益之间的交换,权利客体也有可能发生一定的变化,比如自然力可能会改变土地的存在状态等,这可能导致公民之间对权利的归属产生争议。如果仅由当事各方以协商或其他私力方式予以解决,可能导致的结果是,最后决定权利归属的可能仅依赖于强权,如果存在着政府提供的仲裁者,并且由政府强制力予以保证,那么即使是由当事各方以协商或其他私力方式解决权利归属问题,也会由于政府仲裁者的存在而能够在很大程度上保证解决的公正性,更何况当事方还有直接诉请仲裁者的权利,由仲裁者以强制性的方式,根据一定的标准对权利归属进行认定,此种认定由于具有公示公信力,因此相对于协商等私力解决方式而言就具有无可替代的优势。

在动物防疫中,作为"权利保护者"的政府应当充当的角色可以做如下解读。首先,要明确动物及其制品的权利界定标准,也即是制定动物及其制品如何具有公示公信力的外在标准或表征。在传统民法中,动物及其制品的权利界定标准一般为"占有",也就是说,动物及其制品由谁实际占有,就推定动物及其制品的权利属于谁,在此"占有"是作为动物及其制品权利归属的公示公信标准。然而,在历史上,动物养殖的方式以散养为主,动物存在走失的可能性(即脱离权利人的占有状态),"占有"作为权利的一种公示公信方式实际上并不十分可靠。为此,政府可能通过在动物身体上打上永久性的由政府认证的标志,作为权利界定的公示公信方法,而对于动物制品,则政府在制品上加盖认证标志作为公示公信措施。不过相对于动物走失以及动物制品归属不明的可能性而言,政府采取此种公示公信相对于直接认定"占有"作为公示公信方法可能要消耗更多的交易成本,某些比较谨慎的从业者可能并不愿意政府介入,因为这必然会增加从业者的养殖成本。因此,如果仅仅是考虑权利划分或界定的问题,由政府采取措施在动物及其制品上制作权利界定标准,根据"最小政府"或"有限政府"的理念,这当属多余,政府不应当充当这种角色。其次,要保护动物及其制品的权利,使其不受其他人的非法侵犯。在动物养殖处于散养的时代,权利人对动物及其制品的权利比较容易受到其他人的侵犯,被其他人盗窃或抢劫。为了防止动物及其制品的权利人受到非法侵犯,政府需要建立警察机构,对实施盗窃或抢劫的行为人进行惩罚,某些国家由于特定的社会条件,允许公民合法持有枪支,以平衡公民个体在身体力量上的差异,允许公民个体使用枪支对抗非法侵犯权利的行为人(比如美国)。而在动物养殖进入工业化和规模化阶段之后,动物及其制品的权利被非法侵犯的机会逐渐减少,政府可能并不需要单独为此建立相应的警察机构,只需要适用一般性的警备力量即可。最后,要建立动物及其制品权利归属的仲裁机构和仲裁标准,化解动物及其制品权利拥有者之间的权利纠纷。根据记载,在古代农业社会中,尤其是动物及其制品是权利人的重要财产的社会阶段,最经常出现的纠纷之一就是动物及其制品的权利归属问题,比如两人发生活动物之间的交易,两人对动物已经怀孕的事实都不知情,结果买者买回动物之后不久就发现动物怀孕了,对于动物幼崽的权利归属,买者和卖者都认为自己有权利。在这种情形下,政府必须建立司法机构,允许权利归属发生争议的各方起诉至法院,由法院进行权利归属方面的裁决,以化解纠纷。除此之外,还需要确定法院裁判的基本标准,作为法院裁决权利归属问题的法律依据。在古罗马法中,裁判的基本标准很大程度上由官方认可的法学家提出并解释,而在英美法系国家中,裁判的基本标准则一般由高级法院的法官提出并解释。在中国古代社会中,对于动物权利归属的裁判标准,在排除政府官员任意干预的前提下,大多数情形下都与社会习惯保持了一致。

其次,政府应当保障"充分的契约自由"。在自治型社会中,公民之间交往最重要的特征之一就是充分的"自由",也即是设定每一个公民都是具有自由意志的公民,各方之间所产生的交往应当都由公民个人自己来决定,政府不应当对此进行干预。但是,这并不意味着公民之间的这种基于契约的自由交往不需要政府做任何事情,至少有以下一些事情是纯粹的公民自治所不能做的:其一是设定契约自由的主体资格。相对于动物,人的成熟期相对较长,需要学习的知识也比较多,在未形成独立完整的"自主意识"之前,人是不符合与他人进行自由交往的,因为其可能缺乏这种自由交往的责任意识和所需要的社会知识。为此,政府可以采用一些措施予以解决,比如可以为未达到成熟标准的人设立"监护人",由"监护人"替代未成熟之人基于契约自由而进行交往;政府还可以规定进行自由交往所必须达到的标准(年龄和智力标准),使社会中基于契约自由发生交往的当事人根据政府的规定就可以知道其交往的对象是否具有相应的交往能力,也就是说,政府做出的此种规定,具有公示公信力,可以使人们相信其交往的对象是有相应能力的,这种交往不会因为交往对象无相应能力而在法律上没有相应的效力。很明显,这些事情只有政府才有能力做,任何其他公民或组织由于本身就是社会交往的当事人,根据"任何人不能成为自己法官"的原则,如果由他们来替代政府做这些事情,就无法使社会中的其他人相信他们是公正的,也就是说,除政府之外的其他人或组织替代政府所做的这些事情,可能会缺乏足够的公示公信力。其二是政府应当保护那些在自由交往过程中的"善意"人,惩罚那些"恶意"利用契约自由侵犯他人合法权利的人。在公民自治型社会中,自由交往的各方往往处于信息不对称的状态,信息居于优势的一方可能会利用其优势对处于信息劣势的一方进行欺诈或诈骗,损害信息处于劣势一方的合法利益。如果政府不对此种行为采取措施,那么社会就完全处于一种优胜劣汰的选择阶段,诚信者可能会被淘汰,欺诈者则被保留下来,最后选择的结果可能是,欺诈者越来越多,这对社会发展明显是不利的,因为这会显然增加社会的交易成本,任何人都对交往对象充满疑问,人们缺乏最基本的交往信任感,最后可能将社会相互交往的程度降至难以置信的水平或程度。政府在此可以采取的措施是多种多样的,比如对于较为严重的诈骗行为,政府可以纳入刑法的治理范围,对于较为轻微的欺诈行为,则可以设立相应的裁决机构和裁决标准,以判断当事人的行为是否为"恶意",并根据其判断当事人交往的"真意"来裁决当事人之间的纠纷。

在动物防疫中,政府应当充当的角色与上述情形类似,只是动物及其制品的交易具有一定的特殊性,对政府职能的要求也就相应的有所不同。首先,政府应当采取一定的措施保证动物及其制品的权利人有充分的自由意志,保证交易相对人根据政府设定的标准就能够识别权利人是否具有交易的主体资格,避免因为交易相对人缺乏资格而导致交易行为无效。在动物养殖散养阶段,动物养殖一般为家庭式养殖,动物及其制品的权利一般为家庭共有,能够代表家庭行使权利的一般为家长(大部分国家或地区都是男人),家庭其他成员所实施的交易行为可能会因为缺乏主体资格而无效。而在动物养殖进入规模化和工业化阶段之后,动物养殖的主体一般为具有政府认定的法人资格,只有经政府注册登记的法定代表人或由其授权的主体才能实施有效的交易行为。中国当前的动物养殖处于混合阶段,即有家庭养殖,也有工业化和规模化养殖,因此,中国政府目前在法律上确认的合法交易主体包括家长和法定代表人或由他们授权的人。其次,在动物防疫过程中,最容易出现欺诈或诈骗情形的,可能是动物及其制品的权利人为了避免受到动物病疫所带来的损失,在交易过程中故意隐瞒动物及其制品携带病原体的事实,分散动物疫病可能给自己带来的损失。在这个过程中,当事人容易在两个方面发生纠纷,一是动物及其制品在何时感染疫病(交易前还是交易后),二是交易当事人是否在交易时明知被交易的动物及其制品携带动物疫病。这就需要政府在交易过程中充当独立公正的第三者的角色,对交易的动物及其制品进行检疫,对符合检疫标准的动物及其制品加盖政府认证的标志,使交易对象仅凭政府加盖的标志就可以认定动物及其制品是没有动物疫病的,也就是说,政府在动物及其制品上加盖标志的行为具有公示公信力,足以使交易者相信交易的动物及其制品是没有动物疫病的,根据政府加盖的这个标志,出售动物及其制品的人也可以证明自己不是"恶意"的,这就可以合理解决当事人之间相互信任的问题,可以极大地促进交易快速有效安全地进行。

最后,政府应当保障"过错承担责任制"。在公民自治型社会中,公民在相互交往的过程中,即使是在心理上是"善意"的,由于某些不可控制的因素,也有可能出现损害其他人权利或利益的情形。针对这种情形,可能会出现相互矛盾的要求,受到损害的当事人可能会认为,自己是整个过程中最无辜的,既没有主动实施任何行为,也没有从别人的行动中受益,反而因为别人的行为使自己受到了损害,因此自己应当获得相应的赔偿,赔偿额度至少要达到受到损害之前的状态;而实施这个行为的人则可能会认为,对于这个行为所造成的损害,超出了自己所能预见和控制的能力范围,也就是说,尽管行为人与受害人的损害有一定的关系,但是这种损害发生的主要原因却是行为人所不能预见和控制的,也就是说,行为人对受害人的损失没有主观上的过错,如果要行为人承担责任的话,实际上就是要惩罚一个主观上没有过错的人,而且这种惩罚不会收到任何教育警示的作用,因为其他人下次面临同样的情形时,也不能预见和控制损害的发生。如果没有政府的介入,完全由社会实施自治,那么可能出现的后果是,社会可能会一致认同"无过错也需要承担责任",也有可能会认同"有过错才承担责任"。无论采取何种过错责任制,都有可能会出现一些社会问题。如果社会认同前者,那么实际上就会鼓励人们采取创新性的行为,许多因创新性行为而受到损害的当事人就会得不到救济,而因创新性行为受益的人也不需要为其他人的损害承担任何责任,这可能会引起受害人的严重不满,导致社会不稳定;如果社会认同后者,那么实际上就是不鼓励创新性行为,对于可能产生不可预见和控制损害的行为,行为人都必须赔偿损失,最终导致的结果可能是社会发展陷入停滞状态,在国家与国家之间的经济竞争中处于落后状态。政府在这个问题上可以充当的角色应当是制定合理的分类标准,合理平衡"过错责任制"与"无过错责任制"之间的关系,对于高风险、高投资但是国家确实需要的行业,采用"无过错责任制",同时政府可以积极倡导建立赔偿或其他基金,对受害人受到的损害可以直接转由基金进行赔偿;而对于普通的一般行业,政府应当坚持采用"过错责任制",通过追究行为人责任的方式迫使当事人在采取相关行为时更加谨慎。

在动物防疫过程中,最经常出现的情形可能是,饲养动物的人对其他人的人身和财产造成了损害,这种损害可能是直接的(比如因管理不善导致动物伤人或损害他人财产),也有可能是间接的(比如饲养动物过程中对环境的污染,由此损害其他人的权利或利益)。对于前者,全世界政府普遍认同的制度是"无过错责任制",即使动物饲养人没有过错也需要为受害人的损害承担责任,除非是受损人的受损是自己的过错造成的(比如自己故意或主动对动物进行殴打等)。而对于后者,情形则比较复杂,饲养动物所造成的环境污染,增加了动物感染疫病的可能性,同时也降低了环境对动物疫病的净化能力,如果是人畜共患型疫病,如果动物饲养人没有或无力采取合理措施,那么由此造成的损害可能会远远超过动物饲养人所能承受的程度。对此,政府无论采取"过错责任制"还是"无过错责任制",都可能无法保证受害人获得足够的补偿,更为重要的是,即使动物饲养人有能力进行赔偿,也会造成社会的巨大损失。当然,这种情形是在动物养殖进入工业化和规模化养殖阶段之后才集中出现的问题,只有在动物养殖密度非常大并且动物及其制品跨地区流动性很高时才会成为一个严重的问题。而在动物养殖散养阶段,由于动物养殖密度不大,环境的净化能力较强,出现动物疫病大规模爆发的可能性不大,动物养殖最有可能出现侵权的情形是由于管理不善导致动物直接伤人或损害财产,对此政府只要坚持"无过错赔偿责任制",基本上就可以解决这个社会问题,并不需要政府采取多余的措施,因为在这个阶段,社会还没有产生相应的需要。

总而言之,可以看出,亚当·斯密和哈耶克将政府在社会治理中的角色定位于比较消极的层次,即对公民权利的保护。在他们看来,保护公民权利是政府的首要职能,缺乏这样的保护,任何国家或地区都会变得非常贫穷和落后。即使在奴隶和封建社会中,奴隶主或国王保护奴隶或农民,以换取奴隶的无偿劳动或农民的部分产品,这就为那些缺乏强权的人们从事生产活动提供了激励。因此,根据他们的观点,无论何种政府都至少应当提供"保护公民权利"的公共服务。可能存在问题的地方在于,政府提供这种基本公共服务或充当消极角色的限度应当如何确定。我们都知道,政府应当为公民提供足够的权利保护,然而问题的关键在于,权利是可以得到不同程度的保护的,可以全部由政府来保护,也可以只由政府提供部分程度的保护,其余部分可以交由公民自己采取措施进行保护,比如根据美国宪法的规定,允许美国公民持有枪支,必要时可以使用枪支保护自己的合法权利。增加公民权利由政府保护的程度,会带来一些两难的困境。首先,政府可以成为公民权利的保护者,也有可能成为公民权利的侵犯者,也就是说,政府既有足够强大的力量来保护公民不受他人的侵犯,也有足够的力量来侵犯公民的权利。政府对公民权利施加的保护越多,对公民权利进行侵犯的可能性也随之增多,因为随着政府权力越来越大,公民也就越无力对政府权力进行约束,同时政府权力的扩大需要财产的支持,这必然会迫使政府提高税收的比例,从而间接地侵犯公民的财产权利。这也就意味着,公民权利获得越来越多的保障必定是以容忍政府权力滥用可能性增加和政府征税增加为代价的。其次,削弱政府对公民权利的保护,会导致无政府主义,使社会出现恃强凌弱的情况,社会将倒退至与动物界无异的"自然状态"。对这个关键问题,亚当·斯密和哈耶克将政府定位为三种消极角色,即权利界定者、权利保护者和权利仲裁者,权利界定主要为权利归属提供公示公信的标准,权利保护主要为设立警察和军队等机构,而权利仲裁则主要为设立法院等司法机构裁决权利归属问题。这就意味着政府的职责相对简单,立法上主要提供权利归属的标准,行政上主要提供警察和军队等机构的保护服务,司法上主要提供裁决服务。同时,为了保证政府在保护公民权利的过程中不至于侵犯公民权利,还需要对行使上述三项服务的政府机构进行合理的制度设计,使其相互制约。

上述观点也可以适用于动物防疫活动。在动物防疫的过程中,需要确定动物及其制品的权利归属,需要保护动物及其制品权利人的权利不受非法侵犯,需要防止动物及其制品在交易过程中出现有违诚实信用的情形,更重要的是,需要界定交易的动物及其制品是否含有疫病,并以此作为交易过程中交易各方是否具备"善意"的条件。这些角色都属于政府在动物防疫过程中应当充当的消极角色,或者说是政府在动物防疫活动中的必要职能,如果政府不履行这些消极角色的职能,那么整个动物防疫活动或过程就可能会完全失控。当然,与上述类似,随着政府介入动物防疫活动的程度越来越深,政府侵犯动物及其制品权利人权利的可能性也会随之增加,而且还会加重动物及其制品权利人的负担或交易成本,为此,在动物防疫活动或过程中,也需要确定政府履行消极角色的职能的最合适程度或规模，使对政府提供动物防疫公共服务的需求与动物及其制品权利人对个人利益的需要之间达到完美平衡。

三、动物防疫中政府的积极角色

动物防疫中政府的积极角色是指，政府除了充当权利界定者、权利保护者和权利裁决者之外，还需要采取更为积极的措施，以提高每一个权利人的福利，同时不以损害任何权利人的福利水平作为代价。动物防疫中政府积极角色的正当性取决于对公共利益的认识和态度。在政府的消极角色中，政府只需要平等对待权利人，即平等地实施权利界定、权利保护和权利裁决就履行了正当的职能，除此之外，权利人凭自己的能力和机遇所获取的个人利益或所发生的个人损失，都与政府的消极角色无关，也就是说，在这种情形下，公共利益仅限于社会基本秩序的维系，保证权利人之间不至于产生直接的损人利己的情形，至于权利人如何获得更大的个人利益或如何避免个人受到损失，完全交由行为人自己去决定，政府没有能力也没有义务在正常的商业活动中帮助权利人去实现个人利益的最大化或避免个人利益发生损失。而对动物防疫中政府的积极角色而言，政府不仅要维系社会基本秩序的稳定，充当权利的界定者、保护者和裁决者，政府还需要积极而为，以持续改善社会公共利益。

但是，对于何为公共利益却充满了争议，迄今为止还没有定论。很明显，对公共利益认识上的差异，必然会导致对政府应当充当何种角色的观念差异。功利主义者认为，公共利益就是"最大多数人的最大幸福"，政府的公共政策和法律应当满足这一要求。[①] 但是，边沁对公共利益的功利主义定义不太精确，有许多细节不符合我们的常识，比如如果有一项公共政策或法律能够使大多数人获益而使一小部分人受损，那么人们就会问，如何确定由此获得的收益足以弥补产生的损失，以及为什么是这一部分而不是另一部分人受益或受损等问题。功利主义者的继任者密尔从个体消费物品和服务的角度考察了满足或效用的概念，将"幸福"替换为满足或效用，使功利主义的衡量方式变得更为精确。[②] 根据功利主义的公式，衡量公共利益的途径之一就是将所有个体

---

① 参见［英］边沁：《道德与立法原理导论》，时殷弘译，商务印书馆 2012 年版。
② 参见［英］密尔：《论自由》，许宝骙译，商务印书馆 1959 年版。

的全部效用累加在一起,任何能够增加社会总效用的公共政策或法律都是符合公共利益的,因为受益者得到的效用足以抵消受损者的效用损失。根据边际效用递减规律,富人损失一元的效用要少于穷人得到一元的效用,因此通过征税从富人那里取走一些收入再分配给穷人的公共政策或法律是符合公共利益的。然而,即使如此,功利主义公共利益观还是不能让人信服。首先,个人之间的效用比较难以让人信服。比如,一个人与另一个人发生相同数量的获益或损失,那么如何比较这两个人的效用所得或所失呢? 如果通过纳税的方式来建设一座桥梁,那么从桥梁中获得效用收益与纳税带来的效用损失又如何比较呢? 其次,功利主义公共利益可能会允许某些人们在道德上不同意的公共政策或法律的出台。比如,假设采用奴隶制,迫使一部分人为另一部分人无偿劳动能够在总体上增加社会的总体效用,那么就可以推出奴隶制是合理的或正当的观念。

对公共利益的另一种看法是帕累托最优或优化标准。帕累托最优或优化标准是针对功利主义的缺陷提出来的。在功利主义的观念中,核心范畴是对个人之间的效用进行比较,在此基础上以"最大多数人的最大幸福"作为公共利益衡量的标准,然而正如上文所述,个人之间的效用比较是存在问题的(因为每个人对同一事物的主观体验是不同的),而且功利主义还可能允许道德上不能接受的法律或公共政策的存在。帕累托的主张是这样的,既然无法对个体之间的效用进行比较,那么用于确定社会福利是否增加的方法是,看看这种变化是否在让一个人变得更好的同时,却没有让其他人的情况变得更差。如果是这样的,那么这样的变化就可以称为帕累托优化,这种正在改善的状态还没有达到效率最佳的状态,只到这种变化让某人变得更好,但却不得不使其他人的情况变得更差的时候,这种社会状态就达到效率最优了,继续改进由于将损害某些人的利益将不再符合公共利益要求了。帕累托最优或优化标准相对于功利主义而言,具有两个明显的优势,其一是能够有效地避免道德上的诘难。由于在帕累托最优或优化方案中,不允许损害任何人的效用或利益来改善社会整体或其他人的福利,只允许增加某一个人或社会整体的福利,也就是说,在这个标准中没有任何人会受到损害,因此也就可以避免"损人利己"式的道德诘难。其二是摆脱了功利主义观念中个体之间的效用无法衡量的缺陷。由于在帕累托标准中,只衡量个体是否改善了福利或福利是否受到了损害,而不对个体之间的福利得失进行横向比较,可以有效避免不同主体对同一物体主观效用不同的难题。

至少从理论上而言,帕累托优化或最优的"公共利益"观相对于功利主义有无可替代的优势,其并不需要在两个不同主体的效用或利益之间进行比较,只需要确定不同主体的效用或利益有没有受到损害即可,这就可以有效避免不同主体之间的效用或利益的比较难以精确化问题。帕累托优化或最优的"公共利益"标准,可能会在实践中存在一些困难,其中最为主要的困难可能在于,任何一项法律或政策的出台,立法者很难完全确定是否有人因法律或政策的出台而受到损害,而且"损害"的范畴也不精确,如果有人因法律或政策的出台而间接受到了"损害",是否也在此范围之内呢? 比如,如果政府制定了鼓励竞争的法律,而在竞争过程中败下阵来的一方,必然会因此而受到"损害",那么这是否在"损害"的范围之内呢? 但是,尽管如此,帕累托优化或最优至少在经济领域是到目前为止最能合理解释"公共利益"标准的理论,这也构成了政府提供公共服务的积极角色的最高要求。

然而,许多政治哲学家,比如罗尔斯和桑德斯等认为,在一个国家中并非任何东西都可以用"效用"或"利益"来进行衡量,有一些东西涉及人的基本尊严或人格的问题,如果使用"效用"或"利益"来进行评价,尽管可能满足帕累托优化或最优的原则,但是其结果却是不能令人接受的,这些东西必须使用不同的标准来进行评价或衡量。在这些政治哲学家看来,自由就是不能被交易的对象,尤其是与人格尊严相关的自由,比如政治自由、言论自由和人身自由等。比如,如果人体器官是允许买卖的,并且不允许政府对买卖过程进行任何类型的干预(维护基本的交易秩序除外,这一点与政府在市场中的消极角色是一致的),那么无论是根据功利主义,还是帕累托优化或最优原则,器官供给者与需求者之间对器官价格所达成的一致协议,将是能够满足上述两个原则要求的,器官供给者与需求者各取所需,并没有损害到其他人的利益或效用。但是,由此造成的社会效果却是人们所不能接受的,这会使富人们有更多且更好的生存机会,而穷人大多会在器官交易中处于非常不利的位置;除此之外,这也可能会鼓励穷人们出售自己的器官以满足富人们继续生存的需要。除了自由之外,社会职位的开放程度也存在类似的问题。比如,假设在一个国家中,某些社会职位只向具有某些外在特征(比如种族、肤色、性别或学位)的人开放,而对另一个职位的人进行歧视,实际上这也满足帕累托优化或最优的原则,因为社会职位供给者与需求者之间相互一致的协议,并没有损害其他人的利益,至少是使其他人的利益保持原状(尽管供求双方的利益得到了改善)。

因此,可以看出,帕累托优化或最优的原则作为确定政府提供公共服务的标准或政府应当充当的积极角色并不完善,我们还需要补充其他的要素作为确定政府充当积极角色的标准。在罗尔斯看来,政府积极角色应当满足以下三个正义标准:第一,政府应当保证公民享有最大范围的平等自由;第二,政府应当保证帕累托优化或最优原则应当从最少受益者的最大利益开始实施;第三,政府应当保证社会职位向所有人开放。① 根据这个标准,政府提供公共服务的积极角色应当包括以下几个方面:

首先,政府不仅应当保证不侵犯人们的自由以及人们不侵犯相互间的自由,更重要的是,政府应当保证人们享有政府所保证的最大范围的自由,并且要保证这种最大范围的自由是人人都平等享有的,政府应当采取积极的措施确保人人所享有的最大范围的平等自由不受侵犯,即使是人们相互间自愿的行为也不能例外;其次,政府不仅应当保证经济资源的配置满足帕累托优化或最优的原则,而且在实践帕累托优化或最优原则时,政府要保证最先改善的是最少受益者的利益,并且只有在最少受益者的利益改善到必然会损害其他人的利益时才能停止继续改善;最后,政府应当保证所有的社会职位向所有人平等开放,除非某人不能适应社会职位的能力要求,并且保证社会职位能力要求的证明责任由社会职位的提供者来承担。

根据上述标准,我们可以认为,在作为公共服务的动物防疫中,政府应当充当的积极角色可以做如下的解读。首先,在动物防疫过程中,政府应当保护公民最大范围的平等自由。在动物防疫过程中,公民自由受到侵犯的可能性主要为人身权和财产权。在人身权方面,公民可能会受到政府的管制,遭受人身自由方面的限制,也可能会受到动物疫病的传染而被政府强调治疗,或者受到动物疫病的感染而需要政府提供赔偿服务,等等;在财产权方面,政府可能会对养殖的动物进行强制性免疫,对染疫动物进行强制性扑杀和无害化处理,对染疫地区或区域进行强制性隔离,等等,政府采取这些措施无疑会对养殖户

---

① 参见[美]罗尔斯:《正义论》,何怀宏译,中国社会科学出版社1999年版。

的动物财产产生不利影响，有些影响是非常直接的，使养殖户产生直接性的损失，而有些影响是间接的，通过抑制公民消费动物性产品而使养殖户受到损失（尽管也有可能会由于动物性产品供给减少而导致价格升高使养殖户的损失减少）。如果在动物防疫过程中，政府不采取任何措施，而是放任自由，那么公民自治可能无法应对动物疫病的传播扩散；如果政府采取积极措施进行防控，那么政府提供的这种公共服务具有很强的外部性，正负外部性都有可能存在。正外部性是指政府采取的动物疫病防控措施，使全社会的人都受益，然而为此支付防控成本的却只有部分纳税人；负外部性是指政府所采取的动物疫病防控措施只针对部分养殖户，然而可能由于防控不力导致动物疫病扩散至无关的公民，使社会其他成员或社会整体利益受到损害。无论是正外部性还是负外部性效应，都说明政府针对动物疫情所提供的公共服务会使社会中许多人的自由受到影响，而且这种影响不可能是平等的。因此，政府应当负有保证所有人在动物防疫防控中的自由达到最大范围的平等。

其次，政府应当保证在其提供的动物防疫公共服务中使最少受益者的利益得到优先改善，直到这种改善会损害到其他人的利益为止。在动物防疫过程中，主要涉及三方主体，一是动物产品的提供者，二是动物产品的消费者，三是对动物产品市场进行管理的政府。在一般的市场交易中，动物产品的提供者与消费者可以进行自由交易，不需要政府有过多的作为。然而在动物感染传染性疫病的情形下，动物产品提供者的自利倾向和无知倾向可能会导致他们不对动物疫病进行防控，而是采取隐瞒的方式进行销售，损害消费者的利益，并且可能导致动物疫病在社会中传播。也就是说，在自愿的市场交易中，动物产品的提供者并没有采取动物防疫的动机，因为这会极大地增加他们的生产成本，使他们的利益减少，在已经出现动物染疫的情形下，为了降低损失，他们可能会提前出售染疫动物产品，降低自身的损失。在这个过程中，消费者相对于生产者而言是更大的受益者，因为消费者需要通过动物产品的消费获取蛋白质来源，在这个意义上，动物产品的生产者提供动物产品的行为实际上可以视为一种公共服务，获益的对象为社会全体成员。如果动物染疫，不仅生产者会受到直接损失，而且还会由于市场原因受到间接损失，如果生产者因此退出动物产品的供应市场，那么整个社会的福利水平都有可能下降。因此，政府在决定动物防疫措施时，应当优先考虑动物产品生产者的利益需求，先使其利益最大化,直到这种利益改善可能会损害消费者的利益时为止,才能去改善消费者的利益。而对消费者利益的改善,也必须以不损害动物产品生产者的利益为前提。

最后,政府应当不对动物产品的生产或饲养设定不必要的门槛,应当保证所有公民都有平等参与的资格。在这一个方面,许多地方政府由于面临着较大的动物防疫压力,为了提高动物防疫的水平,政府出台一系列限制动物产品生产或养殖的政策措施,包括设定动物养殖的最低规模,设定准入资格审查标准等等。这实际上属于政府主动干预市场的做法,这种做法没有考虑到市场对动物产品的实际需求与供给的问题,可能会不仅损害动物产品生产者的利益,同时也会损害社会整体的福利水平。政府应当充当的积极角色是,建立一种面向所有公民平等开放的动物养殖与防疫制度体系,不能为了地方利益对动物养殖户进行特别保护,或者为了动物防疫而给动物养殖户设定不必要的制度障碍。

第二节　动物防疫中的经济效率

一、动物防疫与产权界定

动物防疫同时具有私人物品和公共物品的性质。作为私人物品,动物防疫是动物产品养殖者或所有人对其财产权应当承担的一种义务。动物产品无疑是养殖者或所有人的一种财产权,养殖者或所有人可以决定如何利用或使用它,然而正如其他的财产权所有人必须对其财产承担相应的义务一样,比如房地产所有人有权住在房子里,但是却不能随便对房子进行改建或在房子里焚烧垃圾,汽车所有人可以自由地使用其汽车,但是却必须保证汽车达到法定的行使标准,必须遵守交通法规,作为动物产品的养殖者或所有人也必须承担对其养殖或所有的动物的一定的义务,对其采取防疫措施就是其中的义务之一。

然而,由动物产品的养殖者或所有人来采取相应的动物防疫措施,存在两个方面的问题。其一是社会中存在着许多无法清晰界定产权的物品,比如空气、水流或自然环境等,这会导致动物产品的养殖者或所有人甘愿冒动物染病的风险,在发现动物感染疫病之后,将染疫的动物产品抛入水中,使空气或自然环境被污染的可能性增加,而动物产品的养殖者或所有人却不需要为此行为承担污染的成本。只要防疫的成本过高，远高于对染疫动物产品进行无害化处理的成本，那么动物产品的养殖者或所有人就完全有可能不对动物产品进行免疫。其二，即使动物产品的财产权界定清晰，还可能存在着政府对财产权保护力度不够的问题，比如在动物产品染疫的情形下，动物产品的养殖者或所有人可能会隐瞒这一事实，而将染疫的动物产品出售给不知情的消费者，而由于信息的不对称，消费者可能在完全不知情的情形下得到了染疫的动物产品，甚至会由此而感染相应的疫病。这两个问题的存在，一是会导致无法界定产权的许多公共产品被过度使用，从而失去资源的使用效率，二是会导致消费者的财产权和人身权受到极其严重的侵犯，极大地增加社会交易的成本，使整个社会处于低效率的状态。

科斯认为，只要财产权界定清晰，财产权的所有人就会受到激励，从而使资源得到有效的配置。在没有交易成本的前提下，资源配置将独立于财产权的归属，也就是说，如果没有阻止交易的不利因素存在，这样的交易将以最有价值的使用方式进行配置。在科斯的论述中，有这样一个例子。一位糖果商在某个地方经营其业务已经好多年了，他在制造糖果的过程中采用了一些机械。后来一位医生将他的诊所搬到了这个糖果商的隔壁，医生后来在糖果商的隔壁新建了一间诊疗室，糖果商用于制造糖果的振动加料机造成的噪音使医生很难使用这个诊室，最后医生向法院提起诉讼，要求糖果商停止使用这个振动加料机。在这个案例中，很明显是由于财产权界定不清导致纠纷发生，也就是说，到底是医生有安静的权利，还是糖果商有使用振动加料机的权利，在法律上界定并不清楚。对于这个案件法官应当如何判决，科斯认为，只要法官认定其中一方有权利，而不管认定的权利方为谁，社会资源的配置都是有效的，如果医生有安静的权利，并且由此带来的价值超过了糖果商的所得，那么糖果商会选择离开，如果由此带来的价值少于糖果商所得，那么糖果商会出资购买医生的安静权。总而言之，科斯认为，如果不考虑交易成本，那么将权利赋予谁都没有关系，社会资源配置最有效率的情形总是会出现，但前提是产权必须要界定清楚。① 就动物防疫而言，如果将动物产品的财产权归属于动物

---

① 参见［美］霍尔库姆：《公共经济学——政府在国家经济中的作用》，顾建光译，中国人民大学出版社2012年版。

产品的养殖者或所有人,将不受动物产品影响的权利归属于消费者,或者认定消费者没有这样的权利,那么如果动物产品因动物疫病的原因而发生了纠纷,根据科斯的观点,无论如何由此产生的资源配置都是有效率的。如果消费者没有不受到动物疫病影响的权利,那么消费者会选择不消费动物产品,而选择其他替代品作为主要的蛋白质来源;如果消费者有不受到动物疫病影响的权利,那么动物产品的养殖者或所有人会在消费者的损失与动物防疫的费用之间进行衡量,如果动物防疫费用高于向消费者的赔偿,那么其不会选择进行动物防疫,反之则会选择进行动物防疫。

然而,在实际的社会生活中,交易成本为零的情形几乎是不存在的。有三种情形可能会使交易成本大到足够阻碍交易进行的程度。其一是参与交易的人数较多,人们很难就权利问题达到一致意见。在动物防疫过程中,如果动物产品的养殖者或所有人故意向消费者出售染疫动物产品,由于消费者是不特定的多数,且从动物产品养殖者流转到消费者手上还需要经过许多人中转,一旦出现染疫动物产品感染人的情形,就会出现人数众多的赔偿谈判过程,这会显著增加交易成本,由于消费者人数众多,很难被组织起来,单个消费者与动物养殖者或所有人之间的纠纷交易成本较高,相对于消费者个人的损失而言,消费者可能花费的成本更高,在这种情形下,一个理性的消费者不会对动物养殖者或所有人采取维权行动。其二是政府本身的腐败或权力寻租可能会极大增加交易成本。在动物防疫过程中,如果消费者向动物养殖者或所有人索赔,如果后者拒绝赔偿或无力赔偿,那么消费者只能诉诸法院或求助于政府,这无疑会增加交易成本,而且如果法院或政府官员不受制度约束,腐败程度比较严重,那么这会进一步增加交易成本,在增加的交易成本与消费者所产生的损失之间,一个理性的消费者必然会进行衡量,只有诉诸法院或求助于政府的所得大于其所失去的,其才会进行此种类型的维权行为。其三是在动物防疫过程中,某些动物疫病流行的信息不确定,无论是生产者还是消费者可能都缺乏足够的知识来识别相关的动物疫病,这有可能导致动物疫病大爆发,甚至在人与动物之间传播。在这种情形下,更加剧了生产者与消费者之间的交易成本,因为各方为了查实动物疫病的传播信息都需要付出巨大的交易成本,在无法查实的情形下,消费者可能会由于恐慌而不再消费动物产品,这会导致动物产品的消费量急剧下降,使生产者产生难以估量的损失。

综上所述，如果将动物防疫作为动物养殖者或所有人的财产义务，在某种程度上能够激励动物养殖者或所有人做好动物防疫工作，因为在激烈的市场竞争中，如果不对其财产尽相应的义务，就会在市场竞争中被淘汰。在动物疫病可能发生传染的情形下，可能会产生因动物疫病而发生侵权的情形，如果交易成本为零，那么将不受动物疫病影响的权利配置给任何人都不会对社会成本产生影响。然而，在现实的社会生活中，交易成本不可能为零，在某些情形下，交易成本还非常大，在某些情形下（比如动物疫病信息完全不确定），甚至可以达到以下程度，即无论将不受动物疫病影响的权利配置给谁，都不会使社会成本降低。

二、动物防疫与外部效应

外部效应的问题是与私有财产权的清晰界定紧密相关的问题，或者说它们是同一个问题的两个方面。私有财产权的清晰界定，能够对所有人产生明确的激励，也能够使所有人明确自己的财产责任，使所有人使用财产的行为变得更为谨慎。然而，社会是一种人与人之间发生相互关系的网络，一个人使用私有财产的行为，可能会使其他人获益（其他人可能并不需要为此支付成本，比如一个人在自己的土地上植树，植被对空气质量的改善可以使许多人受益，而受益人并不需要为此支付费用），也有可能会使其他人受损（财产所有人可能并不需要为此支付赔偿，比如一个人砍伐自己土地上的树木，可能会导致空气质量变差从而使许多人的利益受损，树木的所有人并不需要为此支付赔偿费用）。动物产品的饲养者无疑对动物产品拥有私有产权，饲养者可以决定如何使用其私有财产，其可以决定向谁出售，也可以决定是否自用，还可以决定是否由自己进行加工制作其他相关制品等。然而，在这个过程中，动物产品的私有产权也会产生与其他私有财产一样的外部效应。动物饲养过程中所产生的粪便可能会污染环境，产生的噪音可能会影响附近人们的休息，产生的难闻的气味可能会使附近的环境变差，从而产生一系列的负面影响，比如使这个地区的房地产价格下降等，更重要的是，饲养过程中动物感染的疫病可能会人畜共患，使消费者或没有消费动物产品的人都有可能受到感染从而产生巨大的损失。当然，动物饲养也会产生一些正面影响，比如动物饲养所产生的粪便，如果在适度的范围内，可以使周边的土地变得更加肥沃，消费者对饲养动物的消费可能会减少对野生动物的猎杀,在一定程度上可以保护野生动物尤其是珍稀野生动物的存在,动物产品的稳定供应,可以降低国家的消费指数,使几乎所有人都能够消费动物产品以补充人体必需的蛋白质等。

在外部效应中,财产所有人使用财产的过程给其他人带来损失或成本的效应一般被称为负外部效应。环境污染是负外部效应的最好例子,企业在生产过程中,虽然生产了可向市场销售的产品,但是也会产生许多的副产品,比如向空气中排放污染气体,居住在企业周围的人们必然会承受这些污染所造成的负面效果,尽管他们并没有排放污染气体。负外部效应明显不符合帕累托最优的效率原则,因为生产者与消费者之间的交易,会使除他们之外的第三人产生权利上的损害或损失。在动物养殖的过程中,也存在着类似的问题,动物养殖不仅带来环境上的负面影响,使与动物产品交易无关的人受到损害,而且集约化养殖可能会导致动物疫病的大规模爆发和流行,而爆发流行的结果则由许多与动物养殖无关的人来承担。只要仔细考察动物养殖的过程,就会发现动物养殖及产品交易的无效率性。动物养殖者在养殖过程中,需要投入大量的人力,需要支付工资;需要土地,需要支付地租;还要投入机器设备和能源,需要支出资金,这需要支付机会成本。但是,对于动物养殖过程中可能产生的污染或可能产生的传染性病菌,却并没有为清洁环境或消灭传染性病菌支付费用。对于前者,是通过市场内部的交易完成的,生产者通过销售动物产品收回成本,获得收益,而对于污染环境或产生传染病菌的成本则无法通过市场机制来实现,养殖者即不需要支付相应的成本,权利受到影响者也无法通过市场来维护权益,使养殖者或生产者承担相应的责任。问题是,当养殖者或生产者不需要为环境或产生传染病菌付费的时候,他们就会倾向于滥用这种权利,造成过度的环境污染以及大量的传染病菌产生与传播。

如果要纠正动物养殖过程中产生的负外部效应,那么在产权清晰且影响人数较少的情形下,就具有较大的可能性。产权清晰意味着动物养殖者有不影响他人生活环境的义务,也有不使传染病菌产生和传播的义务,而相关人员有不受环境污染和传染病菌影响的权利。人数较少意味着交易成本较低,因为受到影响的人可以通过私力救济的方式,要求侵权人停止侵权或消除动物养殖过程中的环境污染与传染病菌的产生与传播。在中国特定的经济制度下,上述两个条件都不具备。首先,在动物养殖的区域或地点,动物养殖人或所有人一般不享有土地的所有权，只享有使用权（可能源自于出让或出租），而受到环境污染和传染病菌影响的人也对土地没有所有权，一般情形下，动物养殖的区域或地点在农村或城乡结合部，土地一般为集体所有（当然也不排除也存在国有的情形）。这种权利归属状态最有可能导致的情形是，产权人不清晰，谁有资格向动物养殖者或所有人提出环境受到损害的请求基本上无法确定，这会在很大程度上加剧或放纵动物养殖者排污或污染环境的滥用程度，也会放纵动物养殖者不对其养殖的动物进行传染病免疫，因为其对染疫动物所采取的处理措施，即使对环境或其他人有影响，其他人在法律上也没有资格向其提出停止侵权的请求。其次，由于动物养殖大多集中在农业为主的地区，动物产品从生产到消费环节会产生大范围的区域流动，交易的动物产品含有传染病菌，那么由此受到影响的消费者会非常多，如果病菌是人畜共患的，那么这个受影响人数的规模还会进一步扩大。这即会导致动物疫病信息的复杂性和不确定，也会导致受到动物疫病影响的人维权变得非常困难，因为维权过程的交易成本太高，消费者根本就没有能力承受。即使上述问题能够解决，私力方式来解决动物养殖过程中的外部效应还存在一些根本无法解决的问题。因为消费者或其他人在环境污染与传染病传播过程中所受到的损害，也许根本就无法使用交易成本的范畴来进行衡量。迄今为止，对于人类的健康权与生命权，在市场交易中是无法使用价格来进行评估的，即使动物养殖者或所有人愿望为此支付相应的费用来购买消费者或其他人所受到的损害，这也会产生严重的社会问题和道德伦理上的问题，使人们的正义感受到严重损害，人们会认为，金钱支配了这个社会的一切，整个社会的健康状况可能会因此而受到严重影响（即使经济发展的水平可能会很好）。

　　从效率的角度而言，动物防疫过程中的负外部效应似乎为政府的角色保留了一定的空间。当动物防疫过程中涉及的当事人众多且产权界定清晰程度不够时，因交易成本过大，可能会阻止相关当事人之间的权利交易，使社会资源的配置处于无效率的状态。然而，政府的介入可能会在很大程度上降低交易成本，并且可以有效地减少动物防疫过程中的负外部效应。从全世界的范围来看，政府最经常采用的措施之一是征收矫正税。征收矫正税的思路如下：由于在私人自愿交易的情形下，动物养殖所产生的负外部效应由于交易成本过大导致动物养殖者不会支付相应的成本或费用，政府通过向动物养殖者或所有人征收矫正税,实际上就是由政府替代动物养殖过程中权益受到影响的人向动物养殖者索赔,或要求动物养殖者为动物养殖支付相应的费用,只要政府征收的矫正税与动物养殖者实际造成的外部效应相当,那么动物养殖者就会考虑合理进行动物养殖,不会滥用这项权利,从而造成动物养殖过程中负外部效应的无限扩大。从理论上而言,政府征收矫正税能够做到以交易成本最低的方式实现动物养殖过程中负外部效应的消除,然而在实际工作中,存在两个难题:其一是对负外部效应的测算问题,也就是动物养殖对相关人员产生的实际负面影响的问题,由于每个人的实际感觉并不相同,而且又无法以定价的方式对此确定精确的价格,因而基本上这个问题属于无法解决的问题;其二是政府应当向谁征税的问题,以及征税对象应当承担的具体的数额问题。由于动物养殖者的规模不同,而且养殖的地方又存在较大的差异,政府基本上无法采取相同的税率来对所有动物养殖者征税,因为这明显会产生负担不均的问题。

对于上述难题,部分国家试行排污权交易来解决。所谓排污权交易,是指由政府核定每年排污的总量,按照一定的标准给每个企业发放排污许可,如果企业超过了排污许可量,政府将对其进行巨额罚款,如果某些企业通过内部管理能够有效地减少排污量,那么多出来的排污指标可以用于交换,由排污较多的且无法控制排污量的企业购买。通过排污权交易,政府实际上造成了一种外部效应通过市场内在化的机制,通过竞争性定价策略,精确确定排污所产生的外部效应。允许排污权交易对于解决动物养殖者的环境污染问题确实有一定的效果,但是对于动物可能产生的传染病菌却无能为力。因为人类对环境污染有一定的容忍度,其可能仅是降低人们的生活质量,对人们健康的影响不会立刻表现出来,人们愿意以获得更大的经济利益为代价来换取环境在一定程度上的污染。但是,对于动物养殖可能产生的传染病菌,人们对其的容忍度非常低,因为一旦这些病菌在人间传播,对人们的身体健康甚至是生命马上会产生严重影响,任何人都不会愿意以更大的经济利益为代价来换取这种直接的健康或生命权的丧失。

相对于矫正税而言,政府可以采取更为直接的措施,即直接设定动物养殖者进行动物养殖的行为标准,包括对动物排泄物的处理方式、对动物进行某些类型的强制性免疫,对交易中的动物进行强制性检疫等。政府对动物养殖采取直接性的管制措施可以收到与征收矫正税同样的效果，也即是能够在很大程度上消除动物养殖过程中的负外部效应。但是，这也会带来其他的问题，比如这实际上赋予了政府更多的对动物养殖进行管制的权力，一般而言，只要存在权力的地方就会存在权力寻租的问题，权力越大，寻租的机会也就相应的越大，这会变相地增加动物养殖者的成本，使社会资源的配置整体失去效率。另外，由于政府的强制性管制，也会提高动物养殖行业进入的门槛，将许多小型动物养殖企业排除在外，这无疑会减少动物产品在市场上的供给，抬高动物产品的市场价格，使消费者受到相应的损害。除此之外，某些动物养殖者为了降低成本，还会冒着被政府查处的风险，不对动物进行强制性免疫，或者偷偷排放动物排泄物，这就需要政府加大人力与物力的投入以对抗动物养殖者可能会做出的上述行为，这当然也会增加政府的财政支出，增加社会公众的负担，影响社会资源配置的效率。

总而言之，如果将动物养殖过程中的动物防疫视为私有财产权应有的义务，那么无论是放纵社会公众自由交易，还是由政府采取征收矫正税或实施强制性管制，都可能不会是效率最佳的方式。如果要达到社会资源配置效率最佳的状态，可能需要换一种思路，即将动物养殖过程中的动物防疫视为一种公共物品或政府应当提供的一种公共服务。

三、动物防疫与经济效率

如前文所述，动物养殖过程中的动物防疫，作为一项私有财产的义务存在并不能实现社会资源的有效配置，在这一部分我们将尝试着解释，将动物养殖过程中的动物防疫作为一项公共物品或公共服务是否能实现社会资源的有效配置。

公共物品一般具有集体消费和非排他性的特征。所谓集体消费是指这样一些东西，在它们被新增加的消费者所消费时，不会减少原有消费者的消费，集体消费也被称为非竞争性消费，即某些东西的消费不是以竞争性定价的方式进行分配；所谓排他性是指这样一些东西，当这些东西被生产出来以后，就很难防止人们在付费的情形下对其进行消费。一个公共物品可能具有集体消费性或排他性，或者兼具两种特性。尽管公共物品都可以由市场生产出来，但是在没有政府干预的情形下，市场提供公共物品可能是无效率的。

　　公共物品的集体消费性可以通过无线广播信号来进行说明。当广播站播放节目时,随着打开收音机收听节目的消费者增加,并不会给广播站增加成本,也就是说,广播站播放的信号,当收听的消费者增加时其增加的边际成本为零。如果广播信号的提供者对增加的消费者收费(假设这种收费是可能的,比如有线电视信号),那么就会有一些不愿意付费的消费者被排除在消费之外,然而增加的消费者却并没有给广播信号的提供者增加运营成本,因而对广播信号收费就不符合帕累托最优的效率原则。动物防疫也具有集体消费的性质。如果动物养殖者对其养殖的动物进行了免疫,尽管其投入了一定的免疫成本,但是随着消费者的增加,并不会由此而增加动物养殖者进行动物防疫的边际成本,不仅如此,随着消费者人数的增加,人们对动物产品的竞争性定价,反而会抬高动物产品的价格,使动物养殖者获得额外的边际收益。

　　公共物品的非排他性可以通过国防的例子予以说明。当一个国家的政府为公民提供国防安全时,只要其为其中一个公民提供了这种安全服务,就不可能阻止其他人享受同样的服务。公共物品的非排他性也被称为无法阻止物品的"搭便车"者。动物防疫具有明显的非排他性。当动物养殖者对共养殖的动物采取防疫措施时,不仅可以防止其养殖的动物感染相应的疫病,更重要的是,其也可以保证其饲养的动物不会将疫病传染给其他动物养殖者养殖的动物,以及社会中所有潜在的动物产品的消费者。动物防疫的非排他性决定了,如果这项服务由动物养殖者来提供,那么可能会产生所谓的"囚徒困境",即每个动物养殖者都希望其他动物养殖者对其养殖的动物进行免疫,而自己却不对其养殖的动物进行免疫,从而逃避对其养殖的动物进行免疫的责任,同时也能够避免其养殖的动物感染疫病,也就是所谓的"搭便车"。最后导致的结果可能是,所有的动物养殖者都不会对其养殖的动物进行免疫。

　　公共物品或服务的集体消费性和非排他性,并不是意味着公共物品或服务必须要由政府来提供。为了决定应当由政府还是由私人来提供还必须区分具体情形。一项物品如果具有集体消费性,如果完全由政府来提供,可能会产生的最大问题在于,由于缺乏对该项物品的竞争性定价,政府不知道该提供多少数量的此类物品,供给不足或供给过量都有可能造成效率损失;而如果由私人来提供,由于采取竞争性定价的策略,可以比较容易地识别市场对该项物品的实际需求量,但是由于该项物品消费者的增加并不会增加提供者的边际成本，因而也会造成该物品配置的效率损失。一项物品如果具有非排他性，则一般必须由政府来提供，理由是：如果该项物品由私人来提供，那么私人由于无法阻止"搭便车"者，导致私人提供该项物品无法收回成本，最终私人只能选择限制该物品提供的市场。政府则可以通过征税的方式获得提供该物品的成本，尽管政府也无法阻止"搭便车"者，但是政府可以通过强制性税收的方式回收提供的成本。动物防疫兼具集体消费性和非排他性，由于动物养殖者根本无法阻止其他动物养殖者"搭便车"，也无法对从动物防疫中受益的消费者收费，因而动物防疫应当具有明显的公共物品或服务的性质，而且此种公共物品或服务还必须由政府来提供。

但是，在由政府提供动物防疫的公共物品或服务的过程中，还有一些值得注意的问题。首先，并非所有的动物防疫都是公共物品或服务。某些动物病疫明显不具有传染性，既不会向其他动物传染，也不会向人传染，对于这些动物疫病的防疫，很明显不具有集体消费性和非排他性，这是动物养殖者作为动物所有人应当承担的财产风险，只有由动物养殖者本人承担此类责任，才能给动物养殖者以激励，刺激其对其养殖的动物尽职尽责；其次，政府提供动物防疫的公共物品或服务的方式做好多样化，要综合考虑不同阶段动物防疫工作的实际需要。一般而言，对于动物防疫的预备阶段，政府采取征税的方式对某些传染性动物疫病进行强制性的、免费的免疫，具有较高的资源配置效率；在动物疫病传播爆发阶段，政府应当采取强制性管制措施并结合其他控制疫病爆发流行的措施，才能实现资源的较优配置；在动物防疫的善后阶段，政府应当采取措施重建消费者对动物产品消费的消费信心，帮助恢复动物养殖市场的繁荣。

总而言之，从经济效率的角度而言，政府在动物防疫的过程中应当履行的经济职能可以概括如下：

第一，政府应当保护动物防疫过程中的公民权利。在动物防疫过程中，政府应当保护的公民权利包括：动物养殖者对动物产品的所有权、动物产品在市场上自由流转的权利以及动物产品的消费者的人身权和财产权等。政府在这个方面的经济职能与市场经济体制对政府职能的要求是一致的，只有充分保障了公民的私有权利，才能给予公民以足够的激励，刺激公民在自利动机的驱使下，创造出更多的社会财富。

　　第二,在某些情形下,政府应当组织生产动物防疫过程中所需要的某些产品。在中国目前的经济体制下,动物防疫过程中的许多产品只能政府提供,也只有政府有这种实力提供。其中最主要的是动物防疫过程中所需要的药品,尤其是对许多新出现的动物疫病,如果由私人来提供这种产品,可能既缺乏足够的激励,也没有足够的实力来提供,只有由政府来提供,才能在短时间内组织大量人力、物力和财力,对动物防疫所需要的药品或其他免疫措施进行研发,并免费向社会提供,才能及时控制动物疫病的传播、爆发和流行。当然,政府生产并提供这些产品是需要支付成本的,由于受益人不确定,具有集体消费性,而且还具有非排他性(政府对具体个体收费也不可能),政府只能通过征税的方式来实现盈亏平衡。即使如此,相对于社会因征税而增加的支出而言,政府生产并提供的这些公共物品或服务所产生的效益必然要远大于社会因此而付出的成本。

　　第三,在某些情形下,政府应当对动物防疫过程中的某些行为进行管制。为了达到控制动物疫情的最好效果,政府除了应当免费提供某些用于动物防疫的公共物品或服务之外,还需要采取某些强制性管制措施,主要包括:在预防阶段,应当建立信息报告制度,规定动物养殖者的报告义务;建立强制性动物免疫制度,强制动物养殖者对某些类型的动物疫病进行免疫。在动物疫病防控阶段,政府可以设定隔离区,限制相关人员及动物产品的进出;可以对染疫动物产品采取扑杀措施,强制性要求动物养殖者进行无害化处理等。这些措施也属于动物防疫过程中政府提供公共服务的范畴,政府也需要为此支付相应的成本,而这些成本也需要政府通过征税来弥补或平衡。

　　第四,在动物防疫过程中,在某些情形下,政府应当决定社会资源的再分配与保持社会的基本稳定。在动物疫病已经爆发流行的情形下,可能存在许多的感染者,对于这些感染者如果不采取措施及时治疗,可能会造成动物疫病在社会上持续爆发流行。然而,患者本身可能缺乏治疗的经济能力,在这种情形下,政府应当及时介入,调用公共的医疗资源参与防治。在动物防疫善后阶段,政府还应当对受损者给予适度的补偿,这也需要调用公共资源。这些公共资源的调用实际上属于社会资源的重新分配,如果政府不进行此类分配,那么就可能会影响社会稳定,社会可能需要消耗更多的资源才能恢复原状,这在经济资源配置方面无疑是极其无效率的。

第三节　动物防疫中的公共行政

在动物防疫过程中，政府必须承担消极与积极两种不同的角色，从经济效率的角度而言，政府也必须参与到动物防疫过程中，解决动物防疫过程中可能存在的负外部效应。然而，政府作为一种公共组织，在现代政治体制下，并不是由领导者个人做出相应的行动决策，而是一种集体决策的过程。政府必须实施的动物防疫，作为一项集体行动，必须要遵守集体行动的逻辑，满足公共理性的要求。

一、动物防疫与集体行动

人类社会发展的历程表明，人类社会的治理首先是以自治的形态存在的，只有发展到一定阶段之后，人类社会才会组建政府进行公共治理。这是因为，在一个社会中，某些事项通过私人间的自愿协商由于交易成本过高而无法解决，而人类社会的继续存在又迫切需要解决这些问题。于是，人类社会发明并组建了政府，由政府代表社会做出集体决策，进行集体行动。在这个意义上，政府与一个俱乐部有共同之处，一个俱乐部可以被视为是人们为了获取相互之间的好处而建立起来的一个组织，这个组织从事的活动就是让所有俱乐部成员获得好处。当然，俱乐部与政府之间可能存在的最重要的区别是，俱乐部允许成员脱离俱乐部，从而可以不受俱乐部规则的约束，而政府却要求全体公民生活在其管辖范围之内，不管他们是否愿意，都要参与政府要求其进行的活动。但是，这个区别也许并非实质性的，只是程度上的，因为公民同样可以通过选择脱离一个国家的国籍而摆脱政府的管辖或控制。

政府做出集体决策最困难之处在于，如何将个人的决策偏好整合为集体的决策偏好。古典自然法学家卢梭的解决方案是"公意"，即公共意志。"公意"是对私人意志的抽象，尽管其可能源自私人意志，但是却不同于私人意志，因为私人意志可能会受到私人利益或倾向的影响，而"公意"是不会受到任何个人利益或倾向影响的意志。① 在这一点上，卢梭是排斥一致同意的民主制度的，其更加不同意多数决定制的民主制。因为在卢梭看来，形式上的一

---

① 参见［法］卢梭：《社会契约论》，何兆武译，商务印书馆 2003 年版。

致同意,并不能代表公共意志,因为形式上的一致性也许也是基于私人利益或倾向得出的,多数同意决定制就更是如此,因为其允许以否认少数人的利益或倾向来做出相应的决策。从现代经济学的角度来考量,"公意"也许符合帕累托最优的效率标准。因为一致同意就意味着,所有参与决策的人都认为决策结果对自己有利,或者至少没有损害,既然如此,由此通过的决策方案就可能达到继续改善某些人的利益而不损害其他人的利益的结果,这无疑是符合帕累托最优效率标准的。然而,这仅仅是理论上的假设,实际情形可能是,要求所有的人对某些事务达成一致意见,会产生难以估计的交易成本,最后可能导致的结果是,因交易成本过高,所有的人根本无法就任何事项达成一致意见。于是,在实际情形中,能够接受的决策规则也许还是多数决定制。然而,多数决定制会因为少数人不同意而产生外部性成本,也即是会损害不同意某方案的少数人的利益,但是多数决定制却可以节省一致同意规则下的交易成本(或降低交易成本),还可以增加因决策所带来的集体福利。只要增加的集体福利和节省的交易成本大于外部性成本,又没有损害少数不同意者的利益,那么这种决策就符合帕累托最优效率标准。

进一步降低集体决策交易成本的做法是,降低决策过程中的人数。在实际的决策过程中,可能每个人愿望投入的精力并不相同,对决策后的效用的实际体验也不相同,这时候如果能够将某些人的决策意愿委托给一个人行使,不仅可以解决参与决策意愿差异化的问题,而且也会因为决策人数的减少而显著降低交易成本。这就是现代政治体制中普遍采用代议制的经济理由。代议制的显著特点是,将决策专业化,减少参与决策的人员。由于参与决策的人员减少,可以明显降低决策达成过程的交易成本,另外决策人员本身的专业化程度提高,可以通过降低其他人员学习决策的费用而达到降低交易成本的目的。但是,无论如何只要是集体决策就不可避免地存在交易成本,在理想的情况下,如果由一个人来做出集体性决策(如果能使所有人满意),就可以基本上完全避免决策过程的交易成本。罗尔斯正是从这个角度来考察政府决策的。他认为,在无知之幕的假设下,如果信息充分,那么每个人做出的决策都是极其理性的,且能够满足帕累托最优的效率标准。① 然而,无知之幕的条件在现

---

① 参见[美]罗尔斯:《正义论》,何怀宏译,中国社会科学出版社1999年版。

实生活中很难实现，而且信息充分的条件也不能满足，如果一定要降低集体决策的交易成本，且尽量减少集体决策的外部性成本，那么由一个具有中立性的组织来进行决策似乎是最佳选择，而政府可能是唯一具有满足上述要求可能性的组织。在现代的政治体制下，政府一般根据宪法规则组建，其权力来源于民选议会的授予，不代表社会中的利益集团，政府的身份具有做出集体决策所需要的中立性。为了避免政府在做出集体决策的过程中，受到利益集团的影响，还必须保证在做出集体决策的过程中受到法治的约束，以控制政府及其组成人员的权力寻租行为。

如前所述，如果由动物养殖者或所有人来实施动物防疫，由于存在着大量的负外部效应，可能会导致许多动物养殖者或所有人在动物防疫过程中"搭便车"，在逆向选择机制的作用下，越来越多的动物养殖者或所有人会选择不对其养殖的动物进行防疫。因此，动物防疫在这个意义上实际上应当是一项公共物品或服务，社会所有成员都需要这项服务。动物养殖者从动物养殖中获得收益，消费者从动物产品的买卖中获得蛋白质来源，如果不对动物进行防疫，那么动物养殖者或所有人的利益可能会受到损害，消费者可能会感染人畜共患的疫病，还可能会传染给社会的其他成员，国家也会因此而受到重大损失。因此，动物防疫实际上是一项需要集体进行决策的事项，不仅如此，还需要集体采取行动对动物进行免疫。

如果由所有的动物养殖者、消费者和其他社会成员共同协商，以决定是否对动物进行防疫，或者对动物的哪些疫病进行防疫，或者委托谁对动物进行防疫，以及在动物疫病已经爆发流行的前提下采取何种措施进行防控，在动物疫病已经消除之后采取何种措施恢复生产等问题，那么达成一致的机率会非常低，因为上述人员的数量非常多，相互协商以达成一致意见的交易成本非常高，足以阻碍任何决策措施的出台。相对于一般性公共物品或服务的提供而言，作为公共物品或服务的动物防疫还具有不可忽视的其他特征，主要表现在，动物防疫决策必须在恰当的时间内做出，否则给社会成员或社会整体所造成的损失将难以估计，也就是说，除了全体需要达成一致的交易成本之外，动物防疫决策的全体达成一致，还存在着巨大的机会成本，如果没有及时采取有效措施，那么社会将会发生巨大损失。

由此可见，作为公共物品或服务的动物防疫，并不适合采用民主的方式做出决策,也不宜使用民主的方式采取行动,甚至不适用于采用政府购买公共物品或服务的方式来提供。作为公共物品或服务的动物防疫,唯一合适或合理的提供方式也许是直接由政府来提供,理由如下:首先,由政府提供动物防疫的公共物品或公共服务,是成本最低的一种方式。政府提供动物防疫的公共物品或服务可以节省的成本包括:因需要达成一致而消耗的交易成本;因需要达成一致而延误最佳防疫时机而减少的社会损失;因多数决策而对少数不同意者产生的外部性损失。当然,政府提供动物防疫的公共物品或服务也可能存在着一些可能的成本损失,主要包括:可能导致的权力寻租的成本;政府受利益集团影响做出决策而对其他群体产生的外部性损失;政府单独做出决策受决策信息不充分做出错误决策或采取错误行动的机会成本等。但是,无论如何相对于以民主决策或行动的方式而言,动物防疫服务的特殊性、专业性和紧急性决定了由政府来提供此类公共物品或服务成本相对而言是最低的。其次,由政府提供动物防疫的公共物品或服务,有利于采取灵活的动物防疫措施,也有利于避免动物防疫过程中的道德风险。动物防疫尤其是在动物疫病已经爆发流行的情形下具有很大的不确定性,如果采取协商一致的民主方式进行决策并采取行动,那么决策过程远远赶不上动物疫情的发展趋势。而政府决策与采取相关行动,并不需要与其他社会成员协商一致,只需要根据已有信息做出理性选择即可,因而可以根据动物疫情的发展采取灵活的应对措施。采用民主的协商一致的决策与行动方式,还存在一个难以避免的缺陷,即对社会成员"搭便车"的行为无能为力,而政府则可以采取一定的执法措施,通过强制性手段或措施确保所有相关当事人服从政府的动物防疫措施的决定。当然,不能否认的是,由政府来提供动物防疫的公共物品或服务,也会存在着另一些问题,主要是:扩大了政府的规模从而间接地增加了财政支出,政府决策错误可能带来的机会成本;更重要的是,政府采取强制措施可能会构成对公民权利的侵犯(这种侵犯可能无法用成本进行核算)。但是,无论如何,作为公共物品或服务的动物防疫并不适合用民主的方式来提供,只适合于由政府采用集中决策和行动的方式提供,尽管政府提供也会存在各种各样的问题。

二、动物防疫与公共需求

尽管由政府来提供动物防疫的公共物品或服务,是交易成本最低的方式,但是，为了使政府提供动物防疫公共物品或服务的行为产生最少的外部性成本，必须保证政府提供上述公共物品或服务的需求具有公共性，也即是不为特定的利益主体或集团提供上述公共物品或服务，而是为所有的利益主体提供上述公共物品或服务。在现代政治体制下，一般是通过民主的方式来控制政府提供公共物品或服务的行为。民主过程中的多数决定制隐藏着一个中间投票人的模型，这个投票模型可以将社会所有成员（或代表）的个人偏好整合为一个具有独特且稳定结果的集体偏好，这有助于达成政治上的平衡，同时也构成了政府提供动物防疫公共物品或服务的公共需求。

　　由中间人投票模型来决定动物防疫公共物品或服务的公共需求，实际上是利用了统计学上正态分布的基本原理，即所有投票人的偏好有向平均偏好集中的趋势。中间人投票模型的运行取决于两个基本前提的假设，其一是政府或其他人能够提出所有的偏好方向，并按照一定的顺序进行排列。只有将所有的偏好可能性提出来，人们对偏好的选择才会在统计学上体现为正态分布的趋势。其二是假设所有投票人都会根据自己真实的意思表示进行投票，不会或没有受到不正当的影响（包括来自政府的压力或来自利益集团的威胁等）。唯有如此，所有投票人对已经列出的偏好的选择，最终才有在统计结果上呈现出正态分布的可能性。

　　当然，中间投票人模型可能会出现一些难以解决的问题。首先，在理论上可能会出现循环多数的问题。所谓循环多数是指所有投票人对偏好序列的选择没有明显的集中趋势，而是趋向于平均分配，投票的结果没有体现出正态分布的形态。一旦出现循环多数，就说明投票人对偏好序列没有形成多数意见，也无法形成多数意见，因此通过投票无法决定公共需求的集中趋势的偏好。就动物防疫而言，涉及的利益主体就要为动物养殖者、动物产品的消费者以及其他社会成员，在动物疫病没有获得公众认同的情形下，动物养殖者可能会支持政府采取相关的动物防疫措施，而消费者可能不同意政府因动物防疫支出向社会公众征税，其他社会成员可能认为，自己既不养殖也不消费动物产品，政府为了实施动物防疫措施而征税的行为，使自己基本上无法获得收益，因此也可能会对动物防疫有不同的偏好。在各方有不同偏好的情形下，如果缺乏信息沟通机制，而近期也无动物疫情爆发，那么社会各方可能就动物防疫的公共物品或服务达成多数意见。其次，投票人可能会对政府列出的偏好序列完全无知。在中间投票人模型中,存在着一个重要的假设,即投票人对政府列出的所有偏好序列都有完全信息,知道每一种偏好所可能产生的后果以及需要支出的成本,在此基础上,投票人会做出相对理性的选择。然而,在现实的社会生活中,投票人可能只对自身的偏好感兴趣,并保持足够的关注度,而对政府列出的其他偏好序列,既缺乏了解的动机,也没有足够的理解能力,在投票的过程中也不关注其他人对偏好序列的选择,也就是说,投票人将自己与其他人及政府提供的偏好序列完全隔离,完全按照自己的意愿进行选择。如果大多数投票人都保持着这种状态,那么多数决定制下决定的公共需求偏好就无法被选择出来。就动物防疫而言,动物养殖者、动物产品消费者以及其他社会成员之间,甚至在上述群体内部之间,可能缺乏对动物防疫偏好序列的全面了解,仅仅关注本群体甚至只关注本人对动物防疫的偏好,群体之间甚至群体内部的成员之间缺乏对偏好序列及选择的交流,在最终的动物防疫偏好序列的选择中,就可能完全无法形成代表公共需求的动物防疫偏好;最后,政府为了获得部分利益集团的支持,而故意隐瞒某些偏好序列,推行对利益集团有利的短期政策,忽视对国家有长远利益的政策。在动物养殖者、动物产品的消费者和其他社会成员之间,动物养殖者的人数相对较少,但是其政府行为的影响相对较大,为了从政府政策中获得更大的收益,动物养殖者可能会采取联合行动(相对于动物产品的消费者和其他社会成员而言,由于他们的利益和职业具有共同性且人数较少,组织起来采取共同行动的交易成本更低,因而采取联合行动的可能性相对较大)对政府施加不当影响,促使政府出台对动物养殖者有利的短期动物防疫政策,在无重大动物疫情爆发的情形下,动物产品的消费者和其他社会成员可能会对此完全不感兴趣,使政府采取的对动物养殖者有利的短期政策顺利实施。一旦发生重大动物疫情,政府采取的此类短期有利的政策可能会产生非常严重的社会后果,严重损害国家和社会整体的福利,降低政府的公信力。

在中国的政治体制下,政府采取动物防疫措施或提供动物防疫的公共物品或服务,不需要经过同级人大的审议或批准,只需要经由政府领导班子成员(俗称常委)审议并达成多数意见即可。相对于西方国家的代议制民主,政府采取委员会形式形成动物防疫公共物品或服务的决策,决策人员较少,比较容易形成一致意见或多数意见,对中间投票人模型的适应性也比较好,但是由于政府委员会中的委员并非民选，其代表的动物防疫偏好不具有全面性，可能无法全面反映动物养殖者、动物消费者和其他社会成员对动物防疫的偏好，最终决策形成的动物防疫偏好，可能并不是真实的公共需求偏好，甚至可能完全偏离了公共需求偏好。但是，政府委员会的多数决定制，能够最大限度地减少中间投票人模型中的循环多数问题，作为职业的决策者，也能够有效地避免对动物防疫偏好序列完全无知的状况。政府委员会的多数决定制可能存在问题的地方在于，受动物养殖者利益集团负面影响的机率较大（一般通过权力寻租的方式实现），无法全面表达动物防疫偏好序列的可能性较大。在中国政治体制下，要保证政府做出的动物防疫公共物品或服务决策能够体现公共需求，必须要努力解决上述两个问题。第一个问题只有借助于法治才能实现，而第二个问题则需要通过改进政府决策的模式才能实现，比如可以强制性地要求政府在做出相关决策时广泛征集民众对动物防疫的偏好，并对征集到的偏好进行归类整理，形成完整的动物防疫偏好序列等。

在自由竞争的市场中，市场需求一般通过竞争模型来表达，也即是通过供求双方的竞争性供给与需求，并借助于市场价格来表达。而在公共需求方面，由于政府垄断了公共物品或服务的供给，市场的竞争模型完全不能适用于公共需求的表达，也无法反映公共资源合理配置的过程。只有通过中间投票人模型，才能反映公共资源合理配置的过程，才有表达真实的公共需求。根据前述，动物防疫无疑应当是一种公共物品或服务，对动物防疫的需求不能交给市场通过竞争机制来解决或满足，必须由政府提供相关服务或采取相关措施来解决或满足。然而，在中国的政治体制下，由于政府决策过程中人大的缺位，中间投票人模型的应用具有很大的局限性，政府对动物防疫的决策过程可能无法体现真实的公共需求，只有采取法治并改进政府决策的模式，才有可能使中国各级政府的动物防疫决策不断逼近真实的公共需求。

第三章　动物防疫法治:理念、冲突与原则

　　服务型政府和法治型政府是迄今为止人类社会对政府建设提出的最高目标,尽管两者存在许多差别,然而在实质上两者具有一致性。服务型政府强调政府的品质或道德追求,强调政府存在的目的在于为社会提供必要的公共服务;法治型政府强调对政府权力的控制,防止政府滥用权力。法治型政府并非政府建设的终极目标,而是实现服务型政府的必要手段,即使政府持有服务全社会的高尚政治理念,也需要以法治来约束政府的权力,防止政府以高尚的名义侵犯公民的基本权利,侵害社会的整体福利。动物防疫无疑是政府应当提供的一项公共服务或物品,为建设服务型政府,政府必须提供动物防疫公共服务或物品,然而,即使社会需要政府提供此类公共服务或物品,政府也不能因此而滥用权力,而必须在法治的范围提供动物防疫的公共服务或物品。本章将阐述作为公共服务的动物防疫在法治过程中应当遵循的基本原则,分析政府提供动物防疫公共服务或物品的活动与法治可能存在的冲突,提出实现动物防疫法治的基本要求。

第一节　动物防疫法治的基本理念

　　传统法治理念认为,紧急状态无法律,也就是说,法治主要存在于常规的社会状态中,通过对政府权力的严格控制,为公民的社会生活提供稳定的心理预期,而一旦出现紧急状态,就说明社会中出现了许多法律没有预测的事件,政府根本无法依法做出应对,只能审时度势,根据情势的发展变化采取灵活措施。在某种意义上,动物防疫具有紧急状态下危机事件的一般特征,许多动物

疫情的发生、发展与爆发完全出乎人类的预料，人类没有能力在动物疫情出现之前进行精确的预测。因此，在传统法治理念中，动物防疫是无所谓法治的。然而，随着人类社会的发展，人类逐渐认识到，即使在紧急状态，甚至是战争状态，人类社会也需要法治，否则就会出现政府极度滥用权力，因而严重侵犯人权的状况（第二次世界大战中，纳粹德国所进行的种族屠杀就是明证）。当然，紧急状态下的法治理念与常规社会存在着实质性的区别。在常规社会中，一般强调政府权力控制的严格性，而在紧急状态下，则强调政府权力控制、公共权利与社会整体福利的均衡。动物防疫法治无疑属于紧急状态法治的一种，然而其也具有一般公共危机所没有的特殊性，这就决定了动物防疫法治需要受不同原则的支配。

一、法治的基本原理
（一）历史传统上的法治

英国是近现代法治的起源地。英国法治源自于 13—18 世纪对王权的限制，本质上是限制国家权力与保障贵族自由之间的斗争。由于这种斗争，"在英国终未建立起一人统治的君主，因而从未有过凌驾于自己法律之上的绝对的国家权力"。① 在其中，法治充当着调和权力与自由紧张关系的作用。斗争的直接结果是，在英国贵族与国王之间签订了一份奠定英国法治基础的重要文件，即 1215 年的《大宪章》，该份宪法性文件规定了国王与贵族在自由、收益、土地和继承等方面相互的权利与义务关系，使国王的权力受到了自愿达成的契约的限制，尽管其保护的对象仅限于贵族，但是，"不了解贵族而只惧怕国王的后代人却把它看成是对人民自由的保障"。② 近代英国的许多法治原则均源自于此，《大宪章》第 39 条和 40 条可以看做是当代法治原则——罪刑法定和不自证其罪的雏形。第 39 条规定：凡是自由民除经同等身份者依法裁决或遵照国内法律规定外，不得加以拘留、监禁、没收财产、剥夺法律保护权，或加以放逐、伤害、搜查或逮捕；第 40 条规定：朕不得对任何人滥用、拒绝、延迟权利或奖赏。对《大宪章》进行理论阐述最著名的学者是布来克顿，在其撰

---

① Neil MaeCortnick, Der Rechtsstaat and die rule of law, utistzeitung, 1984.2.S.65.
② ［英］詹宁斯：《法与宪法》，龚祥瑞、侯健译，生活·读书·新知三联书店 1997 年版，第 33 页。

写的著作《论英格兰的法律和习惯》中,他提出了以下著名的论断,即"国王不应在任何人之下,但应当在上帝和法律之下",①以及"所谓绝对的奴役,就是一个人根本无从确定所要做的事情,在这种境况中,今晚绝不知道明天早晨要做何事,亦即一个人须受制于一切对他下达的命令"。② 在这种理念的指导下,英国发展出了一系列具有英国特色的法律制度,比如三权分立、普通法与衡平法对立结构、判例制度和律师学院等,尤其是三权分立的制度以及由律师学院所导致的法律职业共同体的形成,对英国法治的形成与发展起到了非常重要的作用。

　　英国法治发展的第二个阶段始于 17 世纪初,在这个阶段人们逐渐将保障个人自由视为法治的本质特征。所谓个人自由就是"免于强制的"消极自由,而非现代意义上"自我实现"的积极自由。保障个人的消极自由,实际上就是要求限制政府的任意权力,要求政府不对公民的自由意志和行动进行不必要的干预。这种理念的形成源自于政治上的斗争,即由国王查理一世控制的"星座法院"和"普通法院"之间的管辖权之争。随着国王权力的扩大,由国王控制的"星座法院"的权力也随之扩大,遭到了来自"普通法院"的抗拒,"普遍法院"坚持"法律至上"的原则,要求国王也必须遵守法律,而"星座法院"则坚持国王权力至上,一切听命于国王的命令。其中,"普通法院"大法官科克起到了重要作用,他不仅提出了国王应当服从法律的"法律至上"的理念,在实践中也积极地组织反对派与国王进行抗争。抗争的结果是 1628 年《权利请愿书》的通过,以及随后 1640 年的《人身保护令》和 1689 年的《权利法案》的先后颁布实施。在这些法案中,确立的最重要的原则是司法独立,确保了普通法院对案件的审理不受国王和议会干预的权利。另外,还确立了不得任意逮捕公民、不得自证其罪和要求陪审团进行审判等多项权利或原则,为保障公民个人自由奠定了良好的制度基础。这一时期著名的理论家,如霍布斯、黑尔、哈林顿和洛克等,对法治的本质是否为保障公民的个人自由展开了激烈的争论,使人们对英国法治保障公民个人自由的本质特征有了更深刻的认识,尤其是

---

　　① 上海社会科学院法学研究所编译:《法学家与法学流派》,知识出版社 1981 年版,第 303 页。

　　② [英]弗里德利希·冯·哈耶克:《自由秩序原理》(上册),邓正来译,生活·读书·新知三联书店 1997 年版,第 163 页。

洛克的《政府论》，明确地将个人自由与限制政府权力紧密联系在一起。他认为，"法律的目的不是废除或限制自由，而是保护和扩大自由。这是因为在一切能够接受法律支配的人类的状态中，哪里没有法律，哪里就没有自由"。①为了保障公民个人自由，洛克提出了以下法治观念，即政府应当根据法律来统治而非统治者的个人意愿来统治、立法权与行政权应当分立、未经人民同意不得征税以及立法权不得委托他人行使等。历史上，这些观念在英国的法治实践中得到了很好地贯彻。

　　19 世纪末 20 世纪初，英国法治观念在戴雪的阐述下逐渐开始走向完善，并正式形成了独具英国特色的法治模式。根据戴雪的阐述，英国法治具有不同于欧陆国家治理的三个特征。首先，英国法治具有法律至上的特征。即正式制定的法律拥有绝对的权威和至上的地位，人们只服从正式制定的法律的治理，只因违法而受到惩罚，不受任意专制权力的制约，排除特权在法律中的适用，排斥政府任意专断的自由裁量权。其次，法律面前人人平等。此处所指的法律是由普通法院通过判例发展积累的法律，而非由国王制定的法律，后者可能包含任意专断的判断，给予某些人或群体以特权，而前者则坚持公正正义的观念，对案件本身进行审理，对国王制定的法律进行审查，在某种意义上，普通法院所坚持的法律实际上是一种"自然法"，人们应当在其面前是平等的。最后，宪法是法院司法的结果。在戴雪的观念中，宪法应当是不成文的，应当通过法院的司法活动来发展，也就是说，宪法存在于法院的司法活动之中，为自然生长之物，而非人为建构之物。戴雪对英国法治观念的阐述存在着一个矛盾之处，即他坚持法律具有至上性，同时也坚持制定法律的议会也具有至上性，这就存在一个难以解决的问题，议会制定法律需不需要遵守法律？ 如何遵守，应当遵守何种法律？ 换句话说，立法权是不是一个不受任何限制的权力？ 在戴雪所处的时代，英国古典法治观念受到了来自功利主义和福利主义的冲击，个人自由的法治保障受到了前所未有的挑战，戴雪对法律至上和司法独立制度的强调，实际上是想恢复个人自由受法治保障的观念，这也奠定了英国法治近一百年来发展的主要路线，即在个人自由与社会福利主义之间的冲突与摇摆。

---

　　①　［英］洛克：《政府论》（下篇），叶启芳、瞿菊农译，商务印书馆 1983 年版，第 63 页。

　　一般认为,美国与英国的法治观存在着极其紧密的联系,尽管如此,美国法治观的发展建立还是具有其独特性。美国法治观起源于美国宪法的制定。在这个阶段,主要解决的问题是如何在政府中分配权力。经过长期的讨论,宪法制定者们最后奠定了美国宪法的两个重要原则,其一是权力分立,其二是权力制衡,前者又是后者的基础。这两条原则体现在美国宪法权力分配的任何一个环节之中,其终极目的是最好地保障个人自由,使个人免受任意专制权力的迫害。这种观念实际上是深受孟德斯鸠思想的影响。在《论法的精神》一书中,孟德斯鸠阐述了权力与自由的一般关系,并提出了"绝对的权力将导致绝对的腐败"、"只有以权力来制约权力才能保障自由"的著名论断。然而,孟德斯鸠并没有提供宪法设计的具体方案,他阐述所依据的经验来自英国法治的实践(洛克认为孟德斯鸠的论述并不符合英国的实际情况)。在这一点上,美国宪法制定者的经验主义和实用主义占到了优势,他们从孟德斯鸠的这一理念出发,将美国政府的权力划分为立法、行政与司法三种权力,并设计了三种权力之间复杂的制衡关系。同时考虑到美国是一个联邦制国家,将美国政府的权力纵向划分为联邦与州政府等多种分级权力,并且也设计了复杂的制衡关系。

　　美国法治观发展的第二个阶段是宪法修正案(权利法案)的制定。在美国宪法制定之后,经过当时美国十三个州的相继批准,美国宪法正式生效,但是人们很快就发现美国宪法存在着一个致命的缺陷,即公民权利的缺乏。尽管美国宪法的根本目的在于保障公民权利,但是在美国宪法中对公民权利却没有任何规定。这也许与当时宪法制定者的自然法观念有关。他们也许认为,公民权利是天赋的,是一种自然权利,不可能也没有必要以法律的形式进行规定,任何文字上的规定都可能误解公民权利的基本内容。然而,实践证明这种方式是不可取的,政府在执政的过程中,常常忘记了执政的根本,公民对基本权利的认识也存在较大的差异,对许多权利保障问题缺乏统一的认识。在这种情况下,美国立宪会议再次召开,经过激烈的讨论,会议最终通过了宪法修正案(也称为权利法案)的终极文本,包含公民基本权利十四条,后来经过多次修订,现已达到了二十七条。由此,美国法治观念的基本结构已经建构完成,即政府权力与公民基本权利的相互依赖与冲突。

　　美国法治观念发展的第三个阶段是司法审查先例的确立。这是美国法治观念中最重要的一个特征，也是美国法治区别于其他法治国家的关键特征。在美国宪法的设计中，联邦最高法院的司法权是三种权力中最弱的一个，不享有立法权，也不能主动执行法律，只能被动地在处理案件的过程中适用和解释法律。然而，在马伯里诉约翰逊一案中，联邦最高法院首席法院马歇尔开创了司法审查的先例，使联邦最高法院获得了对议会制定的法律进行合宪性审查的权力，由此完善了美国的三权分立制度，使公民基本权利的保障更加完善。在历史上，美国法治的重大进展都与联邦最高法院的司法审查有关系。比如，授予美国黑人平等公民权利的判决，直接构成了美国内战的导火索；20世纪60年代开始的民权运动，以联邦最高法院对宪法中"平等保护"原则的解释为突破口，改变了美国社会的发展历程，使美国的法治观念闻名于世。

在美国联邦最高法院司法审查权力的干涉下，美国法治发展出了一些保护公民基本权利的重要法治原则，其中最著名的是"正当程序原则"和"法律平等保护原则"。"正当程序原则"是美国法治观念中最有特色的原则，将政府权力的行使划分为程序与实体两个部分，认为实体部分在实践中是难以判断正义与否的，而程序正当与否是比较容易判断的，从程序正当与否就可以判断政府权力的行使是否达到了保护公民基本权利（尤其是自由）的目的。"正当程序原则"在理论上起源于英国法治观念中的"自然正义原则"，比如，要求"任何人不能成为自己的法官"、"迟来的正义是非正义"和"阳光是最好的防腐剂"等原则。"正当程序原则"实际上赋予了公民一种有效的法律武器，使其有足够的能力与政府权力进行对抗。"法律平等保护原则"是美国法治观念中另一个极具特色的法治原则，其与"法律面前人人平等原则"有相似的地方，但更强调保护上的平等，而不是物质利益分配上的平等，更强调对立法是否平等保护了公民进行审查，而不是强调法律在适用过程中是否平等对待公民。这实际上是美国联邦最高法院对抗立法权和行政权的一条重要原则，可以使美国公民免受任意的立法权和行政权的迫害，保障公民的基本权利不受立法机关任意立法的剥夺，同时保障公民的基本权利不受行政机关的任意执法的影响。

相对于英国和美国的法治，德国法治的进程起步较晚。从整体而言，德国法治大致可以分为三个阶段。第一个阶段始于1871年《德意志帝国宪法》的颁布。在宪法制定之后,德国相继制定了《德国民法典》和其他一系列成文法典,至少在形式上首先实现了法治国所要求的"有法可依",尤其是《德国民法典》,代表了资本主义社会私有财产制在市场经济条件下的最高法律成就,体现了德国人独有的唯理性精神。在这一阶段,德国处于王权与民权相互交错的时代。在《德意志帝国宪法》中,立法权被同时授予给联邦议会和帝国议会,政治体制实行的是联邦制加君主立宪制,在权利方面,既有保护公民基本权利的条款,也有授予某些社会群体以特权的规定。唯一值得推荐的是,德国著名的思想家对法治的观念进行了纯粹理性的探讨,这为德国法治观念的发展奠定了理论基础。一般认为,康德对德国"法治国"观念的起源起到了非常重要的作用。在《法的形而上学原理》一书中,康德提出了法与国家的三个观念。首先,国家与法是先验理性的产物。在此,康德继承了卢梭和洛克的观念,认为人类社会可以区分为"自然状态"和"文明状态"。但是,康德的不同之处在于,他认为这种状态的划分并不是一种真实的历史状态,而仅仅只是人类在理性上的一种状态。① 人的社会性是一种先验的设定,依据这种社会性,人类必须会选择建立国家和制定法律。其次,国家组织结构应当是三权分立的。康德认为,每个国家应当包含三种权力,即立法权、行政权和司法权。三种权力之间有相互合作的关系、从属关系和联合关系,共同确定公民权利的范围或界限。② 最后,人有基本的自由权利。康德认为,人们除了服从其同意的法律之外,不服从任何东西,这基本上奠定了"法律至上"的原则;人们不承认在人们之上还有其他的人,这阐述的是公民平等的理念;国家在政治上应当是独立的,不服从于任何一个其他主权国家,这强调的是国家的独立性。康德不承认人们对抗法律的合法性,认为这违背了人类的先验理性。从康德对国家与法观念的阐述中,可以看出,他的法治观念相对于英美古典法治观念并没有多少新意,但是,他的独特价值在于,以德意志的语言重述了法治的一些基本观念,满足了德国人民要求"民族统一"的强烈愿望,为以后德国"法治国"的建设奠定了理论和语言基础。

第二个阶段始于 19 世纪末至第三帝国时期。这个时期,德国发展出了著

---

① 参见[德]康德:《法的形而上学原理》,沈叔平译,商务印书馆 1991 年版,第 139 页。

② 参见上书,第 45—46 页。

名的形式法治观念。第一个做出重要贡献的是魏克尔,他将国家的发展分为三个阶段,即专制国、神权国和法治国,其中法治国是最高的理性形式,是所谓理性之国。在法治国中,人民与国家的关系由客观法律规定,这种法律具有以下形式性特征:(1)具有普遍适用性和可识别性。法律对所有的公民都适用,没有特权阶层的存在,法律可为愿意遵守的人识别;(2)法律与道德无关。法律仅仅是人们外在行为的约束,或人们外在自由的保障,与人们是否受道德律支配没有关系;(3)法律具有实在的强制力量。作为保障人们外在自由的手段,法律具有外在的强制力,与人们是否愿意遵守法律没有关系。① 除此之外,魏克尔也阐述了法律应当具备的内在价值,因此可以说,在他的法治观念中,纯粹形式法治观念才刚刚起步。形式法治观的集大成者是奥托·迈耶,在《德国行政法》一书中,他以行政权为核心建构了形式法治国的观念。首先,他认为法治国首先应当是宪政国。宪政国的基本要求是权力分立。但是,迈耶只要求行政权和立法权的分立,不要求司法权的分立;其次,行政行为的规范是法治国的核心。迈耶将法治国定义为"经过理性规范的行政法国家";② 最后,行政行为应当尽量司法化。这是迈耶行政法治观中最重要的一个观念,其目的在于提高行政行为的确定力和约束力,避免行政行为的不确定性。在这个时期,德国法治观的最重要特征是法律实证化,只注重法律的事实特征,不探讨法律的内在价值。可以这样说,这种特征在某种程度上导致了第三帝国的残酷统治。

　　第三个阶段开始于二战结束。第三帝国倒台之后,法学家们基于对其残酷统治的反思,提出了德国法治国的新观念。新观念以"新自然法"为理论基础,注重对法律内在价值的探讨与追求。著名法学家拉德布鲁赫认为,"实证主义由于相信'法律就是法律'使德国法律界毫无自卫能力,来抵抗具有专横的犯罪内容的法律。在此方面实证主义根本不可能依靠自己的力量来证立法律的效力"。③ 他认为,法律必须包含三项内容:即法的安定性、合目的性及正义。"我们必须追求正义,但同时也必须重视法的安定性,因为它本身就是正

① 参见陈新民:《德国公法学基础理论》(上),山东人民出版社2001年版,第9—10页。
② 参见[德]奥托·迈耶:《德国行政法》,刘飞译,商务印书馆2002年版,第57—59页。
③ [德]拉德布鲁赫:《法律的不法与超法律的法》,舒国滢译,http://dzl.ias.fudan.edu.cn,正来学堂网。

义的一部分,而要重建法治国,就必须尽可能考虑这两种思想。"①在这一阶段,德国法治国观念回归到了古典法治观念的基本价值之上,认定某些价值是任何法治国家在实践法治的过程中都不能抛弃的,这是德国在经历了惨痛的教训之后得出的结论。

(二)常规状态中的法治

尽管现代法治国家发展的历程各不相同,其坚持的法治原则也有所差别,但是人们普遍认为,在常规的社会状态下实施法治,还是存在着一些共同的要素。

首先,法治必须符合现代政治的基本理念。一般认为,民主、自由、平等与人权是法治必须要实现的基本政治目标,或者说是法治必须遵循的价值理念,否则法治就可能会偏离方向,成为残酷的法律统治或治理。就民主而言,其首先是一种意识形态,涉及的是一个国家或民族统治权的正当性问题。在人类社会的历史上,统治权源自于何处,一直是一个重大的理论与实践问题。在民主的社会中,人民是作为国家这一抽象人格体的实际所有者,享有统治这个国家至高无上的权力,政府是国家这一抽象人格体的法定代表,接受人民的授权,对国家实施实际的统治,并对外代表国家与其他国家进行交往。民主制与君主制的唯一差别可能就在于,在民主制中,是全体人民对国家这一抽象人格体享有统治权,而在君主制中,则是由君主一人独自享有国家这一抽象人格体的统治权。其次,民主也是一种政治制度,一种国家的治理方式。在一个民主的社会中,每一个成年公民都享有平等的政治权利,可以平等地表达自己的意志,每一个成年公民的意志表达都应当受到尊重,人们通过"多数表决制",也即是少数服从多数的原则,决定是否通过相应的法律,决定法律内容的修改,也决定政府的组建方式和组成人员。民主政治的一个基本假设是,人民通过自我参与、自我决策和自我管理,尊重了每一个成年公民的政治权利,又能够通过人民的自我管理实现法治的有效性。在君主制国家中,人民是作为被统治者而存在的,法律表达的是君主的个人意志,人民无法参与到法律的制定过程中,也无法表达自己的意志,人民只是被动性地服从由君主制定的法律。在

---

① ［德］拉德布鲁赫:《法律的不法与超法律的法》,舒国滢译,http://dzl.ias.fudan.edu.cn,正来学堂网。

民主政治中,一般认为民主具有天然优于君主制的价值优势,民主表达的是全体人民的意志,而君主制表达的仅仅是君主一人的意志。民主不仅是一种政治制度,一种国家治理方式,民主也必须以尊重公民个人确获保障的私域作为国家治理的前提,也就是说,民主政治必须以一定范围内的公民自由为前提,没有公民的消极自由,就不可能有真正的民主政治,有的只是多数人的暴力与专制。

　　自由是人类社会期待的最美好的价值之一,自然法理论家一般将自由视为是人的自然权利,这一点可以与动物天性或本能相联系,动物天性或本能是喜好自由不喜欢拘束的,人类也有这种本能倾向。然而,政治社会中的自由却并非此种意义上的自由,人类社会的自由是社会性的,它描述的是人与人之间的关系。鲁滨逊呆在孤岛上,可以说是天马行空,一个人自由自在,想做什么都可以,但这与"社会性"的自由无关。一场暴雨或暴雪阻止了你计划中的出行,这也不能说是你的"社会性"自由受到了限制。如果一定要说你的自由受到了限制,那也只可能是动物所期待的那种自由。因此,自由的概念正如哈耶克所定义的,是一种状态,在此"一些人对另一些人所施以强制,在社会中被减至最小可能之限度"。① 自由仅指人与他人之间的关系,对自由的侵犯也只可能来自他人的强制。这种自由与你在特定条件下的选择没有关系,比如在选择食物时你所做出的决定;也与你个人能力的大小无关,比如你不慎从高处落下你无法选择回到原处,你不能说你是不自由的。这些自由的语言用法都是社会性自由的比喻性用法,只是借用了社会性自由概念的若干要素。自由的这种用法如果仅仅作为日常生活的用语,不产生政治或法律上的用途,倒也无妨。但是,如果在政治或法律上滥用自由的概念,则会给社会带来灾难性后果。只要想一想,在人类社会的历史上,有多少罪恶之事假借自由之名而行事,有多少极权专制统治借用了自由的名义,就可以明白自由观念的正确性对于政治或法律统治的重要性。

　　平等是法治必须遵循的另一个重要价值。如同自由一般,平等亦是人类社会自古以来就有的一种社会理想。公元前 1 世纪小亚细亚的奴隶起义,就提出过没有富人也没有穷人,没有奴隶也没有主人的平等理想。中国封建社

―――――――――

① ［英］哈耶克:《自由秩序原理》,邓正来译,三联书店 1997 年版,第 15 页。

会的农民起义,就提出过"均贫富,等贵贱"的主张。18世纪法国资产阶级革命,针对封建专制和等级制度,提出了"平等"的口号,宣布在法律面前人人平等。然而,平等亦如自由一般,充满了歧义或理解上的差别。概括而言,至少存在两种基本的社会平等观,一是形式平等观,二是实质平等观。实质平等观具有悠久的历史传统,在任何类型的社会中都曾经存在过,上述无阶级差异"太阳国"理想,古代中国农民起义提出的"均贫富,等贵贱"的口号,都可以算作是实质平等观。使实质平等观成为政治或法律上的体系化理论却是文艺复兴时期的理论家。他们一般都预设人类社会曾经处于自然状态之中,无贫富或等级的差异,"自然界规定人人都是平等的",并且"自然界正把保持我们的社会品质和幸福的问题与这种平等联系起来",将自然平等的精神"均等地传给全体人民,应当使全体成员进行同样的活动,具有同样的倾向,并以同一纽带把他们联结在一起。"实质平等观一般都设定私有制是"万恶之源",是所有社会不平等的根源,"在自然的状态中,不平等几乎是不存在的。由于人类能力的发展和人类智慧的进步,不平等才获得了它的力量并成长起来。由于私有制和法律的建立,不平等终于变得根深蒂固而成为合法的了。"因此,"不祥的私有制是财产和地位的不平等起因,从而也是我们一切罪恶的基本原因。"①在他们看来,如果要实现社会的实质平等,首先需要解决的问题就是取消私有制,实行公有制,这是社会实质平等的前提条件。然而,这又会面临着另一个困难的问题。在人类社会中,人们的天赋与机遇不可能是完全相同的,这些偶然性因素必然会造成社会不平等状况的出现,虽然法律治理努力在维系社会的平等状态,然而社会不平等的状态却总是无法避免。这可能就需要通过法治不断调整影响社会不平等的因素,而这又可能会干扰人们所享有的消极自由。为与自由的观念保持一致,实质平等观的理论家一般会承认积极自由观的合理性,认为法治能有效地提高人们对社会事实的认知程度,能够帮助人们不断提升自身的道德水平,也就是说,通过法治,虽然影响了人们所享有的消极自由,然而却可能通过提高人们能力或道德水平而间接地提升人们所享有的积极自由。由此,实质平等的社会理想与积极自由的观念融合了,能

---

① [法]卢梭:《论人与人之间不平等的起因和基础》,李平沤译,商务印书馆2007年版,第35—45页。

够和谐地共存于同一个理论体系之中。

相对而言,法治应当遵循的人权价值存在较大的争议。西方文明国家一般强调人权的普适性,并利用他们在经济、政治、文化,甚至军事方面的优势推行自己的观点;非西方国家和发展中国家强调对人权的保障必须建立在本国的国情(包括经济基础、国民素养、传统文化等)之上,并且强烈反对前者的观点。在人类追寻统一人权标准的道路上,没有人能够回避一个无奈的现实。由于历史、地理等诸多因素的原因,有的国家能花费大量的社会资源去呵护宠物和家畜,但有的国家却在为给儿童提供最低限度的食物、医药和教育而挣扎。不仅各国之间经济发展水平有天壤之别,在文化传统方面也往往是千差万别。这些客观事实阻碍了人类对人权在现实层面的共识。历史经验表明,强制移植的人权往往会出现"水土不服"的症状。为解决这个难题,当代英国思想家米尔恩提出了"作为最低限度标准的人权",核心内容主要有两点:第一,由于社会发展的不平衡性和道德规范的多样性,得到某种共同体认可的权利,没有足够的理由被认为也同样适用于其他共同体;第二,无论社会发展和道德规范存在多么大的差异,一些最低限度的人权必须得到所有共同体的一致拥护。① 总结起来,人权标准是最低的,所以才能成为普遍的;因为是普遍的,所以也只能是最低的。

其次,法治之法必须具备使人们服从的可能性。从最通俗的意义而言,法治就是使人们的行为服从法律的治理。这个定义实际上为法治,尤其是法治之法提出了一种最低程度的要求,即法治之法应当具有使人们服从的可能性。如果法治之法根本就不具备服从的可能性,比如自相矛盾的法律,那么法治无疑是不可能实现的。现在人们普遍认为,法治之法如果使人们的行为具有服从的可能性,那么就必须满足以下基本条件:法律具有普遍性、法律必须公布、政府的行为应当与法律保持一致、法律的内容应当明确、法律不应当自相矛盾、法律不提过高的行为要求以及法律应当保持足够的稳定。

1. 法律应当具有普遍性。概括而言,法律具有普遍性一般包含三层意思:一是就立法而言,法律规范应当是一般性的,法律应当适用于所有的人,具有

---

① 参见[美]米尔恩:《人的权利与人的多样性》,夏勇、张志铭译,中国大百科全书出版社1995年版。

足够的抽象性,不针对特殊的情况制定特殊的法律,不搞一人一法,一事一法。这也就意味着法律不能针对社会中特殊因素,比如民族、种族、性别、年龄和疾病等制定特殊的法律,不制定歧视性法律;二是在法律适用的过程中保持一般性。法律适用过程的一般性,也就是通常意义上的法律面前人人平等之义,或英美法系中的自然正义原则,即相同情况相同处理,相似情况相似处理,排除情感等非法律因素对法律适用一般性的不正当影响;三是从法律体系的角度来看,一个国家的所有法律应当保持统一性。一个国家的各种事项都由法律治理,不能有些事项以法治,有些事项以人治。不仅如此,治理各项事务的法律之间应当保持内在统一性,相互协调、相互补充,不自相矛盾。

2.法律应当公布。从道德上来说,富勒提出了二条支持法律颁布的理由:第一,即使百人中仅有一人去了解公布的法律,也足以说明法律必须公布,因为至少此人有权利了解法律,而此人又是国家无法事先认定的。这条理由从个人道德权利的角度否认了不颁布法律的正当性,即使不颁布法律的社会效果要好于颁布法律,也不能由此否定人们知晓法律的道德权利;第二,法律只有公布后才能由公众评价并约束其行为。一般情况下,人们对在道德上具有善性的法律更容易接受,一旦接受之后,也更容易约束自己的行为。法律只有公布,人们才有对法律进行评价的可能性,才能通过法律公布之后的实践,理解并认同法律的善性,也只有如此,才能不断提高法律的服从性和有效性。①

3.政府的行为应当与法律保持一致。为使公主体行为与法律保持一致,至少有以下几个基本要求:首先,法律不应当溯及既往,也就是说法律不应当适用于法律颁布之前的行为,除非此种适用对于受法律约束的人来说是有利的。法律颁布之后才能为人们所了解,此乃常理。只有为人们所了解的法律才应当对人们的行为有约束力,是基本法理,法律的社会功能就是使人们的行为服务法律的治理,如要产生此种社会效果,法律所约束的行为预先为人们所知是理所当然的。当然,由此也不能完全排除法律对于颁布之前行为的适用性,如果新颁布的法律对于受法律约束的人更有利,法律的溯及既往也是可以接受的。法律不溯及既往,可以有效地促进公主体行为与法律保持一致,使公主体随意解释法律的可能性大大降低,使受法律约束的人们对于自己行为是

---

① 参见[美]富勒:《法律的德性》,强世功译,商务印书馆 2001 年版。

否合法的预期性大大提高，有利于提高法律治理的实效性。哈耶克曾把法治定义为要求"政府的所有行为由事先已经确立并公布的规则来限定，规则使得用公平的确定性预见当局在给定的情况下怎样运用其强制权力成为可能"。① 其次，法律未授权公主体为或不为一定行为的，公主体不得为或不为一定的行为。社会治理须通过公法与私法治理两种不同的路径，由公法治理的事项须得有法律明确的授权，并由公法明确规定公主体可以为或不为的行为，对于未经公法授权的事项，公主体不得为之，当交由私法自治处理。唯有如此，才有保证公主体行为与法律保持一致的可能性。如果法律并未授权公主体为或不为一定的行为，则公主体可能根据自己的主观意志任意为之，此等情况实不能保证公主体行为与法律的一致性，也会对私法自治形成非正当性干预，导致公民无法形成稳定的行为预期，最终影响法律治理的有效性。

4. 法律的内容应当明确。法律实现使人们的行为服从法律治理的社会功能，必须得首先使法律禁止或许可的行为为人们所知。法律无非通过两种方式表达，一为习惯法或判例的形式，此乃是非成文的形式，非成文并不意味着法律不使用文字来表达，只是法律使用具体案例的官方意见来表达。此种表达方式一般结合具体的案件事实，对应当予以适用的法律加以解释，法律与事实融合在一起。如此表达的法律因与相应的社会事实结合在一起，可以对人们行为的预期产生良好的效果，因为人们可以结合自己的实际情况来发现是否与公主体所判决之前例保持一致，如果一致，则法律可以适用于自己的行为。然而，此种表达法律的方式也有一些问题，主要是法律先例非常多，以致超出了任何人所可能全部了解的范围，即使是法律职业人，也需要在浩瀚的法律图书资料中寻找适用于待处理案件之法律规定，对于普通人而言，这无异于大海捞针；法律的第二种表达方式是条文或成文的形式，按照法律行为的逻辑对法律条文进行归纳整理，使其具有形式合理、逻辑严密的特点。以此种方式表达的法律内容，最大的好处在于内容简便易寻，人们能够很快地获知法律所禁止或许可的行为是什么，对自己的行为也容易形成稳定的预期。然而，成文法也存在一些两难的困境。如果法律想要表达得更明确，则使用的语言应当通俗易懂，但一般情况下通俗易懂的文字发生歧义的可能也比较大，这有损于

---

① See Freidrich A. Von Hayek, *The Road to Sefdom*, 1944, p.54.

法律内容的明确性要求;如果法律表达的精深且逻辑严密,可以更好地避免法律漏洞,但是会使普通人产生理解和认识上的困难。

5.法律不应当自相矛盾。法律如果要获得人们的服从,必须保证法律有服从的可能性,如果法律提出了自相矛盾的行为要求,那么受法律约束的人实无服从法律之可能性。应当说,法律不应当自相矛盾乃法律形式逻辑上的必然要求。但是,法律本身对行为的要求是复杂的,至少可以区分为三种不同的情况,有些法律授权人们可以为或不为,有些法律则禁止人们为或不为。对于授权人们为或不为的法律,其实并无自相矛盾之担忧,法律所授权的行为本是人们可以为或不为的,人们为或不为都不算是法律提出了自相矛盾的要求。但是,授权性行为与义务性行为,授权性行为与命令性行为,或义务性行为与命令性行为则有发生自相矛盾的可能性。如授权性法律授权人们可以为或不为,而命令性或义务性法律却要求或禁止人们不为或为,或某命令性或义务法律要求或禁止人们为或不为,而另一些命令性或禁止性法律却要求或禁止人们不为或为,等等。

6.法律不应当提过高的行为要求。人性是复杂的,有些人注重道德上的要求,有些人视利益为生活的全部,有些人则可能将良好的人际关系视为最值得珍惜的东西。正因为如此,人们在社会中的行为存在巨大的差异,有些人高尚,有些人仅仅不做坏事而已,而有些人则是社会秩序不稳定的主要因素。对于此等复杂的社会状况,法律提出"一律而普遍性"的行为要求就必须考虑不同社会主体的承受能力,如果法律提出了过高的要求,就可能会导致许多人的违法,或者许多要花费许多精力才能保持不违法,这对实现法治而言无疑增加了难度。

7.法律应当保持足够的稳定。人们习得一项规则并能够自觉服从,需要经过一段相当长的时间。从法律的服从性来说,习惯法一般比成文法更容易获得服从,原因在于习惯法经受人们长期的实践和体验,习惯法所要求的行为已经内化为人们自觉的行事方式,人们无需过多的努力和思考就能够服从习惯法的治理。相对于习惯法,成文法则不具备这种优势,成文法表达的是立法者意图,如果需要获得人们的服从,人们亦需要经过长期的实践与体验,并内化为自觉的行事方式之后才有可能。若成文法变动频繁,或者成文法过多干预习惯法,人们便难以了解在某个时候法律是什么,也不可能在法律的指导下作长远规划，或者是当人们了解并遵从了法律时，法律又发生了变化，人们又需要重新学习方能掌握法律的内容。如此这般，人们就永远没有完全服从或遵守法律的可能性，法治国也就成为空谈。

最后，法治必须考虑特定国家的不同国情。尽管法治是人类社会进行治理的最高形式，但是这并不意味着所有国家或地区的法治模式必须是相同的，在保持法治核心理论的前提下，应当允许不同国家或地区发展适合于本国国情的法治模式。实现法治并非人类社会的终极目标，法治仅仅是一种实现人类社会终极目标的手段，人类社会发展的实践证明，法治是到目前为止实现人类社会终极目标最好的手段。然而，法治并非实现人类社会终极目标的唯一手段，法治要发挥其作为手段或工具的作用，还必须结合不同国家或地区的特定情形，有针对性调整法治的基本模式，以保证法治作为实现社会终极目标手段的有效性。

（三）公共危机中的法治

在文艺复兴时期以前，社会生产力以及科技发展水平都相对较低，人类认识和改造自然的能力也比较低下，社会生活与人际关系相对简单与封闭，公共危机事件的类型单一，发生范围狭小。在这一时期，人类所面对的公共危机事件主要是自然灾害、瘟疫、战争和骚乱，其中又以自然灾害为主，人为因素导致的破坏和污染导致的灾害还没显现出来。虽然卫生医疗水平较低，但是由于人口流动不频繁、交通不发达，使得瘟疫一般局限于一定区域或地域内流行，很少发生大规模甚至全球性的瘟疫流行。战争以传统的"领土占领"为目标的地面战争为主，没有出现大规模杀伤性武器。在这一时期，由于生产力水平低下，科学技术落后，一旦发生公共危机事件，人们应对公共危机或对公共危机进行治理的方式完全处于自发状态。人们更多地求助于上帝、神灵的帮助，希望神灵能够宽恕他们的罪过，对于已经发生的公共危机以及由此造成的损害，人们更多地是从道德上来评价，认为是人类的行为触犯了神灵，神灵降罪由此而形成了公共危机事件。在公共危机的治理方面，几乎没有出现有组织的应对方式，人们应对公共危机事件的方式大多基于生存的本能。

进入资本主义革命时期之后，由于科技的发展，社会生产力有了较大进步，人们认识和改造自然的能力也得到较大提高，人为造成的公共危机还是处于潜在状态，自然灾害基本是还是"不可抗力"。在这一时期，最显著的公共危机事件是新旧政权之间的频繁更替,以及由此带来的战争、骚乱和动荡的政局。因此,在这一阶段,公共危机应对有了一定程度的分化,对于自然灾害的应对与治理方面还是处于完全自发的状态,而对政治公共危机的应对与处理方面,则逐渐出现了有组织的行动。比如在英国,1679年为限制英王查理二世的专横权力而制定了《人身保护令》,在"非常时期"可中止颁发人身保护令。这一制度对英美法系国家影响非常深远,在发生政治性危机时,中止人身保护是应急制度中最为主要的内容之一。1688年"光荣革命"后,威廉国王正式接受了《权利法案》。在《权利法案》中,与公共危机治理最具相关性的部分是戒严决定权。在发生公共危机事件时,国王可向议会提议实行戒严,由国会最终审议决定。1714年英国制定了《制止动乱法》,该法规定国家行政官吏政治性公共危机发生时可以武力应对。

工业革命之后,资本主义有了长足的发展,逐步进入垄断资本主义和帝国主义阶段。在这一阶段,爆发了20世纪三十年代的经济危机,接连爆发了两次世界大战。在这一阶段,公共危机事件发生的特征有了明显的变化,主要表现为,政治危机的发生进入了冲突严重化的阶段,由人类科技进步所导致的人为危机大量出现,比如环境危机等。但是,与上一阶段不同的是,这一阶段的社会政治经济等条件发生了较大的变化,比如,战争、骚乱,已不再是与外部完全隔绝的"围困状态",而可以通过多种通信技术手段相互取得联系。应急手段或措施不再单纯局限于军法管制和武力镇压,而是扩张到国内稳定和后方供给,应急范围不局限于战区,还扩张到后方的经济危机、劳工冲突和自然灾害等事件中,应急权限基本上由议会转移到行政,议会授权或委任立法快速增加,国家紧急权力得到了极大扩张。例如,在两次世界大战期间,英国为了保证政府的权力,维持战线的稳定,诉诸紧急权立法的情况大幅增加,颁布了一系列有关紧急权力的立法,授予政府广泛的委任立法权,比如,1914年的《国土防卫法》,规定在战争进行期间,政府有权发布确保公共安全的国家命令,并可以实施军事审判,军事机关有权管制工厂;再如,1920年通过的《紧急权力法》,规定当工会罢工时,可以宣告紧急状态,并以此限制自由;在第二次世界大战期间,又颁布了《紧急权力防卫法》,授权政府可以发布"防卫命令",规定维持治安、保卫国土、控制经济的方法和措施,对违反命令的,政府可以逮捕、拘禁、审问、处罚,普通法院无权干预。

　　除了英国之外,美国的公共危机应对也进入了自觉阶段。两次世界大战期间,美国三大政权机构:国会、总统和最高法院一反常态,保持了高度一致的对公共危机应对或治理的支持态度。国会通过立法授予了总统大量的紧急权力和自由裁量权,其数量上和授权范围上远远超过了之前所有时期的总和,最为典型的有:《惩治间谍法》(1917 年)、《通敌法》、《制止破坏活动法》(1918年)、《镇压叛乱法》(1918 年)等加强总统战争权力的法律;以及二战期间,《全国产业复兴法》、《战士劳工纠纷法》等授权总统应对或治理经济危机的权力。与此同时,在两次世界大战期间,联邦最高法院在许多判决中支持了联邦政府及州政府扩充权力的努力,如"申克诉联邦政府案"、"北太平洋铁路公司诉北达科他州政府案"、"美国诉柯蒂斯—莱特出口公司案"等案件,最高法院无一例外地支持了政府的行为。

　　二战结束后,人类社会进入相对和平发展的时期,人们开始反思战争期间政府紧急权力滥用所带来的可能恶果,于是公共危机治理的自觉阶段开始进入了一个新的阶段,在这一阶段,不再是以无限扩张政府权力以应对公共危机,而是持续控制政府权力,压缩政府在紧急状态下的权力范围,来规范化政府应对公共危机时的权力运用。同时,这一时期也出现了一新的问题,主要是随着人类科技水平的提高,区别于传统社会的社会问题、环境问题开始凸显,一些传统的危机也表现出新的形式,比如传统的战争模式几乎消失了,而恐怖主义事件却出现了,因此美国前国防部长麦克纳马拉说:"今后的战略可能不复存在,取而代之的将是危机管理",表达的正是这个意思。

　　人类社会进入 21 世纪以来,连续发生了许多公共危机事件,其中最有代表性的有美国的"9·11"事件,中国的 SARS 事件以及欧洲的疯牛病事件等等,这些公共危机事件的发生不仅暴露了世界各国政府在应对公共危机时的弱点,同时也反映了各国政府在应对公共危机时存在的许多问题,比如资源整合不力,应急措施严重侵权,以及在应对过程中遭到司法审查等等。理论与实践界逐渐认识到,公共危机治理必须从自觉治理走向法治治理,唯有如此,才能在各种不同利益之间进行最合适的平衡。从世界各国应对公共危机事件的经验来观察,各国公共危机治理法治化大体具有以下几个特征。

　　第一,制定了专门化、体系化的应急法律规范。世界上大多数国家制定了统一的紧急状态应对法律,除此之外,还针对各种具体的公共危机事件制定了专门化的单行法规,以及授权行政机关实施的各种临时管制措施。第二,设置了专门化和专业化的公共危机应对机构。尽管世界各国的政治体制有别,然而在应对公共危机时,都不约而同地设置了专门化和专业化的应对机构,比如,美国的联邦紧急事务管理局、俄罗斯的特别情况部以及中国设立的各种应急处理小组等。美国甚至还由国会批准,设立了永久性的公共危机应对中央机构国土安全部。第三,建立了多元化、立体化和网络化的公共危机治理体系。世界各国从许多公共危机事件的应对中吸取经验教训,认为政府应对不力的主要原因在于政府权力过于分散,强调相互制约,而非相互配合,条块化分割过于明显,导致公共危机事件爆发时,单凭一个部分的力量根本无法应对。只有成立一个享有中心指挥权的机构,赋予其组织和指挥政府各个部分的权力,才能最大程度地调用各种可用资源,同心协力共同应对公共危机。第四,公共危机治理程序逐步规范化、制度化和法定化。在以往的公共危机治理过程中,政府所采取的治理程序或步骤往往与决策者的个人好恶直接相关,而公共危机治理法治化进程的一个重要特征就是,要将公共危机治理过程中的个人好恶排除在外,形成规范化、制度化和法定化的治理程序,保证公共危机治理按照既定的程序运行,避免受到个人情绪的任意影响。第五,公共危机治理的过程逐渐法治化。世界各国对公共危机治理过程中所要求的危机预警、资源储备与调动以及危机化解等过程,全面要求法治化,也就是说以法律的形式将公共危机应对过程所需要的各种机制全面法律化,要求治理者在应对过程中必须遵守法律,而不能由治理者个人任意决定。第六,民间力量参与公共危机治理也逐渐法治化。民间力量参与公共危机治理不仅能够有效提高公共危机治理的效率,同时也可以对政府治理公共危机进行有效的监督。但是,考虑到民间力量参与公共危机治理是一柄双刃剑,如果没有法律进行规范,很可能会对政府应对公共危机的活动产生很大的干扰。因此,现在世界各国对此的普遍做法是,将民间力量参与公共危机治理的活动通过立法进行规范。第七,危机防范意识和能力的培养也开始逐渐法治化。世界各国不仅在法律中明确提出,要进行防范意识和能力的培养,而且法律也授权各种政府必须定期举行危机防范演习,帮助全社会树立正确的危机防范意识,促进危机管理体系有效运行。

二、动物防疫法治的多重性

动物防疫行为具有多重性质,从动物疫病的预防、保证动物产品质量安全以及保护环境免受动物养殖污染的角度来看,动物防疫行为属于政府常规管理工作的范围;从动物疫病可能向人类传播并爆发流行、政府必须采取相应的应急措施阻止动物疫病传播流行的角度来看,动物防疫行为属于政府应急管理工作的范围;从动物防疫行为具有外部性、私人间的相互协商因交易成本太高而只能由政府实施动物防疫行为的角度来看,动物防疫行为属于政府应当提供的公共物品或公共服务的范围。在不同的视角下,动物防疫过程中政府与公民的关系存在显著的差异,法律对政府的动物防疫行为有明显不同的要求,法律侧重保护的公民权利也有较大的差异。对此,我们应当仔细辨别,方能提出适用于动物防疫法治的基本原则。

(一)作为政府常规工作的动物防疫法治

作为政府常规工作的动物防疫,必须以甄别动物疫病的不同类型为前提。对于不具有传染性的动物疫病(包括动物间和动物与人之间)和具有传染性的动物疫病(包括动物间和动物与人之间),对政府常规工作的要求完全不同。对于不具有传染性的动物疫病,应当属于公民自治的范围,应当交由动物养殖者或所有人来决定是否对动物进行相应的免疫,政府不应当对此进行干预,理由如下:首先,政府对此所进行的干预是无效率的。对于不具有传染性的动物疫病,如果政府对此采取干预措施,则需要投入大量的人力、物力和财力,需要支付大量的干预成本。干预的结果可能会使动物养殖者或所有人受益,然而此种受益的范围相对较小(只局限于动物养殖者或所有人),社会公众并不能从中受益,不仅如此,社会公众还会因需要向政府缴纳更多的税收而从中受损。因此,政府对此种动物防疫所进行的干预行为从经济效率上而言完全是得不偿失的。其次,政府对此所进行的干预会侵犯公民的财产自由。在市场经济体制下,从事任何产品的生产都存在着一定的市场风险,就动物养殖而言,就可能存在着市场价格波动而带来的亏损、动物养殖过程中动物死亡而带来的亏损以及发生不可抗力事件而导致的亏损等风险。市场风险的存在使动物养殖者或所有人在动物养殖过程中变得更加谨慎,对动物养殖行为持经济理性的态度,作为动物养殖者或所有人在从事这个职业时必须考虑这个风险。如果政府对此进行干预,可能会让动物养殖者产生依赖心理,在动物养殖的过程中变得极不理性,一旦政府干预的结果失败(这种可能性非常大,因为动物养殖者的规模很大,政府不可能面面俱到,而且政府对动物疫病的防治也不是全能的),受到干预的动物养殖者或所有人就会迁怒于政府,认为是政府的干预行为导致了这种结果,也就是说,政府对动物防疫所进行的不必要的干预,会使动物养殖者或所有人变成不具备市场理性的人。最后,政府对此所进行的干预可能会引发权力寻租,增加社会的交易成本,并引发逆向选择,导致社会资源的不公平配置。政治学坚持的一个基本原则是,政治权力对社会的干预程度越深,就越有机会影响社会资源的配置过程。基于求利的动机,许多受到政府干预的动物养殖者或所有人就可能会采取贿赂政府官员的做法,来避免受到政府的不正当干预或者从政府的干预中获取不正当利益。这种做法无疑具有示范效应,会使动物养殖者逐渐加入对政府进行贿赂的行列,最终在动物养殖的市场上只剩下依赖向政府行贿而存在的动物养殖者或所有人,其余不向政府行贿的动物养殖者或所有人可能就会被淘汰出这个市场(这就是所谓逆向选择机制)。逆向选择的结果表明,政府的干预程度越深,就有可能导致社会资源配置的不公平,因为决定社会资源配置的不再是市场,而是与政府关系的好坏程度。

当然,政府不对不具有传染性的动物疫病防治行为进行干预,并不意味着政府不需要对此做任何类型的工作。政府在此所需要做的工作,与政府在市场经济条件下,法治政府对待私人财产权的工作是一致的,即政府应当充分保护公民的私人财产权神圣不可侵犯,要尊重公民的财产自由,尤其要保护动物养殖者或所有人对动物产品的养殖及交易过程不受政府部门的非法干预。对于公民间相互侵犯财产权的行为,政府应当提供具有程序正义性的司法制度,保障司法机关及法官的独立审判权,同时又要加强对司法审判工作的监督,保证司法机关及法官公正裁决与财产权相关的纠纷。当然,政府对私人财产权的安全所需要做的工作,比如提供警察和军队服务等,在此也同样可以适用于动物养殖者对动物所采取的防疫行为。

对于具有传染性的动物疫病,政府应当采取合理的措施对此进行干预,理由如下:第一,传染性的动物疫病预防具有外部性,公民自治无法解决这个问题。如果采取公民自治的方式,传染性动物疫病预防兼具正负外部性。其正外部性体现在,某些动物养殖者或所有人对其养殖的动物进行免疫,可以避免这些动物疫病的传播扩散,使其他动物养殖者或所有人从中受益却不需要为此支付成本,或者使全社会的公民受益(主要是指人畜共患性疫病)而不需要为此支付费用。其负外部性体现在,动物养殖者或所有人如果不对染疫的动物进行治疗免疫,那么很可能会导致动物疫病的传播扩散,使其他动物养殖者或所有人受到损害而无法要求其进行赔偿,严重的情形下可能导致其他社会成员感染疾病而无法要求相应的赔偿。另外,动物养殖者在养殖过程中所排放的动物粪便可能会污染环境,影响人们的生活质量,甚至可能会引发某些疾病的传播扩散,动物养殖者在其出售的动物产品中,并没有将污染环境的成本和引发疾病的成本计算在内,这些成本由全社会共同承担。正外部性效应的存在,可能会使动物养殖者或所有人无法承受动物防疫的成本压力,最终"破罐破摔",不对其养殖的动物进行任何类型的免疫,造成动物疫病的爆发流行。负外部性的存在,可能会加快人类生存环境的污染速度,加快传染病菌的变异速度,使人类应对传染病的爆发流行变得更加困难。传染性动物疫病预防存在正负外部性,如果采取公民自治的方式,由于涉及的人数相当多,交易成本也相应地比较高,这会阻碍公民间以相互协商的方式来解决这一问题。如果由政府采取合理有效的措施,则可以节省大量的交易成本,尽管政府采取动物防疫措施也需要支出外部成本,但是只要这种成本低于公民间的交易成本,由政府采取合理措施就更可取,何况公民间即使付出了大量的交易成本也不一定能够达成解决正负外部性的一致协议。第二,传染性动物疫病的预防可能存在道德风险,只有政府的强制力才能解决这个问题。当然,我们也不能否认的是,在某些特殊的情形下,传染性动物疫病涉及的人数相对较少(比如动物养殖集中于人口稀少且有天然屏障的地区),动物养殖者或所有人之间达成解决正负外部性协议的交易成本较低,他们之间可能达成这种一致协议。然而,尽管如此,由于这种协议并不是具有法律上可强制执行的有对价的协议,动物养殖者及所有人之间相互违反协议的道德风险非常大,尤其是在其他人都遵守协议的前提下,某一个人的违约可能会获得非常高的收益,由于这种违约行为不会受到法律制裁或强制,会起到一种示范作用,引起其他相关人员的效仿,最终这种已经达成的协议很快就趋向破裂;但是,如果这种协议的内容由政府提出,并且由政府采用行政强制的方式施行,那么一旦出现不遵守的情形,就可能会受到政府施加的强制性制裁,迫使违反规定者遵守政府制定的规范。第三,对传染性动物疫病进行强制性预防所产生的收益要远大于政府对此进行干预所可能产生的外部成本,尽管强制性预防存在着一定比例的机会成本,但是整体来看,政府对此进行的干预还是有效率的。第四,政府对此进行的干预有维护动物产品市场稳定的效果,这是无法使用经济指数衡量的收益。传染性动物疫病如果允许公民以自治的方式解决,如果公民间因交易成本太高而无法达成一致,那么一旦发生重大动物疫情,就会对动物产品市场产生较大冲击,重创消费者对动物产品的消费信心,使动物产品的市场规模严重萎缩,尽管因消费者寻找替代品而会使替代品市场繁荣,并可能使替代品生产获得一部分收益,但是动物养殖者或所有人会因此而产生无可挽回的损失是毫无疑问的。政府如果对此进行有效的干预,就可以将动物疫病爆发的可能性降至最低,这对动物产品市场的繁荣稳定无疑是有显著作用的,尽管这种显著作用不能用具体的指标进行衡量。第五,政府对此进行的干预还能产生许多无法估量的人权收益,这对于提升政府的公信力具有无可替代的作用。传染性的动物疫病还存在人畜共患的可能性,比如在 2003 年中国爆发的 SARS 病毒,就属于人畜共患型传染病毒。如果此类病毒是由动物养殖者养殖的动物携带并传播扩散的,社会公众无疑会因此而受到极大的损失,某些人可能会因此而付出生命的代价。如果政府不对此进行干预,而是放任公民自治,最后导致的结果可能是社会陷入极大的危机之中,从人权保障的角度来说,这种危机在某种意义上也是一种人权危机,是对公民生命权和健康权漠视的一种表现。如果政府对此进行积极干预,不仅可以有效避免此类动物疫病的传播扩散,而且由于政府积极有效的措施,也会提升政府的公信力。

尽管我们已经论证,政府应当对传染性动物疫病的预防进行合理的干预,然而政府所采取的干预措施在何种意义上是合理的还是一个需要讨论的问题。关键问题在于,政府对此的干预应不应当受到法律的限制,如果是应当的,那么法律对政府采取干预措施进行限制的界限存在于何处? 以及应当对政府采取的干预措施以何种方式进行限制? 这正是作为政府常规工作的动物防疫法治需要解决的问题,在这一部分我们仅仅提出了对作为政府常规工作的动物防疫进行法治的必要性,对于政府如何做好常规的动物防疫法治工作,留待以后进行讨论。

(二)作为公共危机的动物防疫法治

对于公共危机治理,罗马法认为:"枪炮声响法无声",意思是指在一个国家或地区发生战争或公共危机事件时,法律就不再发声,也不再发生作用,起主导作用的是战争各方对战争的掌控能力或处置紧急事件的能力或措施。法律的主要作用是维护稳定的社会秩序,实现社会的基本正义,然而在战争状态或紧急事件发生时,法律已经无法实现其主要功能,如果不采取法律之外的方式或措施,那么将带来更大的社会损失。因此,罗马法谚的根本意义实际上在于价值平衡,在常规的社会治理中,法治拥有无可替代的优势,能够为人们的日常生活提供稳定的心理预期,而在非常规的社会治理中,法治就不再拥有绝对的优势,而必须以特定的方式来治理,否则将给社会带来难以挽回的损失。然而,随着社会的进步、科技的发展和人们对社会治理认识的提高,人们逐渐认识到,即使战争或紧急状态,也可以纳入法治的轨道,而且必须纳入法治的轨道,尽管这个过程与常规的法治存在重要的区别。

从字义上来理解,危机一般为:有可能变好或变坏的转折点或关键时刻,也就是某个事件发生变化的关键时刻。至于事件如何变化,是变好还是变坏,则是危机意义的关键所在,变好则可能是"机会",变坏则可能是"危险"。因此,也可以认为,危机是一种情境状态,在其中决策主体的决策目标受到威胁,决策主体改变决策可获得的反应时间非常有限,其发生也出乎决策主体预计之外。危机的这种情境状态一般必须满足四个条件,即事物内部或外界环境发生变化;形成了对基本价值的威胁;卷入敌对行动的可能性极大;对威胁做出反应的时间有限。公共危机为危机的一种特殊类型,根据定义的角度不同,公共危机可以等同于政府危机(在不同的政治体制下,政府危机的涉及程度差别较大,政府管理社会事务越多,公共危机等同于政府危机的可能性越大);公共危机也可以等同于社会危机(在社会功能学派的眼中,社会先于个人而存在,社会危机之所以等同于公共危机在于,社会基本结构处于崩溃的危险之中);公共危机还可以等同于公共管理活动中的危机,也就是说,公共危机本质上是一种公共管理过程中的危机形态,出现了常规管理难以预料、难以控制的突发性事件,导致常规管理处于完全无效的状态,这种状态的持续将严重影响人们的正常生活,或导致社会或个人发生重大的财产和人身上的损失。

无论从何种角度进行定义,公共危机一般都具有如下特征:第一,公共危机具有突发性。公共危机一般是在预计不到、基本无准备的情况下突然爆发的,在危机发生之前,基本没有人能够意识到危机将要发生,即使意识到也无法精确预计发生的时间和规模。之所以如此,是因为在危机爆发前,人们无法及时地获得危机发生的时间、地点等相关信息,难以对危机事件进行有效预警。第二,公共危机具有不确定性。公共危机的不确定性是指公共危机事件发生之后,公共危机的发生、发展和影响等各个方面都是无法预测、无法避免和无法控制的。公共危机的不确定性与突发性有一定的相关性,但两者并不相同。公共危机的突发性强调的是公共危机发生的出乎意料,而公共危机的不确定性强调的是公共危机的发生发展状态难以预测和控制,人们不知该从何入手来应对公共危机。第三,公共危机具有严重的威胁性和破坏性。公共危机的威胁性和破坏性是指在公共危机事件发生之后,将会对公共利益、社会结构和社会生活产生严重的威胁,处置不当的情况下,还会产生极大的破坏性。公共危机的这两种特性,与突发性和不确定性强调的重点不同,后者强调不可测和不可控的特征,而前者强调的是公共危机影响的严重性。第四,公共危机具有一定程度的可控性。公共危机的可控性是指,尽管公共危机事件超出了人类的知识和能力范围之外,但是人类是一种实践性动物,具有主观能动性,可以从实践中总结经验,最终发现解决问题的办法。

正因为公共危机具有上述特征,因而公共危机治理也与常规治理有所不同,主要表现在:第一,公共危机治理具有紧迫性和时限性。公共危机事件本身就具有不确定性和不可预测性,如果按照常规方式来治理,很可能在没有做出决策之前,公共危机事件已经发展为重大公共危机,严重危及到社会公共利益。在这个前提下,公共危机治理必须适应公共危机事件本身的特殊性,治理的各个方面都必须以紧迫性和时限性为根本要求,摆脱常规治理的各种限制。第二,公共危机事件本身具有不确定性和不可预测性,如果根据预先确定的方式或方法来进行治理,很可能根本无法应对公共危机事件,导致公共危机事件深化为严重公共危机,危及整个社会或国家的公共利益或安全。这就要求治理者应当审时度势,根据公共危机事件发生发展的一般特点,随机应变,采取灵活的应对方式或方法,将公共危机事件化解于无形之中。第三,公共危机治理中的权力具有整合性。在公共危机治理中,治理权力必须要具有整合性,要打破常规社会事务治理中权力分立和专业化分工的模式,整合权力的使用,服从统一的调度指挥,唯有如此,才有可能解决公共危机事件,使之不造成更大的灾难。第四,公共危机治理的法律授权具有不确定性。非常明显的是,公共危机治理的法律授权必须具有不确定性,在某些理论中,公共危机治理的法律授权甚至是不需要的。

公共危机治理的上述特征表明,公共危机治理与常规社会的法治存在诸多可能存在冲突的地方,主要表现在,首先,公共危机治理措施可能存在违法性。法治之法大多针对社会常规事件,对于公共危机事件,一般不在法治之法的规范范围之内。而公共危机事件不在社会常规范围之内,一般会对现存社会秩序形成挑战,因而必然也会对法律本身形成挑战。在一个国家中,基本上不可能如治理常规社会一样就公共危机事件制定法律,并根据这种法律进行治理,因为在制定法律时,立法者根本就无法判断将来出现的公共危机到底是什么,会发展到何种程度。另外,即使有些国家制定了公共危机应对法,这些法律也只可能是一般性授权类型的法律,授予治理者在公共危机出现时有采取应急措施的权力,这不代表这些应急措施就是合法的。在授权采取应急措施的法律与保护由应急措施可能侵犯的权利的法律之间,哪一个法律应当具有优先性还是一个未决的问题。其次,公共危机治理过程中的权力集中趋势有违宪法精神。在公共危机治理中,为了保证应急措施应对公共危机的效果,一般情况下,需要合理配置治理权力,成立统一指挥中心,统一协调各治理机构,尽量消除机构分离所带来的离心力,使治理权力减少内耗,达到最佳的治理效果。公共危机治理中权力集中的趋势,是由公共危机治理的特殊性决定的。但是,科层制在应对公共危机时,就不再具有相应的防止权力滥用和保证运行效率的优势,而类军事机构的机制可以保证治理权力使用的及时性与有效性。然而,这种机制却与法治国家的宪法相违背。宪法的主要功能在于协调政治权力与人民权利之间的关系,在大多数法治国家中,政府一般受“法无明文授权不得为”原则的限制,政府越权一般被视为严重违反宪法,要追究相应的法律责任。在公共危机治理中,治理者统一调度各种治理权力,给不同的机构配置宪法没有授权的职能,这与宪法的精神明显相违背。最后,公共危机治理行为一般不具有可诉性。在公共危机治理中,为了保证公共危机治理的实际效果,治理行为一般不具有可诉性。治理行为的可诉性与公共危机治理的特殊性要求明显不相吻合,公共危机治理中最重要的特性是时机,如果丧失治理的良机,公共危机就有可能演化不可逆的灾难性事件,而治理行为的可诉就有可能延误公共危机治理的时机,导致治理行为完全失效。

动物防疫法治具有的多重性,除了表现为政府对动物防疫的常规治理之外,动物防疫也具有公共危机法治的特征。动物防疫公共危机法治主要表现在特定阶段的特定情形之中。特定阶段是指动物已经感染传染性动物疫病(可能在动物间传播,也有可能是人畜共患),并且此种动物疫病有传播扩散的趋势,或者已经发生了大规模的传播扩散;特定情形主要是指动物感染的动物疫病是传染性很强的病毒,如果不采取紧急措施,将会导致动物疫病的进一步扩散传播,产生更大的社会损失。很明显,在此特定情形的特定阶段,动物防疫完全具备公共危机的所有特征,其治理明显具有紧迫性和时限性,治理措施也具有不确定性和不可预测性,对治理权力也需要进行一定程度的整合。在这种情形下,动物防疫治理也可能会形成对传统法治秩序的挑战,主要表现在:政府采取的动物防疫紧急措施可能违反法律规定(包括实体法和程序法),在实体法方面,政府可能采取紧急隔离、对染疫动物进行强制扑杀的措施(这无疑与法治状态下尊重私人财产所有权的原则相违背),在程序法方面,政府可能会不经法定程序就采取许多强制性措施,比如设定隔离区、对来自染疫地区的动物进行强制性检查,并对疑似病例采取强制隔离措施,等等。政府也可能为了保证应急措施的有效性,而以行政命令的方式将相关的政治权力整合在一起,共同应对动物疫情的传播扩散,这可能违反了宪法中关于政府权力源自合法授予的原则。为了达到动物防疫的良好效果,对于政府所采取的动物防疫措施,受到影响的当事人可能不会被允许向法院起诉以中止政府的此类措施,这与法治状态下允许受到政府权力影响的当事人向法院提起诉讼以救济权利的做法明显不符。正如在公共危机状态下并不排斥法治一样,在动物防疫的特定情形以及特定阶段中,也不能排斥法治,即使情形紧急,政府的动物防疫工作也必须接受法律的治理。

（三）作为公共服务的动物防疫法治

动物防疫不仅是政府的一项常规工作,在特定情形的特定阶段其也是政府的一项公共危机治理工作,从政府提供公共物品或服务必要性的角度来看,动物防疫也是政府应当提供的一项公共物品或服务。政府在提供公共物品或服务的过程中,必须受到效率与公平两个基本原则的制约,所谓效率原则是指政府提供的公共服务或物品的活动必须满足成本最低产出最大的基本要求;所谓公平原则是指政府提供的公共服务或物品的活动必须不能以损害某些人利益为代价来改善社会整体或其他人的利益。根据前述的理论,在公共经济学的视角下,政府提供公共服务或物品应当遵循的两大原则,可以统一在帕累托最优或优化的效率原则之下,而政府提供公共服务或物品的决策过程,如果是在民主制度下,也可以通过中间投票人模型加以测算。

　　然而,作为公共服务的动物防疫仅仅解决了政府采取动物防疫政策或措施的合理性问题,或者最高目标的问题,对于实现上述合理性或最高目标的过程,政府还需要受到法治的约束,也就是说,作为公共服务的动物防疫需要受到效率原则与法治原则的双重约束。在这个过程中,最困难之处无非在于如何协调两者之间的关系。从法学的视角来看,公共服务不仅仅是政府在现代社会的职能之一,也可以将公共服务提升到一个更高的抽象水平,使之成为对整个公法体系都有指导意义的灵魂和基石。我们始终都要把握这样一条指导性原则:公共服务绝对不是政府可以随意取舍的职能之一,毋宁说是整个公法体系赖以存续的终极目的,政府是为公共服务而存在的。公共服务的观念包含了一系列的原则,这些原则能够保证社会合作体系的稳定与和谐,保证社会成员共享社会合作所带来的自由与利益。

　　以上的判断基于以下三个基本事实,首先,私法自治先于公法的社会治理。无论从历史事实还是从逻辑的角度来观察,私法自治都先于公法的社会治理出现。一般认为,国家与公法是同时出现的,不过国家的出现属于一种社会事实,而公法则是国家出现的规范性表达,国家出现之后一般要借助公法来组织政权机构,划定公法社会治理的范围。① 虽然对于国家起源问题存在着社会合作与社会冲突理论的争议,但是,争议的问题仅局限于是私法自治中社会合作的必然需求还是私法自治中社会冲突的必然表现决定了国家的起源,双方对于私法自治先于公法的社会治理是没有争议的。其次,公法的社会治理是为私法自治服务的。私法自治不仅先于公法治理而出现,而且公法的社会治理必定是为私法自治服务的。无论从社会合作还是从社会冲突的角度来

---

　　① 参见[英]凯尔森:《法与国家的一般理论》,沈宗灵译,中国大百科全书出版社1999年版。

分析,公法的治理都是在私法的自治不方便或无能力而危害到了每一个社会成员的利益时才出现的。公法的治理本身不是目的,而是手段,是作为私法自治不方便或无能力时的必要手段而存在的。公法虽具有强制性、非任意性和羁束性的特点,但这些都不是侵害私法自治的利益的手段,而是保护私法自治利益的手段。公法治理的这种服务于私法自治的性质,不仅完全体现在基于社会合作的国家起源观中,而且也可以在基于社会冲突的国家起源观中得到合理的解释。最后,公法的社会治理应当以最好的方式为私法自治服务。虽然历史的事实与逻辑一再证明,公法治理后于私法自治出现,公法治理的目的是为私法自治服务,但是公法的社会治理却很容易偏离其应有的方向,而堕落为实际掌握公法治理手段者谋取私利的工具。因为公法一旦介入私法自治的社会,凭借其有组织实施的强制力,自治的社会成员很难有与之对抗的手段或措施来保证其符合公法治理应有的目的。除了一些明显有违公法治理目的的现象之外,公法的社会治理面临的最大难题在于,公法治理如何以最好的方式为私法自治服务,这既是一个认识上的难题,也是一个价值上的难题。作为认识上的难题,我们不清楚公法社会治理的范围应当扩张到何种程度,应当采取何种治理方式才能最好服务于私法自治;作为价值上的难题,我们不知道社会成员愿意接受何种类型的公法社会治理和治理方式,并将其视之为善的或正当性的——因为唯有社会成员认为是善的或正当的公法治理,才具有稳定性,才会收到其应有的社会效果。对于公法的治理范围或领域,一个最为传统的分类是分为政治、经济与社会三大领域,而治理方式一般可分为命令性的与协商性的两大类。三大治理领域的区分仅仅是相对性的,不可能完全相互独立,一个领域的治理必然会影响到其他领域,治理方式也是如此,往往命令性与协商性的治理方式方法混合在一个治理行为中,各种治理行为的差别可能仅仅在于命令与协商的程度不同。

动物防疫无疑首先是作为私人自治的事项出现的。从人类开始驯化并饲养动物开始,动物疫病的预防、治疗和善后处理都是由动物养殖者或所有人自负其责,国家或政府并不会对此行为进行干预,也不会为此提供任何公共性的服务。动物防疫作为私人自治的事项在历史上存在的时间相当长,这可能与人类对动物疫病的认识能力有关,当然动物疫病也未引起动物养殖者或所有人的足够重视,因为在这段时期内,农业是主要的经济行业,人类长期定居在一起，人口的流动性不大，动物养殖也仅仅是自给自足，未进入工业化养殖的阶段，由于养殖数量不大，人口密度又相对较低，自然环境对动物疫病的吸引能力也比较大，一般不会发生大规模的动物疫病传播爆发的情况。然而，在人类进入工业化社会之后，社会分工越来越细，人口也越来越向城市集中，动物养殖逐渐成为一种专门化的职业，大规模的动物养殖逐渐出现了，人们开始追求动物养殖过程中的利润，而不仅仅是自给自足。为了在较小的养殖场内生产出最多的动物产品，动物养殖者或所有人逐渐加大了动物养殖的密度和规模，并且基于交易成本的考虑，动物养殖场大多集中在某一区域。在这种情况下，传染性动物疫病问题的严重性才开始逐渐显现，并随着人口流动性的增加，使传染性动物疫病（人畜共患型）逐渐成为一种社会公共危机，私人自治由于信息不对称且交易成本过高，根本就无法有效应对这一问题，必须借助于政府的强制性力量，由政府来提供相关的动物防疫方面的公共服务或物品才能有效解决这一问题。然而，政府提供动物防疫的公共服务或物品并不是完全取消动物养殖行业，因为这样做尽管可以完全消灭动物疫病的传播流行，但是全社会将会丧失蛋白质的食物来源，这对全社会无疑是一种福利上的损失。政府提供动物防疫公共服务或物品的原则无疑是以最好地方式为动物防疫的私人自治服务，在这个过程中，政府必须要保证不能以"损人利己"的方式来提供公共服务或物品，只能以改善某些人的福利而不损害其他人或社会整体的福利的方式来提供公共服务或物品，这种做法无疑是符合公共服务或物品的帕累托优化或最优原则的。这表明，政府进入动物防疫领域，并为此提供公共服务或物品是历史发展的必然选择，而帕累托优化或最优原则是政府进行动物防疫治理的最高原则，同时为了保证政府不至于逾越这一原则，政府在提供动物防疫公共服务或物品的过程中还必须受到法治原则的约束。

第二节　动物防疫法治的挑战冲突

动物防疫治理是一项非常复杂的工作，既涉及政府的常规工作，也涉及政府对公共危机的应对工作，更重要的是，动物防疫工作是一项专业性非常强、不确定性比较大的工作。为了达到最好的治理效果，政府的许多措施或行为可能会超越法治的范围或限制，也就是说，政府的动物防疫治理工作会形成对法治秩序的挑战,也可能会与法治政府的具体要求相违背。

一、动物防疫治理对法治的挑战

动物防疫治理综合性的特征会形成对法治秩序的诸多挑战,在动物防疫的常规治理工作中,动物防疫治理所需要的专业性可能会形成对法治一般性原则的挑战,动物防疫治理的紧急性可能会形成对法治程序性原则的挑战,而动物防疫治理的不确定性可能会形成对法治稳定性与确定性原则的挑战。

(一)挑战之一:动物防疫治理紧急性对法治的挑战

在关于法治的经典论述中,一般认为法治在某种意义上就是程序性法治,也即是政府机关按照既定的程序对社会事务进行治理的性质。法治程序一般具有以下特性:第一,法治程序合理地安排了政府治理的步骤。从心理学上来说,人的需求是分层次的,其中处于最低层的需求也是最重要的需求是对安全感的需求,这种需求接近于动物的本能,因为动物除了觅食的本能之外,就是保证自身的安全(在人饲养的宠物中,宠物最希望的生活方式是主人有规律的生活,希望主人每天有规律的对待,这样宠物才会安静,才会对主人有足够的服从性),人也是如此,尽管人的理性程度要高于动物,但是人类对安全感的需求永远是排在第一位的。人们不愿意生活在暴君或专制的统治之下的主要原因可能也在于此,所谓的暴君或专制实际就是指在社会治理过程中,不按照预定的步骤进行治理,而是按照统治者自身随意的想法进行治理,使受治理者不知何去何从,失去了心理上最需要的安全感和稳定感,对未来的生活缺乏足够稳定的心理预期,时时处于不安定的状态。这对人类的生活而言无疑是一种非常残酷的折磨。而在法治社会中,要求政府在进行社会治理时必须遵守预定的治理程序,按照既定的步骤实施治理,最主要的原因之一就在于给受治理者提供稳定的心理预期,合理安排自己的社会生活,并以此为依据制定相应的生活计划,使自己的生活计划不致被政府的任意而为的治理所打乱。法治程序的合理性体现在两个方面,一是其稳定性,实际上程序的稳定性就是程序最大的合理性,一个看起来不那么好的程序(比如过多的限制了公民权利),如果能够保持一贯的实施,那么也可以给受治理者带来稳定的心理预期,满足其最低层次的心理需求;二是其效率性,所谓效率性是指法治程序的安排,能够使政府的社会治理成本最低化,不做重复性的行为,也不做与实现治理目的无关的行为，这就需要对法治程序进行合理规划，科学设计。

第二，法治程序合理地限制了政府治理的权力。政府存在的目的无疑是为社会提供公共服务，因为纯粹的私人自治存在许多无法解决的问题，人们可能会难以组织起来共同应对外敌，人们相互间达成的协议可能不被履行（也即是存在不履行协议的道德风险），人们还可能会遭到其他人的侵权行为而无法挽回自己的损失，等等。然而，政府存在的目的是提供公共服务，并不必然能够保证政府就不会违反自己的存在目的，政府完全有可能以提供公共服务的名义来实现损害公共利益的事情，或者政府即使是在提供公共服务，也存在其提供公共服务的行为有损害公共利益的可能性，比如我们都承认，父母爱自己的孩子是天经地义的，然而有时候父母的爱可能会伤害孩子，因为父母爱孩子的行为存在多种不同的表现形式，有的父母为了使孩子在社会上成功，可能会以伤害孩子（比如通过打骂孩子）的方式来实现这一点，孩子受到了父母的伤害，但我们不能说父母不爱自己的孩子。政府提供公共服务的行为也与此类似，即使政府实施治理的行为在目的是正当的，如果不按照既定的程序来实现社会治理，也可能会损害社会的整体利益或部分社会公众的利益。法治程序通过合理安排政府进行社会治理的步骤，可以将政府进行社会治理的行为限制在一定的范围内，使政府在提供公共服务的过程中，只能以特定的方式来提供，不能逾越法治程序限定的范围。法治程序对政府社会治理的限制是正当的，正如法律对父母管教孩子的行为进行一定程度的限制是正当的一样。

第三，法治程序合理地规范了政府在治理过程中与人民的关系。法治在某种意义上说就是以法律来调整政治与人民之间的关系，因为一个国家如果是全权性政府，或者完全性自治，那么实际上是不需要法治的。在纯粹私人自治的社会中，人们的社会生活依赖于习惯或相互间的约定，在发生纠纷的情形下，也需要依赖相互协商解决问题，或者请社会中的权威人士依据当地习惯进行仲裁解决纠纷，并无法律治理存在的必要性。在纯粹政府治理的社会中，所有的行为都需要依赖政府的指令，人们的行为没有任何自主权，在这种情形下，政府是完全有权的一方，而人民是完全无权处于必须服从的状态，政府只需要下达指令就可以达到治理的目的，并不需要法律的存在。所有国家几乎都是政府治理与私人自治相结合的状态，这时候就需要妥善处理政治治理与人民自治的关系，需要使用法律划定这两种治理的范围，使政府和人民都不至于超越自身的治理范围,为政府和人民都提供稳定的行为预期,知道自己该做什么。除此之外,最重要的是还需要明确规定政府与人民之间互动的具体细节,这就需要通过法治程序来约束,使政府和人民都知道在什么时间该做何种行为,使双方都不至于逾越各自的权利范围。

第四,法治程序本身就具有正义的性质。根据韦伯的看法,理性无非两种,一种是实质理性,也称为目的理性,即判断目的何为真善美的理性,另一种是形式理性,也称之为手段理性,即判断实现实质或目的理性程度的理性,如果实质性目的是既定的,那么形式理性的程度就取决于能够在多大程度上实现实质理性所确定的目的。法治程序明显具有形式理性的特点,如果说法治的实质目的是保障人权和自由,实现最大限度的民主,那么法治程序无疑具有不可替代的作用。然而,这并非法治程序的全部价值,根据罗尔斯的看法,法治程序不仅具有实现实质理性目的的价值,而且程序本身就具有正义性价值。比如,在赌博游戏中,对于游戏的结果是否公平并没有实质性的判断标准,无论谁赢谁输都是可以接受的,唯一不能接受的是游戏参与者本身不遵守游戏规则,采用欺诈或其他不正义的方式来玩游戏。法治程序也是如此,法治程序本身就包含着限制政府权力,尊重公民权利的要素,即使法治程序没有实现限定的实质目的,只要法治程序尊重了公民权利,使公民在法治过程中感受到了人格尊严,那么这种法治程序本身也是具有正义性的。也就是说,法治程序即使没有实现任何实质性目的,也会使人们获得足够的安全感、满足感和幸福感。

动物防疫的治理无疑具有紧急性。首先,人类目前的科技发展水平还无法完全预测动物疫病的演变情况。近一个世纪以来,随着动物医学科技人员的努力,动物疫病的检测与治疗水平得到了很大的提高,许多原来根本无法发现和治愈的动物疫病,现在都可以得到有效的治疗。然而,尽管如此动物医疗科技的发展水平还无法做到完全精确的程度,即使是最顶级的科学家也无法精确预测动物疫病将会如何爆发。其次,人类社会的发展改变了动物疫病演变的规律。近两个世纪以来,人类社会进入了工业化时代,人类的聚集程度极大地增加了,生态环境也遭到了极大的破坏,使动物疫病发生变异的可能性大大地增加了。随着动物疫病变异程度的加深,人类科技发展的水平越来越无法预测动物疫病的发生发展规律。最后,动物疫病对人类健康的影响越来越大。在动物养殖的早期阶段，动物疫病一般只在动物之间进行传播，随着动物疫病的变异，动物疫病逐渐发展到可以在人与动物之间共患，而现在的科技水平很难确定传染病的来源，也很难在短时间内找到最有效的治疗方式。动物防疫不可能等到完全确定动物疫病的类型及治疗方式之后才开始进行治理，因为这可能会导致难以挽回的损失，更重要的是，许多人可能会因此而失去生命。在这种情形下，政府所采取的动物防疫措施必定具有紧急性，也即是及时采取措施，对染疫动物或人群进行物理隔离，对染区进行隔离消毒等，也就是说，动物防疫治理不可能完全按照预定的程序进行治理，而需要根据动物疫病发展的实际情况采取灵活措施，这无疑会挑战法治的程序性原则，使受治理者处于无法预测政府治理行为的状态，政府动物防疫治理的步骤被打乱了，效率性会受到一定的影响，政府动物防疫的权力也因为治理紧急性的要求而得不到限制，更重要的是政府动物防疫由于不根据预定程序实施，也使人们无法感受到政府动物防疫行为的正义性。

（二）挑战之二：动物防疫治理不确定性对法治的挑战

法治的最高境界是使受治理者感受不到法律的存在。要达此境界，必须使法律成为人们社会生活的准则，成为人们在社会生活中自愿遵守的规则，或者将法律视为自己必须要服从的义务，也就是说，法律在一般意义上是他律的，依赖国家强制力来保证实施，然而无论如何国家强制力只能作为一种威胁而存在，其不可能对人们在社会生活中的行为时刻保持足够的压力，一旦这种压力消失或者部分人因为违法而没有受到制裁，那么就会起到一种示范作用，鼓励其他人去违反法律。不仅如此，在社会中生活的人们，对国家强制力的抗压能力也有所差别，某些人对法律强制力的恐惧感感受更深，而有些人则不那么敏感，在单纯依赖国家强制力保证实施的情形下，法治的最佳状态难以实现。尽管我们不能否认，如果国家强制力能够保持一贯性，可能会使人们形成遵守法律的习惯，然而习惯本身并不会产生义务感，人们不遵守习惯只会感觉到不适，并不会产生负罪感，也就是说，人们如果因为特殊原因违背了已经形成的习惯，人们并不会对此产生内疚感，而且为了更好地实现其自身的利益，人们也可以轻易地形成新的习惯。因此，在不考虑法治的道德义务方面的前提下，要实现人人遵守法律的状态，对法律本身的要求非常高，总体而言，至少要满足两个条件，其一是要依赖国家强制力，其二是国家强制力要一贯实施。

然而,即使满足了这两个条件,也难以实现使受治理者感受不到法律存在的境界,要达此境界,还需要考虑道德方面的问题。

如果人们认为法律对人们行为的要求符合人们的价值观念,也即是遵守法律对于实现人生目的是必不可少的,那么人们就会对遵守法律本身产生一种服从的义务感,会将遵守法律等同于遵守自己信奉的道德,也就是说,服从法律也许是基于外在的强制和内心的恐惧,但是服从法律也可能是完全基于理性的考虑和内在的信仰。一旦人们将服从法律作为自己的道德信仰,人们就会将服从法律本身作为一种道德义务,将法律的他律转化为道德上的自律。如果发生了这样的转化,那么法律与道德就融为一体,人们在社会生活中就不再会感觉到法律治理的存在,人们会认为服从道德也就是遵守法律,法治的最优状态无疑会实现。然而,视服从法律为道德义务的前提条件是,法律本身必须是足够确定的,就如同人们总是知道自己的内心要求是什么一样。要形成一种信仰,前提条件是所信仰的理念本身必须是足够确定的,不能确定的是人们在日常生活中所面临的事务,人们对变化无常的日常事务总是感觉到一种不安全感,为了寻求内心的宁静,才需要以信仰的理念来解释或理解变化无常的日常事务,如果信仰的理念本身也是变化无常的,那么人们通过信仰所要达成的目标必然不可能实现。这说明,法律要成为一种道德义务,要成为一种人们在道德上的信仰,法律本身必须是足够确定的,而且还必须符合人们心中的正义观念。

动物防疫治理无疑不具有法治所要求的确定性。在动物防疫治理中,充满了各种各样的不确定性。首先,动物疫病的类型具有不确定性。动物疫病发生发展的历史与人类环境的变化具有紧密的联系,人类生活环境的改变,会相应地改变动物疫病的类型,在一种新的动物疫病出现之前,人类基本上无法预测到其发生的可能性。其次,动物疫病的爆发具有不确定性。即使人们知道一些动物疫病的类型,也无法预测这些动物疫病会在何处、何时以及何地爆发,对于动物疫病爆发之后的传播路径也无法做到精确的预测。最后,动物疫病变异的可能性具有不确定性。人类即使完全掌握了某种动物疫病发生传播的规律,也无法准确预测到动物疫病可能发生的变异,一种原来可能不具有传染性的动物疫病可能变异为具有传染性,一种原来只在动物间传播的动物疫病,可能变异为可以在人与动物之间进行传播。正因为动物疫病本身的发生发展具有不确定性，才会导致动物防疫治理的不确定性。在动物防疫治理中，治理者不可能根据预先设定的流程对动物疫病进行治理，治理者必须根据动物疫病发生发展的实际情况，采取灵活的应对措施，某些情形下还有可能是极端措施（在中国古代社会，人们由于缺乏对麻风病传播流行规律的认识，对麻风病人所采取的极端措施就是一个明显的例证）。在动物防疫治理中，受治理者可能很难预测治理者将要采取的措施，由于无法预测到治理者的行为，治理者可能就需要借助大量的国家强制力才能保证受治理者服从治理，正如前述，这种依赖国家强制力的治理措施，不会使人们产生内心的信仰，人们只会将其作为一种外在的负担，一旦国家强制力消失或者有违反动物防疫法治措施的人未受到制裁，那么就会产生违法的示范效应。政府为了达到更好的治理效果，则必须增加国家强制力的力度，迫使受治理者服从治理。于是，动物防疫治理很可能会进入一种国家强制力—不服从—增加的国家强制力的恶性循环之中，当国家强制力超过了受治理者的忍受程度时，动物防疫治理的效果可能走向其对立面，不仅动物防疫治理不会收到良好的效果，而且政府的公信力也会受到严重的损害。

（三）挑战之三：动物防疫治理综合性对法治的挑战

马克斯·韦伯曾经阐述了政府体制的"科层制"与法治之间的关系。他认为，现代政府体制都具有"科层制"的特点，即行政组织结构具有分工明确、专业化强和相互制约等特征，如现代企业的生产线组织类似，在生产线上，每一个工作站只做特定的、专业化的工作，分工明确，各工作站必须紧密配合，否则整个生产线就会停摆，如果产品质量出了问题，可以通过倒查的程序，找到质量问题出自于哪个工作站。"科层制"的这些特征与法治的要求具有一致性。在法治社会中，最大的问题不是在于如何使公民遵守法律，而是在于如何使政府遵守法律，因为政府掌握着政治权力，政府如果不受控制就很容易发生违法行为，而公民由于时时受到政府强制力的控制，反而违法的可能性较小。"科层制"无疑对于限制和控制政府权力有无可替代的作用，因为任何一个单独的政府部门都无法独立地做出影响公民权利的决定，必须与其他部门一起相互配合才能做出这样的决定，在整个环节中如果有一个政府部门做出了否定的结论，那么对公民权利有负面影响的决定就无法做出。另外，"科层制"也是非常有效率的，由于这种类型的行政组织与生产线类似，每一个部门都只做职责范围内的事情,事情相对单一且有严格的程序性限制,可以有效避免一个部门履行所有职责所带来的效率低下的问题。从另一个角度来看,"科层制"也能够有效地保障公民权利不受任意的侵犯,由于任何一个政府机构都没有权力单独决定影响公民权利的决定,也就保障了公民不受任何官员个体任意决定的影响。然而,这也可能会带来一些负面的影响,比如在某些个案中,一旦案件进入了行政体制之中,就可能会完全依照法定程序做出决定,对于个案中必须要考虑的与正义相关的元素,可能影响不了行政体制最终运行的结果,也就是说,在"科层制"下,个案所需要实现的正义很难实现。当然,这属于法治局限性之一,不属于本书讨论的范畴。

动物疫病的爆发流行所具有紧急性和不确定性,使"科层制"的行政体制很难应对,因为"科层制"的设计初衷就是为解决常规社会问题而准备的。在动物防疫的治理中,要求政府在短时期内协调政府的各职能部门,并且要求各职能部门做职能范围之外的事情,要打破职能部门之间僵化的固定界限,也就是说,动物防疫的治理要求政府的各职能部门具有综合性意识,一个职能部门可能要履行多种职能,并且增加的职能可能是这个部门原来从未履行过的。唯有如此,政府才能调动尽量多的社会资源来共同应对动物疫情所导致的公共危机。在这个过程中,许多政府职能部门可能需要重新学习相关的专业技能,这可能会消耗许多政府职能部门及其工作人员的精力,这也可能会打乱政府职能部门之间固有的职责划分,使动物防疫治理工作产生严重的混乱,更为重要的是,在动物防疫过程中,政府各职能部门的防疫工作可能会造成公民权利的损害,由于政府职能部门在动物防疫过程中的职能交叉,权利受到动物防疫治理工作影响的可能告状无门,无法确定赔偿或承担责任的主体。在动物防疫治理的综合性要求中,政府职能部门之间的相互制约和相互配合的机制被打破了,只要求政府职能部门之间的相互配合,而且这种配合是在上级行政机关命令下的配合,不讲究职能划分与相互制约的配合,政府职能部门的行政权力可能会因此而得不到有效的控制。另外,在动物防疫的治理中,由于各政府职能部门之间存在着职责不清的情形,每个政府职能部门所需要做的工作都需要服从上级政府机关或领导的统一安排,各职能部门之间可能缺乏工作的积极性与主动性,下达命令的政府机关或领导也可能缺乏相应的能力而导致决策错误。总而言之,由于动物防疫的治理打破了"科层制"的固有治理机构,可能会导致动物防疫治理工作极其缺乏效率或效能,延误动物防疫治理工作的最佳时机,使社会产生难以估量的巨大损失,直接损害社会整体的福利水平,间接损害每一个公民的合法利益。

二、动物防疫治理与法治的冲突

动物防疫治理对法治的挑战说明,动物防疫治理与常规社会的法治无论在治理目标,还是在治理原则和治理理念上均存在着一些难以调和的矛盾与冲突。

(一)冲突之一:动物防疫治理目标与法治的冲突

法治的总体目标是"使人们的行为服从法律的治理",然而在一个法治社会中,法治的实施体现在具体的政治、经济和社会的治理过程中,因此我们还需要分门别类地阐述法治的具体目标。从历史上来看,法治的政治目标主要是控制专制任意的政治权力,或者是驯服政治权力以服务于人民的普遍福利。无论是柏拉图与亚里士多德之间的争论,还是文艺复兴时期自然法理论家们的阐述,都围绕着这一至关重要的目标进行。柏拉图认为人治优于法治,认为人治可以具体问题具体分析具体解决,能够最大程度上实现个体正义,而亚里士多德认为法治优于人治,因为法治能够控制治理者的政治权力,使其不受个人情感或情绪的影响,尽管可能会使个人之间的差别无法在法治中体现出来,但相对于不受限制的政治权力而言,这是一种更优的选择。① 古典自然法学家洛克认为,将人治的理论基础建立在父权之上完全没有根据,《圣经》中的只言片语不能作为人治的理论基础。相反,人民的权力才是政治权力的基础,政治权力必须接受人民的授权才是正当的。为此,法治实际上是对人民授予的政治权力负责的一种治理方式。② 孟德斯鸠更是直接提出,人民的自由与政治权力的控制是直接相关的,为了人民的自由,必须实行政治权力的分立与制衡制度,也就是法治,才能真正保障人民的自由。③

动物防疫治理的特殊性表明,动物防疫治理面对的大多数情况都充满了不确定性,也就是说,享有政治权力的治理者,对动物疫病的传播是否为公共

---

① 参见[古希腊]亚里士多德:《政治学》,吴彭寿译,商务印书馆1965年版。
② 参见[英]洛克:《政府论(上下)》,瞿菊农、叶启芳译,商务印书馆1982年版。
③ 参见[法]孟德斯鸠:《论法的精神》,张雁深译,商务印书馆1959年版。

危机事件,是否会发展成为公共危机事件,以及会发展到何种严重程度,一般处于信息不充分的状态。在这种情况下,动物防疫治理对治理权力的要求是非常大的,要求治理者具体问题具体分析,提出解决危机的具体应对之策略。用中国传统的话语而言就是,"将在外君命有所不受",意思是在战争期间,虽然有君命在先,但由于战争状况充满了不确定性,为了赢得战争,指挥战争的人必须懂得灵活应变而不拘泥于君主僵化的命令。于是,公共危机治理与法治在政治目标上的冲突可以简括为控权与放权之间的冲突,后者要求控权,而前者则要求放权。

在法治的经济目标方面,法治与市场经济体制存在着紧密的亲缘关系,甚至有政治经济学家判断,市场经济就是法治经济。从这个意义上来说,法治的经济目标就是保障市场经济体制的顺利运行。首先提出这一目标的是亚当·斯密,在《国富论》一书中,斯密研究了政府管制下的经济与自由的市场经济不同的资源配置效率,认为经济要素的自由流动能够促进经济资源的最优配置,提高资源配置的效率。任何封闭国门,以积累金银为目标的政府管制活动,都不可能使国家变得更加富裕。① 法治能够有效地控制政府权力的行使,保障市场经济体制不受政府不必要的干预,因此实现市场经济体制就必须实行法治。对于市场经济体制为什么优于政府直接管理经济的体制,现代经济学家哈耶克认为,是政府处理信息的能力制约了政府管理经济的效率。由于政府对经济运行信息的掌握方面处于不充分的状态,政府实际上没有能力在完全信息的基础上做出决策,而政府在不完全信息基础上做出的决策必然会打乱市场的自调整机制。而市场机制具有自我收集信息的能力,通过市场价格机制,能够将信息广泛传播至整个市场,保证经济资源的合理配置。如果政府对市场运行机制强行干预,那么不仅不会增加经济运行的效率,反而会扰乱市场配置资源的价格信号,导致资源配置的无效率。②

动物防疫方面的公共危机,大多是由市场失灵或者是由政府监管市场运行机制不利引发的。现代政治经济学认为,市场并不是万能的,市场的自适应、自调整机制体现为一定的周期性,即发展—繁荣—衰落—危机的不断循

---

① 参见[英]亚当·斯密:《国富论》,郭大力、王亚南译,上海三联书店2009年版。
② 参见[澳]哈耶克:《自由秩序原理》,邓正来译,上海三联书店1997年版。

环。如果对市场经济周期不进行干预，那么市场经济发展至危机阶段时，可能会产生极大的破坏力，比如20世纪初发生的全球经济危机就是明证。除此之外，市场还存在外部性，其中负外部性体现为市场经济主体生产过程的成本由社会其他成员来承担，比如环境污染问题，正外部性体现为不参与生产过程的市场主体"搭便车"，导致公共品的供给严重缺乏。无论是市场失灵还是外部性，都需要政府权力的参与和干涉，否则就可能造成难以挽回的损失。政府在治理动物疫情所导致的市场危机时，如果其权力受到法律的严格控制，那么政府对动物防疫的治理就不可能达到预期的目标，也就是说，必须授予政府一定的自由裁量权，以决定在何时采取何种措施来应对动物防疫，这明显与政府在市场经济体制中的法治目标相违背。因此，公共危机治理与法治在经济目标上的冲突体现为，前者要求政府积极干预动物疫情所导致的市场危机，而后者要求政府尽量避免干预市场的自发调节机制。

在法治的社会目标方面，法治与个人主义社会观存在着密切的关系。在个人主义社会观中，强调个人的自然属性优于社会属性，每个人都应当充分发挥自己自然的优势或能力，社会体制应当保障每个人都有机会。为此，法律不应当对人们的社会行为进行过多的干预，应当为每个人预留充分发展的空间，除非这种发展危及到了其他人同样的发展机会。个人主义社会观强调的是自生自发的社会秩序，即社会整体无特定目标（除保障每个人充分发挥自己的优势与能力之外），比如社会福利最大化，每个人都有自己的特定的目标，每个人在实现自身目标的同时也能够与其他人实现其目标的行动中自动保持协调一致。尽管个人主义社会观近年来受到了不少质疑，极端的个人主义社会观得到了一定程度的纠正，比如罗尔斯在《正义论》中提出，在无知之幕的条件下，个人在原初状态中对社会基本结构的选择，必定会选择最少受益者的最大利益的利益安排方案，如果其选择最大多数人的最大利益的利益安排方案，那么由于做出选择的人受无知之幕的影响，其自身可能成为功利主义方案中必须做出牺牲的个人。[1]尽管法治与个人主义社会观存在着密切的关系，但是两者并不存在因果关系，两者也不能相互定义。只是从法治发展的历史来看，法治观念的兴起确实受到了个人主义社会观的重要影响，甚至可以说，在

---

[1]　参见［美］罗尔斯：《正义论》，何怀宏译，中国社会科学文献出版社1999年版。

一个个人主义社会观不受重视的国家,很难发展出现代意义上的法治观念。

在动物防疫的治理中,治理方案或手段的选择明显具有功利主义的色彩,也具有集体主义的倾向。因为在动物防疫事件发生时,作为治理者的政府必须做出决策,采取应急措施或手段。而采取应急措施或手段的理由基本上是,为了避免使社会整体受到更大的损害,而必须采取某些措施或手段,但这些措施或手段可能会危及到少部分人的福利,然而这是为了避免更大损害所必须的损失。对于选择哪些人来牺牲,动物防疫治理的理论态度是,能够最大程度地避免整体损失的选择,或效率最高的选择是最佳的选择。也就是说,动物防疫治理活动中,一般是以结果上的优劣来衡量治理措施或手段的选择,而不考虑被治理者的个人权利,个人权利湮灭在社会集体利益最优化的决策中。因此,不考虑个人权利的治理很明显与法治格格不入,法治的社会目标清楚地显示,法治应当保障每个人选择自己生活或发挥自己能力的机会,牺牲任何人以保障其他人或社会整体的福利水平都是不正当的,也是法治所不能容忍的。

(二)冲突之二:动物防疫治理原则与法治的冲突

根据前述,法治原则可以区分为形式原则与实质原则,实质原则实质上就是法治的基本价值理念,本部分所讨论的动物防疫治理原则与法治的冲突集中在与法治形式原则的冲突方面,在下   部分我们再讨论动物防疫治理与法治理念(或法治实质原则)之间的冲突。

形式法治原则的首要原则是法律应当具有普遍性。所谓法律的普遍性是指法律不针对特定的人和事,只对一般性的人或事产生约束力。如果法律针对不同的人或不同的事,分别适用不同的法律,那么这就不可能是法治,而只可能是人治。然而,公共危机事件本身就是非常规事件,是出人意料的事件,是在法律制定之初所无法预料到的事件,因而也是不具有普遍性的事件。动物防疫事件的非常规性,如果导致的破坏性比较小,那么其治理活动也不足以与法律普遍性原则相冲突,毕竟在法律的普遍性与较小的破坏性之间,前者具有更重要的地位。然而,如果动物防疫事件的破坏性较大,与维持法律的普遍性相比,具有更重要的社会地位,则法律的普遍性原则需要让位于动物防疫治理的特别性措施或手段。因此,动物防疫治理与法律普遍性原则的冲突实际上是利益权衡的结果。法律普遍性具有非常重要的意义,但是当动物防疫足够严重时,可能会超越法律普遍性所具有的重要意义,在这种情况下,违反法律普遍性原则就势所必然了。

形式法治原则的第二条原则是法律应当公开。法律公开性原则要求法律在正式实施以前应当公布，应当明确告知所有法律治理的人。这条原则隐含着一个至关重要的假设，即受法律治理的人如果要有服从法律治理的可能性，就必须预先知道法律是什么。尽管在实际的社会生活中，许多人对公布的法律并不了解，但是在道德上还是要求法律必须公布，因为即使只有一个人从公布的法律中获得了关于如何行动的信息，这种公布也是有价值的。然而，在动物防疫治理中，治理的措施或手段都具有临时性，甚至随时都有可能根据危机发展的状况而进行调整，在某些动物疫情危机中，处置的措施或手段本身就要求保密，不能为被治理者所知。唯有如此，才能达到有效应对动物防疫的效果。如果说法律公开性原则表达的是法律应当为人所知的价值，那么公共危机治理的措施或手段可能不为人所知表达的是为了保证动物防疫治理达到最佳的效果。

形式法治原则的第三条原则是法律应当清晰。法律清晰性原则要求法律的文字表述清楚明白，通俗易懂，能够为达到一般文化水平的人所理解。这条原则隐含的原理是，受法律治理的人能够明白法律所表达的意思，并以此指导自己的行动。法律如果模糊，那么受法律治理的人将不能从法律表达中获得自己行动的明确指导，法治将不可能实现。动物防疫治理的措施或手段，必须保持足够的灵活性，以应对动物防疫的不确定性发展态势。另外，有一些动物防疫治理措施或手段本身必须处于模糊或秘密状态，才能更好地处理公共危机事件，也就是说，有时候公共危机应对措施或手段的模糊性恰恰是动物防疫治理活动本身属性所要求的。

形式法治原则的第四条原则是官方行动与法律保持一致。法律一致性原则是指官方行动应当与法律要求的行动保持一致。官方的行动是执行法律的活动，受法律治理的人一般通过官方行动来了解法律的具体内容，如果官方行动与法律规定的内容不一致，那么法律的地位就会被虚化，法治将不复存在。也就是说，官方行动与法律保持一致是法治的当然内容。在动物防疫治理中，官方行动如果与预先制定的法律规定保持一致，那么官方应对动物防疫事件的活动就会受到许多制约，就会缺乏灵活性，无法应对动物防疫事件发展的不确定性，使动物防疫事件演化为严重的公共危机，给社会造成难以估量的损失。

形式法治原则的第五条原则是法律不应当自相矛盾。法律不自相矛盾的原则是指法律不应当给予受治理人相互矛盾的指示,也就是说,法律不应当要求受治理人做 A 事的同时,也要求受治理人做非 A,在这种情况下,无论受治理人做何事,都会违反法律,法治成为不可能之事。法律不自相矛盾的原则是法治的基本要求,其目的是保证法治的可能性。而在动物防疫治理中,随着公共危机的发展变化,治理者发布相互矛盾的命令是完全有可能的,因为动物防疫的信息本身就处于不确定性的状态,治理者发布命令的决策也处于不确定的状态,唯有如此,治理者才能根据动物防疫的发展状况灵活调整应对措施,彻底化解动物防疫。因此,法律不自相矛盾的原则保证的是受治理者有服从法律的可能性,而动物防疫治理主要保证的是治理者能够灵活应对动物防疫,解决动物防疫以避免更大的社会损失。

形式法治原则的第六条原则是法律应当稳定。法律稳定性原则是指法律在颁布实施之后应当保持足够的稳定性,也就是说,法律应当在一段时间内持续保持稳定的意义,唯有如此,受治理人才能够从法律传达的意义中学习到法律所提出的行为要求,并以此指导自己的行动。如果法律无法保持足够的稳定性,朝令夕改,法律的意思还没有传达到受治理者,内容就已经发生变化,这会使受治理者无所适从,使受治理者服从法律成为不可能之事。而在动物防疫治理中,动物防疫事件本身就有异于常规事件的特征,往往出乎人们的意料之外,治理者如果根据一成不变的法律来进行治理,可能根本就无法应对动物防疫的发展状况。动物防疫治理要求治理者审时度势,采取最适合化解公共危机的策略或手段,即使这些措施或手段可能与稳定性的法律要求不符,但只要能够最好地化解动物防疫,这种违反或突破就是可以接受的。

形式法治原则的第七条原则是法律不应当提过高的要求。这条原则是指,在法治中法律不应当对当事人提过高的要求,不要超出当事人履行法律义务的一般能力,也就是说,当事人不需要做出过多的努力就可以遵守法律,如果当事人需要付出很大的努力才能遵守法律,就不符合这一原则。这条原则主要是为了保证受治理者的大多数能够服从法律的治理,社会中的个体差异比较大,如果法律提出过高的要求,可能会导致许多人无能力遵守法律。而在动物防疫治理中,为了应对动物防疫,需要所有受危机影响的当事人做出巨大的努力,化解动物防疫,即使治理者提出的要求可能超出了一般人的能力范围也是如此。因为如果不这样做,那么动物防疫的发展可能会使社会整体利益受到无法挽回的损失。在动物防疫治理中,即使有部分人因为治理手段提出过高的要求而受到惩罚,也可以通过社会整体获得了更大利益这一点获得正当性。

(三)冲突之三:动物防疫治理理念与法治的冲突

动物防疫治理与法治在理念上的冲突实质上就是在法治实质原则上的冲突,根据前述法治的实质原则主要为人权、自由、平等和民主等原则,动物防疫治理的特殊性与法治的这些实质原则之间存在着比较尖锐的矛盾与冲突。从历史上来看,现代法治观念的兴起,与文艺复兴时期开始的"人"的认识直接相关。及至近现代,人权观念开始逐渐复杂化,除了一般意义上的消极人权之外,积极人权也逐渐获得了公认;传统意义上的人权一般是个人主义意义上的,而近现代意义上的人权不仅包括个人主义意义上的人权,还包含着集体人权的观念。消极人权主要是指不受政治权力干预和非法侵犯的基本权利,包括政治自由权、人身权和财产权等;积极人权是指要求政府提供帮助,促进人们实现特定目标的权利,包括受教育权、就业权和社会保障权等;集体人权是指不针对特定个人,而是社会整体应当享有的不受侵犯的权利,比如发展权、自决权和环境权;等等。作为现代法治的实质原则,人权原则一直备受争议,西方国家希望世界所有国家都应当执行与其相同的人权标准,而发展中国家希望人权标准应当与国情和国别有关,不应当视为一项不顾社会历史条件的普世标准。除此之外,对于法治中的人权原则,对于是否包括积极人权和集体人权这些内容,在西方国家的理论家中也无法达成一致。坚持古典自由主义的理论家大都反对这两项人权内容,而一些具有社群主义倾向的理论家则极力支持这两项人权内容。本书不涉及人权内容的争议,仅对较少争议的消极人权进行讨论,研究消极人权与动物防疫治理可能存在的冲突。

在消极人权中,最重要的权利是人身权和财产权不受非法侵犯。意思是说,作为一个人,享有最基本的人身权利和财产权利,政府必须保障这种权利,否则政府就没有存在的正当性。当然,这不意味着这些权利是不受任何限制的,其至少受到两个方面的限制:其一,当这些权利在行使时对其他人行使同样的权利产生损害时,这些权利必须受到限制;其二,当政府根据第一个方面的要求采取行动限制人们的权利时,政府的执法活动应当受正当程序的限制,而且应当给予权利受限的当事人以诉诸司法机构进行审理的权利。然而,在动物防疫治理中,政府往往面临着这样的选择,即政府对动物防疫事件放任不管,任由动物防疫事件发生发展,最后使许多与事件无关的个人受到不必要的损害,例如,假设在 SARS 爆发之后,如果政府不采取任何措施,而任由病毒在社会中传播,将导致许多人因感染病毒而死亡;若政府对公共危机事件采取紧急措施,但是却因此而限制了许多人的人身权,某些情况下甚至包括财产权,比如,在 SARS 爆发之后,政府对感染者采取强制医疗措施,对疑似者采取强制隔离措施,划定隔离区,限制人们的行动自由等。政府如果选择第一种措施,那么政府实际上遵守了消极人权原则,但是却对社会整体造成了不可挽回的巨大损失,某些情况下甚至可能会导致社会解体;政府如果选择第二种措施,那么政府实际上违反了消极人权原则,即没有尊重公民的消极人权,在限制人权时也没有遵守正当程序,但是却能够给社会整体带来重大利益,至少可以保证不会有更多的人受到公共危机事件的影响。因此,动物防疫治理与人权原则是存在冲突的,至少在消极人权方面是如此。

在英美法系国家的法治原则中,自由常常是位列首位的原则。"不自由,毋宁死"的谚语即出自英国。作为世界上首个法治国家,英国法治发展的历史实际上可以视为公民寻求自由的历史。然而,近现代以来,自由的观念也逐渐变得复杂,尤其是马克思关于自由观念的阐发,使人们认识到自由也可以从两个不同的方面来看待。首先,传统意义上的自由是指个人主义意义上的消极自由,即个人在社会中的良心、思想和行动不受政府任意的干预,政府应当尽量从社会管理的事务中退出,或保持中立,应当给社会自治最大可能的空间;其次,近现代意义上的自由还包括积极自由的观念,既有集体主义意义上的,也有个人主义意义上的。也就是说,社会或个人应当要有足够的能力去实现自己的目标,当社会或个人受到社会条件的限制而无法发挥最大能力时,社会或个人就被视为是不自由的。政府有责任帮助社会或个人充分发挥自己的能力,当政府没有做到这一点时,就会被视为失职。自由原则作为法治实质原则的主要争议是积极自由,因为积极自由的实现,需要在很大程度上依赖政府的积极行为,随着政府介入社会管理或经济活动的程度加深,某些理论家担心,这会使人们所享有的消极自由逐渐消失,最终每个人都会受制于政府,或依赖于政府，成为政府奴役的对象。鉴于积极自由作为法治实质原则存在较大的争议，在此我们仅讨论消极自由与公共危机治理可能存在的冲突。

在消极自由中，一个核心的理念是人们有"免于不必要强制的自由"，人们不仅在人身上有免于受到不必要强制的权利，而且在良心上和思想上也有类似的自由。根据古典自由主义理论家的阐述，消极自由只有在为了消极自由自身的原因时才能受到限制，否则政府对其所进行的任何限制都没有正当性。自由主义理论家还认为，在个人的自由与集体的福利之间是不能进行任何交换的，为了更大的集体福利而牺牲某些个体的自由是不具有正当性的，因为任何个人的自由都有先天的不可侵犯性。如果根据这种原则，那么在动物防疫治理中，出现了以下情形时，即只有牺牲某个人的自由才能挽救社会整体的福利不受损害时，政府所能够做出的选择只能是，保证个人的自由，而不能牺牲个人的自由，即使社会整体的福利会受到严重的损害也是如此。例如，假设在 SRAS 事件中，如果病毒的传播只有处死感染者才能阻止，否则没有其他办法可以阻止其传播，那么政府不能对感染者采取灭亡行动，而只能任其存活传播病毒。当然，如果不坚持这一原则，那么在个人的自由与社会整体的福利之间进行选择，相信每一个动物防疫的治理者都会选择后者。因此，从根本上来说，消极自由原则与动物防疫治理之间的冲突可能在于，前者要求个人自由的优先性，而后者则要求社会整体福利水平的优先性。

平等原则也是一个备受争议的原则。在传统西方法治国家中，平等原则主要是形式意义上的平等，即每个人都有受到法律平等对待或保护的权利，强调的是平等对待或保护，至于每个人是否在事实上是平等的，即每个人是否拥有同样的政治地位、经济财富和社会地位，这不属于法律治理的管辖范围，这属于每个人个人自治的范围。很明显，这种平等观与消极自由的观念一脉相承，人们在事实上的不平等正是人们获得消极自由的必然结果，既然在法治国家中不能对人们的消极自由进行干预，那么消极自由所产生的最终后果也不能受到法律的干预。然而，还存在另一种实质意义的平等观，不仅要求人们受到法律的平等对待或保护，而且还要求人们在政治、经济和社会上拥有完全平等的地位。为了达到这个目的，政府必须做出巨大的努力，对社会进行全面干预，甚至在某些情况下，由政府直接提供某些公共产品。实质意义上的平等权能否成为法治的实质原则，在理论和实践中都存在着很大的争议，本书不涉及平等具体内容的争论,为了简化研究,仅讨论争议较少的形式平等原则与公共危机治理之间可能存在的冲突。

在形式平等原则中,其核心理念是"人们应当受到法律的平等保护"或"法律面前人人平等"。一般情况下,法治只要求法律为所有的人提供相同的保护措施或手段就达到了形式平等原则的要求。然而,由于个人之间的差异性,即使面对着同样的保护措施或手段,个人之间运用这种保护措施或手段的能力还是会存在着较大的差别。也就是说,法律授予每个人以同样的权利,但不见得每个人运用这些权利的能力是相等的,由于各种各样的不可归咎于当事人的原因,可能会导致出现比较严重的差异化结果。在这种情况下,是否允许法律给予某些弱势群体以帮助,尽管存在一些争议,但近现代社会的理念基本上还是承认了这一点。也就是说,如果人们由于起跑线存在差异,法律应当适当调整这种差异,给予弱势群体一定的帮助,使他们能够与其他人站在同等的位置上进行竞争。但是,形式平等原则一般不认可对平等保护的结果进行调整以维持绝对平等的做法,也就是说,如果人们在起跑线上是平等的,但是由于某些原因,最终的结果是不平等的,形式平等原则不允许法律对此结果进行调整。在公共危机治理中,形式平等原则的适用明显会受到治理措施或手段的挑战。在动物防疫治理中,最明显的一个特点是,要求一切行动听指挥,甚至在牺牲某些个体的生命与自由的情况下也是如此,才可能最终成功化解动物防疫,保障社会整体的福利。也就是说,在动物防疫治理中,治理者不会为了平等保护每个人的利益,而不惜置社会整体的福利于不顾。在社会整体的福利与平等保护每个人的利益之间,动物防疫治理者会毫不迟疑地选择前者。

民主原则在某种意义上可以等同于法治原则,在一个专制的社会中是不可能存在法治的,所以法治与民主存在着天然的共生性。然而,民主本身也是一个异常复杂的范畴,它可以是指一种理念,也可以是指一种制度,甚至还可以是指一种政治生活的方式,或非常具体地说,它还可以指一种投票决定某些问题的方式。从理念上而言,民主是指一个国家的政治权力来源于人民,只有来源于人民的政治权力才具有正当性。这一点在当代几乎所有国家都没有争议,除非这个国家不是民主国家。从制度上而言,民主是一种特定的政治制度,在传统西方法治国家看来,必须包含三权分立的权力架构、两院制议会模式、定期地选举议员或总统以及司法权具有最高权威等要素。就这个方面而言,民主存在的争议较大,不同国家的民主模式也存在着较大的差异,世界上某些强国,在世界上输出产品的同时,也向世界其他国家强行输入其民主政治模式,引发了许多不必要的政治争议。然而,作为一种决策的方式,民主是指多数决定制,一般通过特定的投票制度来实现。民主的这种理解,在世界任何国家都没有争议。同样地,为了简化讨论,也为了使问题显得清晰,在本书的讨论中,只研究较少争议的民主原则与动物防疫治理可能存在的冲突。

多数表决制民主原则,主要是为了在选择解决问题的具体方案时,要尊重多数人的意见,因为最终的方案需要在投票人中间适用,没有他们的支持和理解,最终方案很难得以实施。另外,投票人自决所形成的方案,也尊重了投票人作为人的基本权利,使其能够自己决定解决问题的方式,从道德上而言,这是作为人的最基本的价值要求。在这个意义上,如果没有多数人同意的方案,就不可能产出最终的解决问题的方案。然而,在动物防疫治理中,治理方案具有强烈的时限性和紧迫性,治理者必须做出快速的决策,如果采用民主投票的方式来决定,那么在方案最终能够达成一致之前,动物防疫事件可能已经演化为严重的社会灾难。也就是说,动物防疫治理不可能尊重每个受治理者的意见,甚至在特定情况下不允许受治理者表达意见,动物防疫治理要求严格的"上令下行"和"令行禁止",这与民主的多数决定制存在明显的冲突。

第三节　动物防疫法治的适用原则

动物防疫是一项非常复杂的活动,涉及动物养殖者、消费者和社会大众的根本利益,涉及动物产品市场、公共卫生安全和社会公众的营养来源等诸多问题。对于政府在动物防疫工作中的职责定位也是一个非常复杂的问题,既需要政府在适当的时机保持消极角色,也需要政府在特别场合采取紧急措施防止动物疫情扩散,以维护社会公共卫生安全,维护动物产品市场的稳定繁荣,更重要的是,政府所提供的动物防疫公共服务或产品必须在适度的范围内,这需要政府接受合理法治原则的制约或调整。

一、公共利益与人权克减相平衡的原则

在某种意义上,法治原则都是在个人主义方法论基础上提出并发展起来的。在个人主义视角下,在人类社会发展的早期,人们完全处于社会自治的状态(古典自然法学家称之为"自然状态"),霍布斯认为这种社会状态是以社会冲突的形式存在的(人与人之间是狼),而洛克则认为这种社会状态是以社会合作的形式存在的。无论是社会冲突,还是社会合作,完全的社会自治都存在着难以解决的问题,如果是社会冲突,人们可能需要一个强有力的领导机构来制止社会冲突的发生,如果是社会合作,人们也需要一个领导机构来解决社会合作可能存在的不方便。也就是说,在个人主义视角之下,实际上并不存在独立的公共利益,公民的自然权利(或人权)就是最大的公共利益,因为政府产生与存在的目的就是为了解决个人之间的相互冲突或相互合作之不便。为了解决社会冲突或更好地社会合作,公民需要让渡或放弃一部分自然权利(人权克减),比如承认公民的自由权受到政府一定程度的约束或制约等。但是,人权克减的目的还是在于更好的保护公民的自然权利,也即是公共利益。

然而,个人主义视角下人权克减等同于公共利益的观念存着许多与社会事实不符的问题。首先,公民的自然权利存在着明显的外部性问题。个人主义视角的前提条件是,每个公民的自然权利都是清晰确定的,公民行使自然权利的行为或过程,除非受到人权克减原则的限制,都不会影响到其他人的自然权利或社会整体利益。然而,现代经济学理论已经证明,公民个人对自己权利的行使,也会造成其他人或社会整体利益的损害,比如公民行使财产权的行为,可能会污染环境,也可能会使许多无关的人从中受益,而生活在被污染环境之中的人并不能请求侵权人赔偿损失,从中受益之人也不需要向权利人支付费用。也就是说,在社会实际情形中,存在许多无法清晰界定个人权利的情况,而这些情形对于人们的社会生活无疑是重要的,人们肯定会从中受损或受益。其次,社会结构的稳定性无法用人权克减原则来解释。在个人主义的视角下,比较容易忽视的一个问题是,个人之间如何结合为一个整体而成为一个社会?在个人主义视角下,这个问题其实是无法解决的,因为每个人都是独立的个体,都拥有自己的自然权利,社会就是由个人简单相加构成的,不需要任何结构性要素。然而,我们都知道,社会并不是由个人简单累加形成的,人与人之间的关系在很大程度上由社会制度决定,比如识别个人的诸多因素,包括

家庭、婚姻、职业和社会地位等,都由社会制度预先决定。也就是说,人一出身就必然处于某种社会关系或社会地位之中,作为个人根本就无法对这些先于个人而存在的社会制度进行选择,反之个人是被这些社会制度所决定。这些社会制度对于维系个人之间关系的稳定性以及对于整个社会的稳定性是无可替代的,公民个人权利的实现与保障都与此有关,社会制度的稳定性无疑是社会的公共利益。但是,个人主义视角却无法运用人权克减原则对此进行解释。

　　然而,完全从集体主义视角来建构法治原则也存在诸多不妥当之处。在集体主义视角下,社会制度才是实际存在的社会事实,而人的自然权利完全是一种主观臆想的权利,缺乏实际社会制度的支持与保障。社会制度承认何种权利,作为公民的个体才存在真实的权利。在这种视角下,公民个体的权利湮没在社会制度的稳定性之中,为了维护社会制度的稳定性,公民个体的权利可以被根据需要进行调整,甚至是取消。这就赋予了政府极大的权力,使政府享有根据现实需要随时控制、调整甚至是取消公民个体权利的权力。在这种情形下,政府的权力不易受到控制,很容易逾越其必要的范围(名义上打着维护社会公共利益的旗号)。由于公民个体的权利无法受到强有力的保护,公民个体可能也无法通过合理的途径来维护自己的合法权利,为了保障自身的利益,公民个体可能就只有通过暴力革命的方式来实现这个目的。因此,在这种视角下,无论是政府还是公民个体,在行使自己权力的过程中,难以发展出法治的基本原则,可能更倡导社会革命解决问题的方式。概括而言,在集体主义视角下,法治原则可能缺乏扎根的土壤。

　　真理也许就在两者之间。一个社会的法治,既需要以承认公民个人权利的优先性作为前提,也需要承认还存在公民个人权利之外的公共领域,对于维系和保障公民个人权利是必不可少的。法治的形式原则无疑都是在承认公民个人权利优先性的前提下发展起来的,否则就不需要法律具有普遍性、公开性和不自相矛盾性等原则要求,反之则会确认政府有任意治理的权力。法治的实质原则更是如此,无论是人权、自由和平等,还是民主的原则,实际上都是在确认公民个人享有的权利相对于政府权力具有优先性,政府所享有的权力应当服务于这些基本原则。但是,我们也必须承认,随着人类社会分工越来越细,越来越专业,社会结构的稳定性对于公民个人权利的维护也相应地具有了越来越重要的地位和作用,由于社会结构涉及每一个人的权利或利益,但又不属于任何一个人独有的权利或利益,因此政府必然无法通过采取维护公民个人权利的方法或方式来实现社会结构稳定性的目标。在个人主义视角下,法治只要求政府严格保护公民个人权利(清晰界定的前提下,因此法治原则一般要求严格限制政府权力的行使)就可以了,而在这种视角下,法治还要求政府保护社会整体的利益(可能会因此而扩张政府权力,并使公民个体的权利受到更大的限制)。为此,我们必须要确定社会公共利益与人权克减保持相互平衡的法治原则。由于公民个体权利具有优先性,任何对公民人体权利的克减或者对社会公共利益的维护,都必须以能够更好地保护公民个体的权利为根本目标,如果人权克减的结果并没有实现更好地保障公民个体的权利,或者对社会公共利益的保护是以损害公民个体权利为代价,那么这种人权克减的措施或保护社会公共利益的措施就没有达到均衡状态。然而,如果人权克减或社会公共利益保护的结果,更好地维护了公民个体的权利,使其保障水平得到了提高,就说明这两种措施还有进一步提高的必要性,除非进一步的人权克减或社会公共利益的保护可能会损害公民个体的权利。

这个法治原则不仅可以适用于常规社会的治理,也可以适用于动物防疫的法治过程中,两者存在的主要差别在于社会公共利益的保护与人权克减的均衡点不同。首先,在动物防疫治理过程中,人权克减的程度明显要高于常规社会治理。在动物防疫治理的过程中,在预防阶段,政府需要采取强制免疫的措施,这对养殖户或所有人的财产自由权有一定程度的限制;政府还可能要求动物养殖者或所有人的养殖环境达到法定要求,否则就可能面临政府的行政处罚或其他行政强制措施。在应急处置阶段,政府可能会采取直接扑杀染疫动物,隔离疑似染疫动物,封锁动物感染疫区,限制动物产品在市场上流通,发出消费警示,强制性销毁市场上可能感染疫病的动物产品,对感染地区进行强制性消毒等措施,这些措施相对于常规社会治理而言,无疑对动物养殖者或所有人以及社会相关群体的自由权产生较大的限制,也即是较大程度的人权克减;在善后阶段,政府可能采取法定补偿方式(排除自愿协商的定价补偿方式)来帮助恢复生产,或者根据本地的实际情形调整动物养殖的规模、地区或数量等措施,这会对动物养殖者或所有人的权利产生超过常规社会治理的人权克减。其次,在动物防疫治理过程中,社会公共利益需要维护的程度明显高于常规社会治理。尽管在动物防疫治理过程中,人权克减的程度可能超过了常规社会治理，但是这种克减所能预防的公共利益损失却比常规社会中一般人权克减措施要小得多。在这个过程中，动物养殖者或所有人的动物养殖的所有权或自由权受到很大程度的限制，但是这种限制却可以保障其他动物养殖者或所有人以及社会其他不确定公民的财产权或人身权，维护社会秩序的安定，消除社会恐慌情绪，增加对政府的信任度。最后，在动物防疫治理过程中，只有在人权克减与社会公共利益维护保持均衡的情形下，动物防疫治理才是合理的，才符合法治社会的基本理念。要坚持动物防疫的法治，首先必须得承认在动物防疫治理过程中一定程度的人权克减是必要的，否则社会公共利益将会受到巨大损失，坚持人权不能克减的人最终将反受其害。但是，作为法治的政府和社会，又不能无原则的放任政府随意对人权进行克减，因为只要给政府一点克减公民人权的机会，就可能会增加许多政府滥用权力的机会，只要给政府以克减过多人权的借口，政府就会在许多方面找到相似的借口对公民人权进行克减。对政府在动物防疫治理过程中采取人权克减措施进行限制的标准就是可能产生的公共利益损失，只有在人权克减的程度与可能产生的公共利益损失之间维持在均衡状态时，政府在动物防疫治理过程中所采取的措施才是正当的，才符合法治的基本原则和要求。

二、权力控制与应急需要相平衡的原则

现代法治的起源与自由主义思想存在着紧密的联系，人们一般公认，霍布斯、洛克、卢梭和孟德斯鸠为现代法治思想的发展奠定了坚实的理论基础，尤其是洛克的自由主义思想和孟德斯鸠的权力制衡原则，可以说是现代法治理论中的皇冠。洛克的自由主义思想在哲学上与文艺复兴时期以来"人"的复兴有直接关联，人们渴望摆脱宗教神权的强制统治，渴望人在信仰上、思想上和行动上的自由，洛克的自由主义理论很好地迎合了这一时代需求。然而，洛克的自由主义理论并没有为政府法治提供具体的可操作性的原则，这一任务是由更注意社会事实和历史的孟德斯鸠完成的。与洛克不同的是，孟德斯鸠考察问题的方法具有现代社会学的基本特征，注重从一个国家特定的自然、人文和社会环境中来寻找决定法律内容的关键因素，他在考察英国政治体制的前提下（尽管与英国的实际情形存在出入），认为英国是一个保障公民自由程度较高的国家，原因正在于英国存在立法权与行政权的相对分立和相互制

约,享有立法权的议会不享有执行法律的权力,而享有行政权力的政府却不享有立法权,这即符合自然正义的原则,能够保证立法者不受一己私利的影响制定法律,也可以保证政府公正执法。他说:"一切拥有权力者都倾向于滥用权力","只有以权力来制约权力才能保证自由"。

孟德斯鸠提出的分权制衡的政治原则在美国宪法制定的过程中获得了全面的体现,不仅如此,在美国宪法元老的思考和努力下,进一步完善了分权制衡的原则,不仅提出了国家层面的三权分立的体制,而且提出了国家(联邦)与地方(州政府)层面的纵向分权制约体制。更为重要的是,由于分权制衡理论渗透在美国人民的血液中,使美国政治体制的几乎任何一个部分都有分权制衡的影子,比如美国独有陪审团制,实际上就是将法官的权力一分为二,判断事实的权力由陪审团享有,而适用法律的权力则由法官享有,通过这种制度设计,可以有效控制法官在裁决案件过程中的专权;再比如,在美国的军队中,正职与副职之间也存在着相互制约的制度设计,如果正职有危害整个军队或国家利益的可能性,副职可以直接采取强制措施扣留正职直到危机解除,在危机解除之后再由军事法庭对副职的扣留行为进行裁决以决定副职的行为是否正当。美国分权制衡的政治体制引发了许多想要实施法治国家的效仿,经过近二百年的发展,政治体制中的分权制衡理念已经成为法治国家的标志性原则。概括而言,法治对权力控制的要求可以总结如下:首先,民主制度的存在实际上是公民对政府权力运行的总体监督与控制。在政治学中,一般将民主制度阐述为政府权力来源的正当性基础,而在法治原则中,民主制度实际上起着对政府尤其是立法权力进行监督的作用,通过选举立法议员并定期换选的方式,民众可以通过控制民选立法代表来达到控制政府立法的功能。陪审制度一般也被视为是司法领域民主化的体制,通过与法官分享司法权力的方式,陪审制度可以达到控制法官权力的良好作用。其次,将国家权力分为立法、行政与司法等三种权力,使这三种权力之间相互制约,是分权制衡原则的精髓。立法权力由议会掌握,而且将议会划分为上院和下院,可以在立法机关内部进行适度分权,保证立法质量;执法权力由政府掌握,政府组成人员的任命、提名权由总统享有,而任命权则由立法机关享有,总统在特定条件下可以否决立法,但是否决次数受到限制,如果达到一定次数总统必须自动辞职;司法权力由法院享有,司法官员的提名权由总统享有,但任命权由议会控制,但一旦任命，法官则可以终身任职，除非有免职的法定事由，法官享有否决行政行为和立法效力的权力，但不能主动干预行政与立法事务。最后，国家与地方的分权是解决国家治理规模的重要方式。根据管理学的一般原理，当国家规模较大时，如果不采用中央与地方分权制，那么随着管理层级越来越多，管理效率也会快速下降。为了解决这个问题，需要对中央与地方事务进行适度分权，既要保证全国性法律治理的统一性，也要保证地方治理的活力与特殊性，同时解决国家规模太大所带来的效率不佳的问题。

　　然而，在动物防疫治理中，政府权力控制的基本架构会受到治理应急需要的严重挑战。在常规社会治理中，政府所采取的所有措施必须预先经由立法机关的审议批准，否则政府的行为将被视为是违法，可能会因此而受到立法机关的弹劾。而在动物防疫治理中，很多情形下尤其是在动物疫情已经有爆发扩散趋势的情形下，如果政府所采取的紧急扑杀和强制隔离措施要经过座谈会审议批准，那么可能会延误最佳治理时机，使动物疫情得不到有效控制，使社会产生巨大的难以挽回的损失，使政府的公信力受到严重损害。比如，在美国的卡特里纳飓风发生之后，尽管美国有应急方面的法律，但是美国政府要调动军队进行救援以及使用财政经费进行援助都需要经过严格的议会审核程序，这导致了美国政府在飓风救援中的严重迟延，使美国政府遭到了国内外舆论的巨大压力。也就是说，在常规社会的治理中，法治原则要求政府的所有行动都必须有法律的预先授权，"法无明文授权不得为"，而在动物防疫治理的实际需要中，要求政府审时度势，根据动物防疫工作的需要，灵活采取措施，动员各种可以利用的资源，采取许多非常规措施来控制动物疫情的发生与发展。因此，在动物防疫法治中，必须要解决的问题之一就是，如何协调好政府权力控制与政府应急权力现实需要之间的矛盾与冲突。毫无疑问，政府权力控制是法治的最核心要求之一，现代法治政府基本上都是按照这一理念建立起来的，然而在动物防疫治理中政府对应急权力的需要与政府权力控制在本质上其实并不矛盾，甚至从根本上来说就是一致的。政府权力控制的根本目的在于，通过严格控制政府权力的行使更好地保障公民权利，而在动物防疫中，如果还对政府权力进行如常规社会治理一样严格的控制，那么公民权利就会受到严重损害，只有允许政府在动物防疫特定情形中享有应急权力，才能更好地保障公民权利不受较为严重的损害。因此，在动物防疫法治中，最根本的问题之一在于,如何在政府权力控制与授予政府应急权力之间达到适度的均衡,而均衡的基本判断标准在本质上就是公民权利的保障程度或不受损害的程度。在政治哲学意义上来看,这实际上是一种功利主义的选择与判断,要求政府在动物防疫治理过程中,小心权衡公民权利可能受到损害的程度,选择对公民权利损害最小的治理方式,也就是说,要在对公民权利损害较低的程度上达到政府权力控制与应急权力需要之间的均衡。

三、程序正义与实质正义相平衡的原则

在常规的法治状态中,一般强调"已经制定的法律获得了人们普遍的服从,而人们所服从的法律又是非常良好的法律"的基本原则,①前者就是所谓形式性法治原则,强调已经制定的法律获得了人们普遍服从的社会状态,后者即为所谓实质性法治原则,强调人们所服从的法律是良法,而非恶法。在前述关于法治的基本原理中,已经阐述了形式性法治原则与实质性法治原则的主要内容,然而这些原则都是针对常规社会治理而言的。在常规的社会治理中,法律的主要功能在于为人们的行为提供行为模式,使人们的行为符合法律的规定,唯有如此,才能使人们相互间的行为具有良好的可预测性和确定性,为人们相互之间提供稳定的心理预期和最基本的安全感。在常规的社会治理中,法治主要约束的对象其实是政府,因为相对于政府而言,公民处于缺乏强制性权力的状态,政府可以通过使用强制力来迫使公民遵守法律,而公民却很难强迫政府遵守法律。因此,在常规的社会治理中,法治实质原则的主要目的在于约束政府,使政府的立法、执法和司法行为不至于逾越必要的范围,不至于制定恶法,并通过政府强制力推行以达到形式法治的状态。

一般认为,法治中的程序正义原则源自于英美法中的"自然正义"原则,比如"任何人不能成为自己的法官"、"阳光是最好的防腐剂"和"应当听取双方之词,任何一方之词未被听取之前不得进行裁判"等。随着法治的推进,"自然正义"原则逐渐从司法领域扩张到行政领域,再从行政领域扩张到宪政领域,成为一个法治国家最基本的程序原则。1215 年英国的《自由大宪章》首次以宪法性法律的形式确认了程序正义原则,即"凡自由民,如未经其同级贵

① 参见[古希腊]亚里士多德:《政治学》,吴彭寿译,商务印书馆 1965 年版。

族之依法裁判,或经国法判决,皆不得被逮捕、监禁、没收财产、剥夺法律保护权、流放或加以任何其他损害"。程序正义原则最为经典的表述来自于美国宪法第五修正案,即"非经大陪审团提出报告或起诉,任何人不受死罪与其他重罪的惩罚,唯在战时或国家危急时期发生在陆、海军中或正在服役的民兵中的案件不在此限。任何人不得因同一犯罪行为而两次遭受生命或身体伤残的危害;不得在任何刑事案件中被迫自证其罪;未经正当法律程序,不得剥夺任何人的生命、自由和财产;非有恰当补偿,不得将私有财产充作公用。"尽管程序正义原则很早就在英美法系国家被奠定为法治的基本原则,然而只到20世纪70年代,才由著名政治学家罗尔斯在《正义论》中进行了体系性的阐述,他提出:程序至少可以从两个方面来判断其价值,其一是从实现既定实体目标的程度来判断,这是程序的手段性价值,或者非独立性价值,其二是从程序本身的要求来判断,这是程序的目的性价值。① 作为法治中的程序正义原则,除了要满足实现既定实质目标的功能之外,本身还要具有尊重程序参与人人格尊严的功能,使程序参与人在法治过程中能够感受到尊重。

关于法治的实质正义原则,从近两百年的发展历程来看,一般长期存在于平等与自由的争议之中。自由主义者在法律上坚持私有财产神圣不可侵犯、契约自由和过错责任制,在政治上坚持"有限政府"的理念,在经济上强调政府不对市场运行机制进行不必要的干预,在社会上坚持公民自治;而平等主义者在法律上坚持公有财产制和计划经济体制,在政治上坚持"全权政府",在经济上强调政府对经济的全盘计划管理,在社会上坚持政府的全面管理。近一个世纪以来,自由主义与平等主义理念有相互妥协和融合的趋势,自由主义放弃了部分主张,允许政府职能在某些领域的扩张,而平等主义者也认可私有财产制在实现经济效率方面有不可替代的优势,主张政府从社会与经济治理的某些方面逐渐退出。

法治的程序正义原则一般与自由主义实质原则有天然的吻合性。自由主义的本质要求就是要限制政府的权力,使政府权力的行使让公民具有可预测性,使受治理者能够产生稳定的心理预期,而程序正义原则的要求不仅能够有助于实现这一实质性目的,而且程序正义原则本身就体现了尊重程序参与人

---

① 参见[美]罗尔斯:《正义论》,何怀宏译,中国社会科学出版社1999年版。

人格尊严的精神。而平等主义原则与法治的程序正义原则存在一些相互冲突之处,主要表现在:平等主义一般要求政府对社会进行全面管理,根据社会发展的实际情况来调整资源的配置,这必须会赋予政府更大的权力,而且也容易使政府的权力不受控制,更重要的是,会大大降低社会资源配置的效率。但是,由于近现代以来自由主义与平等主义的相互融合,法治的程序正义原则逐渐与实质正义原则相互背离,程序正义要求尊重程序参与人的意愿,而实质正义要求实现更大自由与平等,如果完全尊重前者,那么后者就可能无法完全实现,反之亦然。现代法治社会的基本要求就是要在程序正义原则与实质正义原则之间实现适度的均衡。

在动物防疫法治中,也需要实现程序正义与实质正义的均衡,只是相对于常规社会治理而言,动物防疫法治的均衡点有所差别。相对于常规社会治理,在动物防疫法治中程序正义的要求要低一些,因为过多的程序正义要求,尽管能够使政府的行为更有可预测性,也使受治理者对政府行为的预期更具稳定性,但是却可能会以牺牲更多公民的权利和社会整体利益为代价;在动物防疫法治中实质正义的要求更高一些,这里所指的实质正义并非是指不受政府限制的消极自由,而是得到政府有效保障的生命权、健康权与财产权等权利。也就是说,在动物防疫法治中,政府可能会采取灵活的、未经立法机关审议批准的应急措施,尽管这些措施损害了程序正义,同时也部分损害了公民的消极自由,但是这种损害是可以在实质正义的保障上得到有效补偿的。然而,在动物防疫法治中,最困难的部分无疑是如何在程序正义与实质正义之间达到均衡,判断程序正义与实质正义均衡的标准又是什么? 对于这个问题,功利主义似乎是最为合适的观念。按照功利主义的看法,只要程序正义所带来的损害小于实质正义所带来的利益保障,那么政府所采取的动物防疫法治措施就是可取的。然而,同为一个社会的成员,为什么某些人必须为实质正义的更大保障而牺牲自己的利益呢? 这是功利主义无法解决的正当性问题。但是,如果我们从公共服务的角度,从帕累托最优或优化的标准来审视这个问题,功利主义所无法解决的问题就可以迎刃而解。根据帕累托最优或优化的观点,如果在动物防疫法治中,因程序正义标准的降低而受到损害的人,如果能够得到相应的补偿,同时其他受益的社会群体成员的利益从中获得了改善,那么政府所采取的动物防疫法治措施无疑是正当的。因此,我们大致可以推断,在动物防疫法治中,如果要实现程序正义与实质正义的均衡,那么政府必须要考虑程序正义减损的程度,以及由此可能给相关当事人带来的损害,在此基础上再考虑实质正义获得充分保障所带来的利益,如果增加的利益能够弥补程序正义所带来的损失,同时政府又确实给予了受到损害的人以足够充分的补偿,那么我们就可以认为,在动物防疫法治中,政府所采取的防疫措施达到了程序正义与实质正义的均衡。

第二部分

制　　度

　　我国于 1997 年正式通过了《中华人民共和国动物防疫法》,1998 年 1 月 1 日生效实施。2007 年中国以主权国的身份正式加入了"世界动物卫生组织",为了与《世界动物卫生法典》保持一致,中国于 2008 年对《中华人民共和国动物防疫法》进行了修订。《中华人民共和国动物防疫法》与 2006 年制定的《中华人民共和国畜牧法》、1992 年制定的《中华人民共和国进出境动植物检疫法》和 2005 年由国务院制定的《重大动物疫情应急条例》和《重大动物疫情应急预案》共同构成了中国的动物防疫法律体系。由于动物疫病可能会演化为公共危机,因而根据《中华人民共和国突发事件应对法》的规定,动物防疫还可以归属为公共危机中的公共卫生危机。公共危机演化一般可以分为三个阶段,即预警阶段、应急阶段和善后阶段,为了处理不同阶段的动物防疫事项,也由于不同阶段动物防疫工作的特征也有所不同,因此动物防疫法律制度在这三个阶段也相应有所不同。基于这种考虑,本书这部分对动物防疫法律制度的论述,将按照公共危机演化的逻辑进行组织,而不按照《中华人民共和国动物防疫法》的章节序列进行组织,即动物防疫准备制度、动物防疫应急制度和动物防疫善后制度。

第四章　动物防疫法治预防体系：
机构、准备与预警制度

第一节　动物防疫法治预防体系的基本原理

在管理学上，动物防疫预防体系的需要从人、财、物三个方面进行建设，而作为公共服务的动物防疫预防体系还需受到宪法和法律的约束，必须在宪法和法律的框架内进行建设。在法治的意义上，动物防疫预防体系的人、财、物具体表现为组织机构制度、应急准备制度和应急预警制度。

一、动物防疫法治中的组织机构

动物防疫预防体系组织机构的设置首先是一个管理学上的问题，尤其是危机管理学上的问题，也就是说决定组织机构设置的首先必须考虑科学因素或管理效率因素；动物防疫预防体系组织机构的设置也是一个法律与政治问题，其设置必须与宪法和法律保持一致，必须与一个国家或地区的政治体制保持一致。一个国家或地区的动物防疫预防体系组织机构的设置，最重要的问题是要解决管理与法律（或政治）、效率与公正、科学与政治意识形态之间的矛盾与冲突，能够设计出融合上述矛盾的组织机构。

从整体上来看，决定一个国家或地区的动物防疫预防体系组织机构设置的是以下四大基本要素：首先，是垂直管理的层级。所谓垂直管理的层级是指在动物防疫预防体系组织机构中设立的机构层级。单从公共危机管理而言，一个完整的公共危机管理组织机构至少应当包含三个层级，否则就不可能实现公共危机的有效治理，即宏观决策层、具体指挥层和组织执行层，其中宏观决策层主要负责危机管理的对策制定，具体指挥层负责决策的落实，组织执行层负责决策的实施。如果将公共危机管理放在整个政治体制中来考察,那么垂直管理的层级还涉及中央到地方政府的层级问题,比如在中国,就至少包含了中央、省、市、县和乡五级机构,根据危机规模的大小或影响范围,需要在不同的上下级政府之间设立宏观决策、具体指挥和组织执行的相应机构。而在美国则拥有完全不同的垂直管理的层级或体制。在 1977 之前,美国还没有形成严格的应对公共危机的垂直管理的层级体系,在 1977 年之后,由全美州长联合会发布的《1978 年应急准备计划:最终报告》对公共危机管理组织机构提出以下建议:(1)联邦、州及地方政府建立平等的伙伴关系以推行综合性应急管理;(2)创建一个联邦应急机构,其职能包括:减缓、准备、响应和恢复;(3)在各州建立相应的机构。这份报告后来构成了美国建构公共危机管理组织机构的纲领性文件,1979 年美国正式成立了联邦应急管理署(FEMA),集中领导和统一协调政府对突发事件的管理。在"9·11 事件"之后,美国成立了国土安全部。2003 年,联邦应急管理署并入国土安全部,在"卡特里娜"飓风灾难之后,美国通过新的应急管理法,重新整合了公共危机管理组织机构,包括:(1)新的联邦应急管理署在紧急状态下可以提升为内阁级部门,其长官直接对总统负责;(2)新的联邦应急管理署继续作为国土安全部的组成单位。美国联邦应急管理署长官鲍里森说,新的联邦应急管理署包括以下职责:领导全国的综合性应急管理工作,应对各种风险;与非联邦实体结成伙伴关系以建立全国性应急管理坐标系;发展联邦响应能力;整合自身的综合应急管理职责;建立强大的地区办事机构以解决地区优先解决的问题;利用国土安全部的资源形成非联邦应急管理通力;发展、协调全风险准备战略的实施等。①

　　其次,是横向协同的关系。所谓横向协同的关系是指动物防疫预防体系组织机构需要平行设立哪些机构,每一个机构各履行何种职责。横向协同可以从多个角度进行观察。如果从公共危机治理的一般规律来看,横向协同可以划分为事前、事中和事后机构之间的协同,也就是说,公共危机管理组织机构的设置包括:在事前设置预防和监测机构,在事中设置应急处置机构,在事后设置处置善后机构。除此之外,还可以从公共危机管理所需要的模块来考察。也就是说,要完整地完成一次公共危机管理活动,至少需要多少不同单元

---

　　① 参见王宏伟:《美国应急管理的发展与演变》,《国外社会科学》2007 年第 2 期。

之间的相互协调与配合,就需要构建多少具有不同功能的模块。美国的 ICS 主要由指挥、运作、计划、后勤、财务行政和情报五个功能模块构成,其中情报模块可以根据需要添加或删除。指挥模块由指挥官和辅助人员公共信息官、安全官、联络官、助理和其他相关人员实施,主要实现整个公共危机的治理功能。运行模块主要是在指挥官的指示下具体实施应急处置行为,包括减损、救援、控制和恢复等一系列工作;计划模块就是将应急信息和情报的收集,并进行相应的评估,将这些信息再传递给指挥官和其他管理人员,负责准备事件状态报告,显示事件现场信息,对资源信息进行跟踪,为指挥官和辅助人员提供文档和计划信息;后勤模块为应急管理活动提供高效的物资支持;财务行政模块为通用模块。通过这样的设计,ICS 实现了组织机构上的扁平化,在纵向层级上只有两个层次,有利于快速做出决策,有利资源的快速统一调配使用,但是正因为如此,其决策的风险也比较大。当然,横向协同关系还需要考虑一个国家或地区政治体制的限制。在中国的行政体制中,实现的是所谓“条块结合”的体制,也就是纵向管理与地域管理相结合的体制,纵向分职能,横向分地域,在纵向范围内,是上级领导下级,在横向范围内,是政府领导职能部门。在设立公共危机管理组织机构时,必须考虑到政治体制的这种制约性影响。比如,中国可以设立临时性指挥机构,以协调各职能部门的关系,促使其相互合作,共同应对公共危机,而在美国就不可能设立这些的临时性指挥机构,因为其政治体制或宪政模式不允许这样做。

再次,是社会参与程度。所谓社会参与程度是指在动物防疫预防体系组织机构设置时,除政府之外的其他社会主体参与公共危机管理活动的可能性以及参与的程度。社会参与程度可以分为两种不同的情况,一种强制性参与,另一种是自愿性参与。到底采取何种方式,取决于一个国家或地区的政治体制。在中国政治体制下,社会参与大多是在政府动员之下进行的,因此具有强迫或半强迫的性质,社会各部分迫于政府权威参与到公共危机的管理活动中来;而美国的政治体制下,社会参与大多为民众自愿进行的,由于没有相应的法律授权,宪法也不允许,美国政府没有权力采取强制动员的方式来迫使社会民众参与公共危机管理活动。社会参与程度以及社会参与的方式等因素,在很大程度上可以决定公共危机管理组织机构中某些机构设置的必要性,比如社会动员机构等。

　　根据上述公共管理组织机构设置需要考虑的因素,结合不同国家或地区的政治、经济、文化和社会体制,我们认为公共危机管理组织机构的设置至少存在以下四种不同的模式。首先是集权模式。所谓集权模式是指在公共危机管理组织机构的设置中,将所有的治理权力集中于一个或少数机构的体制模式。这种模式可以有效地整合政府和社会的应急资源,可以成立专门的应急联动中心,可以代表政府全权行使联动指挥大权。集权模式一般适合于政治上为中央集权制的国家或地区,因为与政治体制保持了很大程度的一致性,因而这模式在这些国家或地区的公共危机治理中,可以在术语、模块化组织、通讯整合和指挥单一性等方面很轻松地达到融洽一致的状态,有利于快速控制公共危机事件的发展。集权模式具体的动作方式一般为:政府牵头、政府投资、集中管理,应急联动中心是政府管理的一个部门,有专门的编制和预算;联动中心是处置公共危机事件的核心机构,政府将所有的权力集中于联动中心(或指挥中心)。应急联动中心在处置公共危机事件时,有权调动政府的任何部门;在资源的分配上,完全由联动中心决定分配的份额及方式。总而言之,在集权模式中,公共危机管理组织机构的设置一般只有一个统率机关作为核心指挥机构,在统率机关下所设立的各个分机构之间基本没有或者很少有横向联系,更没有直接的协同关系(除非获得统率机关的指令)。集权模式是传统指挥体系下的产物,与中央集权制的政治体制紧密相关,相对于其他模式,集权模式中的指挥关系比较简单,便于上传下达式的集中领导治理。另外,集权模式有利于从整体上控制公共危机治理,包括治理方式、进度、资源调配和善后工作等,但是由于这种模式缺少横向联系和多边协作的关系,也使得其在应对公共危机时灵活性不够,同时还会导致下级机构对上级机构的严重依赖(因为下级机构不敢擅自决策并做出治理行为)。①

　　复次,是分权模式。所谓分权模式是指在动物防疫预防体系组织机构的设置中,将所有的治理权力分散于多个或多数机构的体制模式。分权模式可以有效地动员社会各主体参与到公共危机治理活动中来,减轻政府使用公共财政进行公共危机治理的压力,可以有效帮助政府收集相关的公共危机发生、发展的大量信息。分权模式一般在政府分权(包括中央与地方政府分权、政

---

　　① 参见赵成根:《国外大城市危机管理模式研究》,北京大学出版社 2006 年版,第149页。

府内部分权）的体制下适用得比较好，在这样的政治体制下，政府的职能范围相对较狭窄，社会自治的空间较大，社会在自治的过程中，积累了比较丰富的自治经验，使得在发生公共危机事件时，公民们能够及时地进行自我组织，参与到公共危机治理活动中来。分权模式的特征一般表现为：在统率机关方面，任何一个分支机构都可以充当指挥中心的职能，并在指挥过程中与其他机构协调一致，联合为一个整体；在横向联系方面，各个分支机构相互比较独立，都具有相对较强的独立完成某种治理事务的能力；在结构模式上，分权模式一般表现为网络化的结构，网络中的任何一个节点都有可能成为指挥中心，与其他各分支机构保持相互协调沟通的关系。分权模式最大的优势在于便于协调处理复杂的危机治理事务（因为能够调动更多的社会资源），也能够促进危机治理信息快速传输（当然这需要有通讯技术手段的支持），有利于危机治理的横向结合和多边协作，同时，分权模式还有较大的独立性和自主性（这也是分权模式的缺点，容易在公共危机治理过程中导致指挥中心的决策无法获得及时有效的落实或实施）。

最后，是协同模式。协同模式也称为混合模式，是集权模式与分权模式的混合体，在协同模式中，既有唯一的指挥协调中心，负责决策的制定与传达，也存在多个其他的分中心，在特定范围内可以自己决策，但在某些事务上必须执行指挥协调中心的指令。协同模式的运作方式一般为：多个不同类型、不同层次的指挥中心和执行机构通过网络组合在一起，按照约定的流程，分工协作、联合指挥、联合行动。协同模式的关键在于如何区分集中治理与分散治理的界限，从而决定公共危机治理权力的分配。一般情况下，以公共危机影响的地域范围作为划分标准是比较合适的，当公共危机集中在某一区域时，采取集权模式比较好，而当公共危机分散在不同的区域时，这时分权模式容易导致公共危机不可控，最好采取协同模式，既可以保证治理的统一性，同时也使各地方政府有治理的主观能动性。协同模式一般可以区分为两种基本类型，一是多部门协同模式，二是多地区协同模式。多部门协同模式的主要特征包括：其一，公共危机管理指挥体系是由多个不同类型、多层次的系统构成的。一般由一个政府指挥中心、多个部分指挥中心和更多基层远程协同终端构成。不同的系统有不同的职责。政府指挥中心侧重于重大事件的协调、决策和监督，在预防阶段则侧重于公共危机事件的管理、预防和监测；部门指挥中心侧重于重大事件的处置的快速反应,在特殊情形下可未经授权而采取行动;基层远程协同终端主要负责信息的采集、反馈,负责准备决策所需要的一手信息等。多地区协同模式的特征与多部门协同模式类似,只是政府指挥中心所有地区的上级政府部门构成,而地区分中心由各地方政府部门构成,基层终端与多部门协同模式是相似的。

二、动物防疫法治中的应急准备

动物防疫法治中的应急准备制度是根据公共危机管理的机制或公共危机发展的一般规律提出的。一般而言,公共危机事件表现出产生、发展、演变和消灭的动态过程,根据对这一动态过程的认识,研究者们分别提出了公共危机管理的六阶段、五阶段、四阶段和三阶段说的观点。美国著名危机管理专家奥古斯丁将危机管理过程划分为六个阶段,即危机避免、危机管理准备、危机确认、危机控制、危机解决以及从危机中获利等。也有学者将其划分为发现危机、确认危机、处置危机、控制危机、化解危机和总结危机等六个阶段。五阶段说则认为,危机管理应当包括发现危机征兆、危机准备和防范、损失控制、损失恢复、学习和调整等。四阶段说则认为,危机管理应当包括危机发现、危机准备、危机回应和危机恢复。最著名也最简单的划分方式是三阶段说,其认为,危机管理应当包括危机预防与预警、危机处置和危机评估与恢复等。① 无论对公共危机管理进行何种划分,在逻辑上都呈现出公共危机事件前、公共危机事件中和公共危机事件后等时间序列关系,只是不同的划分方式对时间序列中当为之事理解不同。实际上,无论如何理解或解释,对公共危机事前的理解基本上是一致的,即应当做好公共危机的预防与应急准备工作,对于此类工作,应当以法律的形式固定下来,获得国家财政的支持,成为一项常规性制度。

在公共危机的治理中,预防体现出越来越重要的作用,前联合国秘书长安南曾经说过:"首先,我们必须从反应的文化转化为预防的文化。从中期和长远来看,最重要的任务是将拓宽和加强减少灾害的数量和损失放在第一位。预防不但比救助更人道,而且成本也小得多"。② 由此,我们可以得

---

① 参见何海燕、张晓甦:《危机管理概论》,首都经济贸易大学出版社 2006 年版,第 40—47 页。

② 转引自宁资利编:《政府应急管理理论与实务》,湖南人民出版社 2009 年版,第 145 页。

出动物防疫法治中的应急制度的两个基本价值取向,即人道和成本,前者涉及基本人权的保障问题,后者则涉及动物防疫治理的效率问题,下文将分而述之。

首先,动物防疫法治中的应急准备制度应当具有人权保障价值。所谓动物防疫法治中的应急准备是指在动物防疫发生之前,具有公共危机管理法定职责的行政机关为了应对可能发生的公共危机,做好应急预案,准备应急物质,建设应急能力等相关措施,为最大限度地避免公共危机事件的发生所做的防御性、控制性和保护性的具体行政行为。所谓预防与应急准备制度就是规范上述行政行为的法律制度。公共危机预防与准备制度的终极目的是防止公共危机的发生或者在已经发现有发生苗头的情形下阻止其发生。然而,在公共危机预防与准备制度中存在一个理论上的黑洞,这个黑洞的存在使政府和人们都容易倾向于轻视该制度存在的价值。由于该制度存在的最高价值是防止了公共危机的发生,然而公共危机的发生本身就具有不确定性,公共危机没有发生也许是预防与准备工作的结果,也许是人类根本无法知道的其他原因。另外,在有些可以观察到但无法控制的公共危机中,对于公共危机所造成的实际损失是否比没有做任何预防与准备工作时的实际损失更大的问题,由于每一次公共危机的发生都有其特殊性,根本就无法进行这样的比较,于是公共危机预防与准备工作的认知黑洞就出现了,人们实际上并不知道预防与准备工作是否真正具有价值。如果作为治理机构的政府是这样理解公共危机预防与准备制度的,那么政府肯定不会重视公共危机的预防准备工作,将这项工作法治化也是没有必要的。

其次,动物防疫法治应急准备制度应当具有效率价值。所谓动物防疫法治应急准备制度的效率价值是指政府在动物防疫管理中,以最少的公共危机预防与准备工作的投入,使公共危机产生的社会损失最小化或者在公共危机中保存的社会财富最大化的一种行为取向。在新公共管理运动中,效率是衡量政府绩效最重要的指标之一。为了衡量政府的绩效,学者们认为政府管理应当向工商企业管理学习,以顾客需求为导向来提供相应的有针对性的服务,以顾客满意度作为评价工作效率的重要指标。① 在新公共管理运动的倡导

---

① 参见张成福、党秀云:《公共管理学》,中国人民大学出版社 2007 年版,第3—9页。

下,全世界掀起了评价或衡量政府行为绩效或效率的研究。然而,政府行为绩效或效率研究面临着一些难以解决的问题。最主要的问题是产出指标的评价或衡量问题。政府行为的投入与工商企业类似,没有实质差别,都可以量化为一定的经济指标,但是对于政府行为产出,却很难找到与工商企业的产出相类似的指标,在工商企业中,产量、销售量、销售收入或利润等都是可以评价或衡量其产出的量化指标,但是这些指标却无法应用于政府行为的产出中。政府行为提供的为公共品,任何公民都有资格享受且基本不需要支付对价,由于使用公共品不需要支付成本,因此搭便车的人很多,就难以统计出公共品使用的产出数量。当然,有学者通过一些比较间接的指标来评价和衡量政府行为的绩效或效率,有一定的理论和实践意义,比如以政府财政在教育上的支出作为投入指标,以在校学生与辍学学生的比例作为产出指标,可以在一定程度上衡量或评价政府在教育工作中的绩效或效率。[①] 但是,由于采用的是间接关系,影响这种关系的外生变量太多,而在评价或衡量时又无法完全排除外生变量的影响,因此这种评价或衡量的意义非常有限。

尽管对于政府行为绩效或效率的衡量或评价存在许多的问题,但是不可否认的是,这是在理论上研究政府行为的必然趋势,全世界的理论家都在为此而进行理论研究,都在为衡量或评价政府行为的绩效或效率贡献自己的力量。而且随着科学技术的进步以及社会的发展,研究手段的改善,可能会产生新的突破,使政府行为的绩效或效率评价上一个新的台阶。而从实践来看,理论界的这些研究确实对政府治理行为起到了重要的作用,在现代社会中,关于政府伦理性的争议减少了(即政府应当为何的问题),而关于政府行为绩效的争议增加了,这说明理论与实践界都认识到,无论何种政府只要其行为缺乏绩效或效率,其在伦理上就是不正当的,也就是说,缺乏绩效或效率本身也是一种不道德,因为这可能浪费了全体人民通过纳税而来的财政收入,本质上也就是浪费了人民自己的财富。

在动物防疫法治应急准备工作中也是如此。也许到现在为止,还存在着政府做这个行为无法评价或衡量其绩效或效率的黑洞,但是我们不能否认将

---

① 参见李燕凌、欧阳万福:《县乡政府财政支农支出效率的实证分析》,《经济研究》2011年第10期。

来存在可以评价或衡量的可能性;即使现在我们无法给出科学的绩效或效率评价,但是人类普遍的经验实际上还是支持这一工作是有效率或绩效的结论的。中国人常说:"预则立,不预则废",表明的正是做好准备工作,事情就有可能成功,反之就有可能失败的基本原理。自 20 世纪以来,人类社会所遭遇的公共危机非常之多,全世界各国政府和人民在应对公共危机的过程中,逐渐积累了一些经验,形成了一些比较成熟的看法或观念,人们普遍认为,在公共危机发生之前,做好必要的预防和准备工作,有利于公共危机的应对,在某些情况下也许无法控制公共危机,但是事前良好的准备能够在最大程度上降低社会的损失。从一般的工作原理来分析,也可以分析出公共危机预防和准备工作对公共危机管理工作的绩效或效率是有帮助的。众所周知,当一个人或群体经过长期的训练之后,熟能生巧,不仅能够把被训练的工作做得非常好,而且即使在面临着训练时从未面对过的情况时,也能够比未受训练的人做出更好的效果或反应。公共危机的预防和准备工作与此类似,公共危机发生前做好应急预案并进行必要的演练,进行足够的物质储备和能力训练,一旦公共危机发生,那么在公共危机应对过程中,其产生的效果肯定要好于未进行预防或准备的其他管理机构。

最后,动物防疫法治应急准备制度应当在人权保障与效率之间达到平衡。在动物防疫法治应急准备制度中,人权保障与效率这两种价值可能会存在冲突。人权保障是政府在任何具体行政行为中都应当体现的价值,而且体现这种价值的过程必须受正义原则的调整。根据罗尔斯的看法,社会正义由两条基本原则构成,一条涉及最广泛平等的政治自由,一条涉及机会平等和有条件的区别对待。在罗尔斯的观念,至少在原初状态下(也即是在无知之幕下),两条正义社会原则是不能被交易的,也即是政府不能以任何理由牺牲任何人的基本人权,即使这样做能够维护社会整体的利益,任何做出这种交易的做法在道德上都是不正当的。[①] 因此,无论在何种条件下,包括在公共危机状态下,政府所采取的任何应急措施都应当平等保护每个公民的基本人权,不能以牺牲某个人或某些人的人权为代价,来实现所谓整体或全体社会成员的利益或权利不受损害。而在实际的公共危机管理活动中,为了实现公共危机管理

---

① 参见[美]罗尔斯:《正义论》,何怀宏译,中国社会科学出版社 1997 年版。

的效益最优化,政府在选择应急措施时,必须要考虑投入与产出之间的比例关系,任何理性的决策者都会做出这样的思考:在 100 人都受到公共危机威胁时,如果牺牲其中一个人就可以挽救 99 人的生命,相对于不牺牲任何一个人的生命而牺牲所有 100 人的生命而言,前者在理性上是正确的,在经济学上的评价是有效率的。但是,在做出这样的选择时,其中必然会有某个人或某些人的生命权不仅没获得政府行为的保障,而且还被政府的主动行为所牺牲,这与政府保障人权实现社会正义的道德义务相违背。于是,在公共危机管理中,人权保障与效率价值之间是可能存在矛盾与冲突的。

　　然而,在动物防疫法治应急准备制度中,人权保障与效率价值还是存在统一的可能性,只要能够把握好合适的"度"。我们已经证明,在公共危机发生之前,进行足够充分的预防与准备工作,可以有效提高政府对公共危机应急反应的时间,提高政府应对公共危机的能力,最大限度地挽救人民的生命与财产安全,相对于预防与准备工作的投入而言,也许在挽救的财产安全上这一点是可以进行量化比较的,但是在挽救人的生命这一点上,是无法进行量化对比,也就是说,无论政府在预防与准备工作中投入有多大,只有起到了尽量挽救生命的作用,即使只挽救一个人的生命,这种投入也是值得的,也是被认为有效率的。因此,从这个角度来看,人权保障与效率在公共危机预防与准备制度中是一致的,两者并不矛盾。两者可能存在矛盾的地方是,政府在公共危机预防与准备工作中投入很大,然而在公共危机发生之后,这项工作在挽救人的生命方面无法衡量,也就是说,政府不进行预防与准备工作与政府进行预防与准备工作所导致的效果,其中主要是对人民生命权保障的效果,无法进行量化比较,这可能体现了政府预防与准备工作在人权保障方面的价值,但是却没有体现在效率方面的价值。众所周知,政府支出的绩效或效率问题是一个非常复杂的问题,目前尚无定论,但有一些测量方式已经获得了许多人的赞同,比如民众满意度指标测量。在公共危机预防与准备工作方面,同样也可以采取类似的指标体系来衡量,只要人民群众对政府的预防与准备工作以及在随后的应急处置工作中,对政府的所作所为表现出较高的满意度,那么就可以认为政府在公共危机预防与准备工作中是有效率的,由此人权保障与效率价值可以统一于公共危机预防与准备制度之中。

三、动物防疫法治中的预警制度

公共危机事件的演变过程表现出一定的规律性,一般可以划分为若干阶段。目前通行的划分是:前兆阶段、应急阶段和恢复阶段,或者说是事前、事中与事后阶段。在公共危机事件发生前,一般都会有各种征兆性现象出现,如果能够利用一定的技术手段或工具,并制定相关制度,那么就可能收集到这些相关信息,并能够通过对这些信息的分析判断出公共危机事件发生的可能性,在此基础上,可以向社会公开发布预警信息,使社会公众能够据此理性地选择自己的行为,在最大程度上控制公共危机的发展,将社会损失尽量降到最小。因此,公共危机监测与预警制度在公共危机管理中的必要性是毋庸置疑的,因为相对于在公共危机监测与预警工作中的投入而言,这项工作的产出效益是非常明显的,世界各国的公共危机管理经验表明,这是防止公共危机造成大规模社会损失的最有效的办法之一。

我们在此需要讨论的是,建构监测与预警制度应当遵循的基本原则应当是什么,以及与此相关的,监测与预警制度需要达到的终极目的应当是什么。作为对具有不确定性事件的一种提前认知的过程,公共危机事件的监测与预警是一项难度非常高的工作。公共危机事件的类型非常多,有自然事件,也有社会事件,对自然事件可能引发的公共危机进行监测与预警,对科学技术的依赖程度非常大,要加强监测与预警工作的效度,政府除了在相关方面投入大量的科研经费进行研发之外,也没有什么更好的方法来做到这一点。而对于社会事件监测与预警,相对于自然事件而言,难度更大,政府所采取的措施必须更加的谨慎。相对于自然事件,监测公共危机的社会事件的相关信息难度更大,因为在社会事件中,并没有固定的量化指标或现象可以用来衡量社会事件引发公共危机的可能性,有时候看似已经平息的事件,突然之间出乎意料地爆发,有时候看似有爆发可能的事件,却在突然之间销声匿迹。更值得注意的是,政府对社会事件进行治理的行为本身就有可能引发公共危机,也就是说,政府的本意是想化解可能的公共危机社会事件,然而政府的化解行为不当,反而可能会导致公共危机的爆发。比如在金融危机事件中,某些人对市场的预期可能会引起市场的波动,然而如果政府认为金融市场已经进入了危机状态而采取相关措施时,这会在更大程度上导致人们对金融市场的预期降低,从而加速金融危机的到来,或者本不会发生金融危机(可能仅仅是市场波动而已），却由于政府的行为使人们的预期改变从而导致金融危机的发生。

有鉴于此，我们认为，公共危机监测与预警制度应当遵循以下原则：首先，应当做到日常监测与重点监测相结合。无论是有可能引发公共危机的自然事件，还是社会事件首先应当做到的是将监测工作常规化，定期采集相关信息，积累相关数据，为科学的统计分析提供原始资料。同时，针对某些有异常的事件，应当进行重点监测，采集的信息类型和数量都应当超过日常监测，并且在监测时间上应当保持全程监测而不是定期监测。其次，应当做到日常监控与应急处置相结合。对于日常监测所发现的某些可能引发公共危机事件的相关信息，要做好分析评估工作，对评估结果应当按照预定程序决定是否采取应急处置措施，不能将监测结果和评估结果与应急处置工作分离。这条原则实际上是要求监测单位防微杜渐，将可能引发公共危机的事件扼杀在摇篮中。最后，应当做到监测与预警相结合。在监测过程中，根据监测所获得的信息进行评估，如果发现评估结果异常，则应当根据异常程度发布相应的预警信息，并向社会公众公开。为了使社会公众快速了解相关预警信息，一般需要将预警信息卡通化或形象化，比如将预警组织与特定的颜色相联系，可以达到使社会公众快速理解预警信息的目标。

对于评价或衡量一个国家或地区的监测与预警制度是否完善的重要标准，是看公共危机监测与预警制度是否能够最大程度地实现以下目标：首先，能够最大程度地掌握公共危机事件的相关信息。众所周知，社会科学领域的许多理论都是以信息充分且完全为前提推出的，然而，在实际工作中，任何一种决策都不可能在事先获得完全且充分的信息，人们必须在不充分不完全的信息中做出最优决策。尽管如此，信息更充分更完全肯定比信息不太充分且不太完全所做出的决策更接近正确的决策。因此，衡量或评价一个国家监测与预警制度是否完善的基本标准其实可以转化为，在这种制度下，能够收集到的信息类型或数量是否达到了规模最大，可以直接作为该国家或地区的公共危机监测与预警制度是否完善的标准。其次，要能够在掌握相关信息的前提下尽量排除隐患。对于可能已经掌握到的相关信息，如果不采取任何措施，那么掌握这种信息的价值就大打折扣。如果能够将掌握的信息运用到公共危机预防中，在发现可能引发公共危机的隐患之后能够及时采取措施将其排除，降低公共危机事件爆发的可能性，那么这无疑也是直接衡量或评价一个国家或地区的监测与预警制度是否完善的标准,最后,要能够对公共危机事件的发展趋势做出准确的判断。对公共危机事件的发展趋势做出准确的判断,依赖于两个前提,一是信息是否充分是否完全,二是信息分析是否科学合理。除此之外,还有一个重要的外在条件,那就是政治力量应当尽量少干预对公共危机事件发展趋势的判断,如果政治力量介入到判断中来,那么在本质上就是政治在干预科学的研究,最后的结果肯定会有失准确。因此,我们可以将信息的充分程度、分析手段的科学性程度和政治力量对判断的干预程度,作为判断一个国家或地区的监测与预警制度是否完善的标准之一。

第二节　动物防疫法治预防体系的现状及存在的问题

一、动物防疫法治预防体系的现状

(一)动物防疫的组织机构

根据《中华人民共和国动物防疫法》的规定,中国的动物防疫组织机构按照以下方式组建。

第一,动物防疫组织机构的职能定位。《动物防疫法》第五条规定:"国家对动物疫病实行预防为主的方针"。该条规定奠定了中国的动物防疫组织机构的主要职能为预防动物疫病。这是因为动物疫病具有传染扩散的特点,一旦蔓延很难扑灭,有的会给人体健康及经济发展带来灾难性的后果,需要相当长的时间和耗费巨大的人力、物力和财力才能加以消除,因此从成本和效果上来考虑,预防动物疫病是最佳的行为选择。另外,动物疫病与人类传染病在防疫方面有共同的规律,只要控制传染源头,切断传播途径和保护易感动物,就可以取得较好的动物防疫效果,也就是说只要预防措施得当,可以在很大程度上避免动物疫情的爆发流行。除此之外,中国的动物饲养现实情况是,动物饲养以散户为主,防疫基础薄弱,动物疫病种类多,蔓延范围大,对养殖业的发展影响大,也容易造成巨大的经济损失,而且还有可能直接危及人体健康,妨碍动物及其制品进入国际市场。如果不实施以预防为主的职能定位,要是爆发大规模动物疫病,那么就可能会对整个国家的养殖业造成巨大的打击。而中国的实践表明,各级政府及有关部门所采取的动物疫病预防措施,不仅提高了动物养殖者的防疫意识,也使我国的动物疫病确实得到了有效的控制。

第二,动物防疫的政府职责。《动物防疫法》第六条规定:"县级以上人民政府应当加强对动物防疫工作的统一领导、加强基层动物防疫队伍建设,建立健全动物防疫体系,制定并组织实施动物疫病防治规划。乡级人民政府、城市街道办事处应当组织群众协助做好本管辖区域内动物疫病预防与控制工作。"根据这条规定,可以判断我国的动物防疫行政主管部门是县级以上人民政府,包括县级、市级、省级人民政府和国务院,不包括县级以上各级人大和司法机关。对于这四级人民政府之间如何分配动物防疫职能的问题,则不能从法条中获得任何相关信息。但是,我们可以从中判断出县级以上人民政府的主要工作职责,主要包括:加强对动物防疫工作的统一领导。动物疫病的预防、控制和扑灭,涉及社会公共卫生安全,需要政府对动物防疫工作统一指挥、统一调配资源、统一采取动物卫生措施,将动物防疫工作落到实处,只有在统一领导下,才能做这些工作。加强基层动物防疫队伍建设。县级以上人民政府应当建立健全动物卫生监督和兽医技术等机构,配备与动物防疫工作相适应的人员,加强村级防疫队伍建设。建立健全动物防疫体系。县级以上人民政府应当将动物防疫纳入本级国民经济和社会发展规划及年度计划。加强动物防疫体系的基础设施建设。充实完善兽医工作机构的设备、条件,建设各类兽医实验室,提高诊断、检测能力和生物安全水平;制定并组织实施动物疫病防治规划。动物疫病防治规划是指在一定时间内动物疫病预防、控制、扑灭的总体目标。县级以上人民政府要通过制定并组织实施动物疫病防治规划来确定和实现动物卫生保护水平。同时,乡级人民政府、城市街道办事处应当组织群众协助做好本管辖区域内动物疫病的预防和控制工作。这是适应我们动物养殖以散养为主的国情而必须要做的事情。

第三,动物防疫行政主管部门。《动物防疫法》第七条规定:"国务院兽医主管部门主管全国的动物防疫工作。县级以上地方人民政府兽医主管部门主管本行政区域内的动物防疫工作。县级以上人民政府其他部门在各自的职责范围内做好动物防疫工作。军队和武装警察部队动物卫生监督职能部门分别负责军队和武装警察部队现役动物及饲养自用动物的防疫工作。"为了做好动物防疫工作,动物防疫法还专门规定了动物防疫的行政主管部门,作为专门管理动物防疫的政治机构。与中国的行政体制相适应,动物防疫的行政主管机构也呈现出金字塔状的结构,其中国务院兽医主管部门主管全国的动物防疫工作,主要职责包括:制定国家动物疫病防治规划,确定国家适当的动物防疫水平;对动物疫病状况进行风险评估;制定并公布动物疫病预防技术规范;规定并公布动物疫病的具体病种名录和预防办法;确定强制免疫的动物疫病病种和区域;制定国家动物疫病监测计划;向社会公布全国动物疫情;规定动物和动物产品检疫的行业标准、检疫对象等;规定乡村兽医、执业兽医和官方兽医的资格条件;规定动物疫病区建设标准化和评估规范;规定动物诊疗许可证发放办法;监督和管理全国的动物防疫执法工作。根据地域管辖的原则,县级以上人民政府兽医主管部门主要负责的工作包括:负责动物防疫的法律、法规、规章、制度、规划、办法和标准等在本行政区域内的实施;制定并实施免疫以外的动物疫病的预防计划,报同级人民政府批准后实施;认定动物疫情;发生动物疫病时,负责现场划定疫点、疫区、受威胁区,采集病料,调查疫源,报请封锁和通报疫情以及采取控制扑灭措施等;审查发放动物防疫条件合格证、动物诊疗许可证等。对于军队和武装警察部队,由于行政管理体制的原因,地方政府无管辖权,只能由军队和武警部队的动物卫生防疫监督机构分别各自负责自用动物的防疫工作。

第四,动物卫生监督管理机构。《动物防疫法》第八条规定:"县级以上地方人民政府设立的动物卫生监督机构依照本法规定,负责动物、动物产品的检疫工作和其他有关动物防疫的监督管理执法工作。"根据《国务院关于推进兽医管理体制改革的若干意见》的规定,要建立健全兽医工作体系,即建立健全兽医行政管理机构、执法机构和技术支持体系。就已经推进的工作来看,实际上就是要归并现在动物防疫、检疫和监督机构及其行政执法职能,设立动物卫生监督机构,名称统一为"动物卫生防疫监督所"。这个机构主要作为兽医行政执法机构,归口同级兽医主管部门管理,一般要行使以下职责:对辖区内执行《动物防疫法》及有关动物卫生法律、法规、规章的情况进行监督、检查和管理,纠正和处理违法行为,决定动物卫生监督处理与处罚;负责动物和动物产品的检疫;负责乳用动物、种用动物及其精液、胚胎、种蛋的检疫审批和备案;负责有关检疫证明、检疫标志发放和管理;负责动物诊疗监督和执业兽医的监督管理;负责畜禽标识和免疫档案的监督管理;承担兽医实验室及菌毒种保存场所生物安全的监督管理;承担动物产品安全的监督管理等。

第五，动物疫病预防控制机构。《动物防疫法》第九条规定："县级以上人民政府按照国务院的规定，根据统筹规划、合理布局、综合设置的原则建立动物疫病预防控制机构，承担动物疫病的监测、检测、诊断、流行病学调查、疫情报告以及其他预防、控制等技术工作。"承担动物疫病监测、诊断和流行病学调查等技术支持的机构是兽医行政管理和执法监督的重要技术保障和依托。根据法律规定，要按照综合设置的原则，建立健全各级兽医技术支持体系。按照统筹规划、合理布局的原则，充分利用现有高等院校、科研院所等兽医技术资源，通过充实力量、资格认可、安全监管，切实加强国家参考实验室、区域诊断实验室建设。根据本条规定，省市县三级人民政府可根据工作需要分别设立动物疫病预防控制中心，归口同级兽医行政主管部门管理，主要负责动物防疫过程中的技术支持工作。

第六，动物防疫科研、推广和国际合作。《动物防疫法》第十条规定："国家支持和鼓励开展动物疫病的科学研究以及国际合作与交流，推广先进适用的科学研究成果，普及动物防疫科学知识，提高动物疫病防治的科学技术水平。"国家支持和鼓励动物防疫的科学研究以及国际合作与交流。动物疫病的预防、控制、扑灭以及检疫，都需要相应的科学知识。随着新动物疫病、疫情的出现，对动物疫病的研究需要进一步深入，国家必须要支持和鼓励动物防疫的科学研究工作。另外，随着经济全球化一体化的进程加快，动物产品贸易越来越频繁，动物疫病传播的机会和范围也越来越大，只有加强动物防疫国际合作与交流，才能使国家做出正确及时的判断和应对。对于动物防疫研发的先进科技成果，可以通过试验、示范、培训、指导以及咨询等方式进行推广应用，为此政府应当要采取适当的鼓励措施。为了提高公众的动物防疫意识，国家还应当通过各种方式广泛开展动物防疫科学和法制知识的宣传教育工作，自觉防范动物疫病，使动物防疫工作的成果更上一致楼。

第七，动物防疫奖励。《动物防疫法》第十一条规定："对在动物防疫工作、动物防疫科学研究中做出成绩和贡献的单位和个人，各级人民政府及有关部门给予奖励。"动物防疫奖励实际上属于一般的行政奖励行为，奖励的范围和条件包括：对动物疫病预防、控制、扑灭和检疫工作做出成绩和贡献的；对动物防疫科学研究中在生物制剂、诊断疾病的新技术和新器械方面有发明创造的；在动物防疫科学研究成果推广方面做出突出成绩和贡献的以及在动物卫生监督管理、宣传教育等工作中做出突出成绩和贡献的。至于奖励的种类,则与其他一般行政奖励完全相同。

(二)动物防疫的应急准备

根据《中华人民共和国动物防疫法》的规定,动物防疫的应急准备制度由以下几个部分构成:

第一,动物疫病风险评估。《动物防疫法》第十二条规定:"国务院兽医主管部门对动物疫病状况进行风险评估,根据评估结果制定相应的动物疫病预防、控制措施。国务院兽医主管部门根据国内外动物疫情和保护养殖业生产及人体健康的需要,及时制定并公布动物疫病预防、控制技术规范。"动物防疫应急准备的措施之一是建立动物疫病风险评估机制。动物疫病风险评估是指在特定条件下,对动物和人类或环境暴露于某危害因素产生或将产生不良效应的可能性和严重性进行科学评价,一般包括危害识别、危害描述、暴露评估和风险描述等。动物疫病风险评估是世界上通行的一种做法,《国际动物卫生法典》也将此规定为一种技术手段和提高动物防疫科学性的重要措施。然而,从法律上而言,动物疫病风险评估也会成为一种技术贸易壁垒的措施,如果不同的国家所采用动物疫病风险评估措施各不相同,那么就可能引发动物及其产品贸易争端。因此,动物疫病风险评估是一项政策性和技术性都很强的工作,为了统一国内动物疫病风险评估事项,该法规定由国务院兽医主管部门对动物疫病状况进行风险评估,任何其他组织和部门都无权进行此类评估。国务院兽医主管部门对动物疫病进行风险评估之后,根据评估结果制定相应的动物疫病预防、控制措施,预防动物疫病的发生、保护人体健康,维护公共卫生安全,促进我国畜禽产品出口。在此基础上,国务院兽医主管部门应当制定动物疫病预防和控制的技术规范,因为动物疫病预防既是一项技术性很强的工作,需要科学性的指导,也是一项社会化的规范,需要法律标准的强制。到目前为止,我国已经制定和公布了几十个动物疫病预防、控制技术规范,比如《高致病性禽流感疫情判定及扑灭技术规范》、《高致病性禽流感无害化处理技术规范》、《高致病性禽流感消毒技术规范》、《高致病性禽流感人员防护技术规范》等。

第二,动物防疫强制免疫。《动物防疫法》第十三条规定:"国家对严重危害养殖业生产和人体健康的动物疫病实施强制免疫。国务院兽医主管部门确定强制免疫的动物疫病病种和区域,并会同国务院有关部门制定国家动物疫病强制免疫计划。省、自治区、直辖市人民政府兽医主管部门根据国家动物疫病强制免疫计划,制订本行政区域的强制免疫计划;并可以根据本行政区域内动物疫病流行情况增加实施强制免疫的动物疫病病种和区域,报本级人民政府批准后执行,并报国务院兽医主管部门备案。"强制免疫是指国家对严重危害养殖业生产和人体健康的动物疫病,采取制定强制免疫计划,确定免疫用生物制品和免疫程序,以及对免疫效果进行监测等一系列预防控制动物疫病的强制性措施,以达到有计划、有步骤地预防、控制、扑灭动物疫病的目的的制度。实施强制免疫的对象为严重危害养殖业生产和人体健康的动物疫病,强调免疫的动物疫病病种和区域由国务院兽医主管部门或省、自治区、直辖市人民政府确定。国务院兽医主管部门会同国务院其他部门制定强制免疫计划,省、自治区和直辖市兽医主管部门可以制定本行政区域内的强制免疫计划(需要人民政府批准并报国务院兽医主管部门备案)。

《动物防疫法》第十四条规定:"县级以上地方人民政府兽医主管部门组织实施动物疫病强制免疫计划。乡级人民政府、城市街道办事处应当组织本管辖区域内饲养动物的单位和个人做好强制免疫工作。饲养动物的单位和个人应当依法履行动物疫病强制免疫义务,按照兽医主管部门的要求做好强制免疫工作。经强制免疫的动物,应当按照国务院兽医主管部门的规定建立免疫档案,加施畜禽标识,实施可追溯管理。"在动物疫病强制免疫计划中,有三方主体,法律义务各不相同。县级以上地方人民政府兽医主管部门的法律职责是组织实施动物疫病强制免疫计划,乡级和街道办事处的法律职责是组织本行政区域内的组织或个人做好强制免疫工作,饲养动物的单位和个人有对动物进行强制免疫的法律义务。为了加强管理,法律规定对于强制免疫的动物,应当建立免疫档案和加施畜禽标识,一旦发现动物疫病,可以通过免疫档案和畜禽标识进行追溯,及时掌握动物疫病发生的源头,以便采取应急措施进行控制或扑灭。

第三,动物防疫疫病免疫消毒。《动物防疫法》第十七条规定:"从事动物饲养、屠宰、经营、隔离、运输以及动物产品生产、经营、加工、贮藏等活动的单位和个人,应当依照本法和国务院兽医主管部门的规定,做好免疫、消毒等动物疫病预防工作。"免疫和消毒是有效预防动物疫病发生和传播的重要措施,通过免疫接种可使易感动物群体获得特异性保护，通过消毒可及时杀灭环境中的病原体。从事与动物和动物产品相关的生产经营活动的单位和个人，其生产活动是社会性的，其防疫状况不仅关系自身利益和健康安全，而且会对他人甚至全社会产生不利影响，因此该条规定与动物及动物产品有密切接触者应当做好免疫接种和消毒工作。

《动物防疫法》第十八条规定："种用、乳用动物和宠物应当符合国务院兽医主管部门规定的健康标准。种用、乳用动物应当接受动物疫病预防控制机构的定期检测；检测不合格的，应当按照国务院兽医主管部门的规定予以处理。"种用、乳用动物及宠物比较特殊，如果其一旦感染疫病，不仅本身可以散发病原、横向传播疫病，而且还可以通过繁殖垂直传播疫病，造成疫病爆发流行，如果是人畜共患型疫病，还有可能严重危害人体健康。为此，该条规定了种用和乳用动物和宠物应当符合国务院兽医主管部门规定的健康标准，必须要接受定期检测，检测不合格的，应当按规定予以处理。

第四，动物防疫要求与条件。《动物防疫法》第十九条规定："动物饲养场（养殖小区）和隔离场所，动物屠宰加工场所，以及动物和动物产品无害化处理场所，应当符合下列动物防疫条件：（一）场所的位置与居民生活区、生活饮用水源地、学校、医院等公共场所的距离符合国务院兽医主管部门规定的标准；（二）生产区封闭隔离，工程设计和工艺流程符合动物防疫要求；（三）有相应的污水、污物、病死动物、染疫动物产品的无害化处理设施设备和清洗消毒设施设备；（四）有为其服务的动物防疫技术人员；（五）有完善的动物防疫制度；（六）具备国务院兽医主管部门规定的其他动物防疫条件。"为了切断动物疫病传播的路径，控制动物养殖及其他活动的条件是一种非常有效的办法，为此该条规定了各种与动物生产有关的场所应当达到的基本条件、人员要求、制度要求和其他要求。这些要求具有法定性和强制性，是从事动物生产职业的单位和个人必须遵守的规范。

《动物防疫法》第二十条规定："兴办动物饲养场（养殖小区）和隔离场所，动物屠宰加工场所，以及动物和动物产品无害化处理场所，应当向县级以上地方人民政府兽医主管部门提出申请，并附具相关材料。受理申请的兽医主管部门应当依照本法和《中华人民共和国行政许可法》的规定进行审查。经审查合格的，发给动物防疫条件合格证；不合格的，应当通知申请人并说明理由。

需要办理工商登记的,申请人凭动物防疫条件合格证向工商行政管理部门申请办理登记注册手续。动物防疫条件合格证应当载明申请人的名称、场(厂)址等事项。经营动物、动物产品的集贸市场应当具备国务院兽医主管部门规定的动物防疫条件,并接受动物卫生监督机构的监督检查。"该条规定了动物防疫条件合格证发放的程序,以及接受动物卫生防疫监督机构监督检查的义务,前者属于行政许可行为,后者则属于行政执法行为,该法没有具体规定的,可以参照其他相关的行政法律和行政法规。

《动物防疫法》第二十一条规定:"动物、动物产品的运载工具、垫料、包装物、容器等应当符合国务院兽医主管部门规定的动物防疫要求。染疫动物及其排泄物、染疫动物产品,病死或者死因不明的动物尸体,运载工具中的动物排泄物以及垫料、包装物、容器等污染物,应当按照国务院兽医主管部门的规定处理,不得随意处置。"实践证明,被染疫动物或消毒不彻底的动物产品污染的运载工具、垫料、包装物、容器等再装载或再接触动物、常常会引起动物疫病的发生,因此该条特别规定了上述这些物料必须达到国务院规定的处理标准。

第五,动物防疫实验。《动物防疫法》第二十二条规定:"采集、保存、运输动物病料或者病原微生物以及从事病原微生物研究、教学、检测、诊断等活动,应当遵守国家有关病原微生物实验室管理的规定。"病料是指从患病动物体上采取的病变组织,以供进一步检疫、科学研究及教学之需。常见的病料主要从血液、淋巴及有关组织器官采集,有时为了研究和需要可将整个尸体等材料作为病料。由于病料本身是带有病原体的,在运输过程中极有可能传播动物疫病,因此,必须加强管理,保证采集、保存、运输过程中的安全。病原微生物本身就是动物疫病的病原体,也必须对其加强管理,保证采集、保存、运输动物病料或病原微生物以及从事研究、教学、检测、诊断活动过程中的安全。本条仅对上述行为做了原则性的规定,具体规定可以参照 2004 年由国务院制定的《病原微生物实验室生物安全管理条例》。

(三)动物防疫的预警

根据《中华人民共和国动物防疫法》的规定,动物防疫的预警制度由以下几个部分构成:

第一,动物和动物产品的检疫。动物和动物产品的检疫是发现动物疫病的重要措施或手段，是做好动物防疫预警工作的先决或前提条件。为此首先需要在法律上设定检疫的权力主体。根据《动物防疫法》第四十一条的规定："动物卫生监督机构依照本法和国务院兽医主管部门的规定对动物、动物产品实施检疫。动物卫生监督机构的官方兽医具体实施动物、动物产品检疫。官方兽医应当具备规定的资格条件，取得国务院兽医主管部门颁发的资格证书，具体办法由国务院兽医主管部门会同国务院人事行政部门制定。本法所称官方兽医，是指具备规定的资格条件并经兽医主管部门任命的，负责出具检疫等证明的国家兽医工作人员"。我国的检疫权力主体机构是"动物卫生监督机构"，具体实施动物检疫的人员为"官方兽医"。"官方兽医"不仅拥有法定的资格条件，并且还需要接受国务院人事行政部门的任命，才有实施动物及产品的法定检疫资格，其检疫行为才具有正式的法律效力。

对于检疫程序而言，我国采用的是主动申报制，也即是从事动物及动物制品生产、运输和销售行业的人员根据地域管辖的原则，主动向当地的动物卫生检疫机构申报检疫。根据《动物防疫法》第四十二条规定："屠宰、出售或者运输动物以及出售或者运输动物产品前，货主应当按照国务院兽医主管部门的规定向当地动物卫生监督机构申报检疫。动物卫生监督机构接到检疫申报后，应当及时指派官方兽医对动物、动物产品实施现场检疫；检疫合格的，出具检疫证明、加施检疫标志。实施现场检疫的官方兽医应当在检疫证明、检疫标志上签字或者盖章，并对检疫结论负责。"货主有主动申报检疫的义务，动物卫生监督机构有检疫的职责，不得拒绝检疫，并且对检疫结论承担法律责任。

对于任何处于运输过程中的动物及动物制品的检疫，《动物防疫法》第四十三条规定："屠宰、经营、运输以及参加展览、演出和比赛的动物，应当附有检疫证明；经营和运输的动物产品，应当附有检疫证明、检疫标志。对前款规定的动物、动物产品，动物卫生监督机构可以查验检疫证明、检疫标志，进行监督抽查，但不得重复检疫收费。"对于运输过程中托运人和承运人的法律义务，《动物防疫法》第四十四条规定："铁路、公路、水路、航空运输动物和动物产品的，托运人托运时应当提供检疫证明；没有检疫证明的，承运人不得承运。运载工具在装载前和卸载后应当及时清洗、消毒。"

对于无规定动物疫病区的输入性动物检疫，《动物防疫法》第四十五条规定："输入到无规定动物疫病区的动物、动物产品，货主应当按照国务院兽医主管部门的规定向无规定动物疫病区所在地动物卫生监督机构申报检疫,经检疫合格的,方可进入;检疫所需费用纳入无规定动物疫病区所在地地方人民政府财政预算。"而对于跨行政区域引进乳用和种用动物及相关制品的,《动物防疫法》第四十六条规定:"跨省、自治区、直辖市引进乳用动物、种用动物及其精液、胚胎、种蛋的,应当向输入地省、自治区、直辖市动物卫生监督机构申请办理审批手续,并依照本法第四十二条的规定取得检疫证明。跨省、自治区、直辖市引进的乳用动物、种用动物到达输入地后,货主应当按照国务院兽医主管部门的规定对引进的乳用动物、种用动物进行隔离观察。"对于捕获的野生动物,《动物防疫法》第四十七条规定:"人工捕获的可能传播动物疫病的野生动物,应当报经捕获地动物卫生监督机构检疫,经检疫合格的,方可饲养、经营和运输。"

对于检疫不合格的动物及动物产品,《动物防疫法》第四十八条规定:"经检疫不合格的动物、动物产品,货主应当在动物卫生监督机构监督下按照国务院兽医主管部门的规定处理,处理费用由货主承担。"对于检疫费用,《动物防疫法》第四十九条规定:"依法进行检疫需要收取费用的,其项目和标准由国务院财政部门、物价主管部门规定。"从这两条规定来看,在该法中首先确定了一个基本原则,即检疫收费原则,至于收费的具体标准,则在该法没有明确规定。

第二,动物防疫监测。动物疫病监测是动物防疫预警制度的重要内容,只有建立了体系完整的监测方案或计划,才能及时发现动物疫病,并采取有效措施进行控制,为此《动物防疫法》第十五条规定:"县级以上人民政府应当建立健全动物疫情监测网络,加强动物疫情监测。国务院兽医主管部门应当制定国家动物疫病监测计划。省、自治区、直辖市人民政府兽医主管部门应当根据国家动物疫病监测计划,制定本行政区域的动物疫病监测计划。动物疫病预防控制机构应当按照国务院兽医主管部门的规定,对动物疫病的发生、流行等情况进行监测;从事动物饲养、屠宰、经营、隔离、运输以及动物产品生产、经营、加工、贮藏等活动的单位和个人不得拒绝或者阻碍。"根据该条规定,国务院和省、自治区、直辖市都有制定全国或相应行政区域内监测计划的法律职责。动物疫病预防控制机构有根据国务院兽医主管部门的规定,对动物疫病进行监测的法律义务,但是对于具体的监测行为缺乏法律的明确规定。对于上述监测行为,任何单位或个人都应当支持,不得进行阻碍或拒绝,否则就可能构成妨碍公务。

第三,动物防疫预警。对于检疫或监测所发现的动物疫病,各级政府的兽医主管部门应当及时有效地发布预警信息,消除社会谣言,使各级政府按照预定应急方案进行响应,及时采取相应的预防物控制措施。对此,《动物防疫法》第十六条规定:"国务院兽医主管部门和省、自治区、直辖市人民政府兽医主管部门应当根据对动物疫病发生、流行趋势的预测,及时发出动物疫情预警。地方各级人民政府接到动物疫情预警后,应当采取相应的预防、控制措施。"

二、中国现行的动物防疫法治预防体系存在的问题

公共服务视野下的法治政府,要求符合"精简、效能"的组织原则,要求符合"法无明文授权不得为"的政府行为原则,特殊情形下政府超越法律的行为应当符合"公共利益"的帕累托最优或优化原则等。根据《动物防疫法》关于动物防疫组织机构的规定,以及《宪法》的《政府组织法》的规定,结合中国现行的行政体制及动物防疫工作的实际流程,我们认为,与公共服务视野下法治政府的理念相比,还存在着诸多差距。

(一)政府的动物防疫职责有不明确之处

根据《动物防疫法》的规定,县级以上人民政府职责可以概括为:加强对动物防疫工作的统一领导,加强基层动物防疫队伍的建设,建立健全动物防疫体系,制定并组织实施动物疫病防治规划。乡级人民政府、城市街道办事处的职责可以概括为:组织群众协助做好本管辖区域内的动物疫病预防和控制工作。法治之法应当具有明确性和可预测性,所谓明确性是指应当做什么、可以做什么以及做了以后的法律后果等都可以从法律条文中获得明确的指示;可预测性是指受法律约束的人能够从法律条文中获知自己应该做什么以及做了以后所可能产生的后果;法律的明确性是可预测性的前提条件,如果法律本身不明确就不可能产生可预测性,法律的可预测性是法律明确性的直观体现,如果法律缺乏可预测性就说明法律还不够明确。根据这个法治之法的标准,关于动物防疫组织机构的职责明显存在诸多不明确之处。首先,作为法律职责的主体,县级以上人民政府的指向并不明确。县级以上人民政府,根据中国现

行的行政体制,至少可以包括地级市人民政府、省级人民政府和中央人民政府,该法中"县级以上人民政府"的表述,是指其中的一个人民政府,还是全部包括在内呢? 如果是指其中一个,那么是哪一个呢? 如果包括全部的人民政府,那么各级人民政府之间对职责如何分工呢? 其次,对政府的防疫职责也规定得不明确。在防疫职责的表述中,使用了"加强"、"建立健全"、"制定"和"协助"等词汇,这是一种非常模糊的表述,因为其并没有确定"加强"、"建立健全"的"协助"的程度或标准,也就是没有给人民政府明确的行为指示,只是提出了原则性的要求。该法的这种表述,无疑是不完善的,一是政府从法律条文的表述中看不到行为指示,最后只能依赖上级行政机关的文件指示(这就不符合法治的基本原则),二是如果发生了严重的动物防疫方面的不利后果,由哪级政府来承担责任以及如何承担责任都不清楚,最后可能会出现确定法律责任随意化的现象。

(二)动物防疫组织机构的设置有不合理之处

根据《动物防疫法》的规定,动物防疫组织机构应当由以下几类机构组成,兽医主管部门、其他相关部门、军队和武装警察部队动物卫生监督职能部门、动物卫生监督机构、动物疫病预防控制机构和动物疫病科研机构。其中兽医主管部门全面负责动物防疫工作,各级地方政府根据地域管辖原则分别全面负责本行政区域内的动物防疫工作。其他相关部门在各自的职责范围内做好动物防疫工作,军队和武装警察部队自负其责,不受地方政府的管理。这样的动物防疫组织机构设置,明显存在不合理之处:首先,其他相关部门的指向并不明确。哪些行政部门是与动物防疫工作相关的,法律并没有给出明确的指示,以及这些相关部门拥有哪些动物防疫职责也不清楚。既然如此,相关部门也就不可能接受法律的治理,只可能接受上级行政部门的指示进行治理。其次,将军队和武装警察部队的动物防疫单列明显不合理。动物疫病的传播流行有一定的规律,但是绝对不会与部门之间的划分有关系,如果动物防疫部门无法及时掌握军队和武装警察部队的动物疫病发生情况,就有可能造成动物疫病的大流行,反之亦是如此。该法将不属于军事部门的职能单列,明显是考虑到管辖事项,而没有考虑到动物防疫的实际情况或需要。另外,在兽医主管部门之下设立动物卫生监督机构,负责动物卫生的执法行为,兽医主管部门与动物卫生监督机构之间的职能划分并不清楚,而根据法律规定,动物防疫预防控制机构的法律定位也不明确,其与兽医主管部门的关系法律无明确规定,动物疫病科研机构也是如此。公共服务视野下的法治理念,最主要的一个要求是,各种政府机构的设置必须由法律明确规定,并由法律明确授权。对照这个标准,动物防疫组织机构的设置还存在诸多需要改进的问题。

(三)动物防疫组织机构的法定职责不清晰

"法无明文授权不得为"是法治的基本原则。根据这一原则,我们可以发现,动物防疫组织机构的职责存在诸多不清楚之处。《动物防疫法》第七条仅规定国务院兽医主管部门主管全国的动物防疫工作,至于主管的具体内容为何,也即是应当做何种类型的动物防疫工作,可以采取那些动物防疫措施等都缺乏法律的明确规定,尽管存在一些兽医主管部门的规章对此做出了规定,但是这些规定是没有经过人大以立法的形式表达出来的,规范性文件的法律层级相当低。除了国务院之外,县级以上人民政府兽医主管部门的法定职责也不清楚,更为严重的是,在法律表达中还出现了"在各自职责范围内做好动物防疫工作"的表述,如此不清楚的表达,实际上并未对相关机构提出任何职责上的要求,相关部门的职责可能还需要通过上级部门或行政领导的指示来确定,这明显与法治原则相违背。在此基础上设立的动物卫生监督机构,根据法律规定,享有相应的执法权,然而其执法权与兽医主管机构的权力如何分配法律却并没有明确规定。另外,动物疫病预防控制机构和科研机构的法律地位和法律职能也存在一些不明确之处,尽管法律规定动物疫病预防控制机构"承担动物疫病的监测、检测、诊断、流行病学调查、疫情报告以及其他预防、控制等技术工作",但是对于承担这些工作的法律地位却没有规定,也即是承担这些工作在法律上是否具有正式效力,承担这些工作的经费来源等缺乏法律上的支持。

(四)动物防疫风险评估不完善

动物疫病状况风险评估具有非常重要的意义,动物疫病的预防、控制措施以及动物疫病预防、控制的技术规范都以此为依据。然而,在《动物防疫法》中,仅规定国务院为动物疫病风险评估的法定主体,对于风险评估的程序、风险评估结果的公示、风险评估结果的法律效力或地位均未予以明确规定。作为一项具有如此重要意义的行政行为,《动物防疫法》未对其做出任何有意义的限制,这无疑是与法治理念相违背的。除此之外,《动物防疫法》授予国务院有权制定动物疫病预防、控制的技术规范,对于这些技术规范的法律效力和法律地位,该法没有明确规定,对于违反技术规范的法律后果也没有明确规定。也就是说,国务院制定的动物疫病预防和控制技术规范,到底是具有强制适用性的法律规范,还是仅具有参照适用性的法律规范,无法从该法中获得明确的指示。如果是强制适用性法律规范,那么没有遵守这些技术规范的人应当承担何种法律责任? 如果是参照适用性法律规范,那么参照这些技术规范的人还是没有阻止动物疫病的发生流行该向谁要求承担责任? 或者没有参照这些技术规范的人但却没有引起动物疫病的发生的人是否要承担法律责任? 这些问题都无法从《动物防疫法》的该条规定中获得相应的指示。因此,我们可以判断,对于风险评估法律制度而言,既不能形成对政府和公民明确的行为指向,也缺乏足够的可预测性,使政府和公民不知道在遵守或违反该条规定的情形下是否会要承担法律责任。

(五)动物防疫强制免疫制度不合理

强制免疫是动物防疫过程中最重要的活动之一。由于动物免疫是一项具有明显外部性效应的活动,正负外部性效应都有可能存在。正外部性效应是指由于动物养殖者或所有人实施动物免疫而给其他动物养殖者或社会公众所带来的免受动物疫病感染的收益,负外部性效应是指如果动物养殖者不实施动物免疫而可能给其他动物养殖者或所有人所可能带来的损失。另外,由于动物疫病的爆发流行具有不确定性,动物养殖者可能在动物免疫过程中有投机主义行为,也就是说,动物养殖者的风险偏好各不相同,风险厌恶者可能会对动物实施免疫,而风险偏好者则可能会有投机行为,冒着可能会被感染的风险不对动物实施免疫,在这种情形下,一旦爆发动物疫病,就可能会产生严重的负外部效应。因此,通过公民自治的方式来进行动物免疫,并不能收到最佳的社会效果。在这个意义上,由政府来提供免疫服务,强制性地对一定范围或程度的动物疫病进行免疫,才能合理有效地解决这一问题。作为一项公共服务,强制免疫实施的对象应当是社会自治解决不了的问题,在动物防疫中,也即是那些具有传染性的动物疫病,同时作为一项公共服务,强制免疫还应当以免费或者以不营利的方式提供,由政府财政进行一定的补贴。作为公共服务视野下的动物防疫法治,政府提供强制免疫服务的行为还需要满足法治原则的基本要求,比如强制免疫计划的制订应当具有民主性,强制免疫的收费定价应当具有民主性,还应当保证公民的知情权等,另外政府提供强制免疫服务的费用还应当经过行政预算程序,纳入国家或地方政府的财政预算范围之内。然而,在《动物防疫法》中,仅仅规定了国家实施强制免疫的制度,而强制免疫的病种和区域则由国务院相关部门内部确定,这无疑与法治原则的基本相违背,社会公众对强制免疫中最重要事项没有参与权,对于强制免疫是否免费,以及国家财政的支持力度都没有参与和知情权。制定强制免疫计划的国务院相关部门的权力基本上处于不受控制的状态,很难保证强制免疫计划符合公共服务理念的基本要求。另外,《动物防疫法》还规定,省级政府也可以在本行政区域内实施强制免疫计划,由于又产生一个动物免疫的纵向分权问题,也即是国务院和省级政府对动物强制免疫的责权利的划分问题,对此该法没有任何明确的规定。除此之外,县级以上人民政府作为强制免疫计划的实施者,其经费来源、经费使用或经费投入等问题法律也没有明确规定,而作为强制免疫的受益人如果拒绝政府强制免疫服务应当承担何种法律责任,法律规定得也不清楚具体。另外,对于免疫档案、畜禽标识的经费来源及投入以及其相应的法律地位,也不能从法律中获得明确的指示。

(六)动物防疫条件和要求审批程序不完善

为了有效地预防动物疫病,对动物养殖行业设置必要的防疫门槛是完全必要的。为了避免动物疫病快速地向人传播流行,可以要求动物养殖场所应当与人类生活有密切关系的地点或场所保持足够的距离。这种距离的设置既是一个科学问题,也即是达到多远的距离就可以有效防止动物疫病向人传播,同时也是一个法律或政治问题,因为受到这个决定影响的人有权利参与,或者至少有权利知道这个合适的距离。然而,在《动物防疫法》中,这个距离的设置完全是国务院兽医主管部门的内部事务,不需要经过立法程序进行确定,这明显与法治原则相违背;为了预防动物疫病,对动物养殖生产区的工程设计和工艺流程应当设置合理明确的标准,而在《动物防疫法》中仅规定上述这些标准应当符合"动物防疫要求",这种模糊表述相应于没有指明任何的标准,受其影响的社会公众根本就无法从中获得任何可预测性。另外,对无害化处理设施设备和清洗消毒设施设备、动物防疫技术人员和动物防疫制度等,也存在着上述同样的问题。由于动物防疫条件和要求的法定条件存在这些问题,就使动物养殖的行政审批程序完全失去了法治的意义,而基本上处于人治的范围之内。因为很明显的是,一个投资者如果要兴办养殖小区,必须向县级以上人民政府兽医主管部门提出申请,由其进行行政许可审批,由于行政审批的条件不具体、不明确,于是兽医行政主管部门有很大的自由裁量权,基本上可以随意决定是否通过行政审批并发放相应的批文。即使通过了兽医行政主管部门的行政审批,还面临着动物卫生监督机构的监督检查,由于动物防疫条件和要求不明确不具体,兽医主管部门与动物防疫机构之间可能会存在不同看法,导致通过了行政审批的动物防疫条件和要求,还是可能受到动物卫生监督机构的行政处罚,将社会公众置于不安定的状态之中,这明显与法治精神相背。

(七)动物防疫检疫程序设置不合理

根据《动物防疫法》的规定,实施检疫的权力机构是动物卫生监督机构,检疫依据为《动物防疫法》和国务院兽医主管部门的规定,具体承担检疫任务的为官方兽医。在这个规定中,检疫程序明显存在不合理之处。检疫依据如果为《动物防疫法》,那么在法律上就没有任何问题。但是,检疫依据如果为国务院兽医主管部门的规定,就可能与法治原则不符。原因是:国务院兽医主管部门是否具有立法权(行政规章的立法权都可能存疑)是存在疑问的,其规定的检疫程序在法律上有没有相应的效力也必然存有疑问。而且还有可能出现这种情形,即国务院兽医主管部门对检疫的规定可能与本法对检疫程序的规定相互矛盾或者违反本法的基本精神。由于该法对此的规定并不详细,最终可能会导致动物卫生监督机构直接依据国务院兽医主管部门的规定实施检疫,基本上不受法律的治理。

在申报检疫环节,《动物防疫法》对申报义务人的规定也不明确。根据该法规定:"屠宰、出售或运输动物以及出售或者运输动物产品前,货主应当按照国务院兽医主管部门的规定向当地动物卫生监督机构申报检疫",申报义务人为"货主"。然而,"货主"并不是一个在法律上含义非常清楚的词,在屠宰、出售或运输过程中,动物养殖者、出售者、购买者和运输者都可能成为"货主",那么谁有义务向动物卫生监督机构进行检疫申报呢?由于"货主"存在不确定性,使动物养殖行业中的相关主体对检疫法律程序缺乏可预测性,也会导致动物及动物产品流通过程中的矛盾与冲突,甚至可能会导致社会公众与动物卫生监督机构之间的矛盾与冲突,因为动物卫生监督机构可能会随意确定申报的义务主体从而导致纠纷。另外,作为一项公共服务,动物检疫还需要收取费用,这明显与公共服务的理念不符,同时也会造成部分动物养殖行业者采取机会主义行为逃避检疫(可能主要是为了逃避检疫费用),而为了制止这种逃避检疫的行为,动物卫生监督机构可能又需要投入大量的人力物力,这又会明显加大社会成本,还会造成社会公众违法的惯性,降低政府的公信力。因此,向动物养殖行业相关人员收取检疫费用是明显不合理的行为。

除此之外,《动物防疫法》规定输入到无规定动物疫病区的动物及动物产品,由货主进行申报,但是检疫费用却纳入当地人民政府的财政预算,这与输出地收取检疫费用的规定完全不同,但是这两者并没有本质上的区别,做出这种差别对待违反了"法律平等保护"的法治原则。对于申报检疫义务人而言,《动物防疫法》的诸多规定都会加重他们的负担,但是却不一定会为他们带来收益,比如人工捕获的野生动物的检疫、检疫不合格的动物和动物产品无害化处理的费用由货主自行负责等,这明显会加重动物养殖行业相关人员的投机意识,自觉或不自觉地逃避检疫,使自身利益最大化。实际上,《动物防疫法》的这些规定,明显没有将动物及动物产品的检疫当做一项公共服务,而是当做一项常规的行政管理工作,通过收取费用来弥补动物防疫工作的成本支出,这不仅会放纵动物卫生监督机构乱收费的行为,而且也难以达到动物及动物产品检疫的应有效果。

(八)动物防疫监测与预警制度缺乏操作性

在公共危机应对中,监测与预警制度具有非常重要的意义。为此,国家需要在人、财、物和制度等方面进行全面的建设,并赋予其相应的法律地位和法律保障。然而,在《动物防疫法》中,仅规定"县级以上人民政府应当建立健全动物疫情监测网络,加强动物疫情监测"。这条规定赋予了县级以上人民政府建立动物疫情监督网络的法定职责,但是对于其应当将这种职责履行到何种标准却没有明确规定,这可能会使县级以上人民政府无所适从,也可能会使上级行政部门追究县级以上人民政府的监测法律责任变得很随意,使法律控制政府权力的功能被严重弱化。另外,《动物防疫法》还规定,国务院和省级政府都应当制定动物疫病监测计划,但是对于国务院和省级政府之间的动物疫病监测计划的内容如何协调却没有明确规定,而是将这个内容交由行政机关以内部协商的方式来解决,增加了动物疫病监测计划的神秘性,却阻碍了动物疫病监测计划的公众参与性,也影响了社会公众的知情权。从《动物防疫法》来看,动物疫病预防控制机构是实施动物疫病监测的法律主体,享有动物疫病监测的法律权力,但是,法律仅规定任何单位或个人都不能拒绝或阻碍,对于实际上有拒绝或阻碍行为的单位或个人应当给予何种处罚或法律强制措施却没有法律的明确规定,根据"法无明文规定不得为"和"行政处罚或强制措施法定"的原则,动物预防控制机构事实上并没有采取任何强制措施或实施行政处罚的权力,这必然会弱化动物预防控制机构执行职务的能力。

根据《动物防疫法》第十六条的规定,国务院兽医主管部门和省级政府兽医主管部门是发出动物疫情预警的法定主体。然而,对于动物疫情预警的分级、动物疫情预警发布之后的响应以及动物疫情预警的法律效力等问题,《动物防疫法》都未做具体的规定。那么,动物疫情预警是否可以参照《突发事件应对法》的规定呢? 从本质上而言,动物疫情有可能会演化为公共卫生危机,因而在一定程度上是可以适用该法的。但是,动物疫情也有其特殊性,即并不是所有的动物疫情都会演化为公共卫生危机,对于不会演化为公共卫生危机的动物疫情不能参照《突发事件应对法》,而应当采用与动物疫情控制相适用的其他办法。由于《动物防疫法》并未对此动物疫情预警分级分类,因而动物疫情的预警制度无疑存在着较大的法律漏洞。

第三节　完善我国动物防疫法治预防体系的建议

动物疫病预防是一项具有综合性的活动。从动物防疫学上而言,动物疫病预防是一项预防疾病传播的科学或医学活动;从公共管理的视角来看,动物疫病预防是一项必须由政府提供的公共服务;而从法治的视角来看,作为科学活动和公共服务的动物疫病预防都必须接受法律的治理。正因为如此,我们认为,应当从科学、公共服务和法治原则三个角度来评价动物防疫的制度体系,并在此基础上提出相应的完善建议,才能有效地改善动物防疫法治的预防体系,使动物防疫法治的预防体系既能够发挥良好的作用,维持其公共服务性的性质,也能够满足法治原则的基本要求。基于这种观念,我们认为,完善动物防疫法治预防体系应当从以下几个方面入手:

一、明确政府动物防疫职责,建立合理分权的动物防疫组织机构

作为一项法治的基本原则,政府在动物防疫工作中的职责必须有法律的明确授权,而如前所述,《动物防疫法》关于政府职责的规定使用了"加强统一领导"、"加强队伍建设"和"协助做好工作"等表述方式,这样的表述是模糊不清的,政府的动物防疫职责缺乏评价的精确标准。如果要满足法治原则的要求,那么法律应当做以下改善:首先,要明确"加强"的标准。对于"统一领导",首先要解释何为统一领导,根据行政管理和动物防疫的基本原理,统一领导可以明确为统一指挥、统一调配资源和统一采取动物卫生措施。为了达到统一领导的目的,统一指挥可能涉及相关动物防疫机构的协调配合的问题,可能需要法律授予相关部门新的权力,可能需要隶属于不同部门的资源被重新分配(这也需要法律的授权)。总而言之,统一领导目的的实现,可以需要对政府相关部门的权力和职能进行重新安排与配置,需要对公共资源进行重新安排,需要政府相关部门做可能原来不是职权范围之内的事项。根据法治的基本原理,政府职能的授予与取消都需要经过人大的批准与审议,因此为了加强统一领导,至少需要做的是,应当设立一个统一领导的基本标准,并将这个基本标准将由人大批准备案。另外,对于何谓"加强"也需要明确,也即是统一领导达到何种程度才能算是加强,否则政府的动物防疫职责还是不能算是清楚的。其次,加强基层动物防疫队伍建设也需要明确标准。无论是建立健全动物卫生监督机构还是配备动物防疫人员和加强村级防疫员队伍建设,都需要在在法律上履行相应的程序,比如机构设置和增加人员编制需要符合组织法和人事法的规定,增加财政预算需要经过人大的审议等。最后,对于乡级人民政府、城市街道办事处的职责也需要明确。根据《动物防疫法》的规定,这两个政府机构的职责是"组织群众协助做好本管辖区的动物疫病预防与控制工作"。该法的这种表述似乎并没有授予这两个机构相应的治理权力,这也就意味着这两个机构在动物防疫法治过程中并没有执法权,也缺乏相应的法律主体地位。而在动物防疫的实际工作中,这两个机构承担了主要的动物防疫职责,而且在动物防疫过程中起到了非常重要的作用,为了改善这种状况,法律必须要授予这两个机构一定的动物防疫职权,明确其法律地位。

政府组织机构的分权是法治的重要内容。分权主要考虑的因素有以下几个:首先,分权是为了保证政府组织机构的职责分明。在中国这种类型的分权

被认为是"事权"划分,即根据管理事务的类型不同对政府职能部门的划分。在这一点上,根据《动物防疫法》的规定,国务院设立了兽医主管部门作为动物防疫工作的主管部门,应当说基本上满足了"事权"划分职责分明的要求。但是,唯一的缺陷是军队和武装警察部队的动物防疫工作也没有归属到国务院兽医主管部门。这个缺陷可能违反了法治关于分权的基本原理,因为动物防疫并不是军队或武装警察部队的主要职能,他们的主要职能是保家卫国,而不是进行动物防疫,也就是说,一个不应当承担此种职能的机构承担了动物防疫的职能。对此,法律应当取消军队和武装警察部队的动物防疫职能,将其统一归属到国务院兽医主管部门的管辖之下。除此之外,除动物防疫主管部门之外的其他部门可能也会参与到动物防疫工作之中,其职责范围也需要确定,但是《动物防疫法》仅规定这些部门"在相应的职责范围内"做好动物防疫工作,这与法治分权的原则不符,法律必须明确到底是哪些部门可以参与到动物防疫工作中,也必须明确这些部门的具体职责是什么,唯有如此才能做到权责一致,接受法律的治理。其次,分权是为了提高行政管理或公共服务的效率。一般而言,如果组织机构的管理层级越多,那么管理效率也会越低,因为管理指令的下达可能会需要更长的时间,管理指令在下达的过程中遭到扭曲的可能性也越来越大,而且随着管理组织机构的越来越大,对组织本身的管理难度也会增加,导致管理效率的下降。为此,需要合理地设置地域管辖的范围,也即是所谓的纵向分权的合理范围。在这一点上,《动物防疫法》存在重大缺陷。该法基本上没有对中央政府与各级地方政府之间的动物防疫的职责进行划分,基本上采取的是一级管一级的"套娃"式分权模式,中央政府对所有的动物防疫事项都有权管理,各级地方政府也按照地域范围分别实施全权管理,还必须向上级部门报告或备案。对此,法律应当将动物防疫工作进行适当的分类,对于可能或已经在全国传播的动物疫病,明确规定国务院兽医主管部门对此行使管辖权,一管到底,直到动物疫病被控制为止,当然为了达到控制动物疫病传播的目的,国务院兽医主管部门可以要求地方各级政府的兽医主管部门进行协助,但是国务院兽医主管部门的主要职责不能被免除;对于仅在特定行政区域内流行传播的动物疫病,应当实施严格的地域管辖的原则,由动物疫病发生地的县级以上人民政府进行管辖。

动物防疫工作是一项具有综合性的工作,兼具科学性、社会性、公共服务性和合法性,因此还必须在动物防疫主管机构部门建立合理的分权结构。就《动物防疫法》的规定来看,中国动物防疫机构由以下几类组织构成:兽医主管机构、动物卫生监督机构、动物疫病预防控制机构和动物疫病科研机构。对上述结构的职责,该法规定分别是:主管工作、检疫与监督管理执法工作、预防控制技术工作和科学研究工作。对于后三项职责而言,法律规定得相对明确,但对于何谓"主管"工作,却模糊不清。不仅如此,动物防疫组织部门事实上形成了不同的相对独立的工作部门,这对行政相对人来说无疑是一种灾难,因为行政相对人如果与动物防疫组织机构发生了纠纷,行政相对人都不知道该向法院起诉哪一个机构。因此,法律上完全有必要明确各组织机构之间的内部关系,并规定一个对外具有完全法律地位的机构,而不是任由动物防疫的所有组织机构都有对外的法律地位。因为从法治的角度而言,动物防疫工作的内部分权无疑是必要的,但是行政机构的内部分权不应当成为影响行政相对人合法权益的借口(事实上动物防疫机构可能会相互推卸责任)。因此,动物防疫组织机构的内部机构之间必须进行合理的分工,只能由一个机构对外代表动物防疫组织行使法定权力,其余机构对外开展工作也必须以对外机构的名义,否则应当不具有法律效力。

二、健全风险评估机制,完善动物防疫审批制度

首先,应当要完善风险评估机制,提高风险评估机制的法律层级。由于动物疫病状况风险评估对动物疫病预防、控制措施有决定性作用,而动物疫病预防、控制措施可能会对动物养殖行业相关主体的权益产生较大的影响,因而需要慎重对待。在这个意义上,动物疫病风险评估首先是一种科学活动,风险评估的技术主体应当是动物防疫领域的相关专家,为了避免相关专家受到特定利益集团的影响,动物防疫机构应当设立专家库,在出现需要进行动物疫病风险评估的情形时,必须通过随机抽取的方式选择相关专家,组成风险评估的专家组,并采取一定的信息隔离措施,保证专家组能够根据纯粹专业的意见做出相应的风险评估判断。对于专家组做出的风险评估判断结果,在必要条件下还需设定复评程序。因为专家组做出的风险评估判断结果存在误判的可能性,如果根据专家组的风险评估结果将会做出可能严重影响部分社会群体权益的动物防疫预防与控制措施,那么这就属于需要进行复评的必要条件。复

评与实证的程序应当保持一致,也需要从专家库中抽取一定数量的专家(必须与初评的专家不同),由新组建的专家组进行再一次的风险评估,且这种评估不能借鉴第一次评估的结果。在复评结果出来以后,可以与初评结果进行比对,如果与初评结果一致,那么就可以进入下一个风险评估程序,如果与初评结果存在重大差异,则还需要进行第三次仲裁性风险评估(在专家组的选择与评估过程中与初评和复评保持一致),根据仲裁性风险评估的结果与初评和复评结果的吻合程度来决定最终的评估结果(一般采用多数决定制,即两次评估结果相似的结果将作为最终的风险评估结果)。

在动物疫病风险评估结果被最终确定之后,还需要采取恰当措施向社会公开,保障社会公众的知情权。因为风险评估的结果会对动物防疫的预防和控制措施有重要影响,受到动物防疫预防和控制措施影响的人有权利在受到影响之前获相关的信息(这是法治原则中保障人权的要求),并根据这些信息调整自己的行为以使自己可能产生的损失最小化。另外,社会公众还有对动物疫病风险评估结果进行质疑的权利,为了保障公民的这种权利,在动物疫病风险评估机制中,必须要设置一个接受公民质疑并进行回应的程序(在法治国家中,这种程序一般表现为听证程序,在听证程序中允许相关利害关系人进行相互辩论,并根据辩论结果决定是否最终采纳社会公众的意见)。之所以需要设置这样的程序,是因为动物疫病风险评估不仅仅是一种科学性的活动,而且也是一种社会化的活动,动物疫病风险评估的结果对人们的社会行为决策会产生非常重要的影响。经过公示与听证程序之后,法律还需要进一步明确风险评估结果的法律地位,即风险评估结果作为制定相应的动物防疫预防与控制措施的法定依据的地位,只要动物防疫预防与控制措施制定过程中是以风险评估结果为依据,即使在实施过程中造成了严重的社会后果,制定动物防疫预防与控制措施的相关人员也没有法律上的责任,风险评估人员也没有法律责任。相反,如果没有以风险评估结果为依据,即使在实施过程中没有造成严重后果,也需要追究相关的人员法律责任。唯有如此,才能够真正实现动物疫病风险评估机制的法治化,使动物疫病风险评估更为合理和规范,为动物防疫的准备工作打下良好的基础。

其次,要明确动物防疫条件和要求的标准,完善动物防疫条件与要求审批程序。行政审批或许可作为一项政府职能存在许多争议。根据中国传统行政管理的观点,只有由政府规定一定的标准,经由当事人申请并通过政府职能部门的审查,才能保证某些行业达到政府想要达到的标准,借由行政审批可以有效提高某些行业准入门槛,提高整个行业的竞争力。在中国现有国情之下,大量的行政审批似乎有存在的必要性,因为中国的经济主体是公有制经济,尤其是土地只有两种所有制形式——集体所有和全民所有,如果不采用行政审批的方式,由于缺乏私有产权的清晰性——也就没有私有产权人来主动维护自己的合法权益,那么某些行业的从业者可能就会过度使用公共资源——由此就会出现所谓的"公地悲剧"。也就是说,行政审批在中国部分替换了产权清晰的作用,在私有制经济为主体的国家,许多在中国需要行政审批的事项可以通过私人的维权行动达到相同的效果。然而,行政审批存在一些难以解决的问题。比如,行政审批可能成为政府机构权力寻租的一种手段,行政审批越多,寻租的机会也相应的越多,随着寻租机会的增加,社会成本也会明显增加,最终必然会影响整个经济运行的效率。如果行政审批的条件或要求不明确不具体,那么还会进一步增加权力寻租的可能性,因为有权审批者可以完全自主地决定是否同意授予从业资格,不仅如此,由于有权审批者的随意决定,还可能使审批条件形同虚设,达不到设置行政审批程序的根本目的。因此,行政审批法治化的思路应当是,在产权清晰能够通过私人维权的方式实现基本目的的,行政审批应当退出,而在产权不清楚或公有产权的情形中,可以设置行政审批,但是应当使行政审批条件变得非常具体明确,同时还要使行政审批程序公开透明,保证行政审批行为具有可诉性(即可以通过司法程序对行政相对人实施权利救济)。

对照这个标准,动物防疫的审批可以做如下改善:首先,要明确化具体化动物防疫条件和要求的标准。这个标准应当具有较高的法律效力,应当经过相应的立法程序来决定,而不是由主管部门擅自决定。比如场所位置与居民生活区、生活饮用水源地、学校、医院等公共场所的距离应当由法律明确规定,而不是交由国务院兽医主管部门来规定;生产区封闭隔离、工程设计和工艺流程也必须由法律明确规定,而不能只表述为"满足动物防疫的要求";对于无害化处理和清洗消毒设施设备、动物防疫人员的资格和人数也必须要有同样的要求;同时还要取消抽象性的"其他动物防疫条件"的要求,以增加法律的确定性和可预测性。其次,动物防疫条件和要求的行政审批程序应当严格遵守《行政许可法》的相关规定,要公开行政审批的条件和程序,允许申请人随时查询行政审批的进度,对行政相对人的询问应当要给予充分的回应,在法定期限内必须做出合格与不合格的行政审批决定,对于审批合格的应当颁发法定的合格证书,对于审批不合格的,也应当给予书面答复,解释不合格的原因,使行政相对人有整改进行重新申请审批的机会。最重要的是,还应当允许行政相对人向法院提起行政诉讼,以对行政审批事项进行司法审查,对行政相对人实施司法救济。对于经营动物、动物产品的集贸市场,尽管其在中国具有一定的特殊性,但是这也不应当成为动物防疫审批不实施法治的理由,国家也应当提高集贸市场动物防疫条件和要求的标准的法律级别,不应当将其直接交由国务院兽医主管部门单独决定,因为这实际上就是将动物、动物产品集贸市场的动物防疫条件和要求审批随意化的表现,而从近些年动物疫病传播的规律来看,动物养殖场所爆发的动物疫病一般都得到了良好的预防和控制,大部分动物疫病都是从动物、动物产品集贸市场爆发流行的,因此加强动物、动物产品动物防疫条件审批法治化是完全必要的。

三、完善动物疫病监测与预警制度

首先,要完善动物疫病监测制度体系。根据动物防疫"预防为主"为主的原则,动物疫病监测具有非常重要的意义。不仅如此,由于动物疫病可能演化为公共卫生危机,动物疫病监测也是《突发事件应对法》调整的范围。公共危机演化一般还是有规律可循的,其应对一般也可以划分为预备、应急和善后等三个阶段。动物疫病监测无疑可以归属于公共危机应对中的预备阶段。但是,动物疫病监测还具有自身的特殊性,主要表现为:动物疫病的类型具有多样性,有些动物疫病具有极强的传染性,容易演化为公共卫生危机,而有些动物疫病则传染性较弱,一般不会演化为公共卫生危机。正因为如此,许多人可能会质疑动物疫病监测制度的公共服务性,也质疑动物疫病监测实施法治的必要性。《动物防疫法》中对动物疫病监督制度的规定非常简单,缺乏可操作性,可能也是基于这种考虑。而实际上,动物疫病监测的公共服务性非常明显。动物疫病监测无疑有必要性,因为这可以为人们预防动物疫病提供信息上的帮助,但是动物疫病监测却不能由私人提供,因为私人必须为动物疫病监测提供投入,但是私人却无法以对价收费的形式来获取收入,从而弥补其投入的成本,也就是说动物疫病监测具有公共品所拥有的非竞争性和非排他性的特征,只能由政府以财政投入的形式来提供或者由政府购买相关的动物疫病监测的公共服务。由于涉及使用政府财政投入的问题,因此动物疫病监测实施法治也是完全必要的,因为纳税人有权获悉政府使用公共财政的情况,也有权对政府使用公共财政的行为进行监督(英国法治就起源于对国王征税的限制)。

作为一项应当要由政府提供的或购买的公共服务,动物疫病监测制度至少应当从以下几个方面进行建构:第一,动物疫病监测的主体。从《动物防疫法》的规定来看,履行这一职能的是动物疫病预防与控制机构。但是,在中国动物疫病预防控制机构是一个事业单位,并不是行政机构,而且其也没有获得法律授权而享有相应的执法权。因此,该机构实际的法律主体地位并不明确,因为在实际操作过程中,动物疫病预防与控制机构可能需要进入动物养殖场或销售场所进行检查、采样和分析,作为一项公务活动,在可能妨碍动物养殖者或销售者的情形下,只有获得法律的相应授权才符合法治的基本要求,尽管《动物防疫法》规定了动物养殖者和销售者不得妨碍或阻止,但由于没有授予动物疫病预防与控制机构相应的执法权,也没有规定妨碍或阻止的具体的法律责任,这条规定实际上是形同虚设。因此,法律必须明确动物疫病预防与控制机构的法律主体地位,并授予其一定的执法权;第二,动物疫病监测主体的权利与义务。从《动物防疫法》来看,仅规定了动物疫病预防与控制机构可以从事动物疫病检查、观测和流行病学调查等工作,但是对于这样一项具有公共服务性的工作,却没有规定具体的行为模式,也即是它能够做什么,可以做什么以及不能做什么或禁止做什么的规定,也没有规定动物疫病监测程序和相应的法律后果等。从公共服务视野下的法治原则来看,任何公共服务的提供都应当具有公开性、明确性和法定性的特征,动物疫病监测当然也不能例外,法律必须对此做出明确的规定。

其次,要完善动物疫病预警制度。动物疫病预警也是一项应当由政府提供的公共服务。根据社会学家、传播学家的研究,在没有政府介入的情形下,一项信息在传播过程中会逐渐失真,最后可能演变成纯粹的谣言。如果在信息传播的过程中,某些有政治或其他野心的人利用信息传播可能失真的原理,那么还可能成倍放大信息在传播过程中的失真程度,可能引发社会普遍性的恐慌,可能引发对政府的极度不信任,引发社会极大的混乱。在这种情形下,如果由政府来发布相应的信息,由于政府本身的公信力,加之政府可以在所有的发布渠道统一信息发布的口径,减少信息传播的中间环节,可以有效减少信息传播过程中的失真,从而起到消除谣言的作用。但是,政府也有可能造假,如果政府造假被人们发现,那么不仅政府的公信力会受到损害,而且人们还会选择不再相信政府发布的信息,给社会谣言的流行创造了条件。当然,并非所有的信息都应当要由政府来发布,比如市场信息就不应当由政府来发布,而应当通过市场自发机制,最终由市场价格来表达。也就是说,在市场供求信息方面,产品价格本身就是一种最好的市场供需信息的表达,政府的官方发布即使具有权威性,也无法与价格表达的信息的真实性相媲美。必须由政府以公共服务的形式发布的信息必须具有两个基本特征,其一是社会自治无法提供或者提供会产生不好的社会效果,其二是这种信息对于维护社会秩序的稳定和保障公民基本权利有重要影响。如果不能满足其中任何一个条件,那么由政府以财政支出的形式来提供相关的信息服务,就不符合公共服务理念的基本要求。

动物疫情的预警信息无疑具有公共服务性。如果政府不及时发布权威信息,那么私人间流传的预警信息就会在社会中传播,根据信息传播失真的原理,这些在社会中流传的信息可能会演化为谣言,最后可能会扩大动物防疫的程度。由政府来发布动物疫情的预警信息无疑是最合适的:首先,政府最有可能掌握真实的动物疫情信息;通过动物疫情监测机制,政府能够在第一时间掌握动物疫情的爆发流行的趋势,可以调用公共资源对动物疫情爆发流行的信息进行审核,因此政府掌握的动物疫情信息无疑最可能是真实的。其次,政府发布的信息无疑最具有权威性;政府本身就是基于社会公众的信任而建立并保持治理稳定性的,如果政府失去了社会公众的信任,那么政府对社会的治理就会名存实亡。相对于社会其他主体发布的动物疫情信息,政府发布的动物疫情信息在权威性上有无可替代的优势。最后,政府发布信息渠道最具统一性。政府发布动物疫情信息还具有渠道上统一的优势,通过设立官方动物疫情信息发言人,可以发布具有统一性的动物疫情信息,并借助于公共媒体广泛覆盖社会公众,可以有效避免动物疫情信息经过多次传播而失真的现象,保证动物疫情信息在传播过程中的真实性。

　　同时,动物疫情的预警信息的发布还需要接受法律的治理。在这个方面,《动物防疫法》并没有做出任何具体的规定,因此国家需要建立相应的预警信息发布法律制度。可以从以下几个方面进行建设:首先,要建立动物疫情预警信息内部审查程序。对于通过动物疫病监测机构获得的动物疫情信息或其他渠道获得的相关信息,要建立相应的动物防疫机构内部审查法定程序,根据动物疫情信息的类型和程度不同,设立相应的决策机构,由决策机构根据法定条件决定是否发布相关信息。其次,要设定动物疫情信息发布的法定渠道。作为一项由政府发布的官方动物疫情信息,必须设立相应的法定发布渠道,保持发布的动物疫情信息在内容上的统一性,避免出现相互矛盾的信息,必须设立官方媒体接待员,统一接受新闻媒体的采访,任何其他非法定人士均不得接受采访并发布相关信息。最后,还要建立动物疫情预警信息发布的责任追究制度。为了保证动物疫情信息发布的真实性与统一性,必须由法律设定相应的责任追究制度,对于虚报、瞒报和不报等不负责任的行为追究相应的法律责任。

第五章　动物防疫法治的应急体系：
响应、处置和救援制度

对于传染性较强的动物疫病,由于其可能会引发公共卫生安全危机,因此不能采用常规的动物防疫措施,而必须根据《动物防疫法》、《突发事件应对法》、《重大动物疫情应急条例》以及《重大动物疫情应急预案》的规定进行处置,这就涉及公共危机处置制度三个主要部门,即应急响应、应急处置和应急救援。下文将结合动物防疫的特殊情形阐述中国当前动物防疫应急方面的三个制度,分析其存在的问题,并提出相应的解决建议。

第一节　动物防疫法治应急体系的基本原理

根据公共危机应对的一般原理,公共危机法治至少需要从三个方面进行制度与机制建构,其一是建构应急响应制度与机制,其二是建构应急处置制度与机制,其三是建构应急救援制度与机制。动物防疫法治的应急体系建构也是如此,但是还需要考虑动物防疫应急专业性、公共服务性与法治的统一,以及人权保障、公共利益与社会秩序稳定的统一。

一、动物防疫法治的应急响应

在动物疫情信息已经确定的前提下,针对有可能或者已经演化为公共卫生安全危机的动物疫情,政府需要动员公共资源甚至全社会的资源共同应对动物防疫,为了保证应急资源得到最合理的使用,充分保障公民的人身和财产安全,控制政府滥用权力,维护社会秩序的稳定,需要一套应急响应的制度和机制作为支撑。动物防疫法治的应急响应制度或机制与其他公共危机有类似之处，但也存在许多特殊情形，需要采取不同的应急响应制度与机制。这些特殊性主要表现在：动物疫病传播的不确定性。尽管国家对动物疫病采取了分类管理的模式，但是动物疫病本身可能并不遵从这种分类模式，随着环境的变迁，动物疫病也有发生相应变异的可能性，原来可能不传染的动物疫病可能会演化为具有传染性，反之亦然。动物疫病检测的专业性。动物疫病与自然灾害和其他社会公共安全危机不同，上述两类公共危机是显而易见的，而动物疫病是否可能导致公共危机，却不是普通人所能够了解的。人们一般只有在自己或亲属感染了动物疫病之后才会关注并了解动物疫病，即使如此人们也不可能如其他公共危机一样，经由自己的感性就可以认识动物疫病公共危机。动物疫病公共危机的演化与发展一般需要经过专业人士的认定才能获得最终的确认；动物疫病传播更容易造成恐慌。由于动物疫病的传播大多在人们无法预见和防备的情形下进行，一旦有人感染动物疫病，由于这种传播的隐秘性，很容易在社会上造成极大的恐慌。

因此，动物防疫法治的应急响应机制至少需要考虑以下几个方面的问题：首先，要注重动物疫病报告与检测的专业性；动物疫病的报告者一般不具有动物疫病方面的专业知识，只能观测到动物疫病爆发时的病症，对于感染动物的病原体或原因，只有经过专业性检测之后才能确定。因此，在动物疫病报告环节，要注重把握好动物疫病的常识性报告与专业性检测之间的矛盾。动物疫病的日常接触者往往不具有动物疫病检测方面的专业知识，而具有相关专业知识的人却可能不是动物疫病的日常接触者。动物疫病的日常接触者有两种可能的行为选择，一种是自认为不是可传染性动物疫病而选择不进行报告和检测，另一种是将普通动物疫病也作为传染性动物疫病进行报告并要求专业性检测。为了合理地解决这个矛盾，动物疫病接受报告和进行检测的机构应当给动物疫病的报告提供合理方便的渠道，并进行免费的检测，防止日常接触者为了降低成本而不进行任何动物疫病的报告。除此之外，还应当设置一定的奖惩机制，对于隐瞒不报的应当给予处罚，对于报告有功的还应当给予一定的奖励或资助。其次，要注重动物防疫应急预案的科学性与合理性；动物防疫应急预案的制定与实施要结合动物疫情的实际情况，以县级政府为主，根据当地主要饲养的动物类型制定相应的预案，比如以养殖牛为主的地区应当制定牛疫病应急预案，饲养猪为主的地区制定猪疫病应急预案，而养殖禽类为主的地区则制定禽疫病应急预案。动物防疫应急预案的制定与实施应当区分不同的等级。根据动物疫情的爆发程度与可能的危害大小,动物防疫应急预案应当区分为不同的等级,每一个等级设立的指挥机构、调用的公共或社会资源以及采取的控制措施各不相同,唯有如此才能合理地控制动物疫情的流行爆发程度或趋势。要对动物防疫应急预案进行适当的演练,训练动物防疫人员的应急技能,发现动物防疫应急预案中存在的问题,并进行合理的调整。最后,要注重动物防疫法治响应制度和机制的合法性。由于动物防疫应急响应活动是一项由政府提供的公共服务,需要使用公共资源,调动相关的动物防疫公务人员,限制社会公众的人身或财产自由等,因而必须在法律授权的范围内活动,而不能由行政领导官员临时下达指令来调配公共资源,指挥动物防疫公务人员,甚至限制公民的人身和财产自由。这就意味着应当提高动物防疫应急预案的法律层级或效力,不能简单地将其视为一项行政机构的内部管理行为。因此,根据中国的法律体制,必须要省级人大和政府以及较大市的人大及政府才有立法权,也只有这些机构才有资格制定动物防疫应急预案,除此之外的其他机构,比如县级人大及政府,就没有制定动物防疫应急预案的相应资格。另外,还需要注意的是,即使是省级人大和政府层面的立法活动,也不能规定限制人身自由的行政处罚或强制措施,或者新增法律没有规定的行政处罚或强制措施,因此在这些机构制定的动物防疫应急预案中不能包含上述内容。如果在动物防疫应急预案中有涉及各相关行政机构相互配合以及使用公共资源的规定,则也必须在宪法和法律授权的范围内才是合法的,而不能随领导者的个人意志而定。

二、动物防疫法治的应急处置

一旦动物防疫获得确认,在政府依法宣布进入紧急或公共危机状态之后,政府采取应急措施的权力即所谓的行政应急或紧急权。在传统法治观念中,行政紧急或应急权一般游离于宪法之外,将其视为一种不受宪政结构制约的政治权力。自第二次世界大战以来,行政紧急或应急权逐渐被纳入了宪政的框架之中,成为法治过程中必须控制或制约的一种权力。

到目前为止,尽管在世界各国的宪法中大多有行政紧急或应急权力的规定,但是对于该权力的定义却一直没有定论。有学者认为,行政紧急或应急权是指,由于战争、外患内乱等原因,使国家处于危险状态时,如果仍旧严格的宪法秩序将无法应对该状况,此时必须暂时停止平时之宪法秩序,采取非常措施,以确保国民之权益。① 此定义并未明确行政紧急权或应急权是什么,而仅仅指出了行政紧急或应急权产生的原因或历史条件。还有学者认为,"所谓紧急权就是为一国宪法、法律和法规所规定的,当出现了紧急危险局势时,由有关国家机关和个人依照宪法、法律和法规规定的范围、程序采取紧急对抗措施,以迅速恢复正常宪法和法律秩序,最大限度地减少人民生活财产损失的特别权力。"②该定义将宪法和法律秩序区分为两种情况,一种是常规状况,一种是非正常状况,所谓行政紧急或应急权力就是将非正常状况的宪法和法律秩序恢复至常规宪法和法律秩序状况的权力,这种权力同样也由宪法和法律授予,也应当遵守宪法和法律规定的范围和程序。这种定义的将行政紧急或应急权完全纳入了宪法和法律的框架,代表了现代宪法和宪政发展的新趋势。

　　然而,也存在不少反对将行政应急或紧急权力纳入宪法和法律框架的意见。如有学者认为,"国家紧急权力是指国家在宣布进入紧急状态之后所行使的一种不受民主宪政的分权原则和人权保障原则的一般限制的国家权力,其目的是通过必要的权力集中和人权克减来达到消灭危机、恢复国家正常秩序的目的。"③在这个定义中,明确宣布行政应急或紧急权力不是一种受宪法和法律约束的权力,这种权力用于恢复正常的宪法和法律秩序,但是其本身却不受宪法和法律的约束。还有学者认为,"国家紧急权有两种类型:一是紧急命令、戒严等事先可以预见的非常事态下的紧急状态;二是宪法上完全无法预见的紧急状态,也就是超宪法和宪法外的国家紧急权。"④这个定义与前述定义的最大区别在于,承认部分行政应急或紧急权力应当纳入宪法和法律的框架之内,对于那些事先完全无法预测的紧急状态,认为不可能存在符合宪法或法律要求的行政紧急或应急权。

　　对这两种截然相反的对立观点,我们认为,前者更具有合理性,而且也更

---

① 许广雄:《宪法入门》,台湾月旦出版公司 1996 年版,第 279 页。
② 徐高、莫纪宏:《外国紧急状态法律制度》,法律出版社 1994 年版,第 68 页。
③ 郭春明:《论国家紧急权力》,《法律科学》2003 年第 5 期。
④ 韩大元:《保障和限制人权的合理界限》,见《宪法与民主政治》,中国检察出版社 1994 年版,第 237—238 页。

符合当代社会将一切政治权力都纳入法治范围的潮流或趋势。但是,将行政紧急或应急权力纳入法治范围并不意味着,行政紧急或应急权的法治与一般行政权的法治在原则、范围和制度也应当是一致的,我们必须要考虑行政紧急或应急权与一般行政权的区别,考虑行政紧急或应急权的特殊性。只有在行政应急或紧急权法治的原则、范围与制度上进行适当的调整,才有可能实现该权力的法治化。我们认为,行政紧急或应急权在应对公共危机的过程中,在选择应急处置与救援措施时应当遵循以下基本原则:

第一,行政紧急或应急权的行使必须具有合法性。任何政治权力都应当在宪法和法律的框架内活动,是现代法治社会的核心理念,即使是传统上属于政治事务不受司法审查的政治权力也是如此。而对于传统理念中也不受法律治理的行政紧急或应急权,在现代社会理念下,同样需要接受法律的治理。尽管治理行政应急权的法律具有特殊性,但是这并不能免除行政应急权受法律治理的必要性,这只是对治理行政应急权的法律提出了一些特殊要求。我们认为,行政应急权至少应当接受以下法律的治理:(1)行政紧急或应急权的启动应当符合宪法或法律的规定。行政紧急或应急权的启动意味着国家或特定地区已经进入了紧急或公共危机状态,其具有优先于其他一般行政权的法律地位。只有对行政紧急或应急权的启动设置法定程序或标准,才能够使行政紧急或应急权不至于在常规社会状态下被滥用,使其只能在特定的范围内行使。在西方法治国家,对行政紧急或应急权的启动一般采取由国会或议会控制的方式,在行政机关提出宣布紧急或公共危机状态之后,由国会或议会进行审查,并决定是否通过。(2)行政紧急或应急权的行使应当符合法定程序。即使在社会进入紧急或公共危机状态之后,行政应急权的行使也应当根据宪法或法律预定规定的程序行使,比如在采取应急措施之前应当发布公告,应当保障受到应急措施不利影响的公民的知情权等;法定程序是控制或制约行政权力行使的重要法律工具,对于行政应急权也是如此,只是行政应急权行使的程序与其他一般行政权应当有所区别。(3)行政紧急或应急权行使中所采取的应急措施应当符合宪法和法律的规定。尽管行政紧急或应急权在决定采取应急措施方面有很大的自由裁量权,但是根据宪法和法律所确认的特定人权不得克减的原则,应急措施应当遵守这条原则。

第二,行政紧急或应急权的行使应当具有科学性。公共危机事件的发生、发展演变和结束都有其内在的客观规律，这是一个必须要承认，也不得不承认的事实，行政紧急或应急权的行使必须尊重这些客观事实或规律，尤其是在处置自然灾害和事故灾难时，如果不尊重事实，不尊重科学，冒险随意采取应急措施，不仅可能导致延误治理的最佳时机，还有可能引发次生灾害，对人民生命和财产安全造成新的更大的威胁。行政紧急或应急权行使的科学性具体表现在：应当认真研究公共危机事件的性质、特点和发展变化，全面准确地掌握公共危机事件的内在机理，以科学的态度、科学的知识、科学的部署来有效处置公共危机事件。政府尽管在处置公共危机事件方面具有决策权和执行权，但是可能相对缺乏专业知识和技能，难以对突发事件作出及时、正确的应对，这需要充分发挥专业应急力量和专家学者的作用，使他们成为科学处置公共危机事件的智囊团，使他们拥有的科学知识成为科学处置公共危机事件的有力武器。

第三，行政紧急或应急权的行使应当符合效率原则。行政紧急或应急权应当符合效率原则是公共危机自身的特殊性决定的，因而也是行政紧急或应急权行使必须要尊重的原则。公共危机事件一般具有突发性、高度危险性、不确定性和紧迫性，如果不及时采取措施，公共危机可能会发展成重大灾难，因此及时性是决定效率的首要因素；在公共危机治理过程中，如果政府所采取的应急措施不正确、不合理或不科学，那么也可能延误公共危机治理的最佳时机，甚至可能产生次生危机，因此应急措施的正确性、合理性和科学性也是决定效率的因素之一。当然，还有传统意义上决定效率的一些因素，比如投入成本最小化和产出最大化等，但是由于这些因素在采取应急措施之前具有不确定性，不同投入之间的产出难以比较，很难作为决定应急措施是否有效率的重要因素，只能作为参考性因素。除了上述几个决定效率的因素之外，还有一些具体的因素也是决定应急措施是否有效率的参考指标，主要表现在：(1)在涉及权利与义务的权衡时，如果在特定条件下必须要牺牲某些权利，或某些人必须要承担某些义务，那么符合功利主义原则的应急措施是相对有效率的措施；(2)在行政紧急或应急权的管辖方面，靠近公共危机事件中心的属地管辖是相对有效率的；(3)在行政紧急或应急权行使的程序方面，简便程序相对于复杂程序是相对有效率的。

第四，行政紧急或应急权的行使应当符合权利保障原则。根据国际人权公约的规定,存在一些基本的权利,即使在战争状态也不能随意侵犯,否则就有可能以战争罪、屠杀平民罪和种族灭绝罪等罪名追究责任。这些权利一般被称为"不得克减的权利",尽管行政紧急或应急权是应对公共危机所需要,其行使的自由裁量权远大于一般的行政权,但是它也必须遵守这一基本原则。这些权利不仅不能被克减,而且也是行政紧急或应急权行使应当通过采取紧急措施努力加以保护的权利,人们一般根据这些基本权利受到保障的水平或程度来评估政府行政紧急或应急权行使的合理性或正当性。对于不得克减的权利之外的权利,政府在采取应急措施时,应当遵循比例原则,即对公民权利的克减程度应当与需要应对的公共危机严重程度相适应,不得超过必要的范围,同时应当给予受到应急措施影响的公民以及时、有效和完全的补偿。

　　第五,行政紧急或应急权的行使应当符合行政主导、社会参与的原则。公共危机事件具有突发性、不确定性和危害性等特征,使得公共危机事件的信息主要以分散的方式存在于社会中,在没有政府介入的情况下,社会一般处于自救或相互协作救助的状态之中。这种方式的最大好处在于能够充分调动社会各方力量共同参与到公共危机的治理活动中,有利于公共危机事件信息的传播与共享。但是,这种方式也存在一些难解决的问题,首先是道德风险难以控制,可能会出现许多趁乱打劫的人;其次,公共危机信息在传播过程中可能会逐渐失真,最后演变成纯粹的谣言,对公共危机治理严重不利;最后,难以集中社会中的优势力量来处理公共危机事件中最关键的问题,可能导致公共危机事件发展到不可收拾的地步。正因为如此,在任何国家或地区中,公共危机的管理都应当是政府主导的,只有政府才能解决社会自治无力解决的问题。但是,我们必须得注意的是,政府运用行政应急权采取应急措施进行治理也存在一些难题,比如信息来源较少以至于难以保证应急决策的正确性,行政应急权力不受控制而可能导致滥用,行政应急能力有限无法解决全部问题等。行政应急权有应用应急措施的过程中所面临的问题,如果能够广泛动员社会力量的参与,就能够很好地弥补两种力量在应付公共危机时的不足。

三、动物防疫法治的应急救援

　　在公共危机爆发之后,在政府的应对措施中,除了首先要有应急响应制度和机制以及应急处置制度和机制之外,还需要有应急救援制度与机制。某一个自然或社会事件之所以会演化为公共危机,无非是使许多人的生命和财产安全陷入或已经陷入危险之中,对此政府首先要采取应急处置措施消除这种危险或潜在的危险(这是属于政府应急处置的范围),另外对已经处于生命和财产安全危险中的人们,政府还必须动员一切可以动员的力量和社会公共资源进行救助,应急救援无疑是政府应当提供的一种公共服务,当然政府也不能禁止社会力量参与救援,但是应急救援也应当服从法律的治理,我们不能以救援的道德目的高尚而忽略这一点。在四川连续几年发生大级别的地震之中,全国甚至全世界的许多社会自发组织的救援力量涌入灾区参与救援,由于缺乏相应的法律治理,使得这些社会自发救助力量与政府救援力量混合在一起,处于一种完全无序的状态,使政府组织的许多救援物资由于交通拥挤而无法及时到达灾区,反而延误了灾区救援工作的展开。另外,即使是一种道德上高尚的行为,由于有政府的参与,也必须接受法律的治理,不能以牺牲法律为代价来进行应急救援。一个最明显的例子是,中国只要发生大规模的公共危机事件,并且对发生公共危机事件的地区造成了严重的财产和人身上的损失,那么国务院就会调用全国的公共资源进行救援,国务院以直接的行政命令要求各行政省市调用资源进行救援,实际上并没有相应的法律支持。众所周知,一个国家的政府公共资源的使用必须经过严格的行政预算程序,所有的经费必须在预算内使用,如果要超预算使用,则需要再一次履行行政预算变更程序。很明显,中国目前实施的公共危机全国救援体制并不符合法律的规定,即使应急救援在道德上是高尚的,但是相对于法治控权的价值而言,应急救援还是需要让位的。最好的解决办法是,在公共危机发生之前就制定相应的应急救援法律制度,授权相应的行政机构行使行政救援的权力,在行政预算中预留应急救援的费用,规定应急救援费用的调用程序等,一旦发生相应的公共危机,就可以根据法律授权实施救援,那么这就可以使公共危机救援接受法律的治理。

　　相对于其他公共危机而言,动物防疫法治涉及的救援相对比较简单,主要涉及对感染动物疫病的人群进行医疗求助的事项,比如在 SARS 危机中,许多感染 SARS 的人被政府隔离治疗,许多感染区域被政府强行限制通行自由,对于生活在隔离区的病人和疑似人群,他们的治疗和生活费用应当由谁承担,社会力量是否可以参与救援等问题,都需要接受法律的治理。对于动物防疫法治中的应急救援问题,我们认为,这应当是政府提供的一项公共服务,所需要的救援费用应当由公共财政承担。但是,即使如此,政府所采取的动物防疫应急救援措施还是需接受法律的治理,因为这涉及公共财政的支出使用问题,也涉及限制人身自由的问题,政府必须获得相应的法律授权,才能采取上述措施,否则就有可能放纵政府违法,即使政府采取这些措施是在挽救人的生命或维护人体的健康(无疑这是社会公众的基本人权)也是如此。因为政府可以借用道德上高尚的价值来救民于水为之中,政府也就有可能借用道德上高尚的价值来侵犯人的基本权利,而这正是法治的价值所在。

动物防疫应急救援工作如果要接受法律的治理,至少要考虑以下几个方面的因素:首先,要建立动物疫病医疗救助的公共基金。这基金可以采取社会化的方式募集资金,也可以由政府财政来投入相应的资金,将由专门的基金委员会进行运作,在发生动物疫病之后,如果有需要进行医疗救助的人,则可以根据相应的程序调用求助资金,解决被感染者的后顾之忧。当然,除了建立公共救助基金之外,还可以考虑通过立法来设置强制性的医疗救助保险,由动物疫病的最密切接触者来购买保险,如果资金还有短缺,则可以由政府财政投入一定的资金补足(需要立法授权的支持);其次,要建立动物疫病医疗救助基金使用的法律程序。要通过立法,制定一套完整的动物疫病医疗基金申请、审批、划拨和监督程序,保证医疗救助基金能够真正使用于动物疫病感染者的医疗救助活动,避免医疗救助基金被有关部门或个人挪用。

第二节　动物防疫法治应急体系的现状及存在的问题

一、动物防疫法治应急体系的现状
(一)动物疫情报告、通报和公布制度

根据《动物防疫法》第二十六条的规定,动物疫情报告的主体是"从事动物疫情监测、检验检疫、疫病研究与诊疗以及动物饲养、屠宰、经营、隔离、运输等活动的单位和个人。"动物疫情报告制度是动物疫情防控的关键环节,责任报告人则是动物疫情报告制度的关键环节。只有首先明确责任报告人,才能尽快发现疫情,及时采取科学有效的防疫措施,将疫情可能带来的危害降至最低。该法设定上述这些主体作为责任报告人,主要是因为这些主体与动物存

在密切接触,他们有可能在第一时间发现动物染疫的异常情况。动物疫情报告的对象是"当地兽医主管部门、动物卫生监督机构或者动物疫病预防控制机构"。该法设立了三个接受报告的主体,只需要责任报告人向其中的任何一个主体进行报告即可,对报告的形式也没有进行强制性规定,这就意味着责任报告人可以采取电话、上门、书面或其他任何方便的方式进行报告。动物疫情报告的条件是"发现动物染疫或者疑似染疫的"。这里的"染疫"或"疑似染疫"是指动物感染了传染性的动物疾病,而不是普通的动物疾病。这些传染性的疾病与普通动物疾病不同,不仅该个体患病,而且与该患病个体直接接触或间接接触的同群动物和周边易感动物也发生此病,甚至可以人畜共患,发病率高,死亡率也高,可能会对社会公众身体健康与生命安全造成严重危害。动物疫情责任报告人除了有向规定机构进行报告的法律义务之外,还有"采取隔离等控制措施,防止动物疫情扩散"的法律义务。而对于除上述责任报告主体之外的其他主体如果"发现动物染疫或者疑似染疫的"也应当及时报告,也就是说,任何社会主体都有成为动物疫情报告主体的可能性,只要其发现动物染疫或者疑似染疫的。对于接到动物疫情报告的单位,应当立即派技术人员以及动物卫生监督执法人员到现场按有关规定采取必要的控制处理措施,如疫点封锁、染疫动物隔离及周边环境消毒等,防止疫情扩散。另外,还需要按照《动物疫情报告管理办法》规定的程序和内容上报,如果属于重大动物疫情,应当按照《重大动物疫情应急条例》的规定上报:县级防疫机构在现场核实之后,应当在2小时内逐级上报省级动物防疫监督机构。省级动物防疫机构接到报告1小时之内向同级人民政府兽医主管部门报告,同时向国务院兽医主管部门所属的动物防疫监督机构报告。报告的内容包括:疫情发生的时间、地点;染疫、疑似染疫动物种类和数量、同群动物数量、免疫情况、死亡数量、临床症状、病理变化、诊断情况;流行病学和疫源追踪情况;已采取的控制措施;疫情报告的单位、负责人、报告人及联系方式等。

针对动物疫情预警信息的认定权限,《动物防疫法》第二十七条规定:"动物疫情由县级以上人民政府兽医主管部门认定;其中重大动物疫情由省、自治区、直辖市人民政府兽医主管部门认定,必要时报国务院兽医主管部门认定。"也就是说,一般性动物疫情由县级以上人民政府兽医主管部门认定,重大动物疫情由省级人民政府兽医主管部门认定。如果省级人民政府兽医主管部门认为动物疫情已经超出了其行政管辖范围或需要国家支持或者有向其他省份蔓延的趋势等情形,省级人民政府兽医主管部门也可以向国务院兽医主管部门提出认定申请,由国务院兽医主管部门来认定重大动物疫情信息。至于国务院兽医主管部门是否接受省级兽医主管部门的申请,法律无明确规定,也就是说,国务院兽医主管部门无任何法律上的强制义务来认定重大动物疫情。

对于已经认定的动物疫情预警信息,《动物防疫法》规定了两种不同的发布方式。第一种是行政机构内部通报的发布方式,该法第二十八条规定:"国务院兽医主管部门应当及时向国务院有关部门和军队有关部门以及省、自治区、直辖市人民政府兽医主管部门通报重大动物疫情的发生和处理情况;发生人畜共患传染病的,县级以上人民政府兽医主管部门与同级卫生主管部门应当及时相互通报。"根据这条规定,有权力进行动物疫情预警信息通报的机构只有国务院兽医主管部门,通报对象为国务院有关部门,比如卫生部门、进出境检疫部门、林业部门、商务部门、计划部门、财政部门、公安部门等,以及省、自治区和直辖市人民政府兽医主管部门等,方便这些部门分别开展工作,以协助处理好动物疫情控制工作。通报的内容主要为重大动物疫情的发生和处理情况。这就意味着一般性动物疫情是不需要国务院兽医主管部门进行通报的,对于省级以下各级人民政府兽医主管部门是否有通报当地发生的动物疫情的法律义务,法律没有具体的规定,一般就只能视为没有通报的法律义务。面对于人畜共患的传染病,法律没有规定由国务院兽医主管部门向相关部门进行通报的义务,而只是规定县级以上人民政府兽医主管部门与卫生部门之间应当相互通报。对于是否向有关国际组织或贸易方通报的问题,《动物防疫法》第二十八条第二款规定:"国务院兽医主管部门应当依照我国缔结或者参加的条约、协定,及时向有关国际组织或者贸易方通报重大动物疫情的发生和处理情况。"也就是说,只有我国已经缔结或参加的国际条约与协定,国务院兽医主管部门才有向其通报的法律义务。

动物疫情预警信息的第二种通报方式是向社会公众公告相关信息。根据《动物防疫法》第二十九条的规定:"国务院兽医主管部门负责向社会及时公布全国动物疫情,也可以根据需要授权省、自治区、直辖市人民政府兽医主管部门公布本行政区域内的动物疫情。其他单位和个人不得发布动物疫情。"

享有向社会公众公布动物疫情预警信息的权力主体仅有一个，即国务院兽医主管部门，必要时国务院兽医主管部门可以授权省、自治区、直辖市人民政府兽医主管部门公布本行政区域内的动物疫情。除此之外，其他任何主体都不享有向社会公布动物疫情预警信息的法律权力。但是，法律仅规定国务院兽医主管部门应当"及时向社会公布全国动物疫情"，对于公布的内容、程序和法律责任等都未做出具体的规定。对于在何种条件下授权省级人民政府兽医主管部门公布动物疫情，对于授权条件、授权内容和授权程序以及授权后法律责任的承担等也未做出具体的规定。另外，对于其他单位或个人擅自发布动物疫情预警信息的禁止性规定，也比较模糊，对于发布的动物疫情类型和级别，发布后的责任追究以及何种方式可以算是法律意义上的"发布"等问题都缺乏具体的规定。

对于动物疫情报告和通报过程中可能出现的影响动物疫情信息传递的行为，《动物防疫法》第三十条规定："任何单位和个人不得瞒报、谎报、迟报、漏报动物疫情，不得授意他人瞒报、谎报、迟报动物疫情，不得阻碍他人报告动物疫情。"这条规定进一步强调了动物疫情报告人不得实施的一些违反动物疫情报告规定的禁止性行为。本条适用的主体是任何发现或得知动物疫情的单位和个人。瞒报是指有疫情不报告。即如果发生了动物疫情，责任报告人未及时报告，事后如果认定为动物疫情，则当事人可能构成瞒报。之所以是可能构成，是因为还要考虑责任报告人的主观心理状态，如果主观上明知而导致这种结果，又没有不可抗力等因素阻碍其报告，那么很明显构成瞒报。但是，如果责任报告人主观上并不明知是动物疫情（知识上认知错误，将动物疫病认定为普通动物疾病），那么即使发生了事后认定为动物疫情的情形，也不能认定是责任报告人瞒报。而谎报则是指虽然按规定的时限和项目上报了动物疫情，但是报告的内容不真实，比如将大的疫情范围报小，少报或多报发病、死亡、扑杀数量等。区分谎报与一般性错误报告很重要，前者一般必须具有主观上明知且希望上级主管部门不获知真实信息的故意，而后者则不含有这种故意，仅仅是工作上的失误或技术手段上的缺陷所导致的。迟报是指虽然按规定的项目上报，上报内容也是真实的，但是未按照规定时间上报。迟报相对于瞒报和谎报比较容易认定，但是也需要排除不可抗力导致迟报的因素才能认定为迟报。本条认定的动物疫情报告禁止性行为主体比较宽泛，既包括直接责任人,即发现或获知动物疫情的人,也包括间接责任人,即授意、教唆或强迫直接报告人从事报告动物疫情禁止性行为的人,还包括以各种方式阻止直接报告人报告动物疫情的人。

(二)动物疫病控制和扑灭制度

对于动物疫病的控制和扑灭,中国目前采取的是分级应对的体系。首先根据动物疫病的传染性程度区分为不同的等级,并分别采用不同的应对措施;其次,根据动物疫情爆发流行的程度,区分重大动物疫情和一般动物疫情,对于前者要适用《中华人民共和国突发事件应对法》,而后者才适用《动物防疫法》。

在第一种情形中,也即是未发生重大动物防疫时,针对一类动物疫病,根据《动物防疫法》第三十一条的规定,应当采取下列控制和扑灭措施:"(一)当地县级以上地方人民政府兽医主管部门应当立即派人到现场,划定疫点、疫区、受威胁区,调查疫源,及时报请本级人民政府对疫区实行封锁。疫区范围涉及两个以上行政区域的,由有关行政区域共同的上一级人民政府对疫区实行封锁,或者由各有关行政区域的上一级人民政府共同对疫区实行封锁。必要时,上级人民政府可以责成下级人民政府对疫区实行封锁。(二)县级以上地方人民政府应当立即组织有关部门和单位采取封锁、隔离、扑杀、销毁、消毒、无害化处理、紧急免疫接种等强制性措施,迅速扑灭疫病。(三)在封锁期间,禁止染疫、疑似染疫和易感染的动物、动物产品流出疫区,禁止非疫区的易感染动物进入疫区,并根据扑灭动物疫病的需要对出入疫区的人员、运输工具及有关物品采取消毒和其他限制性措施。"控制和扑灭动物疫病的主体主要为两类,一类是县级以上地方人民政府兽医主管部门,主要负责划定疫点、疫区、受威胁区,调查疫源和申请疫区封锁,第二类是同级人民政府,主要负责实施对疫区进行封锁,跨行政区域时,由有关行政区域的上一级人民政府共同对疫区进行封锁,如果不同行政区域地方人民政府难以协调统一,还可以由上级人民政府责成下级人民政府实施封锁。除此之外,县级以上人民政府还有权采取隔离、扑杀、销毁、消毒、无害化处理、紧急免疫接种等强制性措施,可以禁止染疫、疑似染疫和易感染的动物、动物产品流出疫区,禁止非疫区的易感动物进入疫区,可以对进出疫区的人员、运输工具和有关物品进行消毒或采取其他限制性措施等。

　　针对二类动物疫病，根据《动物防疫法》第三十二条的规定，应当采取下列控制和扑灭措施："（一）当地县级以上地方人民政府兽医主管部门应当划定疫点、疫区、受威胁区。（二）县级以上地方人民政府根据需要组织有关部门和单位采取隔离、扑杀、销毁、消毒、无害化处理、紧急免疫接种、限制易感染的动物和动物产品及有关物品出入等控制、扑灭措施。"由于二类动物疫病的传染性没有一类强，因此，此类动物疫病的控制与扑灭以属地管辖为主，由县级以上人民政府及其兽医主管部门直接负责，不需要与其他行政区域的同级人民政府相互合作，也不需要由同级人民政府对疫区进行封锁，也不限制正常的动物、动物产品在疫区内外流通，只需要限制易感染动物和动物产品及有关物品的疫区出入。除此之外，针对二类动物疫病所采取的控制与扑灭措施与一类疫病相同。

　　针对三类动物疫病，根据《动物防疫法》第三十四条的规定，"当地县级、乡级人民政府应当按照国务院兽医主管部门的规定组织防治和净化。"也就是说，三类动物疫病的执法主体为县级和乡级人民政府，执法依据为国务院兽医主管部门的规定（这种类型的规定由于是国务院兽医主管部门制定的，法律层级最多只能达到行政规章级别，某些规定可能并未经国务院法制办审批，因而只能算作是规范性文件，俗称"红头文件"），可以采取的控制和扑灭措施主要是"防治和净化"，不包括封锁疫区、扑杀动物和无害化处理等可能会影响养殖户财产权益的强制措施。如果二类、三类动物疫病呈爆发流行趋势，根据《动物防疫法》第三十五条的规定，应当"按照一类动物疫病处理。"也就是说，即使在动物防疫学上处于分类组织较低的动物疫病，一旦其影响可能会达到一类动物疫病可能产生影响的程度，那么也应当按照控制和扑灭一类动物疫病的要求采取相应的措施。

　　为了达到完全控制与扑灭动物疫病的目的，政府应当要加强动物防疫的执法工作，防止动物养殖者或其他利益相关人为了减轻损失，而将染疫动物和动物产品输入或输出划定的疫区。为此，《动物防疫法》授予动物卫生监督机构以检查权，必要的时候可以由省级政府成立临时动物防疫检查站行使检查权，该法第三十六条规定："为控制、扑灭动物疫病，动物卫生监督机构应当派人在当地依法设立的现有检查站执行监督检查任务；必要时，经省、自治区、直辖市人民政府批准，可以设立临时性的动物卫生监督检查站，执行监督检查任务。"而对于某些人畜共患型传染病,该法授予卫生主管部门相应的监测权和采取一定预防控制措施的权力,该法第三十七条规定:"发生人畜共患传染病时,卫生主管部门应当组织对疫区易感染的人群进行监测,并采取相应的预防、控制措施。"而根据该法第三十八条的规定:"疫区内有关单位和个人,应当遵守县级以上人民政府及其兽医主管部门依法作出的有关控制、扑灭动物疫病的规定。任何单位和个人不得藏匿、转移、盗掘已被依法隔离、封存、处理的动物和动物产品。"也就是说,该法规定了有关单位和个人遵守县级以上人民政府规定措施的法律义务,如果违反了相关规定,则必须承担相应的法律责任。为了达到更好控制和扑灭动物疫病的目的,该法还规定了相关运输部门的法律义务,该法第三十九条:"发生动物疫情时,航空、铁路、公路、水路等运输部门应当优先组织运送控制、扑灭疫病的人员和有关物资。"但是,却没有规定相关运输部门的法律责任,对于政府相关部门是否强制征用运输部门的车辆也没有具体的规定。对于动物疫病已经获得控制或已经被扑灭的情形下,法律规定还必须履行相应的法律程序才能使疫区恢复正常的生活状态,根据该法第三十三条的规定:"疫点、疫区、受威胁区的撤销和疫区封锁的解除,按照国务院兽医主管部门规定的标准和程序评估后,由原决定机关决定并宣布。"也就是说,只有经过标准的评估程序,对动物疫病的控制和扑灭作出法定结论之后,才能由原决定机关宣布解除已经采取的相关动物防疫措施,否则该防疫措施就在特定地区内一直有效。

针对动物疫病爆发流行的第二种情形,即爆发大规模的动物疫情,严重影响人民生命财产安全和养殖行业的生产安全时,也即是产生动物防疫时,《动物防疫法》认为,这不属于本法适用的范围,而应当适用其他法律或国务院的其他规定,比如《突发事件应对法》、《重大动物疫情应急条例》和《重大动物疫情应急预案》等。该法第四十条规定:"一、二、三类动物疫病突然发生,迅速传播,给养殖业生产安全造成严重威胁、危害,以及可能对公众身体健康与生命安全造成危害,构成重大动物疫情的,依照法律和国务院的规定采取应急处理措施。"也就是说,不管是哪类动物疫病(一、二或三类动物疫病),都有可能形成重大动物疫情(因为动物防疫科学上的分类并不能阻止动物疫病大范围的爆发流行,而且动物疫病还有发生变异的可能性),对此应当遵照其他法律或国务院的规定执行。

（三）动物诊疗制度

在动物防疫法治的应急制度体系中，最重要的无疑是尽早发现动物感染疫病的情况，然而在动物疫病报告制度中存在着一个实质性矛盾，即动物养殖者的密切接触与其专业性知识或能力之间的矛盾。动物养殖者作为动物饲养人或管理人无疑是动物疫病外在病症的第一发现人，但是可以肯定的是，绝大多数动物养殖者都缺乏识别动物疫病的专业知识、能力和技术条件。而具备上述知识、能力和技术条件的官方机构又无法成为动物疫病的第一发现人。为了解决这个矛盾，《动物防疫法》引入了动物诊疗制度，借助于商业化的动物诊疗服务，及早发现或排除传染性的动物疫病。

《动物防疫法》第五十条规定了从事动物诊疗活动应当具备的法定条件，具体如下："（一）有与动物诊疗活动相适应并符合动物防疫条件的场所；（二）有与动物诊疗活动相适应的执业兽医；（三）有与动物诊疗活动相适应的兽医器械和设备；（四）有完善的管理制度。"也就是说，从事动物诊疗活动必须具备场地、执业兽医、兽医器械和设备以及管理制度等基本条件，但是对于具体的条件，比如场地的大小、执业兽医的人数等却没有具体规定。《动物防疫法》第五十一条规定了设立动物诊疗机构的法定程序，具体如下："应当向县级以上地方人民政府兽医主管部门申请动物诊疗许可证。受理申请的兽医主管部门应当依照本法和《中华人民共和国行政许可法》的规定进行审查。经审查合格的，发给动物诊疗许可证；不合格的，应当通知申请人并说明理由。申请人凭动物诊疗许可证向工商行政管理部门申请办理登记注册手续，取得营业执照后，方可从事动物诊疗活动。"也就是说，申请成立动物诊疗机构是首先要进行行政审批，按照行政许可法的要求向县级以上人民政府兽医主管部门提出申请，受理申请的兽医主管部门在法定期限内给予答复。另外，申请成立动物诊疗机构也是一项商业活动，因此还需要申请办理工商营业登记，工商登记无疑是以诊疗许可为前提的。

根据《动物防疫法》的规定，"动物诊疗许可证应当载明诊疗机构名称、诊疗活动范围、从业地点和法定代表人（负责人）等事项。动物诊疗许可证载明事项变更的，应当申请变更或者换发动物诊疗许可证，并依法办理工商变更登记手续。"同时，"动物诊疗机构应当按照国务院兽医主管部门的规定，做好诊疗活动中的卫生安全防护、消毒、隔离和诊疗废弃物处置等工作。"对于从事诊疗活动所需要的执业兽医,《动物防疫法》规定:"国家实行执业兽医资格考试制度。具有兽医相关专业大学专科以上学历的,可以申请参加执业兽医资格考试;考试合格的,由国务院兽医主管部门颁发执业兽医资格证书;从事动物诊疗的,还应当向当地县级人民政府兽医主管部门申请注册。执业兽医资格考试和注册办法由国务院兽医主管部门商国务院人事行政部门制定。本法所称执业兽医,是指从事动物诊疗和动物保健等经营活动的兽医。经注册的执业兽医,方可从事动物诊疗、开具兽药处方等活动。但是,本法第五十七条对乡村兽医服务人员另有规定的,从其规定。执业兽医、乡村兽医服务人员应当按照当地人民政府或者兽医主管部门的要求,参加预防、控制和扑灭动物疫病的活动。从事动物诊疗活动,应当遵守有关动物诊疗的操作技术规范,使用符合国家规定的兽药和兽医器械。"

考虑到达到中国农村的实际情况,如果农村的动物诊疗需要达到上述全部条件,那么农村可能面临着无人提供动物诊疗服务的困难。为了解决这个实际困难,我国采取了双轨体制,即对乡村兽医服务另行采取独立的管理模式。根据《动物防疫法》第五十七条的规定:"乡村兽医服务人员可以在乡村从事动物诊疗服务活动,具体管理办法由国务院兽医主管部门制定。"这条规定实际上授权国务院兽医主管部门可以针对乡村的动物诊疗活动制定独立的规则,以解决农村动物诊疗活动存在的实际问题。

二、动物防疫法治应急体系存在的问题

根据公共服务视野下动物防疫法治的基本原理,与中国当前动物防疫法治的应急体系相比较,我们认为,中国动物防疫法治的应急体系在响应、处置和救援等方面都存在一些急需解决的问题。

(一)动物防疫法治应急体系的响应机制存在严重缺陷

一个完善的应急响应机制,应当包括职能分工明确的主体、合理的资源分配程序以及切实可行的应急预案等。作为动物防疫法治应急体系中的响应机制,应当要由法律明确规定上述内容。然而,在中国当前的动物防疫法治的应急响应机制中,存在着以下问题:第一,动物疫情报告主体不明确。任意一个法律主体,根据法治的基本原理,必须享有明确的法律权利,承担明确的法律义务(只享有法律权利或只承担法律义务在法律体系中是非常罕见的)。如

果一个人享有的法律权利或承担的法律义务并不具体,也缺乏保障或制裁的基础,那么这种权利或义务就可能不是法律权利或义务,而是道德权利与义务(这是基于人们的良知而形成的权利或义务),比如一个老人自己不慎倒地,除非是他的近亲属,没有任何人有法律上的义务去将他扶起来,人们只会说如果不去扶这个老人,在良心上会受到谴责或者会受到社会舆论的批评;再比如一个人认为某些化工厂污染了空气,使空气质量变差(但其排放是符合法律要求的),这个人也许认为自己有权利呼吸更好质量的空气,但是这种权利实际上是无法获得法律保障的,这个人也无法到法院起诉要求法院保障自己的这种权利,因此这种权利就不可能是法律权利,而仅可能是一种道德或社会权利。在《动物防疫法》的疫情报告制度中,就存在着难以成为法律主体的问题。对于从事动物疫情监测、检验检疫、疫病研究与动物诊疗以及动物饲养、屠宰、经营、隔离、运输的人而言,由于其职业与动物疫情的传播扩散有关,使他们成为责任报告人,无疑是满足法治要求的,因为法律可以对他们进行制裁或惩罚;而对于其他发现动物染疫或疑似染疫的单位和个人,使他们成为责任报告人无疑是不符合法治原则的,因为由于缺乏认定他们瞒报或不报的法律标准,法律根本就无法对他们实施制裁(如果对他们实施制裁的话,那无疑是一种权力滥用)。于是,对于这些单位或个人而言,发现动物疫情并及时报告仅能是一种道德义务,而不可能是一种法律义务,他们成不了法律上的责任报告主体。

第二,动物疫情认定程序不合理。动物疫情认定是一项科学性与政治性相结合的活动。作为一项科学性的活动,无疑需要遵循科学研究的基本规律,由动物防疫专家组成专家组,对获得的动物疫病信息进行科学评估,以基本达成共识为基本要求,另外在专家组成员的选择上必须实施回避原则,要保证相关专家与任何相关主体不存在利益上的关系。只有这样,才能保证动物防疫专家组成员完全依据科学原理与程序作出相应的决策;作为一项政治性活动,无疑需要遵循利益平衡的基本原理。任何政治决策都可能涉及利益调整,可能会使某些人或群体利益受损,而使另一些获得相关利益。如果采取牺牲一方利益来保证另一方利益的方式,无疑会引发社会秩序的不稳定。最好的政治决策无疑是保障所有的利益,同时还使公共利益获得了改善。但是,往往这种情形是可遇不可求的,社会中出现得更多的情形是,不同主体之间的利益是相互冲突的,保障了其中一方,就必然会使另一方受损,反之亦然。法治介入政治决策的主要方式是提供一个良好的理性协商交流的平台,各利益主体都可以公开发表自己的意见,促使各方都能够做出理性的选择,达成相互之间利益的妥协。如果由政府单方面做出决策,那么政府可能无法全面认识各方利益主体的诉求,政府还存在权力寻租的可能性,保护既得利益者,而不顾其他利益相关者的反对意见。在《动物防疫法》的动物疫情认定程序中,一般性动物疫情可以直接由县级以上人民政府兽医主管部门进行认定,重大动物疫情由省级人民政府兽医主管部门认定,必要时报国务院兽医主管部门认定。在这个程序中,仅规定了认定主体,没有规定认定的必要程序,动物疫情认定的科学性无法保证,其政治性也无从体现,这无疑是一个重大缺陷。

第三,动物疫情通报与公布不统一。对于认定的动物疫情应当采取何种形式向社会公布,既是一个宪法上的问题,也是一个社会学上的问题。作为一个宪法问题,凡是涉及公民切身利益的事项或信息,公民都有知情的权利,之所以如此,一是公民在知情之后可以适时调整的行为以适应社会的要求,二是公民知情可以对政府机构起到直接的监督作用。正是在这个意义上,每个国家的宪法都充分保障公民对政府信息的知情权,中国也于2007年制定了《政府信息公开条例》,要求政府公开相关信息,某些信息可以基于公民的申请而公开,对于涉及国家安全的信息,可以不公开。作为一个社会学上的问题,一项公共信息是否公开,采取何种方式公开,可能会产生不同的社会效果。如果公开方式不适当,可能会引发社会秩序的极度混乱,如果公共方式恰当,即使公共信息具有产生社会恐慌的可能性,可能也会产生稳定社会秩序的作用。如果政府对政府机构内部通报的信息与向社会公众公开的信息,采取不同的方式公开,即使公开的内容一致,也会使人们产生怀疑,怀疑政府公开信息的准确性或者会刻意隐瞒对公民不利的信息。在《动物防疫法》中,中国采取了对政府内部机构与社会公众使用不同公开方式的做法,前者是使用通报,后者则是由兽医主管部门向社会公开发布相关信息。这种做法无疑会增加政府公开信息的神秘感,增加社会公众对政府公共信息的不信任感,可能会加快社会谣言的传播扩散。

第四,缺乏动物疫情应对的响应机制。在经过动物疫情报告、认定、通报和公布程序之后,还需要设立一个动物疫情应对的响应机制,以统一调度各相关职能部门,调用公共资源,必要条件下可以征用社会公共资源,各相关部门都要进入应对的预定状态,保证人、财、物能够合理顺畅地随指令流动。由于应急响应机制需要调动公共资源,统一行使应急指挥权,涉及政府治理权力的配合问题,因此必须要有法律授权,否则就有可能会违反宪法和法律的规定,陷入人治的怪圈之中。然而,在《动物防疫法》中,除了上述三项规定之外,该法并没有规定任何类型的应急响应机制,实际上也就是没有对相关政府机构进行授权。这就使得动物疫情通报制度失去了其应有的意义(因为接受到相关动物疫情信息的政府机构,并不知道自己该对动物疫情做出何种反应)。

(二)动物防疫法治应急体系的处置机制存在结构性缺陷

动物防疫法治应急体系的处置机制应当具备稳定性与灵活性相结合的特征。所谓稳定性是指动物防疫法治应急体系的处置机制应当与事先制定的应急预案保持一致,尽量按照预定的方案来实施动物疫情控制与扑灭措施;所谓灵活性是指动物防疫法治应急体系的处置机制应当与动物疫情的发生、发展规律和实际情形相匹配,以有效控制动物疫情的发生发展为最终目标。根据这一目标,我们认为中国当前的动物防疫法治应急体系的处置机制存在着结构性缺陷。

第一,缺乏一个完整的动物疫情应急预案。动物防疫应急存在两种方式,一种是通过行政命令的方式,由行政层级居于上级的机构或领导直接向下级下达动物防疫的指示,这种方式无疑属于人治模式,任意性较大;另一种方式是在事先制定动物防疫的应急预案,并由享有立法权的机构审议通过,授予相关政府机构以应急权力,在行政预算中增例相应的支出,在动物疫情发生之后,通过动物疫情评估程序之后就可以直接启动动物疫情应急预案,各相关政府机构都按照预案行使相应的应急处置行为。而在动物防疫法中,动物疫病与动物疫情似乎是有所区别的。根据《动物防疫法》的规定,尽管动物疫病根据传染程度和危害程度不同,可以区分为三个不同的等级,而且对不同等级的动物疫病规定了的不同处置措施,但是很明显该法并不将这些动物疫病的处置措施视为一种公共危机,因为在该法的后面强调了,当发生重大动物疫情时,按照《突发事件应对法》和国务院的规定进行处置。也就是说,动物防疫法将动物疫病的处置与动物疫情的处置视为两种完全不同的行为,一种是一般性的行政行为,另一种才是应急性的行政行为。由于应急性行政行为需要调用更多的公共资源,和配置更多的行政职能部门及权力,动物防疫法如此规定可以规避法律上的风险,但是却带来了动物防疫法治应急体系的一个结构性缺陷。众所周知,动物疫病一旦发生,如果控制和扑灭措施不恰当,很容易就演化为公共卫生危机事件,可以说这两者有本质上的联系,或者说实质上是具有一致性的,差别可能仅在于程度上的不同。而且如果以应对动物疫情的方式来应对动物疫病无疑会收到更好的效果。因此,该法这种人为分裂动物疫病与动物疫情应对的处理方式,无疑在法律上制造了动物防疫法治应急体系中处置机制的一个结构性缺陷。

第二,部分强制措施缺乏法律上的明确定义。法治的基本原则之一就是以法律的明确性为受法律治理的人们提供稳定的行为或心理预期,如果法律本身不明确,那么法律既无法给人们提供精确的行为指导,也无法对政府官员的行为进行有效的控制。法律越是具体和明确,给人们提供消极自由越大,对政府控制权力的可能性就越大。然而,在动物防疫法所规定的应急处置措施中,出现了"封锁、隔离、扑杀、销毁、无害化处理、紧急免疫接种"等词汇,按照通常的理解,上述这些词汇所表达的意思肯定会对公民的财产权和人身权产生严重的不利影响,但是这些词汇的意思并不十分精确,因为封锁可能的意思是禁止染疫、疑似染疫和易感染的动物、动物产品流出疫区,禁止非疫区的易感染动物进入疫区。在这个概念中,还需要进一步明确标准或含义的词汇有"染疫"、"疑似染疫"和"易感染的动物",以及"疫区"等。可以这些词汇都缺乏法律上的定义,法律采用了比较模糊的处理方式,直接交由兽医主管部门或县级以上人民政府来决定。这样做的好处是赋予了政府和兽医主管部门以灵活的自由裁量权,可以根据动物防疫的实际需要,灵活地解释法律条款,但是这样做却是与法治原则相违背的,因为法律如果缺乏精确的含义,那么实际上就赋予了政府不受法律制约的权力,增加了公民接受政府任意治理的义务。

第三,缺乏人畜共患动物疫病的处置机制。在所有的动物疫病中,某些动物疫病可能是人畜共患型的,也即是人与动物之间可以相互交叉感染,这些类型的疫病可以通过人类的社会活动快速向全社会进行传播扩散。这类疫病无疑需要政府卫生主管部门与兽医主管部门共同配合才能有效应对,然而在动物防疫法中仅规定:"卫生主管部门应当组织对疫区易感染人群进行监测,并采取相应的预防、控制措施"。这条规定既没有授权兽医主管部门与卫生主管部门之间相互合作,也没有规定两个部门之间相互配合的义务,更没有规定两部门之间如何相互合作与配合,对于疫病信息的相互通报机制、疫病控制与预防方案的相互通报,疫病控制措施的相互要求与通报等,都缺乏法律上的明确支持。正因为法律是如此规定的,导致在人畜共患型疫病爆发流行时,两部门之间的相互合作与配合都是由同级或上级人民政府以强制性命令的方式来实施的,实际上就是一种人治的模式。

第四,对于动物防疫法治应急处置机制中的其他参与人规定的权利与义务不明确。即使是在紧急状态下,政府作出的应急处置措施也需要遵守法律,要依法作出决定,而不能随意做出决定。但是,在紧急状态下,对于政府的行为是否依法其实是一个两难的命题。如果公民质疑政府的行为违法,那么公民有服从政府行为的法定义务吗? 根据法治的基本原则,政府的行为是否违法其实并不是在政府执法时就可以被确认的,公民在这种情形下,只能假定政府的行为是合法的,并且必须要服从政府的决定,如果公民认为政府的行为违法,唯一能够做的就是在政府实施完毕之后向法院提起诉讼,由法院来判定政府的行为是否违法。因此,在动物防疫法中规定公民应当服从兽医主管部门"依法"作出的有关控制、扑灭动物疫病的规定,其实没有任何实际意义,只有赋予公民对这些行为有提起诉讼的权利才有法治的意义。然而,公民提起诉讼的前提是,法律明确授予了政府部门相关权力以及实施权力的法定程序,明确禁止了公民的若干行为,如果缺乏这个前提,那么即使赋予公民以提起诉讼的权利也无法实现法治。很明显,在《动物防疫法》第三十九条中,法律仅规定航空、铁路、公路、水路等运输部门应当优先组织运送控制、扑灭疫病的人员和有关物资,既没有规定运输部门是否有法定义务(只有规定了相应的法律责任才算是有法定义务),也没有明确授权政府部门有紧急征用权。在这种情形下,如果上述运输部门拒绝,那么相关政府部门将如何应对呢? 从中国的实际情况来看,应对方式无非是:如果运输部门是国家企事业单位,则政府部门可能与运输主管部门进行协商,要求予以支持或者直接申请上级主管部门下达优先运送的命令;如果运输部门私营单位或个人,则兽医主管部门缺乏强制征用的权力,也无法给予相关单位或个人以惩罚或制裁,因此这条规定相应于他们而言,实际上是形同虚设,既没有授予法律权利,也没有规定法律义务。

（三）动物防疫法治应急体系的救援机制没有制度支持

根据动物防疫应对的一般原理，动物防疫机制至少应当由三个部分构成，其一是动物防疫的响应机制，其二是动物防疫的处置机制，其三是动物防疫的救援机制。由于《动物防疫法》采取了动物疫病应对处置与动物疫情应对处置相分离的立法设计，认定动物疫情应对属于公共危机，而动物疫病则不是，导致在该法根本没有规定任何类型的动物防疫应急救援机制。而在《突发事件应对法》中，尽管规定了公共卫生事件是公共危机的类型之一，但是对于公共卫生的应急救援机制也规定得不详细。也就是说，这两部法律之间其实在动物防疫的应急救援制度方面出现了脱节的现象，其中动物防疫法认定救援机制是突发事件应对法应当规定的事项，而突发事件应对法则根本没有对其进行任何具体的规定。

尽管在动物疫病应急处置过程中，需要实施救援的机会比较少，而且可能主要集中在人畜共患型疫病方面，也即是人感染了动物性疫病，比如 SARS 和禽流感等，而被感染的人可能又无力治疗，因此政府需要采取措施对他们实施治疗，同时还需要采取措施对他们进行隔离。对被感染者实施治疗最重要的问题在于，到底是免费还是应当收费？对被感染者进行治疗，既具有个人自治事项的性质，也具有公共性。个人自治性是指这些疾病会影响被感染者个人的身体健康甚至是生命，一个对自己生命健康关心的人当然应当自负其责的进行治疗。公共性体现在这些被感染者所感染的疾病具有传染性，如果不及时治疗很可能会传染给其他健康人群，影响社会公共安全。由于兼具两种方式，最好的办法是，让有能力负担的人自己负责治疗，让没有能力治疗的人由政府资助治疗。但是，政府其实是缺乏一种实施免费和收费治疗的识别能力的，即使能够识别也需要支出大量的社会成本，而支出的成本与取得的收益并不相称。因此，折中的办法是对所有被感染者实施免费治疗，由于这需要使用公共资源，也就必然需要有法律的支持。

中国动物防疫应急救援机制方面缺乏法律支持是一个重大缺陷。任何一种反对理由相对于支持这种机制的制度价值而言在位阶上都处于较低的地位。其中最重要的一种反对理由是，在动物疫病应对中，出现人畜共患型疾病的几率是非常罕见的，需要政府采取应急救援措施的机会也非常少，因此在动物防疫法中规定这种制度没有什么实际作用，是一种立法资源的浪费。这观

点是一种基于错误判断的功利主义观点，认为动物防疫救援制度实施的情形
比较罕见就可以否定其立法的必要性。而实际上，法律总是作为一种可能性
而存在的，如果按照上述观点进行推论，我们也可以说，如果一个国家发生故
意杀人的几率非常低，那么是不是意味着刑法规定故意杀人罪是完全没有必
要的呢？这显然是极其荒谬的，同样的法律规定动物防疫的应急救援机制，即
使发生的几率很少，然而其存在的价值在于法律尊重社会公众的生命健康权，
不用经济效益的得失来衡量一个人生命健康的价值，而这正法治的实质价值
原则之一——尊重和保障人权。

第三节 完善我国动物防疫法治应急体系的建议

动物防疫法治的应急体系在整个动物防疫法治体系中具有非常重要而特
殊的地位，一方面传统法治观念认为"紧急状态无法治"，另一方面现代社会
政治意识形态普遍承认"人权应当获得足够保障"，动物防疫法治的应急体系
常常纠结于"合法性"与"人权保障性"的矛盾之中，动物防疫治理具有"合法
性"很重要，同时动物防疫治理具有"人权保障性"也很特殊，动物防疫法治的
应急体系应当在这两种价值之间达到恰当的均衡。然而，根据前述中国当前
的动物防疫法治的三大应急体系，对照动物防疫法治应急体系的价值均衡的
要求，我们认为，可以从以下三个方面进行改善。

一、完善动物防疫法治的应急响应制度

应急响应制度是指规定突发事件应急响应机制的法律制度，是突发事件
应急响应法治化的前提条件和制度基础。一般而言，应急响应机制是指在突
发事件的潜伏、发生、发展和消亡的过程中政府部门应对的策略组合，应急响
应制度则是应急响应机制的法律化，将上述应急策略组合通过立法成为有效
力的法律文件。从公共危机应对的一般原理来分析，应急响应制度至少应当
要由以下几个部分构成：公共危机信息收集与分析制度、公共危机应急预案制
度、准备和动员资源的制度以及回应公众愿望满足社会需要的制度等。从我
国的动物防疫应急响应制度来分析，《动物防疫法》仅规定了动物疫情信息收
集与分析制度，其他几个方面的制度都没有法律化，还停留在行政规定的层面

上,即使是动物疫情信息的收集与分析制度,也存在许多急需解决的问题。有鉴于此,我们认为应当从以下几个方面完善动物防疫法治的应急响应制度。

第一,要完善动物疫情的报告、通报和公布制度。针对责任报告人的法律主体地位不明确的问题,首先要将"其他单位或个人"排除在责任报告人的法律主体之外。在立法中完全没有必要规定这些主体有报告的法律义务或责任,因为即使这些主体没有报告,行政执法部门也难以认定,更何况这些主体也可能缺乏动物疫情方面的专业知识,对所见所闻的现象不能给予正确的评价。这些主体仅可以作为行政奖励的对象,即政府对道德品格比较优秀或为动物疫情防控作出突出贡献的人给予一定的奖励,以正确引导这些主体在社会中的行为,也就是说,这些主体仅可以成为道德谴责或鼓励的对象,而不适合成为法律权利或义务的主体。其次要进一步明确从事动物疫情监测、检验检疫、疫病研究与诊疗及动物饲养、屠宰、经营、隔离、运输等活动的单位或个人作为责任报告人的法律主体地位,明确其报告的法律义务,包括报告对象、报告程序、报告方式和报告时间等,以及报告以后应当采取的控制措施等。除此之外,还要明确这些主体未履行报告的法律义务时应当承担的法律责任,以及承担法律责任之后可以采取的权利救援措施,保障责任报告人的合法权利不受政府有关部门随意执法的侵犯或影响。针对动物疫情认定程序存在的问题,要通过立法制定专门的动物疫情认定程序。该程序至少应当分为两个部分,一个部分是专家组认定程序,要求设立专家库、专家抽取规则、专家回避规则、专家议事规则、专家表决规则、专家咨询代表人规则以及专家责任规则等。另一个部分是委员会认定程序,要求设立听证程序规则、委员独立发表意见规则、委员表决规则等。另外,在动物疫情认定程序之外还需要设立法定的批准或备案程序。对于某些必须由国务院兽医主管部门决定的事项,各级政府经由动物疫情认定程序作出的决定还需要履行一定的批准程序,对于其他事项,还应当履行备案程序。对于动物疫情信息公布的渠道差异问题,建议取消这种不同的公布渠道,采取统一的动物疫情信息公布渠道,同时制定动物疫情应急预案,保证接到动物疫情信息的相关单位或部门能够按照动物疫情预案实施相关的应急行为。对于瞒报、谎报、迟报和漏报动物疫情的禁止性行为,应当进一步明确上述禁止性行为的具体标准,明确上述行为应当承担的法律责任,明确行为人承担法律责任之后可以采取的救济措施等。

　　第二,要分类制定动物疫情的应急预案,并将预案提升到法律的层面。根据公共危机应急响应的一般原理,为了保证各政府相关部门在公共危机发生之后,临危不乱地履行职责,安排工作人员参与应急处置,调用公共资源实施应急处置,必须根据已往的应急经验,制定合理的应急预案。为了保证应急预案在安排人员和调用资源方面的合法地位,还必须将应急预案提升到法律层面,这就意味着应急预案必须经由立法程序,由立法机构审议通过,并向社会公布。而在《动物防疫法》中,在应急响应机制方面并没有要求制定相应的应急预案,尽管在《动物防疫法》之外制定了一些零星的应急预案,比如《禽流感应急预案》等,即使如此,这些零星的应急预案也没有上升到法律的层面。在中国即使是国家层面的应急预案,也只停留在国务院制定的行政法规的层面。因此,这是动物防疫法治应急响应制度中较大的一个缺陷,国家应当早日立法弥补这一漏洞。

　　第三,要制定社会资源动员制度。长期以来,中国形成了具有悠久传统的政治动员机制,在党的执政过程中,政治动员起到非常重要的作用,将来还会持续发挥其应有的作用。然而,在中国共产党决定实施"依法治国"的治国方略之后,政治动员的合法性受到了一定程度的挑战。因为在政治动员的过程中,可能涉及对社会资源的征集和使用,涉及对人们行为自由的限制,涉及对人们行为的指导等,在一个法治的社会中,公民需要有稳定的心理预期,这需要法律预先给公民提供稳定的行为模式,而政治动员大多发生在非常时期,党和政府为保证一项政策或决定能够得到快速有效地实施不得已而采取的措施,这无疑会增加社会公众的不安定感。有鉴于此,为了满足法治的要求,国家必须制定相关的社会动员制度,尤其是社会资源动员制度,规定社会资源动员的法律主体、动员的法律程序、受动员人的法律权利和义务以及动员过程中的法律责任承担等,最重要的是,要保证受动员人在法律上的可救济性,赋予其向法院提起诉讼的权利,以形成对动员主体权力控制的态势。在中国当前的动物防疫法治应急响应制度中,还没有任何关于社会资源动员方面的法律制度,也就是说,这一方面的工作还完全停留在传统的政治动员层面,还未进入接受法律治理的范围。因此,我们建议在动物防疫法中应当增加社会资源动员方面的制度,完善动物防疫法治的应急响应机制和制度。

　　第四,要建立公众愿望和社会需要反馈制度。在党的十八大上,党中央提出要实施党的群众路线教育活动,使各级党委政府在实施法律或中央决策时,能够了解群众的真实愿望和社会的真实需要。这是中国共产党执政的优秀传统,理应继续作为党和政府主要的工作方法。但是,在国家决定全面实施"依法治国"的治国战略的前提下,党的群众路线工作方针也应当在法律的范围内实施,也就是说也需要以法律制度来保证其长久的效力。鉴于我们国各级党委和政府在实施动物防疫治理的过程中,掌握公众愿望和社会需要的要求仅仅是一种政治上的要求,还没有进入法律治理的层面,我们建议国家出台公众愿望和社会需要反馈方面的制度,建立专门的动物防疫公众愿望和社会需要的征集主体、征集程序、征集责任等制度,保证各项动物防疫的应急措施不偏离公众的预期和社会的真实需要。

二、完善动物防疫法治的应急处置制度

动物防疫法治的应急处置制度是动物防疫法治体系中最重要的一种制度,原因在于:其一动物防疫法治的应急处置制度允许采取特别措施,比如扑杀动物所有人所有的动物、销毁动物所有人的动物产品、对易感动物进行强制性免疫接种、限制动物及动物产品的流通、对感染或疑似感染的人群进行强制隔离治疗等,这些特别措施都有侵犯公民财产权利或人身权利的危害性,如果制度本身不合理,可能会加重这种危害的程度,使这种特别措施本来所要实现的目的无法实现或大打折扣。其二动物防疫法治的应急处置制度要实现动物疫情控制或扑灭的最佳效果,这就需要应急处置的特别措施具有科学性和实效性。其中科学性是实效性的前提,只有科学化的应急处置措施才有可能收到较好的动物防疫实效,但是动物防疫法治的应急处置制度的科学性不是其实效性的充分条件,要使动物防疫法治的应急处置制度具有实效性,还需要考虑其可操作性、低成本性、简便性和适合性等特征。对照这些标准或要求,我国当前的动物防疫法治的应急处置制度还存在诸多问题,为了实现动物防疫法治化,我们认为还需要对中国当前的动物防疫法治的应急处置制度做如下改善。

第一,要统一动物疫病控制和扑灭与动物疫情的应对制度。从动物防疫学的角度来分析,动物疫病与动物疫情并无实质性区别,动物疫病是动物感染传染性的疾病(对其他易感动物或易感人群),动物疫情是指动物感染或疑似

感染动物疫病的状况,存在程度上的差异,动物疫病感染数量多,传播速度快的状态被称为重大动物疫情,其他状态被称为一般动物疫情。然而,从公共危机管理的角度来分析,动物疫病与动物疫情还是存在一定程度的差别,动物疫病可能仅是动物医学需要解决的问题,与人类传染病并无实质性差别,都需要采取一定的预防和医疗措施进行控制,防止其传染给其他动物或其他人。由于动物及其产品具有商用价值,在这一点上与人类疫病存在本质性差异,这也是动物防疫需要独立制定法律的原因所在。动物疫情尤其是重大动物疫情则是指动物疫病已经在社会上爆发流行,对养殖行业或人类生命健康造成了显著影响,如果不及时采取措施,则有可能进一步恶化,这有可能产生严重的社会问题,政府必须采取紧急措施才能将社会影响降至最低,这明显是一个危机管理的问题。正是基于这种理念,《动物防疫法》针对动物防疫与动物疫情应对采取不同的立法态度,将前者视为一项常规工作,而将后者视为一项危机管理工作。而实际上,这种立法设计是存在重大结构性缺陷的,从动物疫情演变的规律来看,动物疫情都是由动物疫病直接演化而来的,如果动物疫病的控制与扑灭措施不得力,那么动物疫病很有可能就演化为重大动物防疫。在立法上人为的区别这两种情形,实际上不利于动物疫病的控制与扑灭,因为这既不会引起政府相关部门的足够重视,也使这些部门无法获得紧急状态下的紧急应对权力,还会使社会公众产生误解。因此,为了解决这一问题,国家应当尽早修订法律,将两者统一,提出相同的要求,即要求制定相应的应急预案,拨付财政资金予以支持,授予行政紧急权力,等等。

第二,要明确各种控制和扑灭措施的具体含义。根据富勒的观点,法治是使人们的行为服从规则治理的活动。为达此目标,法律规则本身应当具有一般性、普遍性、不自相矛盾性、明确性、官方行为与法律的一致性和法律不要求不可能之事等特征。法治之法之所以要求这些特征,主要在于为受法律治理的人们提供明确的行为指导,使人们在做出行为之前能够产生稳定的心理预期,合理安排自己的社会生活。与此相对应的另一方面是,希望借助于法律的上述特征给政府机构及其执法官员划定明确的行为范围,达到严格控制政府权力行使的终极目标。然而,在动物防疫法治的应急处置中,严格控制政府权力的行使却可能会受到另一种价值要求的削弱,即保障社会公共利益的价值。在常规的社会治理中,严格控制政府权力与保护公民的基本权利之间是一对有直接关系的范畴,对政府权力控制得越严格,公民的基本权利保障得越好(尽管公民的基本权利可能会受到来自于其他公民的侵犯,但相对于政府以公权力名义进行的侵犯而言,危害性要小得多)。但是,在动物疫病的治理中,严格控制政府权力与保护公民基本权利之间的直接关系会受到挑战,动物疫病爆发流行的不确定性极有可能使公民基本权利得不到有效保障,而严格控制政府权力可能会加重这种情形。但是,这并不能构成不明确动物防疫控制和扑灭措施具体含义的关键理由。因为尽管动物疫病的传播流行具有不确定性,但是人类应对动物疫病传播的经验表明,能够有效控制动物疫病传播流行的措施却是相对固定的,即一是要切断病原体传播路径,二是要销毁疫源,三是要对动物疫病产生的环境进行消毒处理等。既然如此,法律应当明确规定政府可以采取的控制与扑灭措施,更重要的是,法律还需要对每种措施的精确含义进行定义或解释,不能授予政府机构过多的自由裁量权,因为这可能会导致公民基本权利没有受到动物疫病的影响,但是却会受到政府机构执法的影响。比如《动物防疫法》中允许使用的控制措施之一是"封锁",对此法律必须从以下几个方面明确其含义,即封锁权力的主体、封锁的程序、封锁后授权政府的范围、封锁后公民权利受限制的范围以及封锁后不服从的法律责任,更重要的是还应当保证权利受到封锁影响的人有提起诉讼进行救济的权利。其他的控制与扑灭措施都应当比照"封锁"来进行定义或解释。

第三,要建立兽医与卫生主管部门之间的协同配合制度。根据韦伯的观点,法治理性是形式与实质理性的完美结合。所谓形式理性是指政府组织机构的"科层制"结构,一种按照严格分权、职能明确、相互配合又相互制约的组织机构,在这种机构中没有任何一个人的个人意见能够决定治理事项的最终结果,只有整个体制相互配合才能决定,也就是说体制自身具有决定治理事项的权力,在体制中工作的个人没有决定权力。"科层制"最大的好处是以体制来制约政府权力的任意性,使政府行为在既定的轨道上运转。实质理性主要是指文艺复兴时期以来现代社会已经达成普遍共识的一些基本价值观念,比如人权、自由、平等、民主和公共利益等。在一般情形下,形式理性下的"科层制"是有利于实现实质理性下的一般价值的,这也是世界上大多数国家都极力推行法治的主要原因所在。然而,法治的形式理性(即科层制)也不是没有缺陷的,我们必须注意的是,"科层制"所适用的治理事项主要为社会常规事务,这些事务本身就具有常规性,因而也必然要求政府行为具有常规性,体制稳定无疑是实现这一目标最有效的方式。而对于动物防疫而言,尽管这其中存在着常规性事务,比如对动物实施强制性免疫等,但是有些事务,尤其是人畜共患型动物疫病,其发生几率比较小,其对社会公共利益的影响也不确定,如果按照"科层制"的方式来处理,一般需要兽医主管部门与卫生主管部门分别按照各自的工作规程进行处理,但是要知道,这类型的动物疫病的传播流行却不会主动遵照"科层制"的要求爆发流行,这就可能会给这两个部门的应对工作造成麻烦,对法治实质理性的实现产生严重的负面影响。为了即维护"科层制"控制政府权力的作用,同时又能够保证法治实质理性的实现,国家应当建立人畜共患型动物疫病协同制度,将这种类型的动物疫病单列出来,规定兽医与卫生主管部门之间的权力划分及相互配合的机制,将这种类型的动物疫病纳入法治的轨道。

第四,要完善动物防疫行政相对人的法律权利与义务制度。法律上的权利义务与道德上的权利义务在内容上有很多的相似性,但是两者还是存在着一些显著的差别。根据康德的观点,法律上的权利义务是"他律性"的,也即是需要通过政府的强制性保障措施才能享有权利承担义务,而道德上的权利义务是"自律性"的,即不需要政府的强制而由当事人自己决定是否遵守或决定的事项。而根据法律现实主义的观点,法律上的权利义务必须具有"司法保障性",也即是可以向法院起诉由法院进行救济的权利才是法律上的权利,由法院进行制裁的义务才是法律上的义务,而道德上的权利义务大多只有"社会舆论性",即只能通过社会舆论的压力才能保证当事人服从或遵守,无法通过诉诸法院来保障权利或履行义务。两者观点都有合理性,共同阐述了法律权利义务与道德权利义务的关键区别。根据这种观点,我们认为,《动物防疫法》中对行政相对人所规定的权利义务不具有法律上的特点,其更像是一种道德上的权利义务。《动物防疫法》既没有规定当事人不服从这些行为的法律后果,也没有规定政府对这些行为进行制裁的手段,以及制裁以后当事人是否可以向法院提起诉讼,也就是说,该法没有设置行政相对人法律义务的保障性措施,导致这些法律义务的履行可能更多地依赖于社会舆论,或者依赖于政府官员的任意性措施,包括政治动员或思想政治工作等,这无疑是与法治精神相违背的。因此,国家应当按照法律权利义务的基本标准,修正该法中对行政相对人法律权利义务的规定,使之具有法律上的标准特征,比如对于不遵守兽医主管部门作出的控制、扑灭动物疫病的规定的,可以设置相应的行政处罚类型,特殊情形下可以设置一些行政强制措施(以保证政府决定的有效实施),同时还应当规定受到政府行政处罚或行政强制措施影响的人可以向法院提起行政诉讼,由法院来裁决政府机关在当时所采取的这些处罚或强制措施是否具有合法性或合理性等。

三、完善动物防疫法治的应急救援制度

动物防疫法治的应急救援与应急响应和处置存在显著的区别,其重要性可能不如前两者重要,但是在特殊情形下,应急救援制度具有不可替代的人权价值。一般情形下,动物防疫法治中可能不会出现需要应急救援的工作,因为动物防疫治理与其他公共危机事件存在一定的区别,在自然灾害、重大事故和涉及人的生命健康的公共卫生安全等公共危机中,可能都会出现使许多人的生命财产安全处于危险之中的情形,而在动物防疫治理中,可能只在人畜共患型动物疫病中才有可能出现使人的生命健康处于危险之中的情形,在其他情形中可能仅仅会威胁到养殖者的财产权利或养殖行业的健康发展。但是,我们也应当看到,如果在一个国家的动物防疫法治体系中,应急救援制度不健全,那么实际上就等同于放纵某些动物疫病演化为重大动物防疫,对全体社会公众的生命健康权不负责任,或者是对整个养殖行业不负责任,致使整个养殖业陷入崩溃状态。另外,如果没有应急救援制度,即使生命健康受到影响的人数较少,但是由于政府没有及时给予援助,就可能会恶化这种行为的后果,给社会公众造成恐慌心理,使政府行为的公信力大打折扣。因此,国家应当要建立完善的动物防疫法治的应急救援制度。针对中国当前的动物防疫法治现状,我们认为应当从以下几个方面入手进行改善。

首先,要设立专门的应急救援机构。动物防疫治理中的应急救援主要涉及对感染人畜共患型动物疫病的人员进行应急救援的问题,在兽医主管部门的管辖范围内,对人的生命健康进行救助一般不属于其管辖范围,而是属于卫生主管部门的管辖范围。但是,由于动物疫病防疫与动物防疫在制度上的分立,可能会导致卫生主管部门也不会采取相应的应急救援措施。即使在卫生主管部门的管辖范围内,中国也没有设立专业的应急救援机构,而是由公立医

院临时充当应急救援的角色，比如在 SARS 危机中，中国的卫生机构就已经表现出没有设立专业应急救援机构的尴尬，最后只能临时征用某些公立医院实施救援工作。由于公立医院本身充当了对全民实施医疗的职责，其机构或部门设置完全是依照常规疾病治疗而设立的，许多设施都不能满足应急救援工作的需要。因此，在中国设立专业化的应急救援机构（主要是针对感染传染性疾病的人群）是一件迫在眉睫的事情。如果设立机构，既可以解决动物防疫法治中应急救援机构缺乏的问题，同时也可以解决公共卫生安全危机中应急救援机构不专业的问题。

其次，要配备专业的救援人员和经费。除了要设立专业的救援机构之外，动物防疫应急救援工作，还需要配备专业的救援人员，在各级政府的财政预算中设立相应的应急救援经费。之所以要配备专业的救援人员，是因为一般的医疗人员由于不是从事专门化的救援工作，在救援工作中容易忽视应急救援工作的特点，也容易使救援人员本身陷入危险之中，比如在 SARS 危机中，由于是常规医院对患者实施救援，许多救援人员没有专业和心理上的准备，导致许多医疗措施不到位，最终使许多医疗人员自己也深受其害。专业化的救援人员很明显可以有效弥补这一缺陷，其长期的心理和专业准备，使其在应急救援工作中得心应手，既可以有效实施救援，也可以使自己免于受到感染。而对于应急救援经费，前文已经讨论过，认为应急救援工作是一项公共服务，具有公共品的非排他性和非竞争性，无法对需要救援的人收取费用，但是又必须对他们实施医疗救援，否则就会影响社会公共卫生安全。因此，国家必须从财政预算中列出相关的预算计划，以保证动物防疫应急救援工作的正常开展。

最后，要制定应急救援的法律责任制度。尽管动物防疫治理的应急救援工作是一项应当由政府提供的公共服务，在道德上也是一件值得鼓励的事情，但是法治的基本原则是，不能因为政府所实施的行为在道德上是值得的，就授予政府无限的权力，使政府不受任何形式监督。应急救援工作还涉及使用公共财政预算经费的问题，如果政府部门滥用权力，可能会导致经费没有使用到其应当被使用的领域，比如被政府部门挪用等，一旦发生需要救援的事项，就有可能延误应急救援的最佳时机，或者根本就无法开展应急救援工作。为此，国家应当制定相应的应急救援法律责任制度，规定应急救援的主体、应急救援的程序、应急救援经费用的划拨和使用程序，以及没有遵照应急救援制度所需要承担的法律责任,更重要的是,也是具有一定争议性的是,如果需要救援的人员没有获得相应的救援,其是否可以向法院起诉要求政府实施救援,或者在救援已经不需要的情形下是否可要求政府对此进行国家赔偿? 至少现行的国家赔偿法是不支持这种观点的。但是,我们认为,为了加强动物防疫法治的应急救援制度建设,国家应当在法律制度中规定需要救援的人员有司法救济的权利,唯有如此,才能完善动物防疫应急救援的法治状态。

第六章　动物防疫法治善后体系：
恢复、补偿与责任制度

第一节　动物防疫法治善后体系的基本原理

一、动物防疫法治的事后恢复

事后恢复一般是指在动物疫病或动物防疫的威胁和危害得到控制或消除之后，停止执行应急处置与救援措施，社会向公共危机事件发生之前的相对正常、稳定和安全的秩序回归的过程。重建是指在公共危机事件之后，在事后恢复的过程中，为恢复到原有的社会状态，而从公共危机事件中吸取经验教训，按照更高标准和要求，进行面向未来的重新建设。事后恢复与重建之间存在着紧密的关系，事后恢复一般都需要通过重建来完成，但重建并不是对以前社会状态的简单恢复，而是要总结经验教训，使恢复的社会状态不会受到同样公共危机事件的袭击或影响，这才是重建的最终目的。

作为一项法律制度，动物防疫事件事后恢复与重建涉及以下几个方面的内容，即恢复什么、由谁恢复、恢复进程或计划是什么等，比如，在美国的《联邦反应计划》中，"'恢复行动'是指灾民所从事的一些活动，这些活动使他们得以开始重建家园、重置财产、恢复就业、恢复营业、永久性地修复、原地或异地重建公共基础设施，减轻未来灾害损失的过程。它也指联邦政府为帮助灾民的恢复行动而实施的援助、支持、技术服务计划，如提供修复或重建房屋、企业、财产、基础设施的救济金或低息贷款，提供技术援助，提供教育和信息等等"。① 很明显，在这个定义中，恢复什么的问题相对简单，即恢复到公共危机

---

① 中国地震局测预报司译：《美国联邦反应计划》，地震出版社 2003 年版，第 131 页。

事件发生前的社会状态;由谁的恢复的问题则相对复杂一些,在这个定义中,政府和个人在事后恢复与重建中都有责任,联邦政府的主要责任是支持性的或援助性的,恢复的主要工作还在于公民个人。很显然,这种政府与个人在事后恢复与重建中的法律定位,与美国的政治体制是紧密相关的;而对于恢复流程或计划,在美国《全国突发事件管理系统》中对此有较为明确的规定,"制定、协调、实施服务和现场复原预案,重建政府运转和服务功能,实施对个人、私人部门、非政府和公共的援助项目以提供住房和促进复原,对受影响的人们提供长期的关爱和治疗,以及实施社会、政治、环境和经济恢复的其他措施,评估突发事件以吸取教训,完成事件报告,主动采取措施减轻未来突发事件的后果。"①

因此,在公共危机事后恢复与重建制度中,最为关键的一点也许在于,政府和公民的责任界限应当在何处,换句话说,也就是在公共危机事后恢复与重建过程中,法律应当如何分配恢复与重建的责任,是政府承担主要的责任,还是公民个人承担主要的责任。对于政府应当承担的责任,政府应当遵循何种原则来实施事后恢复与重建。第一个问题涉及一个国家或地区的政治体制问题,在一个以个人自由、有限政府观念为意识形态的国家中,政府在公共危机事后恢复与重建过程中,可能仅承担非常次要的责任,主要在于恢复公共秩序和基本公共服务,其他主要的恢复与重建工作则主要由公民个人来完成;相反,在以积极自由、全权政府观念为意识形态的国家中,政府可能在公共危机事后恢复与重建中承担非常主要的责任。这个问题与本书讨论的主题无关,本书假定政府在事后恢复与重建过程中是需要承担一定程度的责任的。在此基础上,公共危机事后恢复与重建工作的第二个问题比较重要一些,政府在履行公共危机事后恢复与重建职责时,应当遵循何种原则? 我们认为,政府至少应当遵循以下三个基本原则:

首先,要遵循紧急恢复性重建与长远发展性重建兼顾的原则。紧急恢复性和长远发展性是一个问题的两个方面,其最终落脚点都在于人民的福利和社会的安全。这个原则所要求政府在恢复重建的过程中,要实事求是,从公共危机事件所造成的实际损害出发,对于影响人民基本生活安全的设施要紧急

---

① Department of Homeland Security, *National Incident Management System*. 2004. (1), p.135.

恢复,要享有特别的优先性,比如如果公共危机事件已经毁坏了水、电等基础设施,使人民的生活状态处于危险之中,那么就应当优先恢复重建水电等基础设施,此乃紧急恢复性重建之要义;而对于被公共危机事件毁坏的其他设施,如果不涉及人民生活的现实危险问题,仅仅影响到人民生活的舒适度问题,那么就应当做长远规划考虑,要认真吸取本次公共危机事件应对过程中的经验教训,着眼于防范更高层次的公共危机事件和对被毁坏的设施进行重建,此乃长远发展性重建之要义。总而言之,就是在恢复与重建过程中,政府应当合理权衡人民群众生活需要的紧迫性程度,按照评估的紧迫性程度不同,实施不同的恢复重建性原则。

其次,要遵循快速恢复性重建与高质量恢复性重建兼顾的原则。快速恢复性重建与高质量恢复性重建在某种意义上是一对不可调和的矛盾,快速可能意味着质量不高,高质量可能意味着低速。然而,要使恢复重建的快速性与高质量相兼顾也不是没有可能性,如果能够满足某些前提条件,那么这种兼顾也是有可能的。这些前提条件是:要有全盘的、长远的和细致的恢复重建规划;有能力调动各种资源参与恢复重建;有相互协作的团队精神等。在这一点上,中国的政治体制具有先天的优势,可以集中全国的专家团队参与恢复重建的规划工作,可以举全国之力量参与恢复重建工作,有优良的思想政治工作的传统,可以保证相互协作的各方之间有良好的团队精神。而在强调个人主义、有限政府观念的政治体制中,快速性与高质量恢复重建必定不能相互兼顾,因为在那种政治体制下,不可能做出全盘的、长远的和细致的规划,也不可能调动全国的资源对某一受损地区进行恢复重建。

最后,要遵循复原性恢复重建与升级性恢复重建兼顾的原则。复原性恢复重建与升级性恢复重建也是一对自相矛盾的范畴,进行复原性恢复重建,就不可能进行升级性恢复重建,反之也是如此。在事后恢复与重建过程中,政府是决定进行复原性恢复重建,还是进行升级性恢复重建,必须要考虑所恢复重建对象或项目的自身价值。如果需要恢复重建的对象或项目具有历史文化意义或其他人文价值,那么复原性恢复重建无疑是最佳方案或选择,因为通过重建可以继续保留优秀的人文传统;如果需要恢复重建的对象或项目没有什么历史文化意义或其他人文价值,仅仅具有功能性的作用,比如排水、排污系统等,那么考虑到这些设施在公共危机事件中被损坏了,在恢复重建的过程中,必须适当地提高其抵御同级公共危机事件的水平或能力,使之至少在同等条件下不至于再遭到相似的损毁。无论是复原性的还是升级性恢复重建,其实都隐含着"以人为本"的价值理念或追求,复原性的恢复重建保留的是社会优良的人文传统,升级性的恢复重建保障的是公民未来不受同等公共危机事件侵害的基本权利。

责任一词在英文中的表述形式比较多,包括:duty、obligation、liability、responsibility 等。其中 duty 的意思,在大多数语境中等同于义务,当然,在某些语境中也可以翻译为责任,但前者是主要的意义。在使用英语的国家中,当用来描述责任、道德责任或法律责任时,一般使用 liability 或 responsibility 比较多一些,尤其是后者,更是经常出现在法律责任的表述之中。根据《辞海》的解释,责任在汉语的语境中一般包含三个层面的意思:其一是分内应做的事情,与职责或义务具有相同的意思;其二是特定的人对特定事情的发生、发展、变化及其效果负有积极的义务,也就是说,某人必须为某种特定的行为,以促进特定事情的发生、发展、变化以及达到相应的效果;其三是因没有做好分内应做的事或没有履行好义务而应当承担的对某人不利的后果。

法律责任和道德责任更多的是在第三种意义上使用。这也就意味着责任与义务是不同的,义务是人们应当要去做或不做的行为,而责任则是人们对应当要去做或不做的行为没有做或做了应当承担的不利后果。道德义务的来源比较多样化,可以来自于社会意识、习惯或政治意识形态等方面,甚至可以直接来源于个人对"应当为何"的信仰。而承担没有履行相应道德义务的不利后果也是多样化的,可以是社会舆论、组织处分或纯粹来自内心的自责。法律义务在现代法治国家中,一般直接来自于法律的明确直接规定。① 根据美国法学家富勒的看法,法律对法律义务的明确规定是实现法治必须具备的条件之一。承担法律义务没有履行的责任一般也由法律明确规定,大多采取要求行为人承担不利后果的方式来实现,大致包括降低其社会评价、限制其人身自由或征收或限制其财产权利等方式。支配法律责任承担的最重要的原则主要是法定原则以及相称原则。所谓法定原则是指所有的法律责任必须法律明确规定,行为人在实施相应行为之前知道或能够推断其知道该行为可能需要承

---

① ［美］富勒:《法律的道德性》,朱苏力译,商务印书馆 2005 年版。

担的法律责任。法律责任法定原则隐含着法治的重要原理，即法律不能要求不可能之事，也即是法律如果需要人们承担相应的法律责任，就必须提前告知行为人法律责任是什么。同时，法律责任法定也是对执法者执法权力的一种限制，使执法者无法滥用权力，只能依据法律的明确规定来要求行为人承担相应的法律责任。所谓相称原则是指法律责任的类型与轻重程度应当与行为人违反法律义务的严重程度保持平衡，不能使行为人承担没有必要的、过分的法律责任，这不仅对行为人而言是不人道的，对社会而言也是一种没有必要的损失。

就公共危机法治的责任体系而言，考虑到公共危机治理的法律义务包含着不同层次、不同性质的内容，因此在公共危机法律责任的设计中，必须与法律义务保持相对的一致性，以符合法律责任承担的法定性与相称性的原则要求。在公共危机治理的法律义务中至少包含以下几种类型：第一，公共危机治理单位的行政管理义务，也即是公共危机治理单位对公共危机治理拥有的法定义务；第二，相关行政机关对公共危机治理的行政管理义务，也即是公共危机治理的行政领导机构对公共危机治理的法定义务；第三，行政相对人服从公共危机治理的消极义务，以及行政相对人在特定情形中对公共危机治理的积极义务。

针对上述公共危机治理过程中的不同法律义务，根据违反法律义务的程度不同，以及造成的社会危机性程度不同，还可以将公共危机治理的责任体系区分为民事责任、行政责任和刑事责任。对于行政相对人之间因公共危机事件而导致的人身财产损害，考虑到各方都没有法律上的过错，可以适用民法上的公平责任原则，由各方当事人分别承担相应的民事责任；行政主体承担的法律责任可以区分为行政内部责任与刑事责任两种基本类型，行政内部责任一般可以直接适用行政处分的相关规定，对于情节严重，社会危害性较大，达到了犯罪程度的，也可以直接追究渎职方面的刑事责任。行政相对人的法律责任可以区分为行政外部责任与刑事责任两种基本类型，行政外部责任一般可以适用行政处罚法及单行行政法规定的行政处罚条款的规定，一般以扰乱社会秩序或者妨碍执行公务的行为居多，如果情节严重、社会危害性较大，达到了犯罪程度的，也可以追究扰乱社会秩序与妨碍执行公务等方面的刑事责任。

在追究法律责任的过程中，由于公共危机法治本身的特殊性，必须考虑追究过程的轻重缓急的问题。在公共危机治理过程中,及时有效地防止公共危机扩散,化解公共危机是处于第一顺位的选择,而追究相关人员的法律责任必须处于第一顺位之后,服务于第一顺位的要求。也就是说,如果在公共危机治理过程中,追究相关人员的法律责任有利于快速化解公共危机,那么就应当及时启动法律责任追究程序;如果追究相关人员的法律责任对快速有效化解公共危机帮助不明显,或者甚至有负面影响,则应当延后相关人员的法律责任追究,以保证公共危机治理的有效进行。

二、动物防疫法治的经济补偿

在市场经济中,政府是不是应当对市场参与者给予经济补偿一直是一个争论不休的问题。根据古典自由主义经济理论,政府的主要职能在于提供国家安全和社会安全的基本服务,保证公正执法和司法,不参与当然也不干预市场经济的运行,由市场参与者的分散决策来决定经济资源的配置,即由市场这只"看不见的手"来决定经济资源的配置,政府不应当对市场决定经济资源配置的过程进行干涉,更不能直接参与经济资源的配置。对于市场参与者高于市场风险可能遭受到的损失,古典自由主义者认为,尽管这些参与者在道德上值得同情,但是这并不是政府应当干涉的理由,因为市场参与者的失败在市场中自有其存在的价值,它能够为其他市场参与提供市场供应饱和或不足的信息,引导其他市场参与者加入或退出市场,如果政府对此进行干预,那么市场的这个功能就不能发挥作用,会误导很多人加入或退出市场,使经济资源的配置无效率。

但是,古典自由主义的经济理论遭到了许多来自理论界和经济实践的挑战。在理论上,现代契约经济学或信息经济学认为,古典自由主义理论认为市场具有自动有效率配置资源的作用,是以决策信息完全和不存在投机行为为前提的,而在实际的市场经济活动中,决策信息不可能是完全的,投机行为也是无处不在的,这会在很大程度上干扰市场机制配置经济资源的过程,使其变得无效率。在实践中,近现代以来,尤其是几次世界性的经济危机以来,世界各主要市场经济国家似乎改变了对市场机制的信仰,政府开始逐渐介入市场配置经济资源的过程,比如政府开始对经济运行进行宏观调控、开始对劳动力市场进行调控(规定最低工资等)、开始对国内许多行业进行财政补贴或变相补贴。在其中最为明显的介入是传统行业——农业,即使是世界上市场机制最为完善的国家——美国,也对农业实施补贴(也就是对农民进行经济补偿)。为什么在市场经济国家还是要对农业实施经济补偿呢? 一般认为,这是市场机制原理失效的例证之一。在古典自由主义理论中,市场参与者可以根据市场供需状况随时对生产进行调整,以保持市场的供求均衡状态。但是,农业生产具有明显的季节性和不确定性,而农业产品的需求却具有刚性(即不受市场供给状况的影响或影响较小)。如果某年农业收成不好,那么就会抬高农业产品的价格,使许多贫困群体难以生存;如果某年农业收成很好,那么会显著降低农业产品的价格,使农业生产者一贫如洗。总而言之,农业生产的这些特征使市场机制的优势完全无法发挥作用。另外,农业产品还有社会保障的功能,即所谓"无粮不稳"的保障功能,农业产品价格高,会使很多贫困阶层无以为继,政府只有降低农业产品的价格才能保障这部分群体的生活,为此政府需要干预市场,降低价格,而这又会使农业生产者利益受损,缺乏继续生产农业产品的动机,当然这又会由于短缺而进一步抬高农业产品的价格。为此,政府只有对农业生产者给予经济补偿,才能既保证其生产的积极性,使其不在丰收年度亏损,也不在歉收年度享有暴利,最终才能保障农业产品的稳定供给,实现农业产品的供给与社会保障功能的统一。

动物防疫治理过程中,由于要采取控制与扑灭措施,在短期内必然会引起动物产品市场供给的短缺,抬高动物产品的市场价格,因为动物产品是人类日常生活中蛋白质的主要食物来源,人们要维持身体健康必须要补充蛋白质(需求有刚性),这会使许多社会贫困阶层陷入无能力消费动物产品的境地,影响这部分群体的身体健康。另外,如果动物疫病是人畜共患型的,由于会在消费者中造成恐慌情绪,即使动物产品供给较少,也不会抬高动物产品的价格,因为人们不敢消费,但是却会造成动物产品替代品的价格暴涨(还是由于补充蛋白质来源的需求刚性),使这些不受动物疫病影响的生产者或替代品生产者获得超额利润。在动物防疫治理过程中,受动物防疫控制与扑灭措施影响的动物养殖者无疑会受到较大的损失,对这些受损者应当给予经济补偿吗? 如果应当给予经济补偿,那么补偿的标准应当如何确定呢?

我们认为,对于受到动物防疫控制与扑灭措施影响的动物养殖者应当给予经济补偿,理由如下:首先,动物养殖者承担了公共服务的职能,理应获得经济补偿。众所周知,动物养殖者的动物感染疫病并非出于其故意行为,而是出于无法控制的因素,对被感染的动物,动物养殖者可以采取控制与扑灭措施,也可以不采取。如果是前者,那么动物养殖者需要付出一定的成本,而受益的对象却是社会公众(具有非排他性),动物养殖者自身不可能从中受益,但是却可以使社会受益,其无疑承担了公共服务职能;如果是后者,那么作为其自己的财产也无可厚非(享有财产自由的权利),在某些情形下,动物养殖者甚至可以出售感染疫病的动物或动物产品(假设不违法)来降低其损失,但是这样无疑会对社会公共利益产生不利影响,因此国家法律为了避免动物养殖者这种投机行为,必然会制定法律禁止动物养殖者这样做,同时要求动物养殖者采取相应的控制与扑灭措施。但是,考虑到动物养殖者承担了公共服务的职能而无法获得收益,为了公平起见,也为了鼓励动物养殖者有效采取控制与扑灭措施,国家必须给予动物养殖者以经济补偿。其次,为了保证动物产品市场的稳定,也应当给予动物养殖者以经济补偿。农业生产受自然因素的影响较大,其市场供应具有较大的不确定性,如果不对农业生产者给予足够的经济补偿,根据前述农业市场的基本原理,这必然会引起农业产品市场的不稳定。动物疫病无疑是影响动物产品市场供给不确定性的主要原因之一,给受到损失的动物养殖者以补偿无疑可以起到稳定动物产品市场的作用。

对动物养殖者进行经济补偿的标准是一个更为棘手的问题。这既是一个经济问题,也是一个与政治和法律相关的问题。之所以是这一个经济问题,是因为经济学家会认为,经济补偿的标准应当要按照维护动物产品稳定为目标来判断,或者动物产品的市场供求均衡来判定。而之所以是政治和法律问题,是因为这其中涉及复杂的利益分配或重新调整的问题,如果要进行补贴,政府无疑要增加税收,这无疑会增加人们的经济负担,其目标却在于改善另一部分人的利益。在一个民主法制的国家中,这无疑需要经过复杂的立法程序,在各利益主体充分参与讨论之后,才能最终确定给动物养殖者的经济补偿标准。

三、动物防疫法治的法律责任

法律责任是法律概念中最重要的元素之一,某些法学家,比如凯尔森甚至认为,法律责任(或法律制裁)是法律定义中唯一重要的元素或关键性元素,法律中的其他元素与其他社会规范难以区分开来,比如道德、宗教和习惯中的行为规范与法律规范的内容具有很大的重合性。尽管凯尔森的观点有失偏颇,但是却道出法律概念中最为重要的构成要素之一——法律责任。仅仅根据法律责任来判断一条规则是否为法律也许有点片面,但是一条规则如果没有法律责任条款作为支撑,那么这条规则的法律性必然会大打折扣。哈特认为,法律的主要构成要素是授权性规则,即规定人们可以为或可以不为的规则,比如财产权和人身权,就是人们享有的对财产和人身方面的自由权利,可以自己决定是否行使或以何种方式来行使。尽管人们选择为或不为某种行为会有特定的法律后果产生,但是这些后果似乎不能称为法律责任,比如一个人选择抛弃自己的财产,如果其抛弃行为完成,那么产生的法律后果是被抛弃的财产成为无主财产,如果为第一个发现并占有的人所拥有,那么原财产人就失去了财产权,对此我们不能说这是原财产权人应当承担的法律责任。哈特的观点无疑是正确的,但是要注意到,法律权利(即人们可以为或不为的行为选择)还是需要通过设立法律责任来保障的,如果有人以强迫、胁迫或其他不正当方式妨碍了当事人的自由选择,那么在没有设立法律责任的情形下,当事人的法律权利实际上是不存在的(即使在规范意义上存在)。

　　法律责任是法律的重要构成要素之一,还可以从康德对法律与道德进行区分的意义上进行分析。康德认为,法律是"他律的",道德是"自律的"。所谓"他律"是指,法律的实施需要借助外在的强制(其中主要是政府有组织的强制),也即是如果当事人不遵守法律,那么政府将以否定性的法律后果(处罚或强制措施)来迫使当事人遵守法律。所谓"自律"是指,道德的实施不需要借助外在强制而由当事人自我施加的强制予以保证,如果当事人没有遵守道德,当事人会觉得良心不安、内心受到良知的谴责。法律的"他律"就是指法律责任。尽管如此,法律责任还是与道德责任存在着较为密切的联系。首先,法律应当与道德原则尽量保持一致,否则法律责任"他律"的效果就会受到影响。由于法律的实施需要借助于政府的强制,如果法律与道德原则不能保持一致,那么就会出现当事人"自律"要求的行为与法律要求的行为不一致的情形,当事人如果受到良心的谴责,就不会被追究法律责任,当事人如果被免于追究法律责任,则可能受到良心的谴责,也就是说,这会使当事人陷入良心与恐惧的双重困境之中,这无疑会影响法律实施的社会效果。其次,即使法律与道德原则的内容保持了一致,法律责任还是需要保持在适度的范围之内。

法律与道德原则的内容保持了一致,就意味着"他律"与"自律"基本上做到了统一,不会使当事人陷入良知与恐惧的两难之中。但是,根据康德的意见,即使如此,法律责任的"他律"也需要在适度的范围之内,因为这是对当事人作为道德主体尊重的一种体现。一个人主动地选择做违反法律和道德原则的事情,就必须要为此承担相应的责任,包括道德上的谴责和法律上的制裁,这样做不仅尊重了这个道德主体的人格,而且也会对他将来选择做正确的事情奠定实践基础。如果不让当事人承担任何法律责任,那么当事人在道德上所受到的良知谴责可能会弱化,最终变成一个缺乏道德良知的人;相反如果让当事人承担过度的法律责任,那么当事人认为自己所做的良心上应受谴责的事情不应当受到这种法制制裁,就会对法律的公正性产生怀疑,或者会加重自己良知中对暴力的容忍程度,变相地加剧社会对暴力的容忍程度。最后,即使法律与道德原则的内容保持了一致,法律责任也必须以预先设定的类型或方式来追究,不能随意追究当事人的法律责任。作为一个理性的存在者,当事人在选择做一项社会行为时,会仔细权衡自己的利益得失,包括利益上的所得和良知上的容忍程度,如果利益所能够得到的在良知容忍程度之内,当事人无疑会选择去做获得利益的事情,如果超过了良知容忍的程度,那么当事人一般会选择不去做良知所不能容忍的事情。法律责任一般以剥夺违法当事人权利为主要的承担方式,如果法律责任以法定的方式规定类型和追究方式,就可以为作为理性存在者的道德人格体提供良好的理性选择的机会,即是违法以获得利益,还是合法以守护良知? 这无疑是非常重要的,因为法律不可能是十全十美的,每一个人的违法行为都是一次对法律是否正义的良好的审查机会,当然这种审查机会只有在法律责任类型和方式法定的前提下才能表现出来。

作为动物防疫法治的法律责任,与其他法律责任一样,同样地需要满足上述三个原则的要求,即一致性、适度性和法定性。所谓一致性是指动物防疫法律对当事人提出的行为要求,即动物防疫权利与义务应当与人们坚持的道德原则或内容保持足够的一致性,不让当事人觉得动物防疫法律的行为要求完全是人们不能接受的,或者与人们的道德常识是相违背的;所谓适度性是指违反动物防疫法律而应当承担的法律责任应当与人们的违法行为所造成的社会后果相适应,既不能动辄得咎,也不能放纵人们违反动物防疫法律;所谓法定性是指违反动物防疫法律所应当承担的法律责任,应当要由法律预先明确规定相应的类型和追究的方式,不能采用非常模糊的方式,放纵执法者随意或任意执法。当然,我们还必须考虑到的一个问题是,动物防疫毕竟是一项非常专业的工作,在一个与动物养殖行业无直接联系的普通人与动物养殖行业的专业人士之间,动物防疫专业知识的掌握程度无疑存在较大的差别,正因为如此,法律责任的上述三个要求,在实际适用的过程中,应当要考虑这种知识程度上的差异,对普通人群和专业人士采取不同的法律责任承担标准,唯有如此才能最大限度的实现法律正义。除此之外,对于承担了相应动物防疫法律责任的人,应当赋予其司法救济的权利。这无疑是动物防疫法治法律责任制度中最为重要的一个环节,是决定法律责任承担能否法治化的关键所在。值得注意的是,承担法律责任的人的司法救济权应当是平等的,不能采取差异化的不平等对待。在中国当前的救济体制中,行政机构的工作人员与行政相对人在承担法律责任之后,所能够采取的救济措施是完全不同的,前者只能通过行政机构内部设立的救济程序进行救济,而后者则可以既可以通过行政复议的内部救济程序,也可以通过行政诉讼的外部救济程序进行救济。抛开两种救济程序的实效性不管,仅从平等保护每一个人的合法权益的原则出发,我们认为这是一个需要改善的制度设计。

第二节　动物防疫法治善后体系的
现状及存在的问题

一、动物防疫法治善后体系的现状
(一)动物防疫法治的监督制度

根据《动物防疫法》第五十八条的规定:"动物卫生监督机构依照本法规定,对动物饲养、屠宰、经营、隔离、运输以及动物产品生产、经营、加工、贮藏、运输等活动中的动物防疫实施监督管理。"动物防疫法律关系的监督主体是动物卫生监督机构,至于是哪一级动物卫生监督机构,法律并没有明确规定,对于监督的对象是从事动物养殖者及相关者,还是应当包括相关政府部门,法律也没有明确规定。监督管理的内容包括:家畜家禽、经济动物、观赏动物、宠物、实验动物的饲养,家畜家禽等动物的屠宰,经营动物和动物产品的集贸市场的监督管理,动物产品涉及的动物饲养、屠宰、孵化等,动物和动物产品的运输等活动的动物防疫监督管理等。

为了保障动物卫生监督机构在监督动物防疫活动的过程中发挥积极作用，必须授予其相应的执法监督权力，根据《动物防疫法》第五十九条的规定："动物卫生监督机构执行监督检查任务，可以采取下列措施，有关单位和个人不得拒绝或者阻碍：（一）对动物、动物产品按照规定采样、留验、抽检；（二）对染疫或者疑似染疫的动物、动物产品及相关物品进行隔离、查封、扣押和处理；（三）对依法应当检疫而未经检疫的动物实施补检；（四）对依法应当检疫而未经检疫的动物产品，具备补检条件的实施补检，不具备补检条件的予以没收销毁；（五）查验检疫证明、检疫标志和畜禽标识；（六）进入有关场所调查取证，查阅、复制与动物防疫有关的资料。动物卫生监督机构根据动物疫病预防、控制需要，经当地县级以上地方人民政府批准，可以在车站、港口、机场等相关场所派驻官方兽医。"在这条规定中，动物卫生监督机构有权采取的措施包括：采样、留验、抽检、隔离、查封、扣押、处理、补检、没收、销毁、查验和调查取证等，在特殊情形下，经县级以上人民政府批准，还可以根据需要派驻官方兽医实施上述措施。但是，对于上述措施的具体含义却都未在法律条文中进行明确的定义，仅可以根据动物防疫学的基本原理进行定义。

对于动物监督卫生机构进行动物防疫监督的执法程序，《动物防疫法》未做具体的规定，但是该法第六十条规定了官方兽医执行监督检查任务时应当遵循的一般性程序原则，即"官方兽医执行动物防疫监督检查任务，应当出示行政执法证件，佩带统一标志"。也就是说，官方兽医在执行动物防疫查检时，主要的程序要求是出示行政执法证件，佩带统一标志，除此之外没有其他具体的规定。为了防止动物卫生监督及工作人员利用职权谋取私利，《动物防疫法》特别规定了动物防疫的监督检查是不收取任何费用的，该法第六十条第二款规定："动物卫生监督机构及其工作人员不得从事与动物防疫有关的经营性活动，进行监督检查不得收取任何费用。"为了防止动物养殖者及行业相关者的投机行为，逃避检疫检查，危害社会公共卫生安全，该法特别规定了动物养殖者及行业相关者的禁止性行为。《动物防疫法》第六十一条规定："禁止转让、伪造或者变造检疫证明、检疫标志或者畜禽标识。检疫证明、检疫标志的管理办法，由国务院兽医主管部门制定。"

(二)动物防疫法治的保障制度

动物防疫工作关系到保障畜牧业发展,关系到公共卫生安全。国家把动物防疫工作作为农业工作的战略重点,把动物防疫工作纳入国家和地方的国民经济和社会发展规划及年度计划,使动物防疫工作与社会经济发展相适应、相协调。通过国民经济和社会发展规划及年度计划,确立动物防疫工作和长期战略目标、战略重点和战略途径,明确动物防疫工作的中期目标、政策和原则,确定动物防疫工作的年度任务、方针和有关措施,有利于动物防疫工作的稳定发展。为此,《动物防疫法》第六十二条规定:"县级以上人民政府应当将动物防疫纳入本级国民经济和社会发展规划及年度计划。"

动物防疫工作是公共卫生工作的重要组成部分,是保持经济社会全面协调可持续发展的一项基础性工作。在疫情形势复杂,我国小规模和农户散养畜禽比例较大的情况下,强制免疫、消毒、监测、疫情观察报告等防疫任务十分繁重,投入的人力非常大,要确保这些防控措施的落实,单纯依赖兽医工作机构人员是难以满足需要的,有必要根据实际情况在农村地区安排动物防疫人员,协助开展日常防疫活动和突发动物疫情应急处置。因此,我国需要一支稳定的村级动物防疫员队伍。县级人民政府兽医主管部门根据动物防疫工作需要,向乡、镇或特定区域派驻兽医机构,是落实动物防疫工作由县级以上人民政府所属的机构组织实施的要求,从人、财、物三个层面上统一归县级派出机构管理,直接对派出机构负责,主要承担动物防疫、检疫和公益性技术推广服务职能。为此,《动物防疫法》第六十三条规定:"县级人民政府和乡级人民政府应当采取有效措施,加强村级防疫员队伍建设。县级人民政府兽医主管部门可以根据动物防疫工作需要,向乡、镇或者特定区域派驻兽医机构。"

动物防疫工作事关人民群众的健康和社会经济的发展,属于政府的一项长期性公共服务职能,其内容包含了技术性活动和社会管理活动,需要公共财政予以长期的支持,以保证日常情况下和应急状态时防疫工作的正常进行。通过对动物疫病预防、控制、扑灭、检疫和监督管理所需经费纳入本级财政管理,全面落实经营性服务和公益性职能剥离的要求,全力保障动物防疫工作各项措施及时到位,切实履行法律赋予的职责。为此《动物防疫法》第六十四条规定:"县级以上人民政府按照本级政府职责,将动物疫病预防、控制、扑灭、检疫和监督管理所需经费纳入本级财政预算。"近年来对动物疫情处置的实践,实现动物防疫的损失降到最小,动物防疫物资的专项储备是重要的前提。动物防疫工作以预防为主,需要常备不懈。建立动物防疫的物质储备机制,目的是在突发疫情时,能应对处置。为此《动物防疫法》第六十五条规定:"县级以上人民政府应当储备动物疫情应急处理工作所需的防疫物资。"

扑杀染疫和疑似染疫动物及其同群动物,或疫点、疫区内按照规定应扑杀的易感染动物,销毁染疫或污染的动物产品,是政府采取的强制性应急措施,这些强制措施必然会给养殖者或经营者造成一定的损失,因此给予当事人适当的经济补偿是一种必要的救济手段,这有利于防控措施的顺利实施,有利于帮助当事人维持生活和恢复生产,从而在当事人的积极配合下迅速控制疫情。为此,《动物防疫法》第六十六条规定:"对在动物疫病预防和控制、扑灭过程中强制扑杀的动物、销毁的动物产品和相关物品,县级以上人民政府应当给予补偿。具体补偿标准和办法由国务院财政部门会同有关部门制定。因依法实施强制免疫造成动物应激死亡的,给予补偿。具体补偿标准和办法由国务院财政部门会同有关部门制定。"

在动物防疫工作中,因为工作需要,动物防疫员、动物检疫员、动物疫病控制机构实验室人员和动物卫生监督执法人员,进入到疫点、疫区进行采样、诊断、流行病学调查、扑杀动物、消毒、运输、销毁或掩埋病死动物尸体及其污染物等活动的人员,在预防、检疫、监督检查、现场处理疫情等情况下,都有可能接触到动物疫病病原体。有关单位在保障这些工作人员采取防护措施的同时,还应当采取必要的医疗保健措施,如注射疫苗和定期体检等,除此之外,对所有暴露于感染或可能感染场所的人员均应接受卫生部门监测。为此《动物防疫法》第六十七条规定:"对从事动物疫病预防、检疫、监督检查、现场处理疫情以及在工作中接触动物疫病病原体的人员,有关单位应当按照国家规定采取有效的卫生防护措施和医疗保健措施。"

(三)动物防疫法治的责任制度

根据责任主体的不同,《动物防疫法》规定了不同的法律责任。该法第六十八条规定了地方各级人民政府及其工作人员的法律责任。即"地方各级人民政府及其工作人员未依照本法规定履行职责的,对直接负责的主管人员和其他直接责任人员依法给予处分。"承担行政法律责任的主体为地方各级人民政府中对动物防疫工作直接负责的主管人员和其他直接责任人员;承担行政法律责任的形式为处分,即行政机关内部上级以及监察机关、人事部门按照行政隶属关系,对违法违纪的人员依法给予的一种法律制裁。按照公务员法的规定,处分分为:警告、记过、记大过、降级、撤职、开除。地方各级人员政府及其工作人员未依法履行职责的,应当由任免机关或监察机关按照各自的管理权限对直接负责的主管人员和其他直接责任人员给予处分。

《动物防疫法》第六十九条规定了县级以上人民政府兽医主管部门及其工作人员的法律责任,即"县级以上人民政府兽医主管部门及其工作人员违反本法规定,有下列行为之一的,由本级人民政府责令改正,通报批评;对直接负责的主管人员和其他直接责任人员依法给予处分:(一)未及时采取预防、控制、扑灭等措施的;(二)对不符合条件的颁发动物防疫条件合格证、动物诊疗许可证,或者对符合条件的拒不颁发动物防疫条件合格证、动物诊疗许可证的;(三)其他未依照本法规定履行职责的行为。"县级以上人民政府兽医主管部门实施了该法列举的三种违法行为之一的,本级人民政府应当以行政命令的方式责令其改正并通报批评,违法的县级以上人民政府兽医主管部门及其工作人员在接到责任改正的通知后,必须立即改正其违法行为。对直接负责的主管人员和其他直接责任人员,本级人民政府还应当根据其错误性质、情节轻重、危害大小及本人对错误的认识态度依法给予警告、记过、记大过、降级、撤职或者开除的处分。

《动物防疫法》第七十条规定了动物卫生监督机构及其工作人员的法律责任,即"动物卫生监督机构及其工作人员违反本法规定,有下列行为之一的,由本级人民政府或者兽医主管部门责令改正,通报批评;对直接负责的主管人员和其他直接责任人员依法给予处分:(一)对未经现场检疫或者检疫不合格的动物、动物产品出具检疫证明、加施检疫标志,或者对检疫合格的动物、动物产品拒不出具检疫证明、加施检疫标志的;(二)对附有检疫证明、检疫标志的动物、动物产品重复检疫的;(三)从事与动物防疫有关的经营性活动,或者在国务院财政部门、物价主管部门规定外加收费用、重复收费的;(四)其他未依照本法规定履行职责的行为。"动物卫生监督机构及其工作人员实施了上述四种违法行为之一的,由本级人民政府或者兽医主管部门以行政命令责令其改正并通报批评,违法的动物卫生监督机构及其工作人员在接到责令改正的命令后,必须立即改正其违法行为。对直接负责的主管人员和其他直接责任人员,本级人民政府或者兽医主管部门应当根据其错误性质、情节轻重、危害大小以及本人对错误的认识态度依法给予警告、记过、记大过、降级、撤职或者开除的处分。

《动物防疫法》第七十一条规定了动物疫病预防控制机构及其工作人员的法律责任,即"动物疫病预防控制机构及其工作人员违反本法规定,有下列行为之一的,由本级人民政府或者兽医主管部门责令改正,通报批评;对直接负责的主管人员和其他直接责任人员依法给予处分:(一)未履行动物疫病监测、检测职责或者伪造监测、检测结果的;(二)发生动物疫情时未及时进行诊断、调查的;(三)其他未依照本法规定履行职责的行为。"除上述规定之外,该法第七十二条还规定了动物疫情信息通报或传递过程中的法律责任,即"地方各级人民政府、有关部门及其工作人员瞒报、谎报、迟报、漏报或者授意他人瞒报、谎报、迟报动物疫情,或者阻碍他人报告动物疫情的,由上级人民政府或者有关部门责令改正,通报批评;对直接负责的主管人员和其他直接责任人员依法给予处分。"

除政府相关部门应当承担相应的动物防疫法律责任之外,动物养殖者或行业相关者也需要承担相应的动物防疫法律责任。根据这些行政相对人违反动物防疫法禁止性规定的具体内容不同,应当分别承担不同的法律责任。《动物防疫法》第七十三条规定了行政相对人进行强制免疫方面的法律责任,即:"违反本法规定,有下列行为之一的,由动物卫生监督机构责令改正,给予警告;拒不改正的,由动物卫生监督机构代作处理,所需处理费用由违法行为人承担,可以处一千元以下罚款:(一)对饲养的动物不按照动物疫病强制免疫计划进行免疫接种的;(二)种用、乳用动物未经检测或者经检测不合格而不按照规定处理的;(三)动物、动物产品的运载工具在装载前和卸载后没有及时清洗、消毒的。"

对于违反免疫档案管理规定的当事人,该法第七十四条规定:"违反本法规定,对经强制免疫的动物未按照国务院兽医主管部门规定建立免疫档案、加施畜禽标识的,依照《中华人民共和国畜牧法》的有关规定处罚。"对于传染材料处置不当的,该法第七十五条规定:"违反本法规定,不按照国务院兽医主管部门规定处置染疫动物及其排泄物,染疫动物产品,病死或者死因不明的动物尸体,运载工具中的动物排泄物以及垫料、包装物、容器等污染物以及其他经检疫不合格的动物、动物产品的,由动物卫生监督机构责令无害化处理,所需处理费用由违法行为人承担,可以处三千元以下罚款。对于动物养殖行业相关者违反动物防疫法禁止性规定的,该法第七十六条规定:"违反本法第二十五条规定,屠宰、经营、运输动物或者生产、经营、加工、贮藏、运输动物产品的,由动物卫生监督机构责令改正、采取补救措施,没收违法所得和动物、动物产品,并处同类检疫合格动物、动物产品货值金额一倍以上五倍以下罚款;其中依法应当检疫而未检疫的,依照本法第七十八条的规定处罚。"

对于违反动物检疫及诊疗规定的,该法第七十七条规定:"违反本法规定,有下列行为之一的,由动物卫生监督机构责令改正,处一千元以上一万元以下罚款;情节严重的,处一万元以上十万元以下罚款:(一)兴办动物饲养场(养殖小区)和隔离场所,动物屠宰加工场所,以及动物和动物产品无害化处理场所,未取得动物防疫条件合格证的;(二)未办理审批手续,跨省、自治区、直辖市引进乳用动物、种用动物及其精液、胚胎、种蛋的;(三)未经检疫,向无规定动物疫病区输入动物、动物产品的。"对于违反检疫证明规定的,该法第七十八条规定:"违反本法规定,屠宰、经营、运输的动物未附有检疫证明,经营和运输的动物产品未附有检疫证明、检疫标志的,由动物卫生监督机构责令改正,处同类检疫合格动物、动物产品货值金额百分之十以上百分之五十以下罚款;对货主以外的承运人处运输费用一倍以上三倍以下罚款。违反本法规定,参加展览、演出和比赛的动物未附有检疫证明的,由动物卫生监督机构责令改正,处一千元以上三千元以下罚款。"同时,第七十九条规定:"违反本法规定,转让、伪造或者变造检疫证明、检疫标志或者畜禽标识的,由动物卫生监督机构没收违法所得,收缴检疫证明、检疫标志或者畜禽标识,并处三千元以上三万元以下罚款。"

对于违反政府应急处置规定的,该法第八十条规定:"违反本法规定,有下列行为之一的,由动物卫生监督机构责令改正,处一千元以上一万元以下罚款:(一)不遵守县级以上人民政府及其兽医主管部门依法作出的有关控制、扑灭动物疫病规定的;(二)藏匿、转移、盗掘已被依法隔离、封存、处理的动物和动物产品的;(三)发布动物疫情的。"对于违反动物诊疗许可证规定的,该法第八十一条规定:"违反本法规定,未取得动物诊疗许可证从事动物诊疗活动的,由动物卫生监督机构责令停止诊疗活动,没收违法所得;违法所得在三万元以上的,并处违法所得一倍以上三倍以下罚款;没有违法所得或者违法所得不足三万元的,并处三千元以上三万元以下罚款。动物诊疗机构违反本法规定,造成动物疫病扩散的,由动物卫生监督机构责令改正,处一万元以上五万元以下罚款;情节严重的,由发证机关吊销动物诊疗许可证。"

对于违反执业兽医相关规定的,该法第八十二条规定:"违反本法规定,未经兽医执业注册从事动物诊疗活动的,由动物卫生监督机构责令停止动物诊疗活动,没收违法所得,并处一千元以上一万元以下罚款。执业兽医有下列行为之一的,由动物卫生监督机构给予警告,责令暂停六个月以上一年以下动物诊疗活动;情节严重的,由发证机关吊销注册证书:(一)违反有关动物诊疗的操作技术规范,造成或者可能造成动物疫病传播、流行的;(二)使用不符合国家规定的兽药和兽医器械的;(三)不按照当地人民政府或者兽医主管部门要求参加动物疫病预防、控制和扑灭活动的。"

对其他动物疫情相关人员的法律责任,该法第八十三条规定:"违反本法规定,从事动物疫病研究与诊疗和动物饲养、屠宰、经营、隔离、运输,以及动物产品生产、经营、加工、贮藏等活动的单位和个人,有下列行为之一的,由动物卫生监督机构责令改正;拒不改正的,对违法行为单位处一千元以上一万元以下罚款,对违法行为个人可以处五百元以下罚款:(一)不履行动物疫情报告义务的;(二)不如实提供与动物防疫活动有关资料的;(三)拒绝动物卫生监督机构进行监督检查的;(四)拒绝动物疫病预防控制机构进行动物疫病监测、检测的。"

对于上述法律责任可能转化为其他法律责任的,该法第八十四条规定:"违反本法规定,构成犯罪的,依法追究刑事责任。违反本法规定,导致动物疫病传播、流行等,给他人人身、财产造成损害的,依法承担民事责任。"

二、动物防疫法治善后体系存在的问题

由于《动物防疫法》将动物防疫区分为一般性动物防疫和重大动物疫情,前者归属于该法管辖,而将后者归属为《突发事件应对法》的管辖。这种人为的体系分立,不符合动物疫病发生发展的一般规律,也使得动物防疫工作与重大动物疫情的应对工作难以对接。这种状态在动物防疫的应急准备、应急处置阶段已经有所表现,但是在动物防疫的善后体系中,动物防疫与动物疫情之

间对接的困难表现得更为明显，因为《动物防疫法》所规定的善后制度，即监督、保障和责任制度，都是处理动物防疫的常规化工作的，基本上不符合重大动物疫情应对工作的实际需要，即使某些法律条款也部分提到了与重大动物疫情应对相关的善后工作，也存在着许多问题，具体如下：

（一）基本上没有建立动物防疫法治的恢复制度

所谓动物防疫法治的恢复制度是指在特定地区遭受动物疫病的侵袭之后，由于该地区的动物养殖行业受动物疫病及应急处置措施的影响而损失惨重，以至于该地区的养殖行业难以为继，为了促进特定地区的动物养殖业重新达到动物疫病爆发之前的状态，政府应当采取的一系列促进措施的总和。一个国家的动物防疫法治恢复制度应当由以下几个部分组成：首先，必须建立动物疫病损失评估制度。动物疫病损失评估制度是指建立专业的评估小组，制定严格的评估程序，对特定地区的动物疫病影响该地区动物养殖业的程度进行评估的制度。动物疫病损失评估制度具有非常重要的意义，它是确定政府应不应当对特定地区的动物养殖业采取恢复措施的决定性因素，可以有效地避免政府采取盲目的手段或措施，也可以说服受到相应损失的动物养殖者及行业相关人员。其次，必须建立动物养殖业恢复措施的决策制度。所谓动物养殖业恢复措施的决策制度是指政府根据行政决策民主化、科学化和法制化的要求，针对动物养殖业应当采取何种恢复措施，以及如何采取恢复措施，如何使用公共经费等问题进行决定的制度。动物养殖业恢复措施的决策制度具有非常重要的意义，其既可以规范政府对动物养殖业采取恢复措施的决策行为，也可以提高政府采取的动物养殖业恢复措施的科学性程度，提高动物养殖业恢复措施的效率。最后，必须建立动物养殖业恢复措施的公共费用支持制度。政府所采取的动物养殖业恢复措施，一般需要采取较为积极的财政支持政策，比如对受到损失的动物养殖业者进行财政补贴，降低动物养殖业者税收比例、给予税收及其他行政费用的减免，帮助修复生产受到损害的动物养殖场所等。这些积极的财政支持政策无疑都需要使用公共经费，在一个法治国家中，任何使用公共经费的项目一般需要预先通过立法机构的预算审核才能实施，否则政府就有滥用权力和公共经费的可能性。

在《动物防疫法》中，仅仅涉及了监督管理和保障措施的制度，基本上没有涉及动物防疫法治的善后恢复制度。在保障措施制度中，部分涉及经济补偿的制度,但是经济补偿制度与恢复制度存在着实质性差别,两者不能混同。监督管理与保障措施制度都不属于动物防疫善后恢复制度,理由如下:首先,监督管理制度规范的内容都属于常规的动物防疫工作。无论是监督管理的内容、监督管理的措施,以及官方兽医的执法程序及禁止性规定,还是检疫证明、检疫标志和畜禽标识的管理,都属于常规的执法监督内容,与动物防疫法治的善后恢复制度没有任何相关性。其次,保障措施也仅涉及日常的动物防疫工作。《动物防疫法》中所规定的保障措施,大多是针对动物疫病的日常预防的保障措施,无论是将动物防疫纳入经济与社会发展规划,培训村级防疫员和派驻官方兽医机构,要求动物防疫经费预算纳入同级政府预算,要求应急储备物资,还是对强制扑杀和免疫应激死亡动物进行补偿和动物防疫人员的卫生防护等,都与动物养殖业的疫病后恢复没有直接的相关性,这些保障措施实际上就是对动物防疫日常工作(不包括应急工作)的人员、经费和物资保障措施。

(二)动物防疫法治补偿制度存在比较严重的缺陷

一个完善的动物防疫法治补偿制度应当包含以下要素:首先,必须要明确动物防疫补偿的主体。补偿主体包括补偿人和被补偿人,补偿人是指提供补偿资金的主体,被补偿人是指因政府的动物防疫应急处置行为而受到损失的应当接受经济补偿的主体。对于补偿人,《动物防疫法》规定的是"县级以上人民政府",在中国的政治体制中,补偿人应当包括县级、市级、省级政府和国务院。考虑到中国采取的是事权与财权相对分立的体制,我们有理由认为,补偿人是上述四级政府中的任何一个。但是,法律却没有对此予以明确的规定,对此采用了模糊处理。这样做的好处是四级政府之间可以内部协商决定由哪级政府进行补偿,弊端在于与法治原则相违背,因为无论是哪级政府在使用公共经费进行经济补偿时,都需要经过人大审议,在行政预算的范围内开支,而由四级政府之间内部开支,无疑将人大审议的行政预算限制排除在外。对于被补偿人,《动物防疫法》规定的是"在动物疫病预防和控制、扑灭过程中强制扑杀的动物、销毁的动物产品和相关物品"的权利人(所有人、实际占有人或管理人等),以及"因依法实施强制免疫造成动物应激死亡的"权利人(所有人、实际占有人或管理人等)。该法并没有规定谁有权利获得经济补偿,因为该法只是界定了受到损失的动物、动物产品和相关物品,没有提及谁有权利获得相应的经济补偿。

其次,要明确补偿主体之间的权利义务关系。在动物防疫补偿制度中,要明确规定补偿人与被补偿人之间的权利义务关系,要明确补偿人有补偿的法律义务,被补偿人有获得相应经济补偿的权利,同时也要明确补偿人对超过法定额度的经济补偿要求有拒绝的权利,明确补偿人有不提出超过法定补偿额度请求的义务。根据法治的基本原则,经济补偿的权利义务关系明确一般采取以下标准进行测试,即当补偿人拒绝给予被补偿人以经济补偿时,被补偿人是否有向法院起诉以维护自己合法权益的救济权利,如果缺乏这种权利,那么这种权利义务关系可能仅仅是道德上的,不具有法律上的意义。根据上述标准,我们认为,尽管《动物防疫法》规定了县级以上人民政府"应当给予补偿",但是对于具体的补偿标准没有进行明确的规定,而是采取了这样的规定方式,即"由国务院财政部门会同有关部门制定",也就是说,决定经济补偿中最为关键的要素,经济补偿标准没有法律化,而是交给了国务院财政部门与相关部门来单独决定,既不用考虑被补偿人的实际情况,也不用考虑经济补偿是否达到了相应的效果。如果被补偿人对补偿人给予的经济补偿不满意,被补偿人实际上是无法向法院起诉的,因为根据法律规定,经济补偿的标准是由政府相关部门决定的,而不是与被补偿人协商确定的,也不是经由法定程序确定的。

最后,要有明确的补偿经费的来源渠道。在动物防疫补偿制度中,补偿人一般为"县级以上人民政府",这就意味着补偿经费在性质上为国家公共经费,根据法治原则的要求,任何公共经费的使用都必须通过行政预算程序,由立法机关进行审核,凡是未经立法机关审核的超行政预算或未纳入行政预算项目的公共费用支出,在这个意义上都属于违法行为,与法治原则的基本要求不符。而在《动物防疫法》中,对于补偿经费的来源渠道基本上没有规定,也就是说,补偿经费到底来源于哪一级政府(县、市、省或国务院)不明确,补偿经费需不需要通过各级人大的审议以及是否在同级人民政府的行政预算范围内还是在行政预算范围外支出等事项也不清楚。这就意味着,补偿经费需要在各级人民政府之间相互协调解决,而法律对各级人民政府应当对此承担的具体比例也没有明确规定,这无疑构成了一个公共经费使用的巨大黑洞,为政府滥用权力支配公共资源提供了机会。

(三)动物防疫法治责任制度不符合法治原则的要求

根据公共服务视野的法治原则,法律责任的承担应当符合三项基本原则,即责任法定、责任恰当和责任平等。所谓责任法定是指所有的法律责任都应当由法律明确规定,包括违法行为的类型、法律责任的类型和追究法律责任的程序等都应当由法律明确规定,以控制政府滥用权力,保障公民的合法权益不受政府的侵犯;所谓责任恰当是指违法行为人的违法行为与其承担的法律责任之间应当保持恰当的比例或均衡,罚当其过;所谓责任平等是指法律面前人人平等,任何人的违法行为都应当受到法律的追究,承担相应的法律责任,不应当根据违法行为人的身份、地位、性别或其他歧视性因素来追究其法律责任。根据这三项追究法律责任的法治原则,我们认为动物防疫法治的责任制度不能完全满足法治原则的要求。

首先,责任法定程度不太高。就法律责任的类型而言,《动物防疫法》中大量出现"依法给予处分"的词汇。众所周知,中国的行政责任主要分为两种类型,其一是行政处分,主要针对内部行政行为,对象主要为公务员,类型主要为警告、记过、记大过、降级和撤职等五种。《动物防疫法》中出现的"依法给予处分"明显是指行政处分,但是该法却没有明确"主管人员和其他直接责任人员"到底应当承担何种具体的"行政处分",其所依据的"法律"到底是何种法律,这使得"依法给予处分"的表述变得非常模糊,难以确定其精确的含义,这对行政机关内部的工作人员是难以接受的,也是不符合责任法定的法治原则的;另外,《动物防疫法》还规定,违反本法应当承担刑事责任和民事责任的,比照刑法和民法的规定予以追究。这种参照性的立法方式,其存在的主要问题在于,可能刑法和民法当中对违反《动物防疫法》的行为并没有具体规定,参照刑法和民法可能根本无法追究其相应的法律责任,使该法中的这两条规定完全落空。除此之外,该法大量的出现的"责令改正"和"通报批评"等,都属于行政内部管理的主要措施,而不是一种行政法律责任,将这两种措施规定在法律责任中明显不当。

其次,部分责任比例不太恰当。在《动物防疫法》中,行政相对人可能承担的法律责任主要是"责令改正"、固定数额的罚款以及以某种标准为基础的固定倍数的罚款,基本上没有人身自由方面的处罚。也就是说,在《动物防疫法》中,行政相对人承担的法律责任主要为财产责任,不存在人身自由方面的责任。整体而言,该法对行政相对人所规定的法律责任存在着比例不恰当的问题。尤其是固定数额的罚款,自由裁量的幅度比较小,与行为人违法行为的严重程度难以做到适度,也就是说,行为人违法程度即使差异很大,但能够给予的经济处罚幅度却比较小,两者基本上做不到相互适应。另外,采取固定数额的罚款,也没有考虑到通货膨胀的因素,在立法时可能是很大数额的罚款,随着时间的推移,可能会变成数额较小的罚款,完全起不到惩戒的作用,也起不到罚当其过的作用。相对而言,以某种标准为基础的固定倍数的罚款,可以有效避免固定数额罚款所带来的尴尬,因为这种标准的罚款基本上不受通货膨胀的影响,如果倍数恰当,也可以达到罚当其过的作用。除此之外,由于行政相对人承担的法律责任主要是财产方面的责任,没有人身方面的责任,这会带来以下不良的后果,其一是激发政府的执法热情。政府部门有时候会为了获得部门利益而积极执法,滥用处罚权力获取不正当利益;其二是也会放纵行政相对人的违法行为,因为随着罚款数额因货币贬值而相对变低,行政相对人可能会以缴纳罚款为代价进行违法活动。

最后,部分主体之间的责任承担不平等。法律责任承担的平等性体现在以下几个方面,其一是相同或相似行为应当给予相同或相似对待,其二是不同行为应当给予不同对待。在《动物防疫法》中存在着部分主体之间责任承担不平等的情形,其一是政府相关主体承担的法律责任有部分不平等。地方各级人民政府及其工作人员、兽医主管部门、动物卫生监督机构及工作人员和动物疫病预防控制机构及工作人员的违法行为各不相同,但是该法给予不同违法行为的行政责任都是"依法给予行政处分",没有体现出足够的差异性。其二是行政相对人承担的法律责任也有部分不平等。针对行政相对人的各种违反动物防疫法的行为,《动物防疫法》分别给予了不同数额的经济处罚,某些违法行为承担固定数额的罚款,某些违法行为承担固定倍数的罚款。从违法行为的性质来看,该法对不同违法行为所给予的差异化对待是比较武断的,缺乏合理的判断基础。

第三节　完善我国动物防疫法治善后体系的建议

整体而言,我国动物防疫法治的善后体系存在着先天性结构缺陷,因为《动物防疫法》将动物疫病与人畜共患型动物疫病可能引发的动物防疫分开对待,采取了不同的处理方式。一般性动物疫病的控制与扑灭是一项常规性行政工作或普通公共服务,而动物疫情的应对则是应急性行政工作或应急公共服务,后者应当适应《突发事件应对法》,而非《动物防疫法》。然而,众所周知,动物疫病的爆发流行具有不确定性,即使动物防疫专家已经将某些动物疫病归入到非人畜共患型,由于生态环境的改变或基因突变的原因,这些动物疫病还是可能发生变异,获得在人际间感染传播的能力。在这种条件下,两部法律之间可能就无法实现完美对接。因此,要从根本上解决动物防疫法治善后体系不完善的问题,必须首先奠定动物防疫法的基本原则,将其视为《突发事件应对法》的特别法,而不是一般性的行政法。有基于此,我们认为应当从以下几个方面对动物防疫法治的善后体系进行完善。

一、加快建立动物防疫法治的善后恢复制度

　　动物防疫法治善后恢复制度的建构必须考虑两个方面的价值维度,其一是善后恢复制度的公共服务性,其二是善后恢复制度的科学性。善后恢复制度的公共服务性是指动物防疫的善后恢复是否必须为政府应当提供的一项公共服务,还是可以交由社会自治或市场机制自行解决的问题?持社会自治观点的人认为,动物疫病的爆发流行对某个地区动物养殖行业的严重影响,是市场风险的正常表现,市场机制可以自动地调整动物产品的供需关系,使动物产品的价格回归到均衡位置。尽管在动物疫病爆发流行过程中,某些动物养殖者受到了极大的损失,很难在短期内恢复到正常状态,但是由于动物产品短缺所导致的价格上涨会吸引大量的投资者加入到这个行业,会使动物养殖行业很快恢复到动物疫病爆发流行之前的状态。政府对动物养殖行业所采取的善后恢复措施有可能影响市场机制发挥正常作用,不仅如此,政府为善后恢复而投入的成本还会产生严重的浪费和权力腐败的问题。然而,上述观点是建立在信息充分且没有投机行为的前提下的,在中国实际的动物养殖行业中,动物养殖行业受到了土地所有权、环境条件、地方政府保护等不确定因素的影响,再加之人们对发生了动物疫病地区的动物产品会产生不信任的情绪,会影响动物养殖业在特定地区的发展,而这又会影响特定地区农民的收入状况,进一步影响社会稳定,也就是说,在中国动物养殖行业的兴衰不仅仅是一个经济问题,而且也是一个社会问题,在某种意义上而言,甚至是一个政治问题。在这种情形下,动物防疫法治的善后恢复体系就不是一件能够交由社会自治处理

的事项,而是一项必须要由政府提供的公共服务,因此其制度也就必须符合公共服务的要求;善后恢复制度的科学性是指政府所采取的善后恢复措施必须符合动物防疫的基本要求、尊重市场规律以及注重动物养殖行业的长远发展。政府所采取的善后恢复措施一般是由政府对受到动物疫病损失的主体进行财政补贴,但是政府只有对达到科学性要求的主体才能进行补贴,不能随意进行财政补贴,这就需要动物养殖主体在恢复养殖的过程中,应当按照动物防疫的科学要求进行恢复。另外,政府的财政补贴也不能采取以干预动物产品市场的方式进行,而只应当采取对恢复动物养殖有力的措施。除此之外,政府财政补贴所支持的善后恢复措施,还必须考虑到动物养殖行业在特定地区的长远发展,要结合动物养殖对环境的影响,对于不适合在原地重建恢复的动物养殖场所,应当合理规划布局,利用财政支持的杠杆达到促进动物养殖行业可持续发展的目的。

结合动物防疫法治善后恢复的价值维度,我们认为应当从以下几个方面建构动物防疫法治的善后恢复制度。首先,要建立动物疫病损失评估制度。对于评估范围的选择,要综合考虑动物疫病爆发流行给社会整体带来的损失,既包括有形的损失,也包括无形的损失;既包括经济和社会效益的损失,也应当包括文化和政治效益方面的损失。总而言之,就是要尽可能对公共危机事件可能产生的损失全部计算在内;在此基础上,再将评估范围内的损失分门别类,具体化评估内容,比如在环境安全事件所造成的经济损失的评估中,可以将经济损失具体化为人身损失、财产损失、事故影响损失、事故应急费用和生态环境损失等五个方面的具体内容;①在确定事后损失评估方法的过程中,必须要遵循科学性、简明性和可行性的基本原则。所谓科学性是指要根据不同公共危机事件的性质,来确定不同的评估方法,要运用该领域内最先进的已获得公认的评估方法。另外,动物疫病损失评估制度的建立还需要考虑简明性的要求。所谓简明性是指损失核算方法要简单易行,即使没有专门学习过损失核算方法的人,也能够在经过短期简单的培训之后掌握核算方法,而且不容易犯错误。简明性的要求主要是考虑到,在事后损失的评估中,实际实施损失评估的人员主要是实际工作人员,相对于专家而言,专业技能水平相对较低,

① 范丰丽:《环境污染犯罪相关法律问题的研究》,《环境科学与管理》2008年第4期。

如果核算方法过于复杂,反而不利于快速精确的核算损失;所谓可行性原则是指事后损失核算的方法具有可操作性,所有的指标所要求的数据都能够收集到,而且能够通过人工或计算机进行计算,得出相应的结果。

其次,要建立动物防疫善后恢复的目标体系。政府扶持的目标应当集中于促进动物养殖行业公平发展、改善行业融资环境、促进行业服务体系的发展等方面。政府的扶持应当以实现这些目标为根本标准,无论政府采取何种扶持政策,只有政府达到了上述所确定的扶持目标,就可以视政府的扶持政策具有正当性,同时也具有有效性。当然,政府的扶持政策除满足上述基本要求之外,还需要满足政府一般性政策出台所必须满足的法定条件,比如由有相应管辖权的政府作出、按照法定程序作出以及作出的政策应当有财政预算资金的支持等。更为重要的是,明确政府扶持目标体系的根本目的,在于提高政府扶持政策的权威性与规范性,避免朝令夕改。

最后,要建立动物防疫善后恢复的财政支持标准体系。我国法律一直未对政府这种类型的职责予以明确的法律规定。虽然有专门的主管部门,但是从行政预算的资金来看,各级政府似乎都没有对此安排必要的财政资金,大多数地方政府对于善后恢复的财政支持经费,都从预算外资金中支出,这也从另一个角度说明了政府这种职责缺乏明确的法律依据,与法治政府的标准相去甚远。在法治政府的标准中,政府的任何使用公共资金的行为都应当由法律进行授权,在中国现行的公共危机事后救济补偿实践中,找不到相关的法律对此进行了授权。因此,为了解决这个问题,当前最要紧的是制定公共危机事后救济与补偿的相关法律制度,明确救济与补偿的标准与程序。在解决了这个问题之后,才能在实践中解决政府在履行救济与补偿职责过程中规范性不足的问题。

二、明确动物防疫的补偿标准和程序

对于在动物防疫过程中,因政府采取应急处置措施,比如对染疫或疑似染疫动物进行扑杀,对易感动物进行强制免疫,限制或禁止动物和动物产品进出认定的疫区、疫点,在人畜共患型动物疫病中,对感染动物疫病的人员实施强制医疗或医疗救助等,都有可能造成动物养殖者或其他社会公众的财产或人身损害;另外,在动物疫病爆发流行过程中,动物养殖户可能会因为其养殖的

动物大量感染动物疫病死亡而产生巨大的经济损失。对此，需不需要对受到政府应急措施或动物染疫死亡而受到损失的人予以补偿，是一个在法律上首先必须回答的问题。根据公共服务视野下的法治原则，由政府出资进行的活动无非包含以下几种类型，其一由政府提供公共服务，包括一般公共服务和基本公共服务。一般公共服务主要是指政府为了维护社会安全、国家安全而必须实施的行为（主要是指传统宪政意义上的立法、行政和司法等基本国家职能），基本公共服务是指政府为了改善民生而向社会公众提供的教育、医疗、失业和养老等社会保障方面的服务或公共品。其二是政府在提供上述公共服务的过程中，由于过错或不可抗力的因素导致社会公众的人身权和财产权受到损害，为了弥补社会公众受到的损害，增加社会公众对政府的公信力，政府一般需要使用公共经费对受到损害的社会公众进行赔偿或补偿。对于因政府采取动物防疫措施而受到相应损害的人是否应当获得赔偿或补偿，要视具体情形而定。如果政府采取了错误的动物防疫措施致使社会公众受到损害，那么这不是一个经济补偿的问题，而是一个国家赔偿的问题，至于能否获得相应的国家赔偿，要看这种行为是否满足《国家赔偿法》的要求。如果政府采取了正确的动物防疫措施，还是对社会公众造成了损害，那么就需要判断政府的这种措施是否具有公共服务性，或者使社会整体福利得到了改善，如果确实获得了改善，然而却有部分社会公众因此而受到了相应的损害，那么实际上就出现了以损害部分人的利益为代价来改善社会整体福利的状况，这无疑是与法治的正义原则相违背的，因此政府应当对由此受到损害的社会公众进行经济补偿。相反，如果政府采取了正确的动物防疫措施，但是却没有对社会公众造成直接的损害，那么政府就不能使用公共经费对其进行经济补偿。

　　在确定了动物防疫经济补偿的基本原理之后，在相关法律制度的建设方面，最值得我们注意的应当是法律如何确定经济补偿的标准，以及规定何种经济补偿的程序（这是中国动物防疫法治善后体系中缺陷比较严重的一个环节）。对于经济补偿的标准，《动物防疫法》仅规定由国务院兽医主管部门协商其他部门（主要是财政部门）共同制定。这个规定最大的缺陷在于忽略了经济补偿的本质，即为什么要对动物养殖户进行经济补偿。经济补偿的本质在于弥补动物养殖户或其他相关社会公众的损失，经济补偿标准的确定必须要考虑到实际受到损失人的需求，不能直接由行政主管部门采用行政方式直接规定,这违背了经济补偿的本质属性。我们认为,经济补偿的标准应当确定为"充分弥补受害者所受到的经济损失",不能使受害者获得的损失补偿过低,也不是能受害者获得的损失补偿过高。如果给予受害者的经济补偿过低,这就意味着受害者没有获得充分的补偿,受害者因政府提供动物防疫公共服务的行为受到了损害却没有获得充分的补偿;如果给予受害者的经济补偿过高,这就意味着受害者从政府的经济补偿行为获得了不应当得到的利益,这会鼓励社会公众采取欺诈或其他不诚信手段骗取政府的经济补偿,强化了社会公众的投机主义行为倾向。也就是说,经济补偿的标准应当采取所谓的"填平原则",既不能使受害者的损失不能获得充分补偿,也不能使受害者从政府的经济补偿中获得利益。

对于如何确定经济补偿的标准,法律并不能给出一个非常明确具体的规定,因为物价水平总是处于变动之中,受害者损失的类型也随着动物防疫措施的不同而有所不同。对经济补偿标准的确定,法律除了能够规定一个大致的抽象标准之外,对具体经济补偿标准的确定则需要法律规定一个合理的法律程序,通过合理的法定程序来确定。这种法定程序应当要保证受害者与政府之间有充分协商的机会,通过政府与受害者,以及受害者之间充分有效的对话,可以缩小政府与受害者之间对于经济补偿标准认知的差距,使政府认识到受害者真实的损失程度,使受害者认识到政府的财政规模或能够用于支持经济补偿的公共经费数额,最终政府与受害者之间就经济补偿的标准达成共识。也就是说,法律应当规定一个对经济补偿标准进行确定的协商程序,要规定政府必须进行协商的法律义务,要规定独立的第三方来抽取进行协商的受害者名单,要保证相互协商的结果必须成为最终确定的经济补偿标准的构成部分,要规定对不遵守协商程序的政府或其他当事人承担相应责任的制度等。

三、按照法治原则的要求修正动物防疫责任制度

责任制度是公共服务视野下法治原则最为关注的一个问题,原因在于责任涉及对违法之人法律权利的剥夺(财产权或限制人身自由等),如果处理不当,极易造成政府滥用权力,侵犯公民的基本权利,使公民受到不法侵犯的同时,还有可能遭到政府权力的侵犯。在公共服务视野下的法治原则中,对于如何使违法之人承担法律责任,实际上存在着价值上的冲突与权衡。如果严格

限制政府的权力,那么违法人的基本权利可能会得到较为充分的保障,但是受害人权利得不到有效维护,社会秩序可能会受到影响,如果不严格限制政府权力,那么受害人的权利可能会得到较为有效的保障,社会秩序可能也更有保障一些,但是违法人的基本权利可能会受到政府权力的侵犯。公共服务视野下的法治原则必须在这两种情形之中作出合理的平衡,以最大限度的提高社会整体福利,同时还不能以侵犯某一群体的基本权利作为代价。对于这个问题,公共服务视野下的法治原则一般会作出这样的判断,即限制或控制政府追究责任的权力应当要具有优先性,因为法治的本质就在于控制政府滥用权力,即使政府是有着良好政治理念也是如此。因为法律是普遍的、稳定的和具有一般性的,较少受到个人欲望和情感的影响,可以为受法律治理的人们提供稳定的心理预期。法治之下的政府无疑也具有这样的特征。但是,如果政府不受法律的治理,那么就意味着政府可以随意而为,即使政府在追究法律责任方面也许存在着正确性的一面,但是这不能成为放纵政府滥用权力的理由,因为政府有可能以错误的理由来追究法律责任,既然在政府做着正确之事的时候不能给予政府以法律上的控制,那么政府在做错误之事的时候同样不能施以控制,因为判断正确与错误的权力还是掌握在政府手中。

有鉴于此,我们认为在动物防疫治理过程中,还是应当遵守公共服务视野下法治原则的要求,严格控制政府追究法律责任的权力。为此,至少应当从以下几个方面进行规范:

首先,要明确规定违反动物防疫法的法律责任类型。责任法定是公共服务视野下法治原则的首要要求,包括违法行为法定(法无明文规定不违法,法无明文禁止皆可为)、责任种类法定(行政、刑事和民事责任)以及制裁类型法定(申诫罚、政治罚、财产罚或人身罚)等。对照这个标准,我们认为动物防疫法治善后体系的责任制度还需要做一定程度的改进。对于违反动物防疫法的禁止性规定部分前文已经做过相应的阐述,在此不再讨论。对于责任各类法定,这是动物防疫法治责任制度的一大缺陷,在该法中没有明确规定哪些禁止性行为可能会导致行政、刑事和民事责任,只有模糊地规定"应当追究刑事责任"或"应当承担民事责任",既没有规定哪些行为可能会构成犯罪(这明显与罪刑法定的刑事法治原则相违背),哪些行为可能仅侵犯民事权利而只需承担民事责任,也没有明确承担刑事责任的具体类型(也就是没有明确承担刑事责任的轻重程度）。对此，应当要在动物防疫法律制度中予以明确，防止政府机关滥用动物防疫治理权力。对于制裁的具体类型，在动物防疫法中最大的缺陷在于，对动物防疫相关政府部门的主要负责人应当承担的行政处分责任不明确，该法仅规定对违反该法的主要负责人实施"行政处分"。但是，众所周知，行政处分至少有警告、记过、记大过、降级和撤职等几种，轻重程度相差比较大，法律如果没有明确规定，那么就可能使政府相关部门主要责任人处于不安定的状态。我们认为，即使是行政内部处分行为，由于其具有公共性，也必须由法律明确规定不同严重程度的行为应当给予的具体行政处分类型。

其次，要明确规定追究违反动物防疫法的法律责任的程序。在公共服务视野下的法治原则中，程序正义与实质正义具有同等重要的地位，实质正义保证法律价值不偏离人类设定的方向，比如保障基本人权、自由和平等，程序正义主要体现在两个方面，其一是凭借程序的科学合理性，最大可能的实现既定的实质正义，其二是程序本身需要具有尊重人格尊严和客观事实的性质，官方在根据程序追究当事人法律责任的过程中，能够使当事人感受到人格尊严受到了尊重，也能够使社会公众感受到官方尊重了客观事件，没有凭主观臆测判断案件或法律责任。在英美法系国家中，法律的实质正义大都与人们常识的道德信念联系在一起，他们认为法律并不需要对此做过多的规定，相反法律程序正义才是需要法律予以明确规定的，因为一个科学合理且尊重人格和客观事实的法律程序，不仅有助于实现既定的实质正义，更重要的是，能够有效控制政府不滥用权力。然而，在大陆法系国家，也包括中国，更关注法律的实质正义，忽视法律的程序正义，只认同法律程序正义的第一种意义，不认同第二种意义。这就导致在法律制度中，尤其是法律责任制度的规定中，大都只规定责任行为和责任类型，对追究责任的程序却一般不予规定。这与严格控制政府权力的法治原则无疑是相违背的。《动物防疫法》也是如此，在法律责任一章中，主要规定违反动物防疫法应当承担的法律责任，但是对如何追究，采取何种程序追究却未做详细规定。对此，要使动物防疫治理走向法治化，无疑需要加强动物防疫法律责任追究程序的建设工作。

最后，要使动物防疫法律责任符合责任相均衡和平等的法治原则。责任均衡和平等原则是公共服务视野下法治原则的两个基本要求，前者要求违法行为与法律责任相适应，也即是违法行为的严重程度应当与承担法律责任的轻重程度相适应,既不过轻也不过重,罚当其责,后者要求相同或相似的违法行为应当承担相同或相似的法律责任,不能根据当事人的身份、职业、性别或其他无关因素来判断其应当承担的法律责任,也即是不能歧视任何人,也不能赋予任何人以特权。在动物防疫法的责任制度中,这两个要求都存在着部分不能满足的情形。对于责任均衡的要求,对行政相对人的部分处罚采取了固定数额罚款的规定方式,这种责任承担形式与行政相对人违法行为的严重程度存在着不相适应的问题,建议改为比例制或倍数制,不规定具体的罚款数额。对于责任平等的问题,出现在责任法律制度中的主要是行政处分与行政处罚之间的不平等,前者是公务员承担责任的方式,后者是行政相对人承担责任的方式,尽管两者违法的内容可能具有一致性,但是给予的制裁却是完全不同的。动物防疫的责任制度将前者作为一种内部行政行为,后者则为一种外部行政行为,同时还规定前者不得向法院提起诉讼。这种处理方式明显与法治原则相违背,尤其是行政处分行为不得向法院寻求救济的规定,更是与法治基本原则相背。为此,需要统一行政内部与外部责任的承担方式,不能实施分别治理的模式,要赋予行政内部责任享有与行政外部责任一致的司法救济权。

第三部分

治　　理

　　动物防疫治理是一项非常复杂的工作,涉及政府管理、公民参与以及政府间的合作等问题。动物防疫法治理念为动物防疫治理工作提供了规范性指导,动物防疫法律制度为动物防疫治理提供了行为标准,然而,动物防疫的公共服务性决定了动物防疫治理不仅要服从法律的治理,而且也需要遵循效率原则。在法治与效率之间,法治是动物防疫治理不能逾越的边界,而效率则是动物防疫治理的内在要求。值得注意的是,作为公共服务的动物防疫,其效率衡量存在着产出难以界定的难题,既需要从政府管理的投入产出方面进行衡量,也需要从公民参与或公民满意度方面进行评价,更重要的是,某些动物疫病具有跨区域性,政府间的合作模式或方式对动物防疫治理的效率影响较大。有鉴于此,本章从三个方面探讨动物防疫的治理问题,即动物防疫政府管理的绩效目标和考核、动物防疫治理过程中的公民参与或协商民主以及动物防疫治理过程中的府际合作机制。

第七章 动物防疫治理中的政府：
绩效目标体系的制度化

第一节 动物防疫治理中的政府管理

一、问题的提出：动物防疫治理中的政府偏好

自《动物防疫法》颁布施行之后，在动物防疫治理过程中，政府更偏好于查处违法行为，忽视政府对动物防疫工作的有效管理。为此，让我们先看看媒体披露的相关案件：

（一）案例一：动物防疫合格证颁发纠纷

2010 年 3 月 16 日，河南省南阳市宛城区动物卫生监督所接到群众举报反映：宛城区某乡一养猪场有很多污水，臭味刺鼻，影响周围居民的生产生活，要求尽快查处。接到群众举报后，宛城区动物卫生监督所立即组织执法人员前往核查，经现场勘验发现，该养猪场产生的污水未经处理直接流出场外，空气中散发着粪便的难闻气味，污染严重，办案人员对现场进行拍照、录像后，认为当事人存在不符合动物防疫条件规定的违法事实，经主管领导同意后予以立案。

执法人员按照办案程序对该养猪场展开了调查，在调查询问中，当事人承认了以下事实：一是他于 2009 年 9 月筹建猪场，占地 11 亩(1 亩 = 667 平方米，下同)，饲养生猪 1050 头，未申请办理动物防疫条件合格证；二是所建的养猪场距村庄 300 米，未建无害化处理设施、消毒室和隔离设施，没有建立养殖档案；三是养殖场产生的粪便、污水未经处理直接排放到邻居地里。根据调查结果，宛城区动物卫生监督所认为当事人兴办养殖场没有向区畜牧局申请动物防疫条件审核，未取得动物防疫条件合格

证,存在着严重的动物防疫条件不达标的违法行为,已经造成严重的不良社会影响,违反了《动物防疫法》第十九条、第二十条第一款的规定。依据《动物防疫法》第七十七条第一项规定拟对当事人实施以下行政处罚:(1)责令改正;(2)罚款人民币五千元整。宛城区动物卫生监督所执法人员在送达了《行政处罚事先告知书》和《行政处罚听证告知书》的过程中,告知了当事人应当享有的陈述权、申辩权和听证权,当事人在规定的期限内既没有陈述、申辩,也没有提出听证申请。

2010年4月20日,由于当事人在规定的期限内既没有提出陈述、申辩也没有要求听证,自愿放弃了陈述、申辩和听证的权利,宛城区动物卫生监督所根据《中华人民共和国防疫法》第七十七条第一项的规定作出责令改正违法行为,罚款人民币五千元整的行政处罚,并向当事人送达了《行政处罚决定书》,要求当事人在15日内履行法定义务。同时告知当事人的复议权和诉讼权。当事人收到处罚决定后,认为自己兴办养殖场是响应国家号召,是否办理动物防疫合格证无所谓,经过说服教育,当事人认识到兴办养猪场未办理动物防疫条件合格证违法的严重性,在法定期限内履行了罚款人民币五千元整的行政处罚决定。

未取得动物防疫条件合格证被处罚案件,一般是指兴办动物饲养场(养殖小区)、隔离场所、动物屠宰加工场所以及动物和动物产品无害化处理场所的单位和个人,在其从事经营场所未通过县级以上畜牧主管部门审查审核的情况下,擅自进行相关活动的违法案件。该类案件由于管理者法律意识淡薄,整体养殖水平低,标准化养殖不到位的现象普遍存在,所以常常被各级动物卫生监督机构所忽视。本案是典型的养殖场未办理动物防疫条件合格证而引起的行政处罚案件,虽然当事人履行了处罚决定,但从整个处理过程看仍存在以下问题:首先,调查取证不够详尽。本案办案人员在调查取证过程中虽然对养殖场现场防疫条件进行了拍照、录像,但此类证据仅是一种佐证,况且这些证据的取得是在案发初期、立案之前进行的,若在对当事人调查询问之后进行现场勘验,并制作现场勘验笔录,描述现场实际情况并由当事人确认后事实就更为充分确切。其次,没有依法对养殖场外的粪污进行处理。监督检查以查错、纠错、规范为目的,而不能仅仅以处罚代管。执法人员在掌握违法事实的前提下,应制作责令改正通知，并监督当事人对养殖场院墙外的粪便、污物实施消毒等无害化处理措施，以防止疫病微生物扩散，造成疫病传播。最后，养殖场监管不到位。从该案的调查处理过程看，养殖场主不了解兴办养殖场有关法律法规的规定，说明畜牧兽医部门在法律、法规的宣传、教育、引导、技术服务中存在漏洞，应加强管理，实行监督执法与服务并重。明确养殖场建设的动物卫生标准，引导养殖责任人学法、懂法、守法，依法养殖，依法防疫，自觉消除重大动物疫病传播隐患。①

(二)案例二：动物防疫法颁布之后的十大案件

1.调包——为减损失销售病害生猪

2008 年 1 月 1 日是新修订的《中华人民共和国动物防疫法》实施的第一天，这天，达县依法查处了一起经营染疫动物产品案。当天凌晨 3 点钟，达县动物卫生执法人员接驻厂官方兽医报告称，凌晨 2 时 30 分官方兽医在实施同步检疫过程中查出有 8 头染疫的生猪和 6 头生猪颈部有明显注射针孔。染疫的生猪剖开后有药残溢出，胴体及脏器病变明显，全身皮肤、浆膜、黏膜有不同程度的出血，淋巴结肿胀、充血、出血，肾脏皮质有针尖至小米状的出血点，脾脏边缘有梗死。执法人员立即对 8 头染疫猪肉产品和 6 头疑似病害猪肉产品及内脏采取就地查封、不许出场的强制措施，并依法立案调查处理。经查实，当事人李某系达县斌郎乡生猪养殖大户，2007 年 12 月 28 日，其养殖场内有 6 头生猪患病，连续治疗 3 日无效后，为了减少损失，31 日下午 5 时许，当事人用健康生猪向所在地官方兽医申报检疫，官方兽医到场实施了产地检疫，并出具了动物检疫合格证明，之后李某实行调包计，将 6 头已患病的生猪同健康生猪一同运到屠宰场待宰。之后当事人对其违法事实供认不讳，执法人员依据《中华人民共和国动物防疫法》的规定对当事人作出如下处罚决定：一、对 6 头疑似病害猪肉产品及内脏予以没收，作湿法化制处理。二、对 8 头染疫的猪肉产品及内脏在官方兽医的监督下进行高温处理。三、李某承担无害化处理费用 3000 元。

---

① 翟文、余秋阳、曹伟宁：《一起未取得动物防疫条件合格证案的查处》，http://www.scxmsp.gov.cn/ztlm/zt06/201109/t20110922_83022.html.

2. 引购——仔猪数目不对遭处罚

2008 年 1 月 19 日,宣汉县毛坝镇村民罗某、侯某、赵某 3 人从江苏省连云港市引回 270 头仔猪到毛坝镇饲养。该县动物卫生监督机构接报后派出执法人员到场查验发现实有仔猪 220 头,与检疫证明上所填数量 270 头不相吻合,属证物不符,执法人员根据相关法律法规,当即对这 220 头仔猪作出隔离留置观察的决定。23 日下午,罗某等人却擅自将隔离仔猪非法以每头 500 元的价格出售了 52 头给他人,获得收入 2.6 万元,剩余仔猪 3 人平分后转移。经调查,该批仔猪于 19 日到达毛坝镇后死亡 22 头,他们将死亡的猪原车拉回,次日又死亡 3 头,罗某等人自行将这 3 头死猪随意抛弃,并没按规定进行无害化处理。在案件调查过程中,当事人罗某还伙同他人到毛坝镇动物防疫监督分站寻衅滋事,严重干扰毛坝镇动物防疫监督分站正常工作秩序。该县动物防疫监督站依据《中华人民共和国动物防疫法》的规定,对当事人予以没收非法所得 2.6 万元和罚款 9000 元的行政处罚,并依法申请宣汉县人民法院强制执行。

3. 为图方便——伪造票证

2008 年 4 月,当事人李某偶然捡到 4 张空白产地检疫票证,由于长期拉猪,知道检疫票证的用处,于是便将 4 张检疫票证收了起来。5 月 6 日,陈某收购了 5 头生猪由大竹石子贩运到大竹县屠宰,并用李某的车托运。在装运的过程中,陈某提出要去开产地检疫证明,这时李某对陈某说不用去开票,他这里有票,为图方便陈某便同意了此提议。于是李某便将上次捡到的 4 张空白检验票证按照自己的意思分别用陈某某、吴某、吴某某等名字填写,填好后交给了陈某。虽然 5 头猪只有 4 张检疫证明,但怀着侥幸心理的陈某和李某将猪拉到了屠宰场进行屠宰。当天屠宰完毕后,大竹县动物卫生监督所驻场官方兽医在回收检疫证明过程中发现有 4 张产地检疫证明存在一定的问题,该票证上不仅无产地检疫人员名字,而且填写也极不规范,便将此事及时上报。经立案调查,确认了李某、陈某伪造检疫票证的行为违反了《中华人民共和国动物防疫法》规定。根据《中华人民共和国动物防疫法》第七十九条,给予李某、陈某分别处以 6000 元和 700 元罚款的行政处罚。

4. 无证——生猪屠宰加工点歇业

2008年3月11日，通川区动物卫生监督所执法人员在魏兴镇例行监督检查发现，该镇屠工廖某在从事生猪定点屠宰加工活动，但不能出示《动物防疫合格证》，涉嫌无证经营。经立案查实，廖某今年在该场镇从事生猪定点屠宰加工以来，一直未向区动物卫生监督机构提出申报《动物防疫合格证》，已严重违反《动物防疫法》的有关规定，区动物卫生监督所在取得确凿证据后，向该经营户作出了歇业整改、罚款的行政处罚，并限期申办《动物防疫合格证》。

5. 未经检疫——猪肉被扣

2008年4月10日上午，万源市卫生执法督查组在该市中心食品超市发现有未经检疫的猪肉，且业主龙某不能提供合法有效的检疫合格证明，鲜肉上也没有检疫验讫印章。执法人员立即对未出售的猪肉进行了暂扣，并依法立案调查。经查实，4月9日，当事人龙某在该市太平镇仙龙潭村购买了一头难产母猪，经屠宰后将未经检疫的猪肉自行进入中心食品市场进行销售，并在生猪定点屠宰管理办公室执法人员对肉品进行检查时，龙某将肉品藏匿，待执法人员离开后又公开销售。依据《中华人民共和国动物防疫法》的有关规定，执法人员作出了没收并销毁当事人龙某未卖完的68公斤猪肉，没收龙某非法所得并罚款200元的行政处罚。

6. 阻碍执法——刑事拘留

2008年5月7日，群众举报称渠县渠江镇渠光路255号出租房内有人收购、加工病死猪肉。渠县动物卫生执法人员立即赶赴现场，经查该房是杨某租用的，执法人员立即通知杨某到场，在现场执法人员发现一台冰柜内装满了病死猪肉。在执法人员进行调查核对时，杨某翻墙逃走，其后杨某的岳父段某纠集一群人到场先是大吵大闹，进而抓扯执法人员和到场民警，并摔烂渠县电视台的摄像机，造成执法工作难以继续，县公安局及时派出10多名民警到场，以干扰、阻碍执行公务对杨某等人实施了刑事拘留，执法人员也对当事人杨某的冰柜及其病害肉进行了查封并对杨某立案调查。经查实后，依据《中华人民共和国动物防疫法》的有关规定，渠县动物卫生监督机构对杨某作出了没收病害肉进行无害化处理并罚款1.82万元的行政处罚。

7. 无合格证——未经检疫猪肉被处理

2008 年 7 月 3 日,开江县商务局向开江县牧业行政执法大队移交了县城南街鲜肉市场唐某某销售无检疫印章和检疫合格证明的猪肉。该县牧业行政执法大队对唐某某经营的鲜猪肉进行依法检查发现,唐某某销售的 30 余公斤猪肉均无《动物产品检疫合格证明》,胴体未加盖检疫验讫印章,属违法经营,依据《中华人民共和国动物防疫法》的有关规定,决定立案调查。经查实,唐某某销售的猪肉是当天凌晨购买的,共 40 公斤,没有经过检疫便运回城区南街市场销售,依据《中华人民共和国动物防疫法》的相关规定,县牧业执法大队对唐某某的违法行为依法作出:一、对其违法经营的 30 余公斤猪肉予以没收并进行无害化处理;二、没收违法销售所得收入并处以罚款 250 元的行政处罚。

8. 举报——出租房内查获死因不明生猪

2008 年 7 月 24 日 20 时,达州市动检站根据群众举报线索,采取蹲点守候,在宣汉县东乡镇周桥村四社李某出租房内现场查获罗某非法收购未经检疫生猪以及死因不明生猪窝点,当场查获 10 头死因不明生猪和 10 头未经检疫的活母猪。经立案查实,罗某从 2008 年 4 月在李某处租用房屋从事淘汰母猪收购、加工、销售活动,到案发之时,罗某正准备将收购的 10 头死猪拉到达州城区销售,不料被执法人员逮个正着。依据《中华人民共和国动物防疫法》的相关规定,达州市动检站对罗某作出:一、没收 10 头死因不明生猪进行无害化处理;二、10 头活母猪予以隔离观察 24 小时(后确认健康准予屠宰);三、罚款 2 万元。

9. 私自加工——病死猪肉被高温处理

2008 年 9 月 21 日,群众举报称在通川区朝阳农贸市场煤建公司住宿楼有人正在加工病死猪肉。达州市动检站执法人员当即赶到现场要求当事人开门接受检查,但当事人拒不开门,执法人员便联系通川区公安局东城派出所民警到现场协助,但当事人仍不开门,后市消防支队出警,准备破门进入,在这种情况下当事人迫于压力于 23 点 40 分才开门配合检查。执法人员在现场查封剥皮边口肉 8 边,分割肉、猪头等共 517 公斤。经立案查实,当事人胡某被查封的 517 公斤猪肉中有 411.5 公斤系胡某于 17 日从市内一定点屠宰场购买的急宰边口肉,另外 105.5 公斤是他人在胡某处寄存的,但均不能提供检疫证明。达州市动检站依据《中华人民共和国动物防疫法》的相关规定对胡某作出了将517公斤猪肉予以高温处理并罚款4000元的行政处罚。

10.没收——私自贩运病害猪肉

2008年10月28日晨,群众举报称有一车牌为川 S28792的东风小货车拉有病害猪肉到达城销售。市动检站执法人员立即行动,于上午8时30分在通川区吴家沟拦获当事人周某的小货车,现场查获车内11个编织袋,分别装有分割肉、排骨、脂肪等共计397.5公斤,鉴定为非正常死亡猪肉。经立案查实,周某自8月以来利用自己经营货运小车之便,在一些乡镇从事收购病害猪肉及公母猪肉活动,贩运到城区销售。市动检站依据《中华人民共和国动物防疫法》的相关规定对周某作出了没收397.5公斤病害肉进行无害化处理并罚款7000元的行政处罚。①

二、动物防疫治理中政府偏好存在的问题

上述案例都来自于媒体的披露,无论是案例一还是案例二,媒体对动物防疫法治关注的焦点主要集中在动物疫病的执法层面,未涉及动物防疫政府管理本身的绩效问题。

案例一涉及一个未办理动物防疫条件合格证而擅自开办生猪养殖场的典型事例。对于这个典型事例我们应当进行全面解读。首先,从《动物防疫法》的相关规定来看,该法对动物防疫条件合格证有明确的规定。根据该法第十九条规定:"动物饲养场(养殖小区)和隔离场所,动物屠宰加工场所,以及动物和动物产品无害化处理场所,应当符合下列动物防疫条件:(一)场所的位置与居民生活区、生活饮用水源地、学校、医院等公共场所的距离符合国务院兽医主管部门规定的标准;(二)生产区封闭隔离,工程设计和工艺流程符合动物防疫要求;(三)有相应的污水、污物、病死动物、染疫动物产品的无害化处理设施设备和清洗消毒设施设备;(四)有为其服务的动物防疫技术人员;(五)有完善的动物防疫制度;(六)具备国务院兽医主管部门规定的其他动物

---

① 杨涛:《新动物防疫法实施一年来的十大典型案件》,http://dz.newssc.org/shdj/system/2008/12/20/000259219.html.

防疫条件。"对于在举办饲养场的过程中,如何办理动物防疫条件合格证书,该法第二十条规定:"兴办动物饲养场(养殖小区)和隔离场所,动物屠宰加工场所,以及动物和动物产品无害化处理场所,应当向县级以上地方人民政府兽医主管部门提出申请,并附具相关材料。受理申请的兽医主管部门应当依照本法和《中华人民共和国行政许可法》的规定进行审查。经审查合格的,发给动物防疫条件合格证;不合格的,应当通知申请人并说明理由。需要办理工商登记的,申请人凭动物防疫条件合格证向工商行政管理部门申请办理登记注册手续。动物防疫条件合格证应当载明申请人的名称、场(厂)址等事项。经营动物、动物产品的集贸市场应当具备国务院兽医主管部门规定的动物防疫条件,并接受动物卫生监督机构的监督检查。"

其次,兴办动物饲养场的宛城区某乡农民为什么没有办理动物防疫条件合格证是一个值得深究的问题。为什么该区动物卫生监督机构直到接到举报之后才对动物饲养场进行查处,在此之前为什么没有任何动静? 宛城区某乡农民没有办理动物防疫条件合格证可能是由以下原因导致的:其一是宛城区某乡农民可能并不知道《动物防疫法》的要求,还是受传统动物散养观念的支配,认为饲养动物是自己家的事情,与政府无关,政府也不用对此进行管理;其二是宛城区某乡政府没有及时制止该农民兴办养殖场的行为,作为基层政府不可能不知道该农民正在兴办养殖场,之所以没有出面制止,可能是这样做对乡财政收入有利,而且办理动物防疫条件合格证也不是乡政府的职能,而是县级动物监督卫生监督部门的职能,从部门利益的角度而言,乡政府完全可以不管这件事情;其三是县级动物卫生监督部门监督不力。从宛城区某乡农民开始兴办养殖场开始,宛城区动物卫生监督部门就没有进行监督执法,只是在接到群众举报之后才开始进行调查。这说明兽医主管部门比较注重行政许可,忽视对行政许可行为的监督检查。

最后,从宛城区动物卫生监督管理机构对此案查处的过程来看,还存在着一些有违法律精神的行为。首先,宛城区动物卫生监督管理机构自己也承认,本案在查处过程中,证据或事实的调查还存在着诸多不足之处,也就是说,没有在完全查清事实的基础上进行执法;其次,宛城区最后给予该农民的处罚仅为罚款 5000 元人民币,并没有要求该农民对自己的违法行为予以改正,置举报人举报的该养殖场处于严重污染环境的事实于不顾,也将动物防疫条件合格证的审批完全形式化。出现这种状况的原因可能在于,《动物防疫法》本身对防疫条件的规定太过于模糊,没有在法律中明确具体的条件,而是将条件的制定交由行政部门自行制定,这实际上授予了行政部门充分的自由裁量权,同时也使需要办理行政许可的行政相对人无所适从,因为行政相对人并不能从法律规定中获知行政许可的具体条件,也就是说,无论行政相对人达到了何种条件,最后都有可能不符合行政审批部门的要求,因为审批条件掌握在他们手上,行政相对人并不能从法律规定中获知这样的信息。从宛城区最后仅罚款5000元人民币而不要求其改正的处理结果来看,《动物防疫法》对动物防疫条件的行政许可,已经基本上异化为兽医主管部门获取部门利益的法律工具,因为兽医主管部门对农民兴办养殖场的态度是,在其开始兴办时一般不管,当养殖达到一定规模时才开始查处,也即是使农民兴办养殖场的违法情形成为不可更改的事实后才开始查处,这时已经基本上没有改正的可能(因为改正的成本过高,可能会引发更多的社会矛盾),唯一的处理办法就是对违法者处于罚款,违法者可能觉得不太公平,但是如果不缴纳罚款,则可能损失更大(政府可能会对养殖场进行强制拆迁)。

　　案例二所展示的十个案例,都属于动物防疫法中的常规执法案件,涉及贩卖病死猪肉、伪造检疫证明、妨碍动物防疫执法、非法贩卖猪生殖材料和违反定点屠宰的规定等行为。这些行为都属于《动物防疫法》对动物防疫的常规性管理,要求动物从业者遵守动物防疫的相关法律规定。一般而言,动物防疫包括动物疫病的预防、控制、扑灭和对动物、动物产品的检疫。动物疫病的预防是指采取一系列综合预防措施,如预防接种、消毒、检疫等,防止动物疫病的发生。同时,加强动物防疫管理和动物防疫监督也是预防动物疫病的重要措施。案例二所涉及的十个案例基本上与动物防疫的预防工作没有直接关系。动物疫病的控制是指对已经发生的动物疫病采取措施,防止其扩散蔓延,控制疫病的流行,对已经存在的动物疫病采取严格的措施逐步进行净化,最终达到消灭疫病的目标。案例二所涉及的十个典型案例,仅仅是对病死猪的处理行为,更多的涉及食品安全问题,而不是动物疫病的控制问题。动物疫病的扑灭是指针对出现的疫情,如对人畜危害严重,可能造成重大经济损失的动物疫病,需要采取的紧急、严厉的封锁监控、检疫、隔离、消毒和紧急免疫等强制措施。动物疫病的扑灭基本上已经不属于动物防疫的常规治理,而属于动物防疫的公共危机治理。动物、动物产品的检疫是指为了防止动物疾病的流行与传播保护人体健康和养殖业生产所采取的检查防疫措施,这些检疫防疫措施有法定的检疫对象和检疫标准,以国家强制力为后盾,逃避检疫将依法承担相应的法律责任。检疫的主要目的在于,将动物疫病控制在萌芽状态。但是,由于检疫必须支出一定的费用,如果养殖的动物健康,这对养殖者而言无疑是一个巨大的经济负担,如果养殖的动物不健康,养殖者可能会有投机心理,想将病死动物与健康动物混合在一起出售谋取利益。正因为如此,动物、动物产品的检疫是动物防疫法中最困难的工作之一,案例二所展示的十个典型案例都与此有关,动物从业者与动物卫生监督部门的执法者之间经常上演"猫鼠游戏",损害动物防疫部门的公信力。

出现这种状况的主要原因之一可能在于,政府职能部门之间的权责划分不清楚。根据《动物防疫法》第四条的规定:"动物屠宰,依照本法对其胴体、头、蹄和内脏实施检疫、监督。经检疫合格作为食品的,其卫生检验、监督,依照《中华人民共和国食品卫生法》的规定办理。"也就是说,对于动物屠宰环节,食品卫生监督部门与动物防疫部门之间的职能划分有不清楚的地方。如果在动物屠宰环节,已经经过动物卫生监督部门检疫合格的,还需不需要受到食品卫生监督部门的检验呢?或者食品卫生监督部门已经检验合格的动物、动物产品,动物卫生监督部门还需不需要进行检疫呢?这两个部门可能出现职能相互交叉和重叠的情形,但更多的情形可能是,两个职能部门之间相互排斥或反对。因为在检验和检疫可能存在着较大的部门利益,每个部门都有使本部门利益最大化的冲动。而对于没有部门利益的情形,则两大部门就会相互推诿责任,致使动物、动物产品的检疫出现第一节所阐述的乱象。

出现这种状况的另一个重要原因可能在于,动物、动物产品的检疫环节还存在许多需要解决的问题。动物卫生监督部门不注重事前检查是病死动物大量出现在市场上的原因之一,这无疑与动物防疫法的制度设计或卫生监督部门的执法理念有关。只有将动物卫生监督部门的执法理念调整到以预防为主,在动物、动物产品的生产环节就采取预防控制措施,才能有效解决这一问题。另外,动物卫生监督部门不注重采取科技防控的措施也是原因之一。在西方发达国家,为了达到预防控制的最佳效果,兽医政府部门会在动物身上打上身份信息电子标签,实时掌握动物的健康状况以及生产和销售的状况,一旦发现动物疫病,就立即启动动物防疫措施,使病死动物、动物产品基本上没有进入市场销售的可能性,也使动物从业者与执法者的"猫鼠游戏"彻底结束或终止。当然,出现这种状况的原因还可能与动物从业者的道德品质和法治理念缺乏有关,但是我们认为,制度上的缺陷才是最主要的原因,一个不合理的制度必然会出缺乏理性的人,因为人的本质都是"政治性"的,在既定的政治框架内,人们都会做出对自己最有利的事情。在动物防疫过程中也是如此,即使动物卫生监督机构在事前很少检查,动物从业者作为一个利益最大化者,必然会选择尽量逃避执法者的检查,销售病死动物,使自身的利益最大化。因此,在这个问题上,不应当过分追究动物从业者的法律责任,而应当从顶层来考虑动物防疫的制度设计的合理性,以及动物防疫执法的程序正义性等问题。如果不这样做,而将舆论和责任的矛头对准动物从业者,那我们同样可以问,是不是消费者也应当承担一定的责任? 因为消费者没有仔细甄别正常动物及产品与病死动物及产品。这当然是极其荒谬的和不可接受的,同样的,过分追究动物从业者的责任,引导社会舆论做不利于动物从业者的评价,实际上就是在为法律和执法本身不恰当开脱,这是我们应当要警惕的现象。

第二节　动物防疫治理中实施政府 绩效管理的必要性

一、动物防疫治理中政府偏好的调整

非人畜共患型动物疫病由于不会在人群中相互传播,仅会在动物间相互传播,某些染疫动物即使被制成食品之后,也可能仅会使人体受到食源性疾病的影响,而不会在人群中进行传播。非人畜共患型动物疫病的这些特征,决定了此种类型的动物防疫仅可能是常规法治,基本上不可能进入公共危机法治的状态。因为即使发生动物间大规模传播的疫病,比如猪蓝耳病等,也仅会在动物间传播,最多只会对动物养殖行业带来较大的负面影响,虽然相关动物产品会减少供应,但是市场会引导人们消费替代品,基本上不会在社会上造成较大的恐慌情绪。有鉴于此,我们认为,非人畜共患型动物疫病的防疫管理工作,就是一项常规的行政执法工作,应当具备常规法治的基本要求。从第一节中展示的案例来看,非人畜共患型动物疫病的法治还需要从以下几个方面进

行完善。

首先,要明确行政许可的标准,加强行政许可的事前执法工作。从概念上而言,行政许可是指行政机关根据公民、法人或者其他组织的申请,经依法审查,准予其从事特定活动的行为。从性质上而言,行政许可首先是一种一般性许可。尽管公民、法人或其他组织拥有宪法、法律规定的许多权利,但是这些权利的行使必须具备相应的条件、能力或资格,否则就可能会给国家利益、公共利益或其他人的合法权益造成损害。为此,国家有必要对法律主体是否具备了这些的能力、条件或资格进行审查,以确定行为人行使这种权利是"无害"于社会或国家的。因此,对于一般性行政许可审查,其根本标准就是"无害",也即是行为人或权利人拥有这项资格会对社会无害。还有一种行政许可为特许,是指政府将某项权利特别授予某个人或群体,被授予人由此享有相应的特权,未受到授权的则未不具备这项权利,而且这项权利只可能授予部分人,不可能对达到相应条件的所有人进行授予。在现代社会中,涉及特许的许多事项已经不复存在,仅存的领域仅在于国有资源特许给私人开发使用,或将公营事业让渡给私人经营的行为。在现代的动物养殖行业中,由于任何达到相应条件的人都可以申请动物防疫养殖许可,因此这就不是一项关于特许的行政许可,而是一项关于"无害"的行政许可。

作为一项"无害"化的行政许可,动物防疫条件许可应当具备以下条件:其一是必须以当事人的申请为前提,无申请则无行政许可。行政机关只有在当事人提出申请后,才能够对申请人的条件、资格、能力等进行审查并决定是否准予许可,而不能由行政机关主动实施。其二是授益性。行政机关一旦作出准予兴办动物养殖场合格的决定,实际上就是允许相关主体向工商行政主管部门申请开业许可,就扩大了被许可人的行为自由,使其获得了相应的利益。其三是要式性。由于行政许可将决定当事人的行为自由,因此无论行政机关作出的是准予还是不准的决定,都应当以书面的形式作出,而且还必须加盖决定机关的公章以显示这是一项政府行为而非个人行为。其四,约束性和裁量性。所谓约束性是指行政机关在做出行政许可决定时必须要受到相应法定条件或程序的限制,不能随意作出相关决定。这就需要法律对行政机关作出相关决定的条件规定得非常明确,不能授予行政机关过多的自由裁量权。在第一节中所展示的案例中,关于动物防疫条件许可的最大问题正在于此,该法并没有明确规定动物防疫合格的条件,而是将具体合格的条件交由行政机关自己决定,这无疑是授予了行政机关过多的自由裁量权,这明显与行政许可的法治要求相违背。

另外,还需要考虑的另一个问题是,即使是一项"无害"化的行政许可,某项行为是否需要行政许可还需要进一步的考虑。如果能够通过私人间的协商或司法救济解决某行为的"有害"化倾向,那么由政府介入这一行为的审查之中无疑是多余的。这既会增加政府运作的成本,也会增加政府权力寻租的可能性,增加整个社会运行的成本。在中国现在的国情下,由于土地制度是集体所有和全民所有的,土地的产权并不清晰,而在短期内这是一个不可能改变的法律事实,因此将动物防疫条件合格的事项交由私人协商解决并不合适,因为产权不清晰会明显增加协商的交易成本,阻碍协商的进行,甚至可能酿成群体性社会事件。在产权不清晰的前提下,将动物防疫合格的审查交由政府,由政府来实施行政许可,至少在中国的国情下是一个比较恰当的方法。

在这个案例中反映比较突出的一个问题是,如果当事人没有办理相关的行政许可手续,而直接兴办了动物养殖场所,对此应当如何处理? 对此至少存在两种不同的观念。其一是认同严格的形式法治原则。根据这种原则,由于未经行政许可而实施的行为属于违法行为,即使兴办养殖场的条件已经达到了行政许可要求的条件,也必须认定其行为违法,而且必须将养殖场进行封闭或强制拆除,唯有如此才能严肃法律的规定,阻止其他人效仿。其二是认同实质法治原则。根据这种原则,虽然未经行政许可的行为违反了法律规定,但是只要其兴办的养殖场符合行政许可的要求,就只需要业主补办相关手续,而不对养殖场本身采取强制措施,仅对未办行政许可的行为予以罚款。在第一节的案例中,行政执法者明显采用了第二种观点。第二种观点具有以下明显的优势:其一是可能会降低社会成本。由于不用对养殖场采取强制措施,这可能不会浪费社会资源,从而降价社会交易成本。其二是可能不会激发社会矛盾。由于不对养殖场本身采取强制措施,只需要补办手续和缴纳罚款,这可能会缓和从业者的对立情绪。但是,采用第二种观点的最大劣势在于,可能会破坏法治的基本原则,影响法律的公信力。由于违法行为没有受到政府严格依法的制裁,这可能会放纵社会上的其他人违法,同时也给予了政府更大的自由裁量权,使政府权力更加难以控制,离法治的要求越来越远。因此,为了加强动物防疫的法治建设,我们认为,动物卫生监督部门在执行过程中,尤其是行政许可方面的执法时,应当要采取第一种观点,即形式法治的基本原则。

其次,要明确动物防疫行政执法的程序,加强依法行政的观念。根据国务院《全面依法推进依法行政实施纲要》的规定,为了加强依法行政,行政活动应当遵循合法行政、合理行政、程序正当、高效便民、诚实守信、权责统一等六项基本原则。其中合法行政是首要原则,至少包含以下几个层面的意思,其一是法律具有绝对的优先性。行政活动必须遵循现有法律的规定,行政机关制定的规则不得与法律相抵触,法律规定的义务和职责,应当积极履行,不得以各种理由推诿,即"法律已规定者不得违反"。其二是行政活动应当在法律授权的范围内进行,只能由法律规定的事项,除非获得授权,不得作出任何规定,在没有法律文件授权的情况下,行政机关不得做出影响公民、法人或其他组织权利义务的行为,即"法无授权不得为"。根据这一原则,第一节中案例二所展示的案例基本上都体现了合法性原则,动物卫生监督部门积极履行了法律授权的行为,查处了许多与动物防疫相关的违法行为,并进行了相应的行政处罚或采取了相应的行政强制措施。

合理行政原则是非常重要的原则之一,是指所有行政活动,尤其是行政机关根据其裁量权作出的活动,都必须符合人的基本理性,行政机关应当要公平公正对待当事人,做到不偏私、不歧视,在执法过程中考虑相关因素,尽量排除无关因素,行政机关采取的手段应当有助于实现行政目的,对行政手段的选择应当为实现该行政目的所必要,实施该行政活动所取得的收益与所付出的成本之间达到基本均衡的状态。合理行政原则本质上是实质法治原则的要求,必须考虑行政活动与行政目的之间的匹配性,在某种意义上而言,就是一种工具理性的要求。就动物防疫行政执法而言,其根本目的无疑在于有效预防动物疫病的爆发流行,所有的动物防疫行政执法行为,如果是在法律授权范围内的自由裁量行为,都必须以能够最大程度实现这一目的为导向。对照这个要求,我们认为,案例一中对未办理动物防疫合格证的当事人仅处于罚款是不合适的,案例二中对违反动物防疫法的当事人,没有区分具体情形,一律处以罚款也是不合适的,因为罚款并不是根本目的,制裁当事人也不是根本目的,只有有效预防动物疫病才是根本目的,为此应当将消除动物疫病排在行政执法措施或手段的第一位,然后才考虑其他相关措施。

程序正当是当代社会中行政法治过程中最重要的原则之一,一般也是指要求行政活动符合最低限度的正当要求,具有明显的自然正义的色彩,在我国,行政活动的程序正当原则被转化为以下几个方面的基本要求,其一是行政活动必须具有公开性。只有将行政活动暴露于"阳光之下",才能有效地防止行政腐败,腐败一般都发生在隐晦不见阳光之处。公开即是一种程序正当的要求,同时也是满足公民知情权的宪法要求,除国家秘密和依法受保护的商业秘密、个人隐私之外,都应当予以公开。其二是行政活动应当保证公民充分的参与。政治民主化是国家治理能力和治理体系现代化在政治上的标志之一,政治民主化的本质就是政治的高度参与性,选举民主和协商民主都是提高公民政治参与性的重要手段。现阶段,我国特别注重发展协商式民主,以此为契机提高公民参与国家治理的程度和能力。其三是行政活动应当保持足够的中立性,即"任何人不能成为自己的法官",在涉及行政机关本身利益的场合,行政机关应当主动申请回避,由独立第三方参与纠纷解决(一般为司法裁决)。在第一节所展示的案例中,公开性是没有疑问的,行政执法机关主动地公开了与案件裁决相关的案件事实及裁决过程。但是,案件处理过程的参与性和中立性都有问题,尤其是参与性,动物卫生监督机构在可能并未与行政相对人充分协商的情形下就做出相应的处罚决定,而且在行政相对人未提起行政诉讼的情形下就主动公开案件作为警示材料,有先入为主的嫌疑,有违行政执法过程的中立性要求。

高效便民原则是公共服务视野下法治原则的重要内容,是对行政活动效率提出的要求,既是行政管理的原则,也是行政法的基本原则。行政机关应当积极、迅速、及时地履行其职责、实现其职能。除此之外,行政机关还应当尽量减少当事人的程序性负担,节约当事人的办事成本。高效与便民有时是相互矛盾的要求,高效可能会导致不便民,而便民则可能导致低效。但是,如果将政府行政活动的效率定位于公民"满意度",那么高效便民无疑可以完美地融合在一起。在动物防疫执法过程中,如果要体现高效便民的原则,就必须以群众满意与否作为最终标准。

诚实守信原则是中共中央、国务院新提出的一项行政活动原则,与民法上的原则有类似或共通之处,名称相同,但内涵还是有一定的差别。行政活动的诚实守信主要体现在,行政机关发布的信息应当全面、准确、真实;政府基于任何原因向公众发布虚假信息都是违法的,这是一个道德原则,与社会公共利益的得失无关;行政机关的规定或决定一旦作出,就不能轻易改变或撤销,如果确因国家利益、公共利益、法律修改、情事变更等事由而必须改变它们时,除了要有充分的法律依据并遵循法定程序之外,还应当给予权益受损的人以一定赔偿、补偿或采取补救措施。在动物防疫过程中,涉及诚实守信原则行为的主要为政府发布相关动物防疫信息的真实性,以及政府做出的对动物防疫补贴决定的真实性等问题。据作者调查,动物养殖从业者对政府免费提供的强制免疫疫苗不信任,认为政府提供的疫苗没有什么作用。这无疑是对政府公信力的一种挑战,之所以会如此,可能与地方政府在以往提供动物免疫公共服务的过程中,有不诚信的行为,使动物养殖从业者失去了信心。

权责统一是指行政机关被赋予实现管理职能的权限和手段,同时也应当承担因违法或不当履行职能所引发的责任。第一方面涉及行政机关的行政效能问题,即为了保证行政目标的实现,法律应当赋予行政机关必要的管理权限和执法手段,行政机关应当通过这些手段来排除职能实现过程中遇到的障碍。同时,如果行政机关违法或不当行使职权,应当要依法承担责任,其中主要为国家赔偿责任。整体而言,权责统一的原则要求,执法有保障,有权也有责,用权受监督,违法受追究,侵权须赔偿。在动物防疫行政执法过程中,动物防疫执法是有国家强制力保障的,如果履行职责不当,也需要承担相应的法律责任,行政相对人或行政主体违法会受到法律的追究。但是,对于行政主体的违法行为是否应当给予国家赔偿,应当给予何种类型的国家赔偿,可能还需要在动物防疫法中进一步明确规定,以完善动物防疫法治过程中的权责统一的原则。

二、动物防疫治理中实施政府绩效管理的必要性

动物防疫地方政府防控绩效指标是用来反映和概括地方政府防控动物防疫绩效水平的具体目标和标准。绩效评价指标体系的构建是地方政府动物防疫绩效评价的基础工程,是地方政府动物防疫绩效评价的难点问题。目前,国内外学术界对公共危机绩效评价进行了不少的研究。英国学者 Jones 研究了灾害应急管理的绩效和能力评估问题,建构了一个英国灾害管理者的应急管

理绩效评估框。① 王锐兰基于突发事件的时间序列和应急管理的全过程建构了政府应急管理绩效评价指标体系,具体由 4 个一级指标、16 个二级指标、57个三级指标组成。② 但是,这些研究主要针对一般性的突发公共危机事件,对动物防疫事件的针对性和独立性都不强,既缺乏对动物防疫演化机理的深刻认识,又没有提出适合于动物防疫地方政府防控绩效评估的指标体系。本书在阐述我国动物防疫地方政府防控绩效指标影响因子的基础上,构建指标甄选模型,在此基础上提出一个比较合理的、有针对性的动物防疫地方政府防控绩效评价指标体系。

　　动物防疫地方政府防控绩效指标体系的理论基础是指决定地方政府动物防疫绩效评价指标体系构建各种因素的总和。在地方政府动物防疫绩效评价过程中,绩效评价的目的、动物防疫演化机理和绩效建构的原则是三个主要的决定性因素。

(一)动物防疫防控绩效评价的目的

　　目的是动物防疫防控绩效评价的起点,只有确定了防控绩效评价的目的,才能据此评价动物防疫地方政府所采取的防控措施在多大程度上实现了既定的目的,也即是绩效水平如何。动物防疫防控绩效目的的确定必须综合考虑目的先验性和经验性。所谓目的的先验性是指不需要经验支撑的,人们自然认为应当具有目的。就动物防疫防控而言,其目的的先验性体现在,保障每个人的基本权利不受动物疫情的影响,不能为社会整体利益而牺牲特定个人或群体的基本权利,保障染疫或疑似染疫动物受到人道的对待等;所谓目的的经验性是指需要借助于人类生活的经验才能确定为合理的目的。就动物防疫防控而言,其目的经验性体现在,动物防疫的防控措施是否能够维护社会安全稳定,是否以效率最高的方式实施等。目的无疑具有多样性,这也就决定了动物防疫绩效指标体系的多样性,只有先行确定了目的,才有可能最终确定动物防疫的绩效指标体系。

---

　　① 参见马梦砚:《论地方政府公共危机管理绩效评价体系构建》,《扬州大学学报(人文社会科学版)》2010 年第 11 期。
　　② 参见王锐兰:《政府应急管理的绩效评价指标体系研究》,《安徽大学学报(人文社会科学版)》2009 年第 1 期。

(二)动物防疫演化机理

动物防疫地方政府绩效评价指标体系的构建,还需要以动物防疫演化机理作为理论指导。Merle Jacob 和 Tomas Hellstrom(2000)的研究表明,在非常规管理状态下公共危机的演化过程中,存在次生、衍生灾害的扩散和相互作用,其演化机理比常规性突发事件复杂得多。[①] 目前,突发公共危机事件演化机理有阶段型、扩散型、因果型、情景型等几种典型的分析模式。其中阶段型最具代表性,获得学界的广泛赞同。在国内外研究的基础上,应用阶段型演化机理的分析工具,综合采纳各种分析模式的优势,我们认为"三阶段三波五点"的"动物防疫阶段型演化机理分析模型"(图 1)适合于作为构建动物防疫地方政府绩效评价指标体系的理论基础。

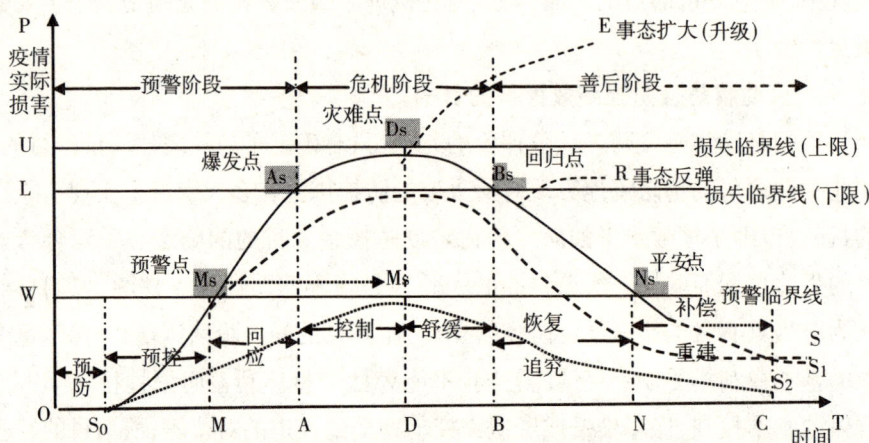

图1　动物防疫阶段型演化机理分析模型

在图 1 中,OP 线表动物疫情实际损害程度(量),OT 是时间轴线。根据疫情实际损害情况的变化,突发性动物防疫的演变划分为三个阶段,即预警阶段(OA)、危机阶段(AB)和善后阶段(BC)。图 1 反映突发性动物疫情实际损害的曲线有三条(即三条波伏线,称之为"三波"),实曲线 SOS 是突发性动物防疫演变曲线,在这条曲线上有五个关键的"点",即称为"五点":疫情损害曲线 SOS 与预警临界线 W(Early Warning)相交的点 Ms(时间窗口落在 OT 线的

---

① 参见孙多勇、鲁洋:《危机管理的理论发展与现实问题》,《江西社会科学》2004 年第 4 期。

M 点上），我们称之为预警点（Warning），此时各种危机表征警示疫情进入前危机状态；随着疫情发展，SOS 加速上升与社会经济损失临界线（下限，Lower limit）L 相交的点 As（时间窗口落在 OT 线的 A 点上），我们称之为爆发点（Outbreak），此时各种危机表征突然急速、大规模扩散，公共危机全面爆发、疫情损害迅速放大；在各利益主体的干扰下，加之突发性动物疫情本身的扩散能力也有衰减，疫情损害扩散速度得到控制，SOS 上升速度放缓并与社会经济损失临界线（上限，Upper limit）U 相交的点 Ds（时间窗口落在 OT 线的 D 点上），我们称之为灾难点（Disaster）；由于突发性动物防疫管理有效，SOS 接近 Ds 点后向"好"的方向转变（Ds 点成为实际上的拐点），SOS 曲线的方向发生转折。随后，SOS 曲线向下穿越社会经济损失临界线（下限）L 即进入善后阶段。SOS 曲线与 L 线相交的点 Bs（时间窗口在 OT 线的 B 点上），我们称之为回归点（Regression），突发性动物防疫开始回归常态管理；SOS 线快速下滑再次与预警临界线 W 相交于点 Ns（时间窗口落在 OT 线的 N 点上），我们称之为平安点（Safety），在平安点 Ns 以下突发性动物疫情损害处于常态管理，SOS 曲线逐渐恢复水平运动，并进入一个新的突发性动物防疫生命周期。①

（三）动物防疫绩效评价指标体系建构原则

Neely 等学者提出了建立任何评价指标体系的科学性、有效性、可操作性、简洁性和系统优化等八条原则。而在动物防疫中地方政府防控绩效评价指标体系建构中，除应体现上述基本原则外，还应遵循下述原则：1. 动态性原则。随着科学技术和动物疫情防控实践的发展以及社会环境的变化，地方政府防控绩效评价指标体系也要相应地加以调整。2. 综合性原则。评价指标的设置应当从多个角度分析，指标体系不仅应包括政府组织，而且应包括社会、经济、文化、教育、人力资源、信息化建设等诸多要素，才能准确地描述动物防疫防控绩效。3. 可比性原则。指标体系应该能够进行横向、纵向比较，通过分析比较，才能及时发现动物疫情危机防控能力的优势与缺陷，从而有利于改进提高。4. 主导型原则。地方政府疫情危机防控绩效评价指标涉及面很广，应该认真调查、仔细分析，抓住主要方面，简化或省略与危机防控绩效联系较少的要素，各项指标也应设置不同的权重，这样才能突出重点。5. 灵活性与扩展性

---

① 参见李燕凌：《农村公共危机形成机理及治理机制研究》，《农村经济》2005 年第 1 期。

原则。应当根据地方社会、经济发展的状况,建立符合地方发展特点的指标体系,不同时期、不同环境条件下,评价指标也应当有所差异。6. 定性与定量相结合的原则。影响评价动物疫情危机防控绩效的许多因素是无法用定量指标描述的。因此,必须采用定性与定量相结合的方法,建立评价指标体系。7. 目标导向原则。评价的目的不仅是单纯评出优劣程度,更重要的是引导和鼓励被评价对象向正确的方向和目标发展。

第三节　动物防疫政府绩效管理目标体系的建构与制度化

一、动物防疫政府绩效管理目标体系构建的方法和思路

(一)动物防疫政府绩效管理目标体系构建的基本方法

层次分析方法(Analytic Hierarchy Process,AHP)是美国运筹学家、匹兹堡大学教授 T.L.萨迪在 20 世纪 70 年代中期提出的。它是将复杂问题分解为多个组成因素,并将这些因素按支配关系进一步分解,按目标层、准则层、指标层排列起来,形成一个多目标、多层次的模型,形成有序的递阶层次结构。通过两两比较的方式确定层次中诸因素的相对重要性,然后综合各评估主体的判断以确定诸因素相对重要性的总顺序。层次分析法的基本思想就是将组成复杂问题的多个元素权重的整体判断转变为对这些元素进行"两两比较",然后再转为对这些元素的整体权重进行排序判断,最后确立各元素的权重。① 层次分析方法的基本过程是:建立递阶层次结构模型;构造出各层次中的所有判断矩阵;层次单排序及一致性检验;层次总排序及一致性检验。层次分析方法通过构造判断矩阵,先对单层指标进行权重计算,然后再进行层次间的指标总排序,来确定所有指标因素相对于总指标的相对权重,为确定类似指标体系权重提供了一种很好的解决途径,并且通过采取对判断矩阵进行一致性检验等措施,有利于提高权重确定的信度和效度。②

将层次分析法运用于动物防疫地方政府防控绩效评价指标体系构建时,

---

① 参见彭国甫等:《应用层次分析法确定政府绩效评估指标权重研究》,《中国软科学》2004 年第 6 期。

② 参见柏乃:《政府绩效评估理论与实务》,人民出版社 2005 年版,第 244—245 页。

首先要确定防控绩效评价体系的目标层。根据"三阶段三波五点"的动物防疫演化模型,动物防疫地方政府防控应当分别在危机前、危机中和危机后建立不同的目标。在动物防疫发生前,目标应当确定为预防有效,在动物防疫发生后,目标应当确定为应急有效,在动物防疫消除后,目标应当确定善后有效。动物防疫的预防工作是指地方政府应当采取有效措施,投入一定的人力、物力和财力,制定动物防疫应急预案,对动物进行强制免疫,建立动物疫情的监测与预警体系,建立动物疫病的诊疗体系,将动物防疫制止在萌芽状态;动物防疫发生之后,地方政府应当采取有效措施,动员相关政府职能部门和可用的社会资源,设立疫区、疫点,建立动物防疫防控封锁区,扑杀染疫或疑似染疫的动物,对易感动物或人群进行强制接种,对感染或疑似感染人群进行强制隔离治疗等;在动物防疫消除之后,地方政府应当采取有效措施,恢复生产,净化环境,对养殖场所或相关地点进行消毒,对受到损害的养殖户或其他群体进行经济补偿,化解社会矛盾等。在确定目标层之后,还需要在每一个目标层之下建立若干准则层。根据公共危机应急管理的一般原理,准则层一般可以区分为人、财、物、信息和制度等五个层面。就动物防疫防控而言,一般是指防疫人员、防疫投入、防疫物资、防疫信息和防疫制度等。在准则层之下,还需要建立操作性强的指标层,这需要根据动物防疫防控的实际情况,用不同的具体指标来衡量。在每个层次的指标之间,还需要采取"两两比较"的方法,确定不同指标之间的权重,以此作为判断地方政府防控动物防疫绩效的基本标准。

(二)动物防疫政府绩效管理目标体系构建的思路

借鉴国内外已有的研究成果,遵循地方政府动物防疫防控绩效评价指标体系构建的原则,根据地方政府动物防疫防控绩效评价指标体系的影响因素,以动物防疫演化机理和层次分析法为分析框架,本书从地方政府动物防疫预防、应急及其善后三个维度构建地方政府动物防疫防控绩效评价指标体系,探究地方政府动物防疫防控绩效评价指标体系的内部结构。从宏观上,本书把地方政府动物防疫防控绩效评价指标按层次分析法结构划分为预防、应急和善后等三个功能模块。

在具体设置每个功能模块及具体指标时,本书选择了按照地方政府动物防疫防控职能和具体工作部门来设计。首先界定地方政府动物防疫防控的基本职能和工作目标,然后层层分解关键要素,在此基础上设计各模块的具体指标。在地方政府动物防疫防控绩效评价中有定性和定量两种不同的指标类型。不同性质的指标,其评价标准和方法也有所不同。因此,在指标设计思路上,应增加定性加定量指标维度,为后面对评价指标的计算处理提供依据。地方政府动物防疫防控绩效评价指标甄选模型如图2所示。

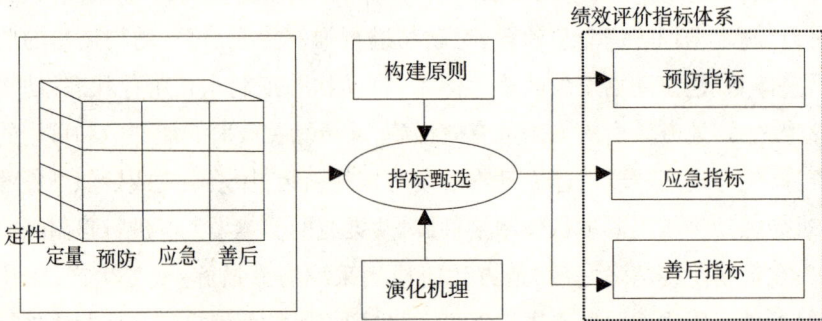

图2　地方政府动物防疫防控绩效指标甄选模型

设计指标体系时,由于一些指标具有不可观测性,可以将这些指标分解成若干个具体指标,构成合理的阶梯结构。第一层为目标层,可以作为综合评价指标;这一层次的指标一般作为动物防疫地方政府防控绩效评价的分类评价指标;第二层为准则层,可以作为分类评价指标,具有结构单一、简单可辨、容易测量等必要特征;第三层为指标层,可以作为单项评价指标,具有很好的可观测和可操作性。综上所述,地方政府动物防疫防控绩效评价指标体系的总体框架如图3所示。

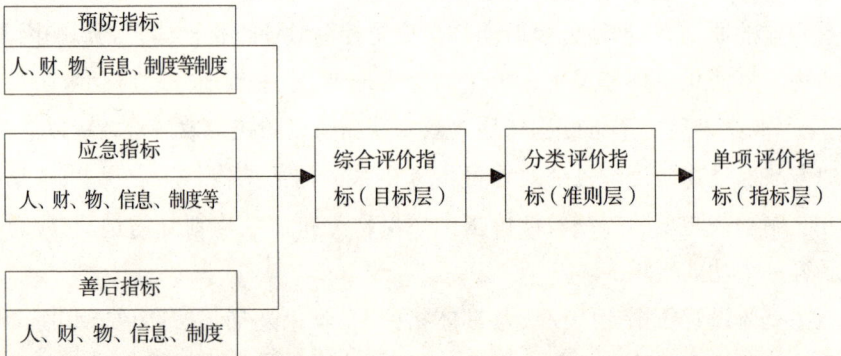

图3　地方政府动物防疫防控绩效评价指标体系的总体框架

二、动物防疫政府绩效管理目标体系的主要内容

(一)地方政府预防动物疫情目标体系的构成

地方政府预防动物防疫效果的绩效指标是指地方政府在预防动物防疫过程中的产出和业绩。尽管动物防疫预防工作涉及地方政府的多个部门,需要多个部门共同配合才能完成,但是无论采取何种预防措施,都需要投入一定的防疫资本,准备一定的防疫物资,建设一支防疫队伍,构建动物防疫的应急预案和制度等。因此,动物防疫预防效果的分类指标由防疫投入、防疫物资、防疫人员、防疫信息和防疫制度等五项指标构成。其中防疫投入又由四个单项指标构成,分别是强制免疫疫苗经费、基层动物防疫工作补助经费、动物疫病监测和流行病学调查经费和动物防疫保险费用等四项投入。防疫物资分类指标可以由防疫物资储备数量、防疫站建设数量和兽医站建设数量等三个单项指标构成。防疫人员分类指标可以由防疫队伍建设、疫情预警队伍建设、疫情监测队伍建设、向专家委员会咨询次数和专业人员培训小时数等五个单项指标构成。防疫信息分类指标可以由疫情基础信息数据库建立、疫情监测网络完善、监测结果的分析与报告、疫情预警信息发布和防疫知识宣传与学习次数等五个单项指标构成。防疫制度可以由政府应急预案完备程度、应急法律法规与管理体制健全性、应急指挥机构设置及其权责明确性和应急制度间的协调性和系统性等四个单项指标构成。

(二)地方政府应对动物疫情目标体系的构成

地方政府应对动物防疫效果的绩效指标体系是地方政府在动物防疫应急处置过程中的产出和业绩。地方政府应对动物防疫需要投入一定的应急资本,投入一定的应急物资,动员足够数量的应急处置人员,采取一定的应急处置措施,发布相应的应急措施命令等。因此,动物防疫应急效果的分类指标由应急投入、应急物资、应急人员、应急信息和应急制度等五项指标构成。其中应急投入仅用应急投入资金数量作为单项评价指标,应急物资则用应急物资投入数量作为单项评价指标。应急人员可以由应急人员数量和社会动员人数等两个单项指标构成。应急制度则可以由扑杀染疫动物数量、隔离区封锁时间、关闭动物及动物产品交易市场数量和时间、应急动员单位数量、与相关利益群体沟通次数和国际合作应急次数等六个单项指标构成。

(三)地方政府善后动物疫情目标体系的构成

地方政府善后动物防疫效果的绩效指标体系是地方政府在动物防疫善后过程中的产出和业绩。地方政府善后动物防疫需要投入一定的善后资本,投入一定的善后物质,动员足够数量的善后人员,采取一定的善后措施,制定一定数量的善后政策等。因此,动物防疫善后效果的分类指标由善后投入、善后物资、善后人员和善后制度等四项指标构成。善后投入由政府补贴或补偿额度、补偿或补贴的满意度和生产贷款占财政预算的比重等三个单项指标构成。善后物资可以由繁殖动物提供数量、补栏率和疫苗提供数量等三个单项指标构成。善后人员可以由善后人员数量和受害者心理和医疗救助次数等两个单项指标构成。善后制度可以由损失评估和重建方案、相关部门和人员的责任认定及处分、应急预案有效性评估和应急管理经验和教训总结等四个单项指标构成。

表 1　动物防疫地方政府防控绩效评价指标体系

综合指标	分类指标	单项指标
A 地方政府 预防动物 防疫效果	A1 防疫投入	A1-1 强制免疫疫苗经费 A1-2 基层动物防疫工作补助经费 A1-3 动物疫病监测和流行病学调查经费 A1-4 保险经费
	A2 防疫物资	A2-1 防疫物资储备数量 A2-2 防疫站建设数量 A2-3 兽医站建设数量
	A3 防疫人员	A3-1 专业防疫人数 A3-2 疫情预警人员数量 A3-3 疫情监测人员数量 A3-4 专家委员会接受咨询次数 A3-5 专业人员培训小时数
	A4 防疫信息	A4-1 疫情基础信息数据库 A4-2 疫情监测网络数量 A4-3 监测结果的分析与报告数量 A4-4 疫情预警信息发布数量 A4-5 防疫知识宣传与学习次数
	A5 防疫制度	A5-1 政府应急预案完备程度 A5-2 应急法律法规与管理体制健全性 A5-3 应急指挥机构设置及其权责明确性 A5-4 应急制度间的协调性和系统性

续表

综合指标	分类指标	单项指标
B 地方政府应对动物防疫效果	B1 应急投入	B1-1 应急资金投入
	B2 应急物资	B2-1 应急物资投入
	B3 应急人员	B3-1 应急人员数量 B3-2 社会动员人数
	B4 应急信息	B4-1 发布应急信息次数 B4-2 应急管理网站访问次数 B4-3 应急指挥机构会议次数 B4-4 专家参与决策次数
	B5 应急制度	B5-1 扑杀染疫动物数量 B5-2 隔离区封锁时间 B5-3 关闭动物及动物产品交易市场数量和时间 B5-4 应急动员单位数量 B5-5 与相关利益群体沟通次数 B5-6 国际合作应急次数
C 地方政府善后动物防疫效果	C1 善后投入	C1-1 政府补贴或补偿额度 C1-2 补偿或补贴的满意度 C1-3 生产贷款占财政预算的比重
	C2 善后物资	C2-1 繁殖动物提供数量 C2-2 补栏率 C2-3 疫苗提供数量
	C3 善后人员	C3-1 善后人员数量 C3-2 受害者心理和医疗救助次数
	C4 善后制度	C4-1 损失评估和重建方案 C4-2 相关部门和人员的责任认定及处分 C4-3 应急预案有效性评估 C4-4 应急管理经验和教训总结

三、动物防疫政府绩效管理目标体系的实证分析

根据绩效评价指标体系构建的一般原理,在绩效评价指标体系设计出来之后,还需要对其进行效度和信度方面的实证性分析,以验证绩效指标体系的合理性、科学性和可行性。

(一)动物防疫政府绩效管理目标体系效度检测

所谓效度是指评价指标体系反映评价对象真实情况的有效程度,也即是评价指标体系反映评价对象客观要素的准确程度。一般而言,如果评价对象有固定范围,那么效度就是指评价指标体系落在该范围内的比例或程度。在

动物防疫地方政府防控绩效评价中,指标体系必须全面反映地方政府防控动物疫情的真实情况,只注重预防、应急或善后,都不可能全面真实准确地评价地方政府防控动物防疫的效果。在自然科学中,实验结果的效度测试比较容易,因为实验对象是客观的,实验结果也是客观的,实验结果是否在相应范围内也是客观的。而在动物防疫地方政府防控绩效指标体系构建中,效度比较相对比较困难,因为存在较大的主观性。为了解决这一问题,社会科学家发展出了"内容效度比"作为测试具有主观性内容的效度问题。"内容效度比"是指将评价指标体系由同行专家打分测评,将评分合适的专家人数与总评分人数进行比较,分数越低,效度越低。我们征询了 20 位同行专家,约有 82% 左右指标效度在 0.7 以上,该指标体系具有较高的效度。

(二)动物防疫政府绩效管理目标体系信度检测

所谓信度是指观测到的数据或测量结果的可靠性程度。如果所有的观测结果都落在某一范围内,这说明观测结果的效度很高,如果所有的观测结果都集中中某范围的中心点附近,这说明观测结果的信度很高。指标体系的信度检测实际是就是指标体系偏离实际情形的程度检测,或者说是理想与实践的偏离程度。在自然科学中,信度一般通过观测数据的标准差来检测。在动物防疫地方政府绩效评价指标体系信息检测中,一般通过克朗巴赫系数进行计算。本书构建的指标体系的克朗巴赫系数较高,具有较高的信度。

第八章　动物防疫治理中的公民：
协商民主治理的制度化

第一节　动物防疫治理中的公民参与

一、问题的提出：动物防疫治理中的理性忽视

在动物防疫治理过程中，政府只有充分发挥人民群众的积极性，使人民群众充分认识到动物防疫工作"群防群治"的必要性，才能收到动物防疫治理的最佳效果。然而，在实际的动物防疫治理工作中，政府有可能忽视公民参与的必要性，公民也对动物防疫持有理性忽视的态度。为此，我们可以先看看媒体披露的一些相关案例：

（一）案例一：H1N1型禽流感的治理

2009年3月份以来，一些国家发生的甲型H1N1流感疫情迅速在全球蔓延。4月28日，国务院总理温家宝主持召开国务院常务会议。会议指出，尽管目前我国尚未发现人感染猪流感病例，也未在猪体内检测到类似病毒。但由于一些国家的疫情尚在发展中，病例逐渐增多，疫区不断扩大，不排除传入我国的可能，必须保持高度警惕，采取有力措施，严密监控防范，切实保障人民群众健康和生命安全，保障社会生产生活正常进行。会议强调，当前要按照"高度重视、积极应对、联防联控、依法科学处置"的原则，重点抓好十项工作，迅速建立联防联控工作机制，严格对出入境人员、货物和交通工具的检验检疫，加强对人和猪禽流感疫情监测，积极做好医疗救治准备和应急物资的生产储备，集中力量研制出快速诊断试剂，积极处置应急突发事件。

4月30日，经国务院批准，卫生部将甲型H1N1流感纳入《中华人民共和国传染病防治法》规定的乙类传染病,并采取甲类传染病的预防、控制措施,国家检验检疫总局将甲型 H1N1 流感纳入《中华人民共和国国境卫生检疫法》规定的检疫传染病管理。一周后,境外疫情已经发展到 20 多个国家和地区,我国仍然面临传入风险,甲型 H1N1 流感疫情处于关键时期。5 月 5 日,国务院总理温家宝主持召开国务院常务会议,听取前一阶段甲型 H1N1 流感防控工作汇报,研究部署进一步防控措施。会议提出,要进一步抓好十项工作:(一)继续加强出入境检验检疫。(二)强化疫情监测报告工作。(三)抓紧做好医疗救治准备。(四)搞好应急物资的生产和储备。(五)积极开展防治技术的科学研究。(六)加强同有关国家和国际组织的合作,积极同港澳台建立协作机制,开展科学研究、防控技术、信息交流等方面的合作,为需要援助的国家和地区提供资金、物资和技术的支持。(七)搞好猪禽等动物流感疫情监测和防治。(八)为保障防控工作,中央财政安排 50 亿元专项资金。地方各级财政也要拨出专款。(九)加强宣传教育和信息公开。要建立严格的信息公开发布制度,在第一时间及时、准确地发布国内外最新疫情信息,增加防控工作的透明度,正确引导舆论。(十)开展爱国卫生运动,提倡全民健身,增加全民体质,养成良好的卫生习惯。

5 月 11 日,四川省发现一名从美国回来的学生被确诊患有甲型 H1N1 流感,这是我国内地确诊的首个输入性病例。卫生部等有关部门紧急部署,采取有针对性的应对措施,及时公布信息,防止疫情扩散。当日,国务院总理温家宝主持召开国务院常务会议。会议再次强调了"高度重视、积极应对、联防联控、依法科学处置"的原则,指出了重要的应对措施。通过采取依法管理、严格口岸检验检疫工作、扩大流感监测网络和哨点医院、加强患者救治和密切接触者管理、加快疫苗和药物研发生产工作、积极开展与 WHO 及有关国家的交流合作、加强新闻宣传和健康教育、及时透明地向社会发布疫情信息等一系列综合措施,取得了我国防控甲型 H1N1 流感疫情的阶段性成果,有效延缓了疫情在我国的输入、扩散和流行速度。

6 月 28 日,甲型 H1N1 流感已经涉及全球五大洲 112 个国家和地区,累计报告的确诊病例数已经达到 6 万,死亡病例 263 例。境内感染病例也明显增多，在个别省份已经出现感染来源不明的病例和局部暴发疫情。针对这一情况，卫生部和国家质检总局在6月29日召开新闻发布会。卫生部卫生应急办公室副主任梁万年在会上指出：应对甲型H1N1流感联防联控工作机制根据疫情不同发展阶段的特点及时调整防控策略。下一阶段，应对甲型H1N1流感联防联控工作机制将以"减少二代病例，严防社区传播，加强重症救治，应对疫情变化"为重点，加强学校、社区等场所的防控工作，强化疫情监测、重症病例救治，科学合理使用防控资源，做好各项工作准备。

7月3日，国务院总理温家宝主持召开国务院常务会议，会议强调，为了更积极主动、科学有效地防控甲型H1N1流感，根据引发这次疫情病毒的特点、国内外疫情发展趋势和我国的实际情况，借鉴世界多数国家的普遍做法，对部分防控措施进行调整完善，并把一些有效措施常规化。目前，甲型H1N1流感仍在境内外继续蔓延。未来一段时间，我国输入性病例仍将不断出现。本地感染病例将进一步增加，聚集性发病或局部暴发已难以避免。随着我国病例数的增加，会涉及高危人群、患有慢性基础性疾病者和孕妇等，极有可能出现重症和死亡病例。今年秋冬季出现甲型H1N1流感广泛传播或流行的可能性进一步加大。卫生部和国家质检总局提出，应对甲型H1N1流感联防联控工作机制将加强对全球和我国内地疫情形势的研究与判断，根据甲型H1N1流感的致病力、传播力对我国内地社会的危害性，并据此，依法、科学、及时地调整防控策略与措施。抗击甲型H1N1流感的应急处置工作尚未结束，但已经取得的应对成就有目共睹。我国的疫情防控策略和措施得到了WHO和有关国家的赞同，得到了公众的支持，记得了群众的信任，并为我国应对可能发生的更为严重的疫情，尤其是疫苗、药品储备等，争取了宝贵的时间，把造成的危害控制在最小范围内。相信在未来的处置工作中，我国能够取得抗击甲型H1N1流感的最终胜利，也为应对此类突发事件积累经验。①

（二）H7N9型禽流感的治理

在持续18天的人感染H7N9禽流感新增病例报告后，1月27日是浙

---

① 莫于川、肖竹：《突发事件应对法制度解析与案例指导》，中国法制出版社2009年版，第273—276页。

江省卫生计生委首次未通报病例新增的日子。据其统计,截至当日 12 时,浙江共确诊人感染 H7N9 禽流感病例 49 例,死亡 12 例,治愈出院 1 例,现住院 36 例。记者了解到,在 49 例病例中有 41 例有过禽类接触史,确诊的患者分布在杭州、宁波、绍兴、湖州、台州、嘉兴、金华、温州等 8 个地市的 24 个县(市、区)。自 1 月 9 日以来,浙江已连续 18 天报告有新增病例,而 2 周内病例数超过 2 例的县(市、区)有萧山区、滨江区、余杭区、鄞州区、慈溪市、越城区、柯桥区、诸暨市、德清县、吴兴区、椒江区等 11 个区。

　　近期的疫情有如下特点:一是病例的发生地区进一步扩大。新发病县(市、区)不断出现,呈蔓延趋势。二是农村地区病例的比例有增加趋势。三是发病人群有年轻化趋势。四是无基础性疾病的病例增多。五是病例暴露史以活禽或活禽市场暴露为主。卫生专家提醒公众,预防人感染 H7N9 禽流感要多洗手、勤锻炼;去涉禽场所要戴口罩;尽量避免接触活禽,购买"杀白"禽类或禽类制品。卫生专家希望公众能积极参与人感染 H7N9 禽流感防控,发现有活禽交易市场没有落实每日清洗消毒和一月休市至少 3 天政策的、在市场外交易活禽的,或在当地政府宣布暂停活禽交易或休市期间仍有交易行为的,及时向当地工商部门举报。①

　　H7N9 风波给家禽业带来的震荡仍在持续。日前,广东佛山决定对南海、禅城两区采取全面暂停活禽交易两周,时间从 2014 年 1 月 15 日 0 时起,具体恢复时间要视情况而定。据南方农村报记者了解,对关闭活禽市场的恐惧,弥漫在大部分禽企之间。1 月 14 日,广东省 73 家禽企联名向广东省省委、省政府递交诉求信,呼吁"H7N9 流感"事件能获得科学的对待,让养殖业走出困境。家禽企业除了期盼政府加大对家禽企业的补贴扶持力度,还特别提出希望规范活禽市场的休市政策。

　　近日,广东全省多地活禽交易市场陆续检测出 H7N9 阳性样本,一月份几乎每天都有活禽市场被迫关停,各地休市的消息此起彼伏。佛山市卫生系统于日前发布通告,决定自 1 月 15 日 0 时起,暂停佛山市南海区、

---

① 《浙江确诊 49 例人感染 H7N9 禽流感病例死亡 12 例》,http://news.ifeng.com/mainland/special/h7n9/content-3/detail_2014_01/27/33422835_0.shtml.

禅城区活禽交易两周。这是目前广东省内关闭活禽市场持续时间最长的一次。彻底关闭活禽市场的呼声又一次高涨。众多禽企开始担忧，照此形势发展，活禽市场是否会被永久关闭。据南方农村报记者了解，由于两广消费者习惯购买活鸡，黄鸡产业基本上建立在活禽交易模式上（黄鸡中只有少数快大型或中速型品种在走冰鲜路线）。一旦强制取消活禽市场，将直接对黄鸡企业的养殖品种、流通模式及屠宰硬件等产生新的要求。可以预期，黄鸡产业将发生巨变。"H7N9的影响太快了，我们来不及做出充足的准备。"广西春茂集团农牧事业部总经理张训表示，由于原有市场已经呈现一定的饱和、稳定状态，无论是重新开拓销售市场还是转型做其他产业，都需要企业在前期投入大量的人力、财力和时间成本。在H7N9的持续打击下，禽企做任何转变都难以在短期收获成效。

如果转型做冰鲜鸡，对大型企业而言，首要的挑战就是上屠宰线和冷藏设备。惠州市新福源农业发展有限公司总经理汤军介绍，新建一条日屠宰量1万~2万羽的屠宰线大约需要一次性投入3000万元。即便对于规模较大的养殖公司来说，在目前的行情下也是难以承担的。在屠宰通路的建设上，除了自己建场，禽企还可与现有屠宰场合作。但这需要现有屠宰场进一步扩大规模，同时也需要政府的大力引导和资金扶持。"挺不过这一阵，一切都是空谈。"广西参皇养殖集团有限公司总裁张聪表示，关闭活禽市场也好，发展屠宰加工、做大冰鲜市场也罢，都是以后考虑的事。对于企业来说，目前要做的就是尽自己所能融资，保证资金链不出现断层，熬过眼前的危机才是最紧迫的。珠海市裕禾农牧有限公司董事长陈汉松进一步指出，即便禽企有心、有力做屠宰加工方面的投资，就现在的情况看，找到合适且愿意出租给禽企的土地也是一道坎。此外，日益严格的环评政策也让一部分打算着手屠宰线建设的禽企望而生畏。

"按照发达国家的发展轨迹，活禽市场是终究会被关闭的，"中国国家家禽工程中心副主任赵河山指出，这是众多禽企不愿意面对，却又不得不接受的发展趋势。"家禽育种可能会朝某一方向集中转变。"广州华农正大禽业有限公司（下称"华农正大"）总经理詹勖在接受记者采访时表示，出于南方人的饮食习惯，即便以后的市场以冰鲜鸡为主，黄羽肉鸡也不会就此消亡。但相对于白羽肉鸡快大的生长特性，以饲养日龄长为特点的慢速型黄鸡处于明显劣势,黄鸡育种或向"快大型"方向集中发展。据悉,此前就已着手白羽肉鸡育种的佛山市高明区新广农牧有限公司(下称"新广")也在近期加快了研发速度。新广副总经理唐伟标透露,新广培育的部分白羽肉鸡已经在两个月前开始试点销售。如果此后市场向屠宰方向发展,新广也会在黄鸡鸡苗生产上朝快大型方向倾斜。此外,据某业内人士透露,部分规模较大的禽企已经开始尝试毁苗、减产以外的自救措施。他们或着手产业链延伸,紧急集中资金向屠宰加工和销售终端投入;或逃离 H7N9 疫情密集发生的珠三角,转而拓展受此次舆情影响较小的云、贵、川市场;或直接投资养猪产业,意图扭转企业持续亏损的现状。①

二、动物防疫治理中公民的理性忽视倾向

尽管到目前为止,对于 2003 年 SARS 病毒最终源自于何处还不清楚,但是却存在着一个显而易见的事实,即 SARS 病毒可以在人与动物间相互传播感染,部分病毒学家和动物学家猜测,SARS 病毒可能来源于野生动物。自 2003 的 SARS 事件之后,突发公共卫生危机事件引起了国家的重视,中共中央、国务院开始从体制、机制上构建突发公共卫生危机事件的解决办法。首先,中国制定了《突发事件应对法》,将突发公共卫生安全事件列入公共危机事件之中,要求将突发公共卫生事件作为公共危机事件来处理应对;其次,修订了《动物防疫法》,明确了动物疫病的分类等级、动物防疫主管部门以及动物防疫的相关措施,为切断动物与人之间疫病的传播通道提供了制度资源。自此之后,尽管中国发现了多起人畜共患型动物疫病,国内爆发的以高致病性禽流感为主,国外的则以疯牛病、口蹄疫等为主,但是由于防控和应急措施得力,再也没有出现大规模的如 SARS 一样的公共卫生危机,也没有造成民众的过度恐慌,对人们的生产生活也没有明显影响。这说明,中共中央、国务院构建的突发公共卫生应对体制、机制基本上是完善的。但是,从第一节中反映的案例来看,我国在人畜共患型动物疫病法治方面还存在着一些需要改进的

---

① 《广东 73 家禽企联名向省政府递交诉求信呼吁科学对待 H7N9》,http://news.ifeng.com/mainland/special/h7n9/content-3/detail_2014_01/16/33050500_0.shtml.

问题。

　　首先，人畜共患与非人畜共患型的动物防疫应急体制、准备和预案没有实现完全对接。从 SARS 和禽流感应对处置的案例来分析，中国在人畜共患型和非人畜共患型动物疫病的应对体制、应对准备和应对预案等方面还没有实现完全对接，基本上采取了两种完全不同的体制。对于非人畜共患型动物疫病，政府的应对行为一般适用《中华人民共和国动物防疫法》，而对于人畜共患型动物疫病，既可以适用《动物防疫法》（在该法的动物疫病分类体系中，人畜共患型动物疫病被列入了一类疫病，属于需要重点防控的动物疫病），也可以适用《中华人民共和国突发事件应对法》（在该法对突发事件的分类体系中，突发公共卫生事件是一个主要类型，人畜共患型动物疫病只有在感染了人类，并在人类中传播流行时，才有可能演化为突发公共卫生事件）。在现有的体制下，人畜共患型动物疫病首先是适用《动物防疫法》的规定，由兽医主管部门负责防控，只有在人畜共患型动物疫病已经造成了在人际间传播流行时，才能适用《突发事件应对法》的规定，由卫生主管部门负责防控。也就是说，对于人畜共患型动物疫病，由于政府职能的划分，使这种类型的动物疫病在应对体制、准备和预案等方面没有实现完全对接，不同的政府职能部门各自为政。然而，众所周知，人畜共患型动物疫病并不会随着政府职能部门划分的差异而停止在人际间或人与动物间进行传播。在第一节所展示的案例中，如果 SARS 病毒确实来源于动物，那么首先是由兽医主管部门进行防控，只有在 SARS 病毒在人际间大规模传播时，卫生主管部门才介入成为主要的防控部门。SARS 病毒大规模流行的事实表明，这种人为的职能划分，可能是 SARS 病毒的传播路径没有被有效切断的主要原因之一。另外，在近几年持续爆发的高致病性禽流感应对中，也存在着兽医主管部门与卫生主管部门之间在应对、准备和预案等方面的不能完全对接的状况，尽管由于 SARS 危机增进了人们的认识，但是却没有从制度上解决这一问题。

　　那么，能否通过将人畜共患型动物疫病直接列入《突发事件应对法》规定的适用的范围，从而在根本上解决这一问题呢？考虑到人畜共患型动物疫病的变异性，这种直接列入《突发事件应对法》范围的做法是不太妥当的。比如，高致病性禽流感从发现时起到目前为止，已经发现了许多的变异体，而且基本上每年爆发流行的禽流感病毒都有所不同。而 SARS 病毒从 2003 年爆发流行以来,迄今还没有再一次爆发流行过。也就是说,许多人畜共患型动物疫病的爆发流行具有很大的偶然性,人类科技水平发展的程度还不足以提前预知何种动物疫病将会爆发流行,在这种情形下,将某些类型的人畜共患动物疫病列入《突发事件应对法》规定的范围毫无意义,因为每年新增或新爆发流行的人畜共患型动物疫病可能都会有所不同,只要出现这种新类型的动物疫病,就可能会出现兽医主管部门与卫生主管部门之间不能完全对接的困境。

其次,对于人畜共患型动物疫病的治理,基层政府的职责不明确,存在"不作为"或"作为不力"的情况。在 SARS 和数次高致病性禽流感的应对中,基层政府应急指挥机构普遍缺失或运转不灵,是导致某些地方人畜共患动物疫病较大规模爆发流行,不能及时、就地、就近展开的重要原因。突发公共卫生的突然性决定了政府的决策时间极为有限,政府的反应速度对处置工作的成败至关重要。然而,在人畜共患型动物疫病体制设计中,存在着几对需要平衡的矛盾:其一是反应速度与处置能力的平衡关系。一般而言,基层政府由于直接面对动物防疫的相关事务,其反应速度是最快的,但是基层政府能够调动的公共资源是非常有限的,其动员能力也非常有限,所以基层政府对人畜共患型动物疫病的处置能力是较弱的。其二是统一领导与先期处置的平衡关系。统一领导能够保证动物防疫的应急措施具有一致性,能够快速有效地防控动物疫病的爆发流行,但是统一领导往往需要较长的时间(需要逐层上报,由共同的上级机关以行政命令的方式进行统一领导),也需要较多的公共资源,这有可能使动物防疫措施丧失最佳的防控时机,导致不必要的社会损失。而先期处置无疑具有快速有效的特点,能够及时采取有针对性的措施,将人畜共患型动物疫病消灭于萌芽状态,但是,先期处置往往来不及做细致的调查研究,对即将爆发流行的动物疫病缺乏清晰的认识,使先期采取的措施缺乏针对性,还可能由于措施不当造成次生灾害危机。而从我国近几年禽流感应对的实践工作来看,我国应急工作的体制比较注重层级管理,扁平化程度不够,导致基层政府在应对人畜共患型动物疫病时往往"无所作为"或"作为不力",这种状况的出现尽管与基层政府的工作态度有关,但是更重要的原因可能在于相关制度或机制设计的缺陷。

再次,对于人畜共患型动物疫病的治理,各地方政府之间职责不明确,存在"条块分割"的难题。在现行的体制之下,对于动物疫病的防控一般采用

"属地为主"的原则,也即是由动物疫病发生地的地方政府作为主要防控责任主体,上级行政机关予以支持和配合。然而,人畜共患型动物疫病的演化规律可能与地区管辖范围并不一致,此种类型的动物疫病可能会随着人或动物的流动而输入其他地区,导致其他地区发生相应的被感染病例。也就是说,对于人畜共患型动物疫病的防治存在着一个难解的问题,即防控体制上的"属地为主"与人畜共患型动物疫病跨区域传播之间的矛盾。对于这一矛盾,在人畜共患型动物防疫防控过程中的突出表现是,在一个地方政府设置疫区、疫点,禁止相关动物、动物产品输入和输出时,另一个地方政府可能基于本地区经济发展的需要,允许相关动物、动物产品的输入和输出,给已经发生动物疫病地区的地方政府增加防控压力,或者降低其防控措施的有效性。除了地区之间的这种不协调之外,公共卫生事件的垂直管理体制可能也会造成一定的困扰。自 SARS 事件之后,国家加强了疾病预防控制中心的建设力度,不仅加大了科研投入,而且赋予了各地疾病预防控制中心一定的管理权力,为了保证管理的有效性,这种管理一般需要打破地方政府管辖的范围,加强垂直管理,保证疾病预防与控制的效率。但是,这种体制尽管可以保证疾病预防与控制中心不受地方政府的干预,能够以科学的态度开展疾病预防与控制工作,但是也会带来一些其他的问题,主要体现在:地方政府与疾病预防和控制机构之间不协调的关系。对于地方政府的防控措施,疾病预防与控制中心也许会认为不恰当而拒绝执行,反之对于疾病预防与控制中心作出的判断,地方政府也许会从政绩角度进行判断而拒绝执行其建议的防控措施等,这就是所谓"条块分割"的难题。

最后,在人畜共患型动物疫病治理中,民众的参与度严重不足。对于人畜共患型动物疫病的防控而言,保持民众的参与度,是保证动物防疫法治有效性的重要措施。在传统的动物防疫治理中,"政府包打天下"是最常见的状态,在任何时候政府都充当着动物防疫的主要组织者、参与者和实施者,民众则成为被动的参与者或被管理者。在这种体制下,民众缺乏动物防疫的积极主动的意识,发现动物防疫治理中的问题也不想向政府建议(因为他们知道,他们提出的建议可能不会受到政府部门的重视),对于动物防疫过程中可能出现的问题,也处于被动消极的状态,即使出了问题也不会主动想办法解决,而是等着政府出面解决问题。这种状态在人畜共患型动物疫病防控中已经造成了非常不利的影响,民众处于两个极端状态,有的盲目相信社会谣言,有的则完全不管不顾政府作出的动物疫情的任何预警信息。无疑,这对人畜共患型动物疫病防控是非常不利的。

第二节　动物防疫治理中公民参与的必要性

一、动物防疫治理中公民参与理性忽视倾向的改善

人畜共患型动物疫病不仅需要常规化的动物防疫治理,更重要的是,还需要应急化的动物防疫治理。从第一节展示的案例来看,我国仅将人畜共患型动物疫病作为"突发事件"的一种特殊类型来对待或处理,割裂了人畜共患型动物疫病常规化治理与应急化治理之间的联系,使兽医主管部门与卫生主管部门之间的职能不能实现完全有效的对接。这种治理体制无疑给人畜共患型动物疫病的法治带来了不小的隐患。为了完善我国的人畜共患型动物疫病的法治工作,需要从以下几个方面进行改善:

(一)应当建立人畜共患型动物疫病常规化与应急化治理的一体化体制

人畜共患型动物疫病具有多发性、突变性、隐蔽性和危害严重性等特征。所谓多发性是指在中国现行的养殖模式中,规模饲养与农户散养是最常见的,规模饲养一般在远离居住密集区,而农户散养则分散在各家各户,增加了饲养动物暴露于不同环境的机会,使人畜共患型动物疫病的传播流行呈现出在不同地方、不同时间分散爆发的特征;所谓突变性是与多发性并发的一种特征,正是由于人畜共患型动物疫病具有多发性的特征,使人畜共患型动物疫病增加了暴露不同环境的机会,同时也就增加了人畜共患型动物疫病的变异类型,使人畜共患型动物疫病更难以防控;所谓隐蔽性是相对于密切接触者的知识素质水平而言,中国许多散养动物的农民,尽管每年都饲养一定数量的家禽,但是对家禽感染人畜共患型动物疫病却缺乏足够的警惕心,即使在发生动物与人之间的相互传染时也会掉以轻心,将其当作普通的疾病对待,使人畜共患型动物疫病极易大规模爆发流行;所谓危害严重性是指大多数人畜共患型动物疫病都具有严重威胁人体健康甚至生命的可能性,从医学原理上而言,一种病毒如果能够在不同动物类别之间传播,就说明其具有打破常规动物免疫的能力,极易在不同动物种群之间进行传播流行。

人畜共患型动物疫病的这些特征使常规化动物防疫与应急化动物防疫分立的体制很难适应。在中国,常规化动物防疫工作一般由兽医主管部门负责,主要针对动物间传播的动物疫病,管理对象也主要针对动物及动物产品的从业者,如果发生了人畜共患型动物疫情,兽医主管部门所能够采取的措施也主要只能针对动物及动物产品相关的行业,不能行使对卫生部门或其他相关部门的指挥权力。应急化的动物防疫工作属于突发事件应对的特殊类型之一,传统意义上的应对部门是县级以上人民政府,而对于人畜共患型动物疫病而言,由于其属于突发公共卫生事件,一般的专业主管部门是卫生行政部门(在县级以上人民政府的领导下),一般只在发生人畜共患型动物疫病之后,才能行使相应的应急权力,对于人畜共患型动物疫病的监测、预警和应急准备而缺乏足够的权力。也就是说,在中国现行的人畜共患型动物疫病应对体制中,兽医主管部门负责常规化的动物防疫,但基本上不作应急性准备,反之,卫生主管部门负责应急化的动物防疫,但基本上不作应急性的监测与预警工作。考虑到中国行政体制中鼓励"政绩"的因素,两大部门之间极有可能为了实现"政绩",而选择所谓机会主义行为,兽医主管部门隐瞒不报(除非已经造成了大规模的爆发流行),而卫生主管部门则推卸责任(将人畜共患型动物疫病的爆发流行或防控不力推给兽医主管部门)。要解决这个问题,必须建立常规化与应急化一体的人畜共患型动物疫病防控体制,要在兽医主管部门和卫生主管部门中各自设立相应的机构,加强两大主管部门之间的联系与沟通。另外,为了防止两大主管部门之间的投机主义行为,法律还需要明确两大机构对人畜共患型动物疫病防控的职能和法律责任。

(二)要强化基层政府在人畜共患型动物疫病治理中的作用

在中国现行的体制中,基层政府包括县乡两级政府。根据《动物防疫法》和《突发事件应对法》的规定,动物防疫和突发事件应对都实行"属地管辖"的原则,即根据动物疫病或突发事件发生的行政区域来决定由哪一个或哪一级政府对此进行管理或应对。在人畜共患型动物疫病治理过程中,传统上主要由基层政府中的县级政府负责,乡级政府主要负责执行县级政府的决策或应急措施。但是,在现行的基层政府行政体制中,存在一个执行弱化的难题。县级兽医主管部门在乡级政府并没有对应的行政部门,而仅仅设立了事业单位性质的兽医站(一般在业务上受县级兽医主管部门的指导,在行政上受乡级政府的领导）。这种体制在动物防疫的实际工作中造成了一些非常尴尬的状况，即享有行政领导权的乡级政府没有动物防疫业务上的支配权（人事权和资源分配权等），而享有动物防疫业务支配权的县级政府兽医主管部门却没有行政领导权，在动物防疫的实际工作中，经常出现"外行指挥内行"，"内行不服从内行"的状况。很明显，这是中国行政体制中的一个难题，在其他层级的政府之间并没有表现出多大的问题，然而在没有下级的乡级政府，这已经成为一个严重影响乡级政府执政能力的问题。"七站八所"的设立，原义可能是缩小乡级政府的规模，但是却也同时降低了乡级政府应对人畜共患型动物疫病的防控能力。

在第一节所展示的案例中，许多地方之所以持续爆发高致病性禽流感，虽然有动物养殖方式或自然环境等客观因素的原因，但是在主观上还与基层政府尤其是乡级政府发挥不了作用有关。在人畜共患型动物疫病防控的第一线工作人员一般为隶属于兽医站的工作人员，这些人员一方面可能从事相关的营利事业（否则仅凭财政工资很难养活自己），另一方面又在履行县级政府兽医主管部门交付的动物防疫任务。农民很难形成对这些基层动物防疫人员的信任，因为这些动物防疫人员并不是专职的，在动物防疫过程中可能包含了自己的利益，另外这些动物防疫人员也没有行政公务员的身份，乡级政府一般不会主动协助他们采取动物防疫措施。因此，要增加乡级政府对人畜共患型动物疫病防控过程中的作用，有必要在乡级政府设立专门的应对机构，保证其人权、事权与财权的统一配置。

（三）要建立人畜共患型动物疫病协商民主治理的新机制

协商民主在人畜共患动物疫病治理中有显著作用，在治理的不同阶段，协商民主有不同的实现形式。然而，要保证不同形式的协商民主能够在人畜共患动物疫病治理中充分发挥作用，必须建立一套体系完整、符合理性商谈要求的协商民主机制，构建协商民主阶段、程序、主持人、参与人和方法等具体制度，为人畜共患动物疫病中的协商民主治理保驾护航。

第一，要明确人畜共患动物疫病协商民主治理的不同阶段，确定不同阶段的主要任务。协商民主治理是一种以"对话"为中心，以"理性商谈"为方法，以"共识"为目标的治理模式。然而，在对话的过程中，对立各方容易被无关话语或行动激发对立情绪，导致非理性的言语或行动，进一步激发社会冲突或矛盾。因此，首先必须明确的是，人畜共患动物疫病协商民主治理并非是一种非常简单的治理方式，而是必须综合运用政治学、社会学、心理学和法学等学科知识的专业化、科学化和技术化的具有综合性的治理方式。为此，我们首先必须将突发事件中协商民主治理区分为不同的阶段，明确不同阶段的主要任务。根据协商民主治理的基本原理，协商民主治理应当区分为准备、商谈和结论等三个基本阶段。① 在准备阶段，要根据人畜共患动物疫病治理的不同阶段及相应的特征和要求，明确人畜共患动物疫病协商民主治理的商谈主题、程序、主持人、参与人和方法；在商谈阶段，要做好协商民主治理的商谈保障工作，保证主持人的中立性，根据突发事件治理的实际情形决定参与人的参与方式，保证商谈程序的正义性；在结论阶段，要保证中立主持人有足够的能力阐述对立各方的事实与理由，要采取适当的方法促进对立各方共识的达成等。区分突发事件协商民主治理的不同阶段，明确各阶段协商民主治理的主要任务，是突发事件协商民主治理机制建构的前提，这一前提建立在协商民主治理的基本特征之上。

第二，要建立具有正义性的人畜共患动物疫病协商民主治理程序制度。在人畜共患动物疫病协商民主治理机制中，最重要的是需要建立具有正义性的协商民主治理程序制度。一般而言，协商民主治理程序制度应当符合"自然正义"原则的要求。② "自然正义"原则是一项古老的程序正义原则，有两个基本要求，其一是"任何人不能成为自己的法官"，要求协商主持人保持与协商参与人之间没有利害关系，要保持足够的中立性，否则就无法获得协商参与人的充分信任；其二是"充分听取各方的意见"，要求保障协商参与人充分发表自己意见的权利，不得采取不正当的方式干预协商参与人表达意见。除此之外，协商民主治理还应当满足"实质正义"原则的要求。"实质正义"原则比较复杂且充满争议，但是以下三个基本要求是有基本共识的，其一是合法性要求。在一个法治的社会中，法律为人们规定了基本权利和义务，这是社会结构能够维持稳定的根本原因之一。协商民主治理商谈的主题、商谈过程和商谈结论不能违反法律的禁止性规定。其二是自愿性要求。协商民主治理的核

---

① 参见［澳］何包钢：《协商民主：理论、方法和实践》，中国社会科学出版社 2008 年版，第 11 页。

② 参见［英］宾默尔：《自然正义》，李晋译，上海财经大学出版社有限公司 2010 年版。

心在于"理性商谈",决定是否商谈也是理性的表现之一,在这一点上协商民主治理明显不同于司法程序,司法程序虽然也保障诉讼参与人理性商谈的机会,但是对于诉讼参与人对是否参与司法程序却是强制性的(尤其是被告)。因此,在协商民主治理程序建构过程中,不能采用司法程序的方式,必须保障协商参与人的自愿性,包括参与自愿和对协商结论认同的自愿等。其三是保障性要求。协商民主治理过程中,多数人一致同意的意见容易对少数不同意见者形成压力,少数意见者容易被多数人认为是"不讲道理、偏执"等,即使多数意见可能以牺牲少数意见者的合法利益为代价也是如此。为了避免这种侵犯协商参与人基本权利情形的出现,协商民主治理程序必须建立协商结论排除制度,将损害少数人利益来满足多数人利益的协商结论排除在可接受的范围之外。

第三,要建立具有中立性的人畜共患动物疫病协商民主治理主持人制度。在人畜共患动物疫病协商民主治理机制中,具有中立性的主持人制度是关键环节。在中国传统的协商方式中,主持人一般由行政领导兼任,这实际上并不是一种非常良好的制度设计。如果要解决的问题本身就是政府与民众之间的矛盾,那么由行政领导担任主持人无疑违反了"任何人不能成为自己的法官"的程序正义原则,使协商民主治理的公正性受到质疑,民众也会担心受到行政领导的批评或处罚而不敢理性参与商谈。因此,建立中立性的突发事件协商民主主持人制度,首先就是要建立主持人选拔制度,要根据突发事件的类型与特征,选拔与所争议问题无关的人作为主持人;其次,突发事件协商民主治理中对主持人的要求非常高,不仅要有高超的协商技巧和丰富的协商经验,善于处理协商过程中的突发状况,擅长概括归纳和引导协商参与人理性表达,而且要有良好的责任心和社会公信力。因此,要建立协商主持人的发现、培训和选择制度,建立协商主持人专家库,对协商主持人进行协商技巧和责任方面的专项培训,采用政府推荐、协商参与人共同选择协商主持人的方法等。

第四,要建立具有代表性的人畜共患动物疫病协商民主治理参与人制度。在人畜共患动物疫病协商民主治理机制中,具有代表性的协商民主治理参与人制度是重要环节。从理论上而言,每一个受到突发事件治理影响的人都应当参与到协商过程中来,然而在实际情形中,存在着参与人规模过大、不愿意参与协商和参与人表达有缺陷等问题,为了达到合理确定协商参与规模,同时使协商参与人具有代表性和良好的参与素质,可以根据突发事件治理的实际需要,分别采用随机抽样、自愿参与和主办方指定等多种确定协商参与人的方法。随机抽样确定协商参与人的方法一般适用于协商参与人规模较大而影响理性商谈进行的情形。一般情形下,可以先将所有可能的协商参与人输入计算机,建立协商参与人数据库,然后利用计算机程序随机抽样,再征询被抽到的协商参与人是否有意愿参与协商,与愿意参与协商的参与人进行访谈确定其是否具有相应的表达能力,淘汰表达有缺陷的协商参与人,对缺额的协商参与人再一次进行随机抽样,直到确定适度规模且有表达能力的协商参与人为止;自愿参与确定协商参与人的方法一般适用于协商参与人规模较少的情形。一般情形下可以由主办方向所有协商参与人征询参与意见,在其愿意参与协商的前提下确定协商参与人;主办方指定的方式是指由主办方直接指定某些人作为协商参与人的确定协商参与人的方法。主办方指定使得协商参与人的确定体现了主办方的意志,其公正性会受到质疑,一般只能适用于突发事件治理的特殊情形中,比如情况紧急必须马上确定协商参与人,否则就不可能采取有针对性的应急处置措施等。

第五,要明确具有科学性的突发事件协商民主治理方法。在人畜共患动物疫病协商民主治理机制中,协商方法的选择对突发事件协商民主治理的效果有重要影响。一般而言,最主要的协商方法有口头协商和书面协商等两种方法。口头协商是指在协商主持人的引导下,由协商参与人表达自己的诉求及理由,由对立的协商参与人进行反驳和举证。口头协商需要协商参与人之间面对面交流,容易滋生对立情绪,需要协商主持人有高超的控制商谈的技巧和经验;书面协商是指由协商参与人提出书面诉求,由对立协商参与人以书面方式回应进行协商的方法。书面协商具有协商方式灵活,不受时间地点限制的优势,但是对书面表达能力要求较高,只适合于文化层次较高的协商参与人。

二、动物防疫治理中公民参与的必要性

党的十八大报告指出,为"推进政治体制改革,健全权力运行制约和监督体系",要"健全社会主义协商民主制度,完善协商民主制度和工作机制,推进协商民主广泛、多层、制度化发展,广纳群言、广集民智,增进共识、增强合力。"十八届三中全会指出,"要推进国家治理体系和治理能力的现代化。"协

商民主与国家治理体系和治理能力现代化之间存在何种关系呢？本书通过考察协商民主在突发事件治理中的作用、实现形式等问题对此进行回应。相对于常规治理，突发事件治理强调应急性。如果在突发事件治理中，协商民主有利于推进治理体系和治理能力的现代化，那么协商民主必然也有利于推进常规治理，乃至国家治理体系和治理能力的现代化。

（一）协商民主与动物防疫治理体系和治理能力的现代化

协商民主（Deliberative Democracy）是 20 世纪 80 年代以来西方民主理论最新发展的成果，是针对选举民主（Election Democracy）的弊端提出来的。由于社会多元化和信息不对称等因素，以"投票为中心"的选举民主存在着"多数人的暴力"和"难以形成多数意见"等一系列合法性问题，20 世纪 60 年代以来的民权运动以及"非暴力抵抗运动"，可以说就是选举民主弊端的直接反映。

协商民主理论的雏形由美国哲学家罗尔斯提出。在其名著《正义论》中，罗尔斯提出，为了就社会资源分配的正义原则达成一致意见，要设立"无知之幕"，屏蔽参与者的个人偏见，保留其理性慎思的能力，通过"反思的平衡"来推出一致认同的正义原则。① 也就是说，在消除了个人偏见的基础上，人类经过理性慎思能够形成对正义原则的共识。罗尔斯纯规范的论证方法遭到了注重社会条件制约性的理论家们的反对。哈贝马斯认为，在实际的决策过程中，个人偏见的形成与社会结构有直接关系，真实的社会中并不存在纯粹理性慎思的条件，但是通过设置一些"商谈"的限制性条件和程序，可以促进拥有个人偏见的社会主体增进相互的认识或了解，最大限度的达成共识。②

近年来，协商民主逐渐摆脱了理论上的争议，向着科学化、技术化的方向发展，在政治实验中证明或证伪协商民主解决社会冲突的作用成为最新的发展趋势。澳大利亚的 John Dryzek 教授通过政治实验指出，在公共治理领域，协商民主是解决社会冲突的有效方式。③ 斯坦福大学的 James Fishkin 教授通

---

① 参见[美]罗尔斯：《正义论》，何怀宏译，中国社会科学出版社 1999 年版，第 57—85 页。

② 参见[德]哈贝马斯：《在事实与规范之间——关于法律和民主法治国的商谈理论》，童世骏译，三联书店 2003 年版，第 23—27 页。

③ See Ian O'Flynn, Deliberative Democracy and Divided; John S. Dryzek, Deliberative Global Politics, Cambridge: Polity Press, 2006, p. 154-157; John S. Dryzek, Deliberative Democracy in Divided Societies: Alter-natives to Agonism and Analgesia, Political Theory 33:2 (April 2005).

过政治实验发现，协商民主在促进对话和增进共识，以及对社会冲突的控制和解决存在着积极的作用。① 国内也进行过一些著名的协商民主政治实验，比如浙江温岭的协商民主实验、广东外嫁女协商民主实验等，②但是其有效性还有待观察。有学者认为，国内协商民主政治实验效果存疑的主要原因可能是，协商民主的技术、方法和程序还有待完善。③

协商民主的核心特征是"以对话为中心"，强调"理性商谈"，在充分交流意见的基础上促进"共识"的达成，消除或降低对立方的敌意。相对于选举民主"以投票为中心"的特征，至少在基层社会治理中，可以有效避免"多数人暴力"侵犯少数人权益的情形。另外，协商民主注重沟通和直接参与，不仅尊重了参与人的基本人权，而且有利于提升参与人参与治理的动机，使受到不公正对待的民众有发表意见的机会，有利于宣泄民众的不满情绪，起到社会"降压阀"的作用。

一般而言，现代化是指发展中的社会为了获得发达的工业社会所具有的一些特点，而经历的文化与社会变迁的全球性过程。一般而言，现代化包括了学术知识上的科学化，政治上的民主化，经济上的工业化，思想文化领域的自由化、个人化、世俗化等。④ 国家治理体系与治理能力的现代化是政治上的现代化，民主化是国家治理体系和治理能力现代化的标志。民主的本质是"参与"，无论是选举民主，还是协商民主，都强调国家治理过程中的民众参与，只是参与的方式有所不同。选举民主强调"投票"的参与方式，而协商民主强调"理性商谈"的参与方式。动物防疫治理体系和治理能力现代化的标志无疑也是民众的广泛参与。中国的现实国情和国民的理性忽视等因素的存在，使选举民主并不适合于动物防疫治理，而中国传统文化中注重"和谐"共存的精

① See James Fishkin, Tony Gallagher, Robert Luskin, Jenni-fer McGrady, Ian O'Flynn, and David Russell. A Delib-erative Poll on Education: What Provisions do Informed Parents in Northern Ireland Want. see http://cdd.stan-ford.edu/polls/nireland/2007/omagh-report.pdf. accessed on 15 May 2007.

② 参见［澳］何包钢：《协商民主和协商治理：建构一个理性且成熟的公民社会》，《开放时代》2012年第4期。

③ 参见［澳］何包钢：《中国民主协商制度》，陈承新译，《浙江大学学报（人文社会科学版）》2005年第5期。

④ 参见［美］哈维兰：《当代人类学》，王铭铭译，上海人民出版社1987年版，第575—585页。

神,以及党和政府擅长于思想政治工作的优势等因素,使协商民主特别适合于动物防疫治理。根据协商民主"理性商谈"的条件要求,分析协商民主在动物防疫治理中的作用和实现方式,研究保障动物防疫协商民主治理的机制,并推进动物防疫协商民主治理,就有利于实现动物防疫治理体系和治理能力的现代化。

(二)协商民主在动物防疫治理中的作用

突发事件,也称为公共危机事件,是指突然发生,造成或者可能造成严重社会危害,需要采取应急处置措施予以应对的自然灾害、事故灾难、公共卫生事件和社会安全事件。突发事件一般具有发生突然性、严重社会危害性和需要应急处置性等特征。从发生发展的规律来看,突发事件一般会经历潜伏期、爆发期和弥散期,如果不采取预防和应急处置措施或者采取措施不当,那么突发事件还可能爆发次生危害,加重突发事件危害社会的程度。那么突发事件及其次生危害是如何形成的呢? 通过考察突发事件及次生危害发生、发展的原因,我们认为这与突发事件治理中协商民主严重匮乏有因果关系。

在四种主要的突发事件中,除自然灾害之外,事故灾难、公共卫生事件和社会安全事件的发生都与非正义行为有关联。事故灾难可能与业主忽视生产经营安全规范有关,但是从业者为什么不拒绝工作以至于在事故灾难中受害,则可能与业主或政府的不正义行为有关,比如业主故意隐瞒不安全信息、政府部门执法不严等;公共卫生事件也是如此;最典型的可能是社会安全事件,大多数社会安全事件的发生可能都与受害人受到了不公正对待有关,这使得受害者采取危害社会安全的行为具有了合法性,也就是说,不公正对待使参与者具有了要求公正对待的理由,同时也降低了其参与影响社会安全事件的风险。社会不公正的现象,往往是不注重协商民主的结果。如果政府在执法过程中,能够召集相关群体进行公正为取向的协商,让各方充分交流意见,并使解决方案充分体现协商的结果,那么就有可能在很大程度上消除社会不公,将突发事件化解于萌芽状态。

突发事件或次生危害的发生,基本上都与对社会泄愤有直接关系。在常规社会治理中,在协商民主机制匮乏的前提下,如果民众遭到了不公正的对待,由于社会体制的稳定性和个人能力的有限性,那么民众只有忍气吞声或者上访,因为个人没有能力对抗社会体制。尽管社会体制有维系社会稳定的作用,但是由于民众受到不公正对待之后无处宣泄,必然会累积社会怨气。一旦发生突发事件,对社会体制构成威胁之后,由于政府忙于应对突发事件,维稳的社会体制处于薄弱状态,一件非常偶然的小事都可能会使民众找到合法的借口,将积压的不满情绪爆发出来,形成突发事件的次生危害。在 2008 年 6 月 28 日爆发的瓮安事件中,有学者就认为,其社会危害形成的主要原因就在于社会泄愤。① 如果社会治理体系中存在一个良好的协商民主机制,即使这种机制可能最终解决不了社会冲突,但是这可以为受到不公正对待的人们提供一个情感宣泄的平台,使被积压的不满情绪在日常机制中被释放出来,就不会在突发事件发生后的社会体制薄弱期爆发出来,产生严重的次生社会危害。

突发事件或次生危害的发生往往与信息失真或谣言传播有密切联系。许多群体性社会安全事件的爆发就是直接由信息失真或谣言传播直接引发,比如瓮安事件中,一件普通的少女溺水身亡案件,却传出了"冤情"的谣言,致使对政府的不满情绪越来越严重,最终导致了大规模群体性突发事件的发生。在有些情形中,突发事件发生后,民众往往处于恐慌状态,理性辨别能力相对较差,容易相信不真实的信息。如果有人刻意传播不实的恐慌信息,比如将政府正常的应急措施说成是政府官员欺压百姓等,那么更容易加剧民众的不安全感或义愤感等负面情感,引发对政府的不满情绪,借助于突发事件产生而爆发出来。如果存在一个良好的协商民主机制,通过扩大民众对突发事件应对的参与面,就可以促进真实信息的快速传播,消除民众的恐慌情绪,使民众理性应对突发事件。

突发事件或次生危害的发生往往还与传统闹事文化有关。中国传统社会特有的乡土文化,以情感而非以规则作为处理人际关系的标准,一旦某些人被不公正对待,就会有许多与之感情密切之人来帮忙,帮忙之人往往只根据情感亲疏程度来判断对错,帮助的人越多,对政府维稳的压力越大,处理的天平也随之发生偏移。于是,逐渐地形成了小事小闹、大事大闹的纠纷解决文化。许多突发事件的发生都与此有关,突发事件次生危害的产生更是如此,一旦对政府的应急处置不满意,就可能会导致许多人的聚集,为当事人讨公道。如果存

---

① 于建嵘:《社会泄愤事件中群体心理研究——对"瓮安事件"发生机制的一种解释》,《北京行政学院学报》2009 年第 2 期。

在一个良好的协商民主机制,那么实际上就提供了一个理性商谈的平台,无论何种事情都可以在这个平台上进行商讨,而不是通过闹事来解决冲突。正是由于缺乏协商民主机制,民众找不到合理的协商平台,才需要借助闹事来解决问题。

第三节　动物防疫协商民主治理机制的建构与制度化

一、协商民主在动物防疫治理中的实现形式

协商民主以"对话为中心"的特征似乎与动物防疫突发事件治理"应急性"的要求相背。协商民主的内核是相关利益主体"平等理性的商讨",在协商的基础上做出决策,采取行动。动物防疫突发事件治理的核心是采取紧急决策和行动,防止动物防疫突发事件的社会危害进一步扩大。前者要求充分协商,对时间和结果没有紧迫的要求,后者要求采取紧急措施或行动,对时间和结果都有相当紧迫的要求。这是否就意味着突发事件治理中没有协商民主存在的余地呢?我们认为,这种抽象的判断并不能否认突发事件治理中协商民主无法共存,实际上协商民主完全可以以不同的形式存在于动物防疫突发事件治理中,并且能够起到加强动物防疫突发事件治理能力的作用。

根据动物防疫突发事件发生发展的规律,协商民主在突发事件治理中表现为事前协商、事中协商和事后协商等基本形式。突发事件演化机理的研究,目前已形成阶段型、扩散型、因果型、情景型等几种典型类型。其中阶段型研究比较成熟,国外学者提出的三阶段理论,即危机前、危机、危机后三阶段模型最具代表性,获得了学术界广泛的赞同。[1] 根据突发事件演化的三阶段模型,突发事件治理也相应地区分为危机前治理、危机中治理和危机后治理,每个阶段的治理目标有显著差异。危机前治理以预防和控制为主,危机中治理以应急处置为主,而危机后治理以善后恢复为主。突发事件发生前,危机一般处于酝酿阶段,形成危机的要素在逐渐聚集,但由于没有出现明显的危害征兆,政

---

[1] See Bennett, R.M. "The 'Direct Costs' of Livestock Disease: the Development of a System of Models for the Analysis of 30 Endemic Diseases in Great Britain", *Journal of Agricultural Economics* 54: 55.71.2003.

府采取的预防和控制措施往往难以获得民众的理解和支持,增加了突发事件危机前治理的阻力,影响治理的效率;突发事件发生后,危机所带来的社会危害已经显现,民众容易形成恐慌心理、羊群心理等非理性心态,对政府采取的应急处置措施不信任,甚至实施与政府处置措施对立的行为,影响政府应对突发事件的能力,甚至可能造成次生或衍生危害;突发事件结束后,在突发事件及应急处置中受到损害的人(包括心理、人身和财产上的损害),可能会产生心理上的创伤、身体上的残疾和生活上的困难,可能会产生受到不公正对待的心理,积累对政府或社会的不满情绪,以弱者姿态挑战政府的善后处理还可能会引起社会的广泛赞同,甚至会由此产生次生或衍生突发事件。很明显,危机前、危机中和危机后的利益相关主体及心理状态是非常不同的,突发事件治理面临的场景也存在较大的差别,只有危机前、危机中和危机后分别采取事前、事中和事后的协商民主形式才能有效提高突发事件治理能力。

在事前协商民主中,根据动物防疫突发事件治理的需要,可以分别采用显性协商、柔性协商、广义协商和间接协商等多种不同的具体协商方式。突发事件危机前治理的主要目标是,使民众了解或掌握预防和控制措施的意义和重要性,消除民众对预防和控制措施的反感,在某些突发事件中(比如群体性事件)收集民众的意见或看法等。显性协商是指提供一个公开的协商平台,对参与者保持开放(所有人都可以参与,不限制参与条件),在协商主持人的主持下商谈突发事件的预防和控制措施的协商形式,比如消防部门组织的消防知识学习平台等。显性协商对民众学习或了解突发事件预防和控制措施的意义和重要性无疑具有明显的作用;柔性协商是指不以解决社会冲突为目标,而以增进相互理解与信任为目标,对协商方式、程序、阶段或平台没有特殊要求的协商方式。柔性协商具有很大的灵活性,可以在任何时候、任何地点以任何开放性方式进行,对于消除民众对突发事件预防和控制措施的反感具有显著作用;广义协商是指不确定任何商谈主题,可以对任何参与者关心的问题进行商谈的协商方式。广义协商对参与人、参与条件和协商程序等基本上没有任何特殊要求。间接协商是指借助一定的技术手段,比如网络平台(论坛、微博等)、市长热线等,对特定主题或不特定主题的事情进行商谈的协商方式,侧重点在于参与者或主持人与参与者之间不当面进行协商,对协商时间和方式也没有特殊要求。广义协商和间接协商既有增进理解与信任,消除对预防和控制措施的敌意的作用,最重要的是,其还有收集民情、民意,发现预防和控制措施存在的问题及改进建议的作用。因此,根据突发事件危机前治理的特征,可灵活采用显性协商、柔性协商、广义协商和间接协商等事前协商方式,实现突发事件危机前治理能力的优化或改进。

在事中协商民主中,根据动物防疫突发事件治理的需要,可以分别采用隐性协商、刚性协商、狭义协商和直接协商等多种不同的具体协商方式。突发事件危机中治理的主要目标是,消除民众的恐慌情绪,引导民众采取合理的避险措施,说服民众无条件服从政府的应急处置措施,增加对政府的理解与信任等。隐性协商是指协商主持人分别与参与者进行商谈,了解其诉求及理由,并将对立参与者的诉求及理由告知参与者,以此增进参与者共识的协商方式。在某些群体性社会安全事件中,由于对立方存在严重的社会冲突或矛盾,对立情绪比较严重,为了避免在公开的协商平台中产生难以控制的冲突,可以由中立的协商主持人采取隐性协商的方式进行商谈,增进对立参与方的共识,化解相互间的冲突或矛盾;刚性协商是指对协商参与者参与商谈的行为、对参与者之间的商谈结果有一定程度强制要求的协商方式,也就是说,对立参与者不得拒绝相互间的商谈,而且在商谈过程中必须就冲突事项达成结论的协商方式。在突发事件发生后,为了防止突发事件的社会危害进一步扩大,政府必须采取有针对性的应急处置措施,但是民众可能会对政府采取的应急措施不理解,导致对立情绪严重。在这种情形下,可以采取刚性协商的方式,要求有对立情绪的人必须参与协商,并在主持人的主持下,由政府与参与者进行充分对话,使参与者理解政府应急措施的合理性;狭义协商是指有明确主题,其中主要是对民众比较关注的焦点问题进行商谈的协商方式。直接协商是指由政府负责人或其他相关负责人与利益相关者当面进行商谈的协商方式。在某些类型的突发事件中,比如禽流感和 SARS 等,容易造成民众的恐慌情绪,引发民众非理性的避险措施,可能会造成次生的社会危害,采用狭义协商和直接协商的方式,可以有针对性地回应民众焦虑的问题,其中政府或其他相关负责人的直接回应有利于增加权威性,增进民众对政府应急处置或引导措施的理解与信任。因此,在突发事件发生后,也可以根据突发事件类型、特征及发展趋势的不同,合理选择不同的事中协商方式,增进突发事件治理能力。

在事后协商民主中,根据动物防疫突发事件治理的需要,可以分别采用听证协商、指导协商和法律协商等多种不同的具体协商方式。突发事件后治理的主要目标是,确定合理的危机损失补偿标准和数额,帮助消除危机后心理创伤,追究相关责任人的法律责任,维护受害人的合法权益等。听证协商是指由参与者相互举证并进行质疑,最后由听证主持人宣布听证结论的协商方式。在突发事件消弭后,可能存在一些受政府应急处置措施影响而产生损失的当事人,政府需要运用公共资源对此进行补偿,为了确定合理的补偿标准,既对公共资源的使用负责,也不使受害人蒙受损失,可以采用听证协商的方式,依据各方提供的证据和理由确定经济补偿的标准;指导协商是指在专业人员的主持下,由相关参与人就某些专业问题进行商谈的协商方式。突发事件消弭后,某些在突发事件中受到伤害或目睹危机事件的人,可能会留下永久的心理创伤,某些情况下可能导致他们采取极端行为。为了帮助这些人治愈心理创伤,可以在心理医生的主持下,邀请有心理创伤的受害人组成团队,定期进行商谈,利用同情者原理帮助修复心理创伤;法律协商是指在仲裁员或法官的主持下,在提供法律援助的律师的帮助下进行商谈的协商方式。法律协商一般以申请仲裁或提起法律诉讼为前提,对于消除利益相关者的对立情绪,提高法律裁决的可接受性具有重要的作用。在某些突发事件中,可能存在侵权人与受害人,而且受害人的人数众多,侵权人可能无力赔偿或不愿意足够赔偿,这都有可能引发次生社会危害,而在仲裁或诉讼过程中,加强法律协商无疑有助于解决这个问题。因此,即使在突发事件消除后,如果采用的事后协商方式恰当,那么协商民主也对提高突发事件治理能力有显著作用。

二、影响动物防疫协商民主治理效果的因素

尽管协商民主对推进突发事件治理体系和治理能力现代化有显著作用,也可以在动物防疫突发事件治理中以不同的形式实现,但是也存在一些影响突发事件协商民主治理效果的不利因素。这些因素的存在会影响协商的自由性、自愿性以及责任性等,使协商仅停留在形式意义上,影响协商民主治理的真实性和活动范围。这些因素主要包括:

第一,现行集权的政治结构,使动物防疫突发事件协商民主治理很容易演变为政治精英控制的过程。在现行的体制下,突发事件协商主持人通常由行政领导兼任,在主持协商的过程中,行政领导主持协商的态度可能就不科学,

只宣传成功来追求政绩,不承认工作有错误或失败,也不想从失败中获取治理经验。这种态度很容易成为妨碍协商进行的阻力;另外,在行政领导主持协商过程中,可能也会有意无意地体现参与不平等,行政领导主持人高高在上,或者远离其他协商参与人,引导或操控协商参与人只谈论琐碎的小问题,而回避根本的大问题。而协商参与人对行政领导主持人的操控司空见惯,习以为常,在协商过程中,只愿意听行政领导主持人说,不愿意发表真实意见,有些协商参与人甚至非常愿意配合行政领导主持人的需要,猜测行政领导主持人的意思,然后发表行政领导主持人想听的参与意见,使协商过程完全形式化或者演变为向协商参与人宣讲政策的场景。

第二,动物防疫突发事件协商民主治理缺乏有效的监督是协商过程经常失控的重要原因。尽管突发事件协商民主治理强调"理性商谈"和"对话",也强调协商过程的自由和自愿,但是这并不意味着突发事件协商民主治理不受任何形式的监督。如果突发事件协商民主治理缺乏有效的监督,那么就必然会有"投机行为"的出现,协商主持人可能会收受协商参与人的贿赂,协商参与人也可能以非理性的态度参与协商过程,在某些情形中,协商参与人可能会故意激怒对立参与方或主持人,使协商民主治理以"闹剧"收场。在其他的情形中,如果突发事件协商民主治理涉及政府利益,行政领导主持人可能并不会在协商结束后马上宣布协商结论,而是将协商情形反映给上级行政领导或机关,由其作出最终的协商结论,在这个过程中,作出结论的行政领导或机关可能不受任何形式的监督,作出的结论可能还是无法解决问题。也就是说,行政领导主持人做出协商结论是否应当与协商过程相关,并没有任何形式的监督,这可能会使协商参与人感觉到协商没有真实性,也没有实质意见。

第三,传统儒家文化对动物防疫突发事件协商民主治理效果有重要影响。传统儒家文化的精髓是"和谐",在语言上表现为"模糊",也即是对一个具体的问题不做任何直接具体的评论,以免影响相互间的人际关系。在突发事件协商民主治理中也存在这种问题。不管是协商主持人或协商参与人,如果各方相互非常熟悉,为了避免在语言上伤害对方,往往在协商过程中表达非常模糊,有时甚至为了面子假装参与协商,实际上并无真实的参与意愿,对必须表达的协商事项,也往往采用非常模糊的语言,比如"随便"、"你说了算"等;如果各方并不熟悉,协商过程就可能变得非常不理性,协商参与人可能会带着严重的对立情绪参与协商，言词中充满着挑衅或激怒对方的话语，使协商很容易演化为严重的对立，在某些情形中甚至会失控而演化为暴力事件。

第四，协商参与者的素质也会成为影响动物防疫突发事件协商民主治理效果的重要因素。突发事件协商民主治理的精髓在于"理性商谈"，然而协商参与者的素质却必然是参差不齐的。在某些突发事件中，可能涉及的群体规模比较大，协商参与人之间的素质差距更为明显。在这种情形下，如果让所有的协商参与人都参与到协商过程中来，由于协商参与者的素质高低差别较大，可能会使协商完全无法进行，不同素质的协商参与人之间可能完全无法有效沟通。如果采用由行政领导主持人指定协商参与人的方式，虽然可以提高协商参与人的素质，保证协商参与人之间素质差别不大，但是这又会带来公正性的问题，即协商结果能否真正反映所有被代表者的利益，协商结果会不会仅仅体现被主办方选出的协商参与人的利益，忽视其他人的利益。

三、动物防疫协商民主治理机制的建构

协商民主在突发事件治理中有显著作用，在动物防疫突发事件治理的不同阶段，协商民主有不同的实现形式。然而，要保证不同形式的协商民主能够在突发事件治理中充分发挥作用，必须建立一套体系完整、符合理性商谈要求的协商民主机制，构建协商民主阶段、程序、主持人、参与人和方法等具体制度，为突发事件中的协商民主治理保驾护航。

第一，要明确动物防疫突发事件协商民主治理的不同阶段，确定不同阶段的主要任务。协商民主治理是一种以"对话"为中心，以"理性商谈"为方法，以"共识"为目标的治理模式。然而，在对话的过程中，对立各方容易被无关话语或行动激发对立情绪，导致非理性的言语或行动，进一步激发社会冲突或矛盾。在某些突发事件中（比如群体性突发事件），可能正是由于对话或商谈的不理性才导致突发事件的爆发。因此，首先必须明确的是，突发事件协商民主治理并非是一种非常简单的治理方式，而是必须综合运用政治学、社会学、心理学和法学等学科知识的专业化、科学化和技术化的具有综合性的治理方式。为此，我们首先必须将突发事件中协商民主治理区分为不同的阶段，明确不同阶段的主要任务。根据协商民主治理的基本原理，协商民主治理应当区

分为准备、商谈和结论等三个基本阶段。①　在准备阶段,要根据突发事件治理的不同阶段及相应的特征和要求,明确突发事件协商民主治理的商谈主题、程序、主持人、参与人和方法;在商谈阶段,要做好协商民主治理的商谈保障工作,保证主持人的中立性,根据突发事件治理的实际情形决定参与人的参与方式,保证商谈程序的正义性;在结论阶段,要保证中立主持人有足够的能力阐述对立各方的事实与理由,要采取适当的方法促进对立各方共识的达成等。区分突发事件协商民主治理的不同阶段,明确各阶段协商民主治理的主要任务,是突发事件协商民主治理机制建构的前提,这一前提建立在协商民主治理的基本特征之上。

第二,要建立具有正义性的动物防疫突发事件协商民主治理程序制度。在突发事件协商民主治理机制中,最重要的是需要建立具有正义性的协商民主治理程序制度。一般而言,协商民主治理程序制度应当符合"自然正义"原则的要求。②　"自然正义"原则是一项古老的程序正义原则,有两个基本要求,其一是"任何人不能成为自己的法官",要求协商主持人保持与协商参与人之间没有利害关系,要保持足够的中立性,否则就无法获得协商参与人的充分信任;其二是"充分听取各方的意见",要求保障协商参与人充分发表自己意见的权利,不得采取不正当的方式干预协商参与人表达意见。除此之外,协商民主治理还应当满足"实质正义"原则的要求。"实质正义"原则比较复杂且充满争议,但是以下三个基本要求是有基本共识的,其一是合法性要求。在一个法治的社会中,法律为人们规定了基本权利和义务,这是社会结构能够维持稳定的根本原因之一。协商民主治理商谈的主题、商谈过程和商谈结论不能违反法律的禁止性规定。其二是自愿性要求。协商民主治理的核心在于"理性商谈",决定是否商谈也是理性的表现之一,在这一点上协商民主治理明显不同于司法程序,司法程序虽然也保障诉讼参与人理性商谈的机会,但是对于诉讼参与人对是否参与司法程序却是强制性的(尤其是被告)。因此,在协商民主治理程序建构过程中,不能采用司法程序的方式,必须保障协商参与人的自愿性,包括参与自愿和对协商结论认同的自愿等。其三是保障性要求。协商

---

①　参见[澳]何包钢:《协商民主:理论、方法和实践》,中国社会科学出版社 2008 年版,第 11 页。

②　参见[英]宾默尔:《自然正义》,李晋译,上海财经大学出版社有限公司 2010 年版。

民主治理过程中,多数人一致同意的意见容易对少数不同意见者形成压力,少数意见者容易被多数人认为是"不讲道理、偏执"等,即使多数意见可能以牺牲少数意见者的合法利益为代价也是如此。为了避免这种侵犯协商参与人基本权利情形的出现,协商民主治理程序必须建立协商结论排除制度,将损害少数人利益来满足多数人利益的协商结论排除在可接受的范围之外。

第三,要建立具有中立性的动物防疫突发事件协商民主治理主持人制度。在突发事件协商民主治理机制中,具有中立性的主持人制度是关键环节。在中国传统的协商方式中,主持人一般由行政领导兼任,这实际上并不是一种非常良好的制度设计。如果要解决的问题本身就是政府与民众之间的矛盾,那么由行政领导担任主持人无疑违反了"任何人不能成为自己的法官"的程序正义原则,使协商民主治理的公正性受到质疑,民众也会担心受到行政领导的批评或处罚而不敢理性参与商谈。因此,在建立中立性的突发事件协商民主主持人制度,首先就是要建立主持人选拔制度,要根据突发事件的类型与特征,选拔与所争议问题无关的人作为主持人;其次,突发事件协商民主治理中对主持人的要求非常高,不仅要有高超的协商技巧和丰富的协商经验,善于处理协商过程中的突发状况,擅长概括归纳和引导协商参与人理性表达,而且要有良好的责任心和社会公信力。因此,要建立协商主持人的发现、培训和选择制度,建立协商主持人专家库,对协商主持人进行协商技巧和责任方面的专项培训,采用政府推荐、协商参与人共同选择协商主持人的方法等。

第四,要建立具有代表性的动物防疫突发事件协商民主治理参与人制度。在突发事件协商民主治理机制中,具有代表性的协商民主治理参与人制度是重要环节。从理论上而言,每一个受到突发事件治理影响的人都应当参与到协商过程中来,然而在实际情形中,存在着参与人规模过大、不愿意参与协商和参与人表达有缺陷等问题,为了达到合理确定协商参与规模,同时使协商参与人具有代表性和良好的参与素质,可以根据突发事件治理的实际需要,分别采用随机抽样、自愿参与和主办方指定等多种确定协商参与人的方法。随机抽样确定协商参与人的方法一般适用于协商参与人规模较大而影响理性商谈进行的情形。一般情形下,可以先将所有可能的协商参与人输入计算机,建立协商参与人数据库,然后利用计算机程序随机抽样,再征询被抽到的协商参与人是否有意愿参与协商,与愿意参与协商的参与人进行访谈确定其是否具有相应的表达能力,淘汰表达有缺陷的协商参与人,对缺额的协商参与人再一次进行随机抽样,直到确定适度规模且有表达能力的协商参与人为止;自愿参与确定协商参与人的方法一般适用于协商参与人规模较少的情形。一般情形下可以由主办方向所有协商参与人征询参与意见,在其愿意参与协商的前提下确定协商参与人;主办方指定的方式是指由主办方直接指定某些人作为协商参与人的确定协商参与人的方法。主办方指定使得协商参与人的确定体现了主办方的意志,其公正性会受到质疑,一般只能适用于突发事件治理的特殊情形中,比如情况紧急必须马上确定协商参与人,否则就不可能采取有针对性的应急处置措施等。

第五,要明确具有科学性的动物防疫突发事件协商民主治理方法。在突发事件协商民主治理机制中,协商方法的选择对突发事件协商民主治理的效果有重要影响。一般而言,最主要的协商方法有口头协商和书面协商两种方法。口头协商是指在协商主持人的引导下,由协商参与人表达自己的诉求及理由,由对立的协商参与人进行反驳和举证。口头协商需要协商参与人之间面对面交流,容易滋生对立情绪,需要协商主持人有高超的控制商谈的技巧和经验。书面协商是指由协商参与人提出书面诉求,由对立协商参与人以书面方式回应进行协商的方法。书面协商具有协商方式灵活,不受时间地点限制的优势,但是对书面表达能力要求较高,只适合于文化层次较高的协商参与人。

第九章　动物防疫治理中的多元主体：府际合作的制度化

第一节　动物防疫治理中的多元主体

一、问题的提出：动物防疫治理中多元主体的投机倾向

2013 年中国发生了"黄浦江浮猪"事件,对于"黄浦江浮猪"事件的发生、发展与演变过程,作者曾经做过四次实地调研,获取了较为丰富的第一手资料。但是,就该事件发生过程中的一些具体细节,《中国新闻周刊》的记者做了更为详细地调查,以下是记者的调查结论:"3 月初,上海市民发现,黄浦江上不断漂来死猪。在黄浦江上游横潦泾段,有人发现,这个一级水源保护地,正在被越来越多的猪的浮尸占据。而上海市自来水厂的取水口,就在不远处。3 月 8 日起,上海市成立了专门的打捞小组,在黄浦江上开始拉网式搜索,工作人员拿着钩杆,分布在每个水流滞缓的港汊里寻找猪的尸体。两天后的 3 月 10 日,捞起死猪 1200 余头。而这,仅是一个开头。又过了两天,至 3 月 12 日下午 3 时,打捞死猪数量接近 6000 头。这个数字足够让饮用黄浦江水的上海人感到惊骇。饮水安全由此也成为上海的头号话题。上海市农委 3 月 11 日披露,上海市动物疫病预防控制中心实验室从死猪内脏样品中,检测出猪圆环病毒,该病毒为已知最小的动物病毒之一,对各个年龄段的猪均有较强的宜感性。而令人沮丧的是,此病无有效的治疗方法,感染病毒后的猪,病死率很高。这则消息无疑给黄浦江饮水安全敲响了警钟。随后,尽管上海市每天发布消息,证明黄浦江水质检测属于安全范畴,以澄清疫情传闻,但这也仅仅把上海人的恐惧转变成恶心。上海方面强调,在上海本地,未发现向黄

浦江丢弃死猪的现象,暗示这些死猪系顺流而下漂至上海。同时,死猪耳朵上的"耳标",把死猪的来源地指向了上游80公里外的嘉兴。

新闻嗅觉敏锐的《嘉兴日报》,3月5日、6日连续报道了养猪户向河道丢弃死猪的现象。该报道指出,去冬今春,嘉兴市猪的死亡率极高。据统计,在南湖区新丰镇养猪第一大村竹林村,仅今年头两个月,死猪数量已经达到1.84万余头。但在3月12日嘉兴市召开的新闻发布会上,嘉兴市畜牧兽医局副局长蒋皓称,这一数据未经证实。与此同时,新丰镇镇长沈云明对《中国新闻周刊》表示,《嘉兴日报》报道的竹林村死猪数字"不属实"。他指出,"竹林村全年出栏猪14万头,两个月就死了1.8万头,又没有重大疫情发生,哪里经得住这样的死法?"沈云明表示,去冬今春,冷暖变换快,的确容易导致猪的非正常死亡,但死猪数量"属正常范畴"。据《中国新闻周刊》了解,养猪业是当地农民的经济支柱。新丰镇竹林村共有农户9830户,其中从事养猪的有7035户。当地农民,除了种田、外出务工以外,就是养猪。沈云明证实,当地农民的经济收入,至少一半来源于生猪养殖。他向《中国新闻周刊》回顾了新丰镇的养猪业历史:20世纪80年代,自竹林村发源,开始饲养"供港猪"。至20世纪90年代,养猪业扩展至全镇,继而扩展至嘉兴全市。自2000年开始,养猪数量逐年增加,至2007年达到顶峰。此后,地方政府开始控制养猪规模,压缩养猪数量。之所以压缩养猪数量,究其原委,是因为养猪业已经耗尽当地的环境容量。据《嘉兴日报》报道,1头猪产生的污染占据5亩地环境容量,据此计算,竹林村8000亩的土地面积,全村仅适合养猪1600头。但事实上,该村两个养殖户的养殖规模就已超过这个数字。而该村的养殖户总量,超过700户。嘉兴市环保局一位不愿透露姓名的负责人对《中国新闻周刊》表示,环保部门对水质的常规监测项目为氨氮、总磷等,嘉兴的断面水质在浙江排名垫底,"猪是罪魁祸首"。他解释道,嘉兴的河道水主要污染来源是生活和农业污染。而在农业污染中,30%~40%的污染排放来自猪的排泄物。"因为养猪散户多,排放总量大,由于设施老化等原因,猪粪水必然流到河道里去。"他说,应对此类问题首先要控制源头,即削减猪的总量。当养猪的数量增大到一定程度时,不仅猪的粪便会流入河中,死猪也会因为得不到处理而被抛入水里。这些漂浮的猪尸,更容易触碰人们的心理底线。

当上海市浮现大量猪尸的时候，嘉兴的河道上却没有出现同样的情景。嘉兴地方官员据此认为，死猪未必来自嘉兴。耳标是乳猪在阉割时打在猪的耳朵上，表明其出生地，但由于大量乳猪被周边其他地区的养猪户买走，仅凭耳标不能证明死猪的成长地、抛尸地是嘉兴。但嘉兴市环保局一位不愿意透露姓名的工作人员告诉《中国新闻周刊》，去年嘉兴河道曾出现大量死猪浮尸，"实在是吓死人"。黄浦江遭到死猪"入侵"时，嘉兴市也进行了水质监测。他们特地进行了"溶解氧"监测，该项目可监测到猪腐烂时的厌氧消耗，如果出现大量腐败情况，该项数据会下降。但从该项数据看，死猪并未对嘉兴河道水质造成影响，甚至好于去年同期。嘉兴市环保局不愿透露姓名的负责人表示，由于开展河道水整治行动，嘉兴的水质至少在感官上已有明显好转。不过他也承认，此前在嘉兴河道看到大量死猪的场景，确实让他感到震撼。专事养猪业污染无害化处理的汉塘环境技术服务公司董事胡文庆告诉《中国新闻周刊》，猪的死亡在所难免，通常情况下，成年母猪死亡率每年达到 2%～3%，中猪死亡率达到 7%～8%，而乳猪死亡率更高，达到 10%。按照这个比率计算，年出栏 450 万头猪的嘉兴市，每年死几万头猪是正常的。胡文庆表示，随着养猪业规模日益扩大，病死猪数量攀升到一个令人头疼的数字，超出了现有的无害化处理设施能够容纳的范围。他虽未明言，但言下之意也将死猪来源指向嘉兴。

目前，嘉兴市处理死猪措施只有一种，即死猪无害化处理池。在竹林村一位干部的带领下，《中国新闻周刊》记者参观了一个病死猪无害化处理池。池子由水泥砌造，露出地面的部分高约半米。水泥池上盖封闭，仅留有两个同样覆有水泥顶盖的方孔。村干部说，这就是病死猪的入口。每个无害化处理池容量约 100 立方米，可容纳 40 吨病死猪。据胡庆文介绍，池内投入化学药剂，病死猪投进去后，在里面慢慢腐败变质，工作人员隔段时间来抽取一下池中液体，此外无须特别照看。"这些池子，相当于病死猪的坟墓。"他说。《中国新闻周刊》记者注意到，在竹林村的病死猪无害化处理池旁，立有一块蓝底白字的牌子，上面写着"病死猪处理池已满"。水泥顶盖上有锁。期间，一位妇女骑电瓶车来到处理池旁，取下两只蛇皮袋,袋里装有死亡的乳猪。她把蛇皮袋放在处理池的水泥顶盖上,转身走了。骑上电瓶车的时候,她对《中国新闻周刊》记者说,"池子满了很久了,但只能这样放着,村里会有人来收。"据蒋皓介绍,嘉兴市自 2009 年开始推行死猪无害化处理池,全市共有 690 余处。但在冬春季节死猪数量升高时,这些处理池容纳不了那么多死猪。竹林村上述干部表示,"如果不够用,我们会再建。"嘉兴市畜牧兽医局副局长蒋皓未对"无害化处理点容量能否足够容纳死猪的数量"作出正面回应。他只做了假设性的表示,"我们发现不够的话,会再建新的。建一个无害化处理池的时间约为一周,这是最快的速度。"据《中国新闻周刊》了解,竹林村的无害化处理池已满的状态已经了持续两周以上,该村目前并没有增建无害化处理池。蒋皓表示,嘉兴计划在全市各个区县建设规模化处理死猪的工厂,这种技术被称为"高温湿化"处理。汉塘环境技术服务公司董事胡文庆告诉《中国新闻周刊》,这种技术的原理类似"高压锅",每 10 吨病死猪,可回收 1 吨油脂。剩余的烘干渣可作肥料。"南湖区的死猪处理厂拟设在新丰镇,政策、资金都已到位,目前正在进行环评。"

在死猪事件逐渐明朗的同时,另一个疑问又随之而生:死猪无害化处理跟不上养猪业步伐已有时日,那么,在大量死猪被抛尸河中之前,那些处理不了的死猪去了哪里,莫非流入市场变成人们的腹中餐?去年宣判的一宗案件或可揭开死猪事件最后一个谜底。该案涉及 17 名被告人,其中多人来自嘉兴市南湖区凤桥镇。2008 年开始,凤桥镇三星村村民董国权、陈雪忠、姚建平合伙设立非法屠宰场,地点就在董国权家中。随后,董国权等三人纠集多人为非法屠宰场收购死猪,并加工、销售死猪肉。据查,流入非法屠宰加工厂的死猪,很多来自于南湖区凤桥镇、新丰镇等地养猪户。"当年他们上门收死猪,很便宜,小猪一头几十块,大的也能卖百来块。"嘉兴凤桥镇三星村一位养猪户告诉《中国新闻周刊》,"死猪平均的价格是 1 元/斤。据嘉兴市中级人民法院核查,在董国权等人被捕前,即 2009 年 1 月至 2011 年 11 月期间,他们所在非法屠宰场共屠宰死猪 7.7 万余头,销售金额累计达 865 万余元。去年 11 月,嘉兴中院对董国权等 3 人判处无期徒刑,另有 14 人分获不同刑期刑罚。此案在当地引起轰动,三个无期徒刑,震慑了危害食品安全的违法犯罪,同时也扼断了死猪回收加工的流通链条。"自从他们被抓后，就再也没有人敢光明正大来收死猪了。"养猪户说。"从去年下半年开始，死猪一天比一天多。"竹林村村民陈老海告诉《中国新闻周刊》。"无害化处理池装满了，有人就把死猪放在池子旁边，池子旁边堆不下，有人就把死猪运到远处，抛到河里，任其顺流漂走。"①

二、动物防疫治理中多元主体的投机倾向

2013 年 3 月上旬，国内外部分媒体报道我国浙江、上海等地黄浦江流域水面出现大量漂浮死猪，迅速成为社会广泛议论和舆论关注的焦点。农业部领导在十二届全国人大一次会议新闻中心记者会上正式回应"黄浦江浮猪"事件，农业部首席兽医师于康震 3 月 14 日带领农业部督导组赴浙江、上海，督促指导地方政府科学开展黄浦江及上游水域漂浮死猪的处置工作。②

自 2013 年 3 月 11 日至 3 月 22 日短短十天内，中央和浙江、上海两地各级政府进行了一系列应急处置，基本控制了事件危机扩散。在中央政府层面，农业部高度重视并采取三项紧急措施：第一，召开记者会说明事件真相，宣布事件区域内无大规模疫情，动物防疫总体形势平稳，稳定了消费者社会情绪；第二，派出高级技术专家亲临现场指导漂浮死猪处置，迅速协调当地不同行政区共同打捞死猪、疏通江河，应急措施迅速有效；第三，进一步公布病死猪无害化处理补贴政策，检查、督促各地生猪防疫工作，从源头上抑制病死猪丢入江河。各级地方政府紧急采取五项措施：第一，组织打捞死猪并进行无害化处理。政府每日公布打捞死猪数量，至 3 月 22 日，上海市累计打捞死猪 10395头，浙江省嘉兴市清理、打捞死猪 5528 头，所有打捞的病死猪都进行了深埋或焚烧等无害化处理；③备受关注的嘉兴市政府，3 月 23 日在《嘉兴日报》头版发布公告称：嘉兴市集中清理、打捞市域范围内包括来自周边地区和本地死猪

---

① 徐智慧、赵小燕：《黄浦江死猪事件调查》，http://newsweek.inewsweek.cn/magazine.php? id=6446.

② 参见《农业部派督导组赴浙江指导死猪处置工作》，http://www.news.xinhuanet.com/politics/2013.3.

③ 参见新闻中心—中国网：《上海浙江打捞死猪逾 1.5 万头，未现病死猪流通消费》，http://www.news.china.com.cn/2013.3.22.

的工作结束。对清理、打捞中收集的死猪都作了无害化处理。① 第二,迅速疏通江河、分流死猪。各地政府切实担当责任,除了在原设的江河拦污栅内加强死猪打捞外,还对拦污栅进行改造,拆除了部分固定拦污设施,疏通了河道,科学利用江河与海洋的自净能力。第三,加强水质监控和猪肉市场监管。各地政府在加强水质检测、强化消毒工艺的同时,加强对病死猪无害化处置情况的监督检查,加大对动物及动物产品运输的监管力度,对当地超市、农贸市场、猪肉零售店铺开展专项检查,杜绝来源不明生猪产品上市销售。第四,有力掌控舆情、舒缓社会恐慌情绪。在短时期内,各地方政府高频率召开新闻发布会,充分利用主流媒体宣布本行政区无疫情、完成死猪打捞工作、水质与肉食品质量安全等。第五,开展问责与善后建设。上海市宣布,经协查追溯,上海市提供 17 个涉及嘉兴的死猪耳标,其中 16 个已查处到位。嘉兴市对查证核实的渎职官员及向江河丢死猪的养猪户进行了严厉处罚,嘉兴市政府还紧急部署,开展动物疫情"地毯式"大排查,畜禽防疫"一户不落"。强力推进无害化处理,计划投资数亿元启动无害化工业处置项目。各地除了增设人员、加大督查力度外,还设立了举报电话和奖励制度,对乱弃死亡畜禽行为实施"零容忍"。②

在生猪养殖过程中,有 3%左右死亡率,这属于正常。3 月,调研组通过实地调研访谈了解到,在黄浦江上游水网密布的江浙沪多个县市,生猪养殖绝对数量大,养殖密度超出了其土地承载能力,因此,养殖过程中的死亡率要更高一些。来自嘉兴市畜牧局的数据显示,目前嘉兴养猪户达到 13 万余户,每年饲养生猪超过 700 万头,出栏数达到 450 万头。也就是说死亡十几万头猪都属于正常范围。从实地调研来看,养猪户大多属于家庭养殖,其居住屋宅沿河而建,养殖棚也沿河而建。由于密度大,卫生条件差,每年都会有大量死猪,在没有大规模疫病的情况下,死亡率也会高于 3%。

面对病死猪往往有三种选择,一是送到村里的无害化处理池,进行无害化处理;二是卖给死猪收购商,或弃之于路边,任收购商拾捡;三是丢弃于河道,

---

① 参见嘉兴市政府新闻办:《嘉兴结束集中清理打捞死猪工作》,《嘉兴日报》2013 年 3 月 23 日。

② 参见余延青:《立足当前抓整治,着眼长远促转型,全力推动生猪养殖业健康发展》,《嘉兴日报》2013 年 3 月 20 日。

利用河道排污清污。第一种方式对养殖户而言成本高，同时无害化处理池容量不足。死猪无害化处理池的建设 2011 年已经开始，一个处理池能容纳死猪 40 吨，约 300~800 头，其腐化时间需要 1 年左右。而据嘉兴日报报道，在竹林村，仅 2013 年头两个月，死猪数量就已达到 1.84 万余头。第二种在去年年底遭遇严打，最大的收购商银铛入狱。只有第三种是最方便、最经济的选择。因此当地居民听到黄浦江漂死猪的消息后，多数人的反应是：河道死猪增多了，所以死猪交易减少了，吃猪肉更加放心了。然而在面对饮水安全的问题时，大家普遍的反应是：水污染一直很严重，政府无力，居民无奈。

死猪弃于河道是年年都有的现象，只是今年集中爆发。因此，对于黄浦江水域的居民来说，水污染问题也一直存在。从 3 月 8 日开始，上海方面就开始对"死猪来源"问题进行全面调查。11 日，上海市政府新闻办正式对外发布消息说，死猪主要来自浙江省嘉兴地区。嘉兴方面首先矢口否认，然后开始慢慢松口，但也强调"猪不全是嘉兴的"。横在浙江嘉兴与上海行政区划交界处的栅栏，展示了各个政府自扫门前雪的决心。3 月 23 日《嘉兴日报》报道，到 3 月 22 日下午，嘉兴市集中清理、打捞市域范围内包括来自周边地区和本地的死猪的工作结束。在与上海相通水域交界处嘉兴段进一步完善了拦污设施。下一步，嘉兴市工作重点是继续保持域内河道巡查保洁强度，巩固前一阶段处置成果。黄浦江的漂浮死猪事件引发的一场公共危机最终以政府在水域设置围栏，各自清理打捞管辖水域内死猪告一段落。4 月，调研组查看嘉兴广陈塘水域时，发现河道被大大小小的拦污栅分段，每段每天仍有 1~2 班打捞工作，而在一些重要的交界处，短短几百米的河道设置了两三重拦污栅，以确保各自自行解决区域内污染问题。

2013 年 5 月，当调研组再次来到嘉兴嘉善县时，发现河道里的拦污栅减少了，河道清洁而顺畅。政府正在着力做的是在一定的补偿标准下，拆除无证经营的养猪棚，依据土壤承载力核定养殖规模，促进本地养殖业向规模化和规范化方向发展，从根源上解决水体污染问题。

三、"黄浦江浮猪"事件的实地调查

（一）调研思路

事件发生后国内外媒体纷纷质疑：上海黄浦江上游松江段河道内漂浮大

量死猪,是否意味着生猪死亡率异常或发生重大动物疫病? 大量死猪漂浮为何没有及时、主动地向公众披露? 大批病死猪是如何处置的,又有多少流向了人们的餐桌? 一连串的疑问号经媒体传播后,在消费者中产生恐慌易感性效应,不少消费者持续关注饮水、猪肉质量安全并产生恐慌感。特别是国外个别知名媒体别有用心地刊登"谜语"报道"黄浦江浮猪"事件,一定程度上损害了公众对官方媒体的信任度,政府应急处置化解消费者恐慌的社会效果受到冲击。农业部领导针对当地死猪数量是否异常的敏感问题,正面回应媒体称:"在生猪养殖过程中,有些死亡是正常的,只是说要把比例控制在最小。"陈晓华副部长同时强调,"要加强对养殖户的健康养殖和环保意识的教育,要有一套无害化处理奖补的措施,要强化动物的防疫工作,尽量做到少死猪"。事实上,根据我国生猪生产的实际情况,生猪死亡率控制在 3% 之内属于正常范围。但从源头来看,养猪户是否采取强制免疫措施、是否进行病死猪无害化处理、地方政府是否落实了无害化处理财政补助政策、养猪户环保意识教育和监督等,都是可能导致病死猪数量增大的重要原因。

事件发生后,涉事地方政府成立应急小组,启动应急预案,加强舆情干预、水体污染净化、猪肉零售行业市场监管等紧急处置措施,并开展责任追究、落实病死猪无害化处理补贴政策、落实动物疫情防控和强制免疫措施、加快推进生猪养殖区规范化建设、建立防控类似事件的长效机制。一系列应急处置的实施效果,不仅表现为减缓消费者恐慌情绪、规范养殖户生产和防疫行为,而且促进了各级干部学习应急知识、反思应急处置。我们通过各级干部对应急措施效果的满意度调查,有利于深刻剖析危机演变机理、精确评价应急处置效果。按照以上的事件"三维"发展脉络,我们的调研思路是:首先调查分析事件演化机理。死猪为何聚集漂浮黄浦江下游入海口、是否导致居民消费性恐慌? 然后查证事件扩大的根本原因。最后通过对政府应急措施的评价调查,考察政府应急处置的有效性。

(二)调研实施过程

调研组深入浙江、上海等地,对消费者、养猪户(含企业,下同)、各级政府干部和参与打捞死猪的工作人员进行调查。调查分四个阶段,采取入户访谈、开座谈会和现场察看等形式进行:第一阶段从 3 月 21 日至 3 月 24 日。第二阶段从 4 月 25 日至 4 月 28 日。第三阶段从 6 月 1 日至 6 月 4 日。第四阶段从7月6日至7月9日。第一阶段重点调查消费者对事件的恐慌程度。我们深入媒体聚焦的嘉兴市新丰镇，并走访了浙江、上海当地的不同社会群体，包括超市、粽子店、菜场肉铺、小食品店、报刊亭、鞋店、药店等的顾客和老板，居民小区住户、路人、保安等。第二阶段重点调查当地死猪数量偏高及大量漂浮江面的原因。我们在嘉兴平湖市广陈塘至上海市松江区横潦泾、黄浦江入江口沿途的多个乡镇，对养猪户、干部和死猪打捞工作人员进行深度访谈，详细了解死猪处置方式，实地察看江面拦污栅拦截死猪的效果。第三阶段重点调查当地政府的善后处置效果。我们重点走访了嘉善县的西塘镇、陶庄镇和魏塘街道等地，深入养猪户并与当地乡村干部、嘉善县人民检察院、动物卫生监督所及其他相关单位负责人多次召开座谈会，详细了解对渎职干部和乱丢死猪行为的处罚情况。第四阶段重点调查当地政府在动物疫情防控方面建立长效机制的情况。我们再次深入上海市松江区、浙江嘉兴市、温州市等地，通过典型访谈、问卷调查、座谈等多种形式对政府相关部门、部分生猪、家禽养殖企业与农户进行调查。

（三）调查设计及样本统计

消费者调查分四次进行统计，调查内容包括事件知晓度、持续关注度、恐慌度、官媒信任度和政府应急措施满意度；养猪户调查包括生猪防疫、死亡率、病死猪处理方式及无害化处理财政补贴情况；干部和工作人员调查包括对政府应急处置效果的评价。调查共获取649个样本，其中消费者310个、养猪户213个、干部和工作人员126个。调查具体项目及统计结果详见表1、表2和表3。

表1　消费者调查样本统计

调研对象		消费者							
指标	调查时间	知晓该事件人数占比	持续关注该事件人数占比	有恐慌感人数占比（水和猪肉类食品）	对官方媒体的信任态度占比				满意政府应急措施的人数占比
					相信	不相信	不确定	不愿回答	
百分比（%）	3.21—3.24	79.13	87.91	60.44	38.46	15.38	28.57	17.58	42.86
调查结果		91	80	55	35	14	26	16	39
样本数（人）		115	91						

续表

调研对象 指　标	调查时间	知晓该事件人数占比	持续关注该事件人数占比	有恐慌感人数占比（水和猪肉类食品）	消　费　者				满意政府应急措施的人数占比
					对官方媒体的信任态度占比				
					相信	不相信	不确定	不愿回答	
百分比(%)	4.24—4.28	94.25	76.83	35.37	53.66	13.41	17.07	15.85	68.29
调查结果		82	63	29	44	11	14	13	56
样本数(人)		87	82						
百分比(%)	6.1—6.4	95.38	43.55	16.13	66.13	11.29	9.68	12.90	77.42
调查结果		62	27	10	41	7	6	8	48
样本数(人)		65	62						
百分比(%)	7.6—7.9	95.35	29.27	12.20	87.80	4.88	0.00	7.32	80.49
调查结果		41	12	5	36	2	0	3	33
样本数(人)		43	41						
百分比(%)	合计	89.03	65.94	35.87	56.52	12.32	16.67	14.49	63.77
调查结果		276	182	99	156	34	46	40	176
样本数(人)		310	276						

注：统计时将调查中对政府应急措施表示满意和基本满意的均纳入满意政府应急措施之中。

表2　养殖户调查样本统计

调研对象 指　标	生猪养殖户							
	生猪死亡率3%之内的农户占比	采取生猪强制免疫措施占比	获得病死猪无害化处理财政补贴农户占比	平时对病死猪的处理方式占比				
				深埋	化尸窖	焚烧	随意抛弃	其他
百分比(%)	91.08	95.77	16.90	32.86	19.72	16.90	21.13	9.39
调查结果	194	204	36	70	42	36	45	20
样本数(户)	213							

注：①样本数仅包括课题组四次深入现场的调查总数（不含课题组组织学生进入农户获取的调查表数据）。②随意抛弃包括抛于江河、沟渠或田野。③其他包括食用或销售。

表3　各级干部和工作人员对政府应急处置措施的满意度评价调查统计

调研对象	直接参与应急处置工作的各级干部和工作人员								
指　标	成立应急小组启动应急预案	舆情干预		水体污染净化		猪肉零售行业管制的效果	责任追究（含向江河抛死猪的养猪户和渎职官员处罚）	病死猪无害化处理补贴政策落实情况	动物疫情防控和强制免疫措施落实情况	生猪养殖区规范化建设情况（禁养限养）
		本行政区干预效果自评	对周边行政区舆情干预的评价	组织打捞并处理死猪	改进拦污栅并疏通江河水系					
百分比(%)	64.29	54.29	35.71	46.83	34.13	84.13	24.60	11.11	74.60	53.97
调查结果	81	68	45	59	43	106	31	14	94	68
样本数(人)	126									

注：①调查结果是持满意或基本满意的人数。②舆情干预措施包括召开新闻发布会、公布死猪打捞与处理数据、公布水质与猪肉价格波动情况等。③猪肉零售行业管制的效果主要反映调查者对猪肉质量的评价。

四、"黄浦江浮猪"事件调研结果及其分析

（一）消费者调查结果

表1从事件的公众透明度、持续关注与恐慌度、官媒信任度、公众满意度等四个尺度，反映了消费者对"黄浦江浮猪"事件应急处置的社会反响及其效果。

1.公众透明度。2013年3月11日，农业部领导在全国人大新闻发布会上宣布"黄浦江浮猪"事件基本得到控制。我们分别于事件基本得到控制后的10天、40天、80天、110天左右，前后四次深入事件发生区进行调查。从表1数据可见，公众知晓该事件的人数占比在10天时间窗口接近80%，到40天时间窗口接近95%并一直稳定在这一水平。平均而言，整个事件的公众知晓度达到89.03%，公众透明度较高。

2.持续关注与恐慌度。随着时间推移，事件社会影响逐渐消弭。前40天消弭速度较慢，仍有76.83%的公众持续关注事件的社会影响。80天时间窗口公众持续关注度降至40%左右、110天降至30%以下。公众中有恐慌感的人数占比在事件控制后10天时间窗口仍高达60%，40天还有35.37%，即使在事件控制后110天时间窗口，仍有多于10%的公众有恐慌感，公众表现出明显的恐慌易感性特征。

3.官媒信任度。主流媒体发挥了较快较好的作用。事件控制后10天时

间窗口上,相信官方媒体的公众只有三分之一强,四成以上的公众对官方媒体持"不相信"或"不确定"态度。持"不确定"态度的人群占比偏高,往往成为谣言传播的首选对象,这是十分危险的。但在40天时间窗口,持"不相信"或"不确定"态度的人群占比低于30%,80天时间窗口降至20%左右,说明加强舆情控制发挥了根本性作用。值得警惕的是,公众选择"不愿回答"的人群占比在80天时间窗口前一直高于10%,即使在110天时间窗口上仍有7.32%,这与境外少数媒体失实报道、境内一些新兴媒体传播失控从而干扰公众判断密切相关。

4.公众满意度。公众对政府应急处置的满意度持续增高。事件控制后40天时间窗口达70%,此后逐渐稳定在80%左右,说明公众对政府应急处置基本满意。但在农业部宣布事件基本得到控制后10天时间窗口上,公众对应急处置的满意度仍低于50%,公众对基层政府的应急处置措施满意度较低。调查中发现,直到农业部专家亲临现场指导黄浦江及上游水域紧急疏通河道、处置漂浮死猪后,公众满意度才迅速提升,反映出我国区域性应急协调机制的响应敏感性不太理想。

(二)养猪户调查结果

引发"黄浦江浮猪"事件的源头是病死生猪。表2反映了我们就当地生猪死亡率是否偏高以及生猪防疫、病死猪无害化处理财政补贴政策落实情况等对养猪户的调查结果。

1.生猪防疫及死亡率控制。养猪户调查样本中采取了强制免疫措施的占95.77%,正常生猪死亡淘汰率在3%以内的占91.08%,说明当地没有大规模动物疫病流行。实地调查中发现,当地生猪死亡数量比往年略有偏高,一方面由于养猪数量多且养殖方式普遍存在"散、小、密、差"现象,正常生猪死亡淘汰数量比往年相对要多。另一方面2012年冬2013年春当地雨雪寒潮天气多,圆环病毒感染和腹泻等常见病引起死亡率较往年偏高。事件中江面漂浮的死猪数量,远低于实际可能的正常生猪死亡淘汰数量。

2.病死猪处理方式及无害化处理财政补贴。病死猪无害化处理财政补贴在事件中备受公众关注。只有16.9%的养猪户获得过无害化处理财政补贴。有超过30%的养猪户没有对病死猪进行过无害化处理。调查中我们能够查看得到的化尸窖处理病死猪方式极少,只有不到20%的比例,声称做了深埋或焚烧处理的养猪户比例分别为32.86%和16.9%。病死猪无害化处理不到位、无害化处理财政补贴资金去向不明，成为事件再度升温的"助燃剂"。此外，当地气温异常也是病死猪漂浮黄浦江面的重要原因。当地气象部门资料显示，2013年1月上旬上海平均气温仅为2.8℃，比近十年（2001~2012年）平均气温偏低约2℃，较大地削减了江河水体的自净能力，江河水体低温导致大量死猪尸体久腐不烂后浮上水面。

（三）干部和工作人员调查结果

1.成立应急小组启动应急预案。表3显示，64.29%的调查对象持满意态度，三分之一的干部和工作人员认为应急预案启动迟缓。一方面，当时正值全国"两会"，地方政府有"捂住"事态扩散的倾向；另一方面，黄浦江入海口附近养猪业规模大，地方政府担心启动应急预案会导致养猪产业损失。例如，仅黄浦江上游的嘉兴市，每年生猪出栏数就高达450万头以上。

2.舆情干预。受访者对本行政区的舆情干预效果和周边行政区的舆情干预效果评价明显不同，满意度分别为54.29%和35.71%，普遍认为政府缺乏严格的传媒规范，媒体对事件影响快速放大扩散起了重要作用。不少受访者认为，当地政府没有提供有力证据说明死猪大量漂浮与大规模疫病流行无关，未能从根本上消除造成危机的社会风险，利用新闻发布会推诿死猪来源地责任，一定程度上制造了舆论混乱。

3.水体污染净化。受访者对政府组织打捞并处理死猪、改进拦污栅并疏通江河水系两项应急处置措施的满意度分别为46.83%和34.13%。受访者普遍认为，地方政府行政区行政的刚性治理模式，不利于从根本上控制突发性事件危机扩散。虽然各地政府集中组织打捞处理漂浮死猪（例如，嘉善县组织专门队伍，半个月内共出动1928船次、18525人次，巡查河道2241条，水域7370公顷，打捞死猪566头），但囿于局部利益，对极具外部性的漂浮死猪采取权宜措施，缺乏流域府际合作应急治理机制。当大量病死猪漂浮江面时，江面拦截生活垃圾的栅栏（网）却起到了阻挡死猪顺江漂流入海的作用，既造成大量死猪污染聚集，又削减了海洋自净能力，加重了黄浦江水体污染。

4.猪肉零售行业管制。受访者对政府加强猪肉零售行业管制的满意度高达84.13%。一方面，我国在应对突发性动物防疫事件中，积累了较丰富的动物及动物产品市场管控经验，有较完备的市场管制法律法规；另一方面，也与当地政府于 2012 年底严厉打击病死猪非法收购贩运活动,堵住了病死猪流入市场的渠道有密切相关。

5.责任追究。24.6%的受访者对政府开展责任追究的力度满意。调查中发现,嘉善县动物卫生监督部门根据黄浦江漂浮死猪的耳标,追溯了 20 多户养猪户向河道抛弃死猪的责任并处以重罚。当地检察院还以渎职行为调查和处罚了数名事件中监管不力的政府工作人员。但不少受访者认为,政府应更加严格地追究责任。

6.病死猪无害化处理补贴政策。受访者对落实病死猪无害化处理财政补贴政策的满意度仅为 11.11%。调查发现,两方面原因导致病死猪无害化处理财政补贴政策难以落实:一方面,病死猪数量多,地方财政配套资金缺口大。国办发明电〔2011〕26 号规定,国家对病死猪无害化处理的补助为每头 80 元,由中央和地方财政按比例分担,东部地区补助的资金比例只有 40%。另一方面,补助标准低程序繁,实际操作十分困难。不同规模养猪户无害化处理病死猪每头平均成本达 100~120 元,每头 80 元补助"入不敷出"。县级动物卫生监督机构核发补助经费,须经过病死猪无害化处理申报登记、现场抄录、摄影或照相、拍摄资料编号等复杂程序。由于经费紧、人手少,工作人员无法及时接报和赶赴现场勘查。

7.防范类似事件的长效机制建设。受访者对事件发生后当地政府加强动物疫情防控、加强生猪养殖区规范化建设的满意度分别为 74.6%和 53.97%。调查发现,嘉兴市将河道两旁、旅游景点及居民居住区划定为生猪禁养区,并分步拆除禁养区内猪舍。嘉善县将在三年内拆除 55 万平方米猪舍,预算投入1.2 亿元补贴拆除猪舍和支持养猪户转产。瑞安市建立了动物疫病预防控制中心,落实病死猪向江河丢弃举报和处罚"零容忍"制度。

五、"黄浦江浮猪"事件实地调研结论

(一)结论之一:事件演化机理

"多、散、小、密、差"的落后养殖方式,导致生猪常见病死亡率偏高。异常低温下病死猪尸体久腐不烂浮上水面,受拦污栅阻挡聚集黄浦江入海口,形成事件聚焦点。地方政府对外部性大的漂浮死猪,虽然在各自行政区内组织打捞,但未及时采取流域内协同治理、疏通江河的府际合作应急措施。由于打捞

与处理死猪能力受限,地方政府相互推诿、指责,下游行政区责怪上游养猪户乱丢死猪,上游行政区责怪下游行政区在入海口设置栅栏导致死猪大量聚集制造了"事件",形成媒体放大传播的新闻点。病死猪无害化处理财政补贴难落实,助燃事件再度升温,成为公众新的焦虑点。财政补贴的钱用到哪里去了,改变了公众对事件的关注方向,引发公众对政府的信任危机。

(二)结论之二:应急处置评价

中央政府应急处置对稳定消费者情绪、协调地方政府紧急疏通河道处置漂浮死猪、落实病死猪无害化处理补助、加强源头生猪防疫,起到了关键性作用。但跨行政区应急指挥协调错失"黄金时间"。地方政府组织打捞死猪、疏通江河分流死猪、掌控舆情消除社会恐慌、加强水质肉质监管、落实应急性防疫措施,有效抑制了事态扩散。但行政区行政的弱点显现、缺乏跨行政区协调机制和能力,打捞清除死猪能力有限、措施不透明、降低了公众信任度,利用新闻发布会推诿死猪来源责任,导致舆论混乱;回避病死猪无害化处理补贴政策执行困难,加重了公众对财政资金流向的疑惑。

(三)若干政策建议

首先,建立地方政府间的动物疫病环境污染应急治理合作机制。以大江大河为地域,建立流域府际合作治理机制,在紧急状况下迅速疏通河道、支流集中打捞、分区集中进行漂浮死畜禽无害化处理,防止死畜禽聚集形成二次污染。

其次,规范媒体传播活动。加强境外媒体特别是新媒体的传播管控,建立最严格的动物疫情传播审批制度,充分发挥专家的宣讲作用,建立信息双向沟通机制,形成正确的舆论氛围,加强舆论正面引导。

再次,从源头上治理病死猪对水体、空气等自然环境的污染。要进一步加大财政投入,加快推进"科学、经济、有效"的病死猪处理模式,严厉打击和处罚病死猪无处理抛弃或投入河道的行为。增强病死猪无害化处理补助政策的可操作性,改革病死猪无害化处理补助的方法和范围,将事后补贴改为事前补助,补助政策惠及散养户和规模化养殖场,增加基层工作经费、行政村集中处理设施建设经费的财政投入,补助资金由中央财政全额拨付。

最后,从根本上加强生猪防疫,尽最大努力减少病死猪数量。要通过规范化养殖小区建设和实行禁养限养等措施,加强生猪生产规范化管理,加强动物疫情防控。

第二节　动物防疫治理中府际合作的必要性

一、动物防疫治理的跨域性

荷兰危机研究专家罗森塔尔在《处理危机:灾难、暴乱和恐怖主义的管理》一书中,将危机定义为一个过程,即"一种对社会系统基本结构和行为准则构成严重威胁的事件;在时间和不确定性压力下,必须作出关键决策的事件"。他认为,危机主要表现为对现有社会系统核心价值及生命维持功能的威胁。从黄浦江死猪事件造成的影响来看,我们可以将它定义为一场危机。应对这场危机的主体——政府——有一个很明显的特征,即以水域为基本范畴,跨越了传统的行政边界。这普遍反映了现代危机的一个基本特征——跨域性。

现代社会及其运行机制的深刻变化导致现代危机特性发生了根本性变化,跨边界传播日益成为现代危机的本质特征。除了生态系统的整体性,经济全球化的进一步加剧和现代传媒信息获取与传播的超时空性加速了现代危机的跨边界传播,形成"脱域"的公共危机形态。人类社会与生态环境、自然资源之间构成了一个完整的系统,整体性是其基本的特征,特别是空气和河流川流不息地进行跨国界与跨区域的流动,这种流动不是人类社会设置人为边界可以阻挡的。而经济全球化的本质就是流动的现代性。"流动指的是物质产品、人口、标志、符号以及信息的跨空间和时间的运动。经济全球化就是时空压缩,经济全球化使得人类社会成为一个即时互动的社会。"流动的加强不仅会带来新的危险源,还会导致原来限于一个地区或国家的危机更容易扩散到更多的国家与地区。在超时空性和无缝隙性的现代传媒方式下,世界的空间距离被网络大大地缩短。随着 Web2.0 时代自媒体的发展,人人都是信息的"传播者"和"接受者",大家相互"围观"而又相互"晒"信息,于是小事与大事、私事与公事的界限在模糊,稍有不慎,某个事件就能演化为一场危机,并随着无处不在的网络扩散,跨越行政边界、功能边界或时间边界。黄浦江死猪事件演变为一场危机不能不说现代传媒起到了一定的推波助澜作用。这场以水域治理问题为基础的事件,一开始就因上海与浙江紧密相连的水网而跨越了行政区边界。然而各区域政府没有意识到这是一场与自身脱不开干系的事件,他们还在忙于撇清关系。上海用耳标证明死猪源头在嘉兴,而嘉兴辩驳,"上海金山等区一般从嘉兴购进苗猪,所以其耳标信息是嘉兴,黄浦江上浮猪也有部分来自上海郊区的可能性,包括江苏跟嘉善县交界的一些地方。"地方政府在相互推诿之时,这一事件在各类现代媒体的传播中渐渐演变为一场全球舆情"围观"的大事。伴随着群众的质疑,事件对政府来说正在向危机转变。

从这里看,现代危机大部分从一开始产生就会受到自然条件因素、全球化交往以及现代传媒的作用,成为一场"脱域"的公共危机。而这一特征给传统的行政管理手段——行政区行政带来了挑战。

二、行政区行政的惯性与驱动力

所谓行政区行政,简单地说,就是经济区域各地方政府基于行政区划的刚性界限,以行政命令的方式,对本地区社会公共事务进行的垄断管理,具有相当程度的封闭性和机械性。长期以来,在刚性的行政区划基础上形成了闭合式的"行政区行政",与按行政条块组织经济的经济管理体制相结合,成为一种位居主流和成熟的政府治理模式。这种治理模式所形成的惯性使得政府在面对区域经济一体化或流域整体性治理问题时,仍保持"各人自扫门前雪"的行为模式,相互推诿责任,缺乏良性的沟通和有效的合作。在此次事件中,上海以耳标为根据提出猪是来自嘉兴之后,嘉兴市政府的回应强调:耳标是生猪首次免疫时的标记,一部分会转售其他地区养殖,"因此不能认定上海水域的死猪全部来源于嘉兴"。随即嘉兴在通往上海的河道上加设拦污栅,划清行动界限。

这种行政区行政有其巨大的经济驱动力。在行政区行政的治理模式下,各地方政府往往囿于局部的地方利益,对具有极强外部性的区域公共事务和公共问题采取"不作为"的态度。在市场化和工业化的双重压力下,地方政府基于经济利益驱使,俨然成为流域内利益独立的博弈主体,例如上游地区不会主动为整个流域的生态环境治理支付成本,因为它不能独享或绝大部分享受到这种治理所带来的收益。在面对区域性的问题时,行政区往往寄希望于"搭便车",谁都不想付出治理成本。从官员自身看,现有的考核制度往往驱使他们从自身利益出发进行管理,在自己有限的管辖范围内及自身的管辖时间内保持社会的稳定,不被"一票否决"。这样,地方官员缺乏真正解决危机源头的动力,造成公共危机治理目标异化。公共危机治理的目标不是从根源上消除造成危机的风险因素,更好地实现公共利益,而是为了追求政绩采取权宜性治理策略,其措施更多的是在短期内和表面上消除危机从而避免被上级问责。而在危机发生后,也是尽量避免其不在本届领导任期内或不在本部门、本行业内扩散和加剧,而缺乏避免以后危机重复发生的长远性、战略性考量。

黄浦江漂死猪不是 2013 年特有的现象,以往的情况是,首先依靠河道的自净能力化解,没有化解的在河道拦污栅的作用下,飘到哪里被拦住了,就由哪个行政区域进行打捞和无害化处理。类似死猪的这些污物被分解到人为拦截划分的各个区域,整个事件就化解为一场分区域的水域垃圾收集与清理工作,而在此事件之后的水源保护、水污染治理等综合性问题则被忽视。嘉兴是华东地区最大的生猪供应基地,猪的排污已经远远超出了当地承受的范围,养殖废水直接排往内河是普遍的行为。在经济利益驱动和官员短视影响下,这种现象已经存在了相当长一段时间。而直到 2013 年,死猪贩子被打压,抛入河道内死猪大增,而 1 月上旬上海平均气温仅为 2.8℃,比近十年(2001~2012年)平均气温偏低约 2℃,影响河道自净,致使大量死猪在上海黄浦江上游水源保护区被发现,这一问题才集中爆发。由此看来,官员惯性思维和利益驱动使得行政区很少在水域公共事务和公共问题上采取主动作为,除非这一问题已经对其行政区带来巨大的影响和损失,甚至演变成一场公共危机,现有利益格局被打破,其行政区行政的惯性和驱动力才会破解。

三、跨域合作治理:防控危机的必要条件

随着现代化进程的不断推进,频发的各类社会危机已成为社会管理过程中威胁社会稳定、发展的不可回避的现实问题。在现代社会各个环节关联紧密的背景下,这些危机出现跨越行政边界、功能(领域)边界、时间边界等倾向,越来越表现出跨域性(Transboundary)的特征。在黄浦江死猪事件发生后,人们发现,不管是空气还是水域等均与周边省市有着无法隔绝的联系,仅仅只在河道内设立拦污栅是治标不治本,各个行政区域应充分认识到与周边城市建立各项监管联动机制的重要性。

如果说跨域性是现代危机的本质特征之一,那么防控危机的手段必须建立跨域的合作治理机制。在现有的管理模式下,对流域内的问题大家分而治之,出现的现象是"出事——应对——再出事——再应对"的恶性循环。跨域合作治理的目标要回归公共性,试图通过区域内政府组织之间的协调和合作,化解可能引发公共危机的各类因素,更好地维护公共利益和实现民生幸福,从根源上消除公共危机。这种跨域合作治理不是简单的建立流域治理联盟或流域治理的非政府组织。我们国家存在许多以流域为基础的跨区域联盟,比如长江中下游流域、太湖流域、珠江流域等,都有各种联盟或联席会议制度,每年联盟开会会达成各种协议,形成合作行动方案。但是这些机构都没有被赋予相应的权力,所形成的合作行动仅属于非制度性的合作协调机制,对各地政府没有实质性的制约作用;另外,这些协议没有充分考虑地方政府的利益主体地位,形成的合作行动方案所要实现的流域治理的公益诉求(如环境保护、产业协调、城市规划等)与地方政府的功利动机(主要是经济发展、财税指标、后发困境等)之间,存在着难以调和的矛盾甚至冲突,从而导致合作效果不明显。

这次耸动海内外舆情的死猪漂浮事件,再一次提醒我们反省在流域治理方面,需要跨行政区域的合作治理机制。在黄浦江死猪事件爆发后,政府首先做的是增加拦污栅的设置,特别是在行政边界水域上的隔离,划定范围,明确责任。对自身管辖的水域进行全面清理。这对在最短时间内平复事件是有效的。据调查了解,嘉善县成立应急处理小组后,通过直接领导,层层开会布置,组织各镇各村积极开展打捞工作,成立专门的船队,组织专门人员进行管辖水域内的死猪打捞,就近进行焚化或者填埋。全县用了不到一周的时间就基本清理了河道中的死猪,各打捞队总共出动了18525人次,1928船次,巡查河道是2241条,水域7370公顷,最终打捞死猪566头。且不算设备、能源等费用,仅仅打捞一头死猪就需平均出动32.7人次。如此高效的处理无疑也是高耗的,这种高耗的处理方式因而是非持续性的。因此,事件的关键不在于划分区域,分块打捞,而在于从源头上控制抛猪入河的行为。这种控制必须是跨区域的合作治理,水流流向和潮汐涌动,都会让河道的治理必须成为一个整体。

第三节　动物防疫治理中府际合作机制的建构与制度化

一、建立跨流域合作治理基金

由于流域的边界与行政边界存在不一致,不同区域的政府对本地区的流域都有管理权,因此相应地制定了各自的流域利用、管理规划和政策。如前所述,各个行政区域都会依据自身区域内的利益诉求来制定发展规划。流域内的各地方政府"必然寻求地方区域边界内的利益最大化,或地方行政区域边界内的治理成本最小化。一方面要防止区域内利益'外溢',另一方面要企图由其他主体承担本区域发展成本"。因此,针对黄浦江死猪事件,我们提出应建立流域合作治理基金,突破单部门行政,融合社区资源以解决黄浦江流域公共问题,防控流域内危机的发生。

在嘉兴,养猪业经过 30 多年的发展已成为当地的支柱产业。嘉兴是华东地区最大的生猪供应基地,是上海最主要的猪肉供应者,每年有 200 万头生猪供应上海市场。水路纵横、河浜交错的江南河网成为养猪户最经济的死猪处理地,而养殖带来的污染更让人揪心。养殖户为了方便直接将养殖废弃物排放到田地和内河中,这导致当地水质和土壤都受到很大污染。在 2011 年度浙江省各行政区域交接断面水质的考核结果显示,嘉兴是全浙江省 11 个设区市中,唯一评价为不合格的城市。面对这些问题,嘉兴市政府固然需要有所作为,然而从其产业发展及所处地理位置考量,其污染治理的动力有限也在情理之中。另一方面,上海市在 1985 年就制定了《上海市黄浦江上游水源保护条例》,2010 年《上海市饮用水水源保护条例》颁布实施,确定了 4 个长期保留的水源地,黄浦江是其中之一,同时又建立生态补偿机制。然而对于黄浦江上海市外的上游污染,一直缺乏有效的办法。按照《上海市饮用水水源保护条例》,上海应该建立与太湖流域、长江流域有关省市的饮用水水源保护协调合作机制。2010 年嘉兴平湖市与上海金山区建立了一个联动机制,约定每半年开一次联席会议,但在此次死猪事件中,这一机制有无发挥作用却不得而知。由此可见,需要一个能产生实质性作用的机制,能够平衡黄浦江流域内各行政区域的利益,通过经济手段平衡外部性问题,从而推动各部门展开合作,实现流域的共同治理,防控突发事件。

从已有的实践来看,为治理流经浙江与安徽两省的新安江,由中央财政和安徽、浙江两省财政共同设立了新安江生态补偿基金,明确基金专项用于新安江流域水生态系统建设和水污染防治,这是全国第一个跨省流域生态补偿基金机制。哥伦比亚考卡河流域灌溉者协会为了调节该流域的生态功能而进行的支付活动是国外流域生态补偿基金的典型,其经验已经推广到了整个哥伦比亚。美国《联邦水污染控制法》建立了"国家水污染控制周转基金"为水污染的调控提供了专项资金。这些对我国一些流域设立流域治理基金制度提供了借鉴。

二、建立跨流域合作治理基金的制度框架

我们可以从基金的来源,机构设置,运作方式来设计其制度框架。流域合作治理基金的公益性决定了它不可能以营利为主要方式获得资金。因此,政府拨款是基金组织的主要收入来源。为维持此基金的有效运作,流域合作治理中的政府拨款应是专项性的补助,通过设定一个专项资金项目,相关政府以固定的形式对基金进行补助。除了政府拨款,社会捐赠也可以成为基金的来源之一。流域治理的受益者是全社会,因此分布在流域上、下游,左、右岸的企业及公民个人都可以制度性的参与进来。他们可以向基金进行捐赠,同样也可以在制度内获得补偿或者惩罚。

要运作这样一个基金必须设立正式的组织来管理,可以由共同的上一级主管部门、相关政府主管部门、业务单位、专家学者以及捐赠人组成理事会,按照基金会管理的模式进行管理。理事会共同讨论并决定资金提取的方法和数额,资金的拨付流向,补偿数量的计算,并对全过程实施监督。该理事会不是行政机构,而是一个新型的机构投资者。理事会可以按照市场经济的基本原则,委托专业性的资产管理机构对区际生态补偿基金进行投资运作,并在日常投资决策和风险管理中充分发挥国内外咨询公司和专家学者的作用,确保基金的保值、增值。

基金设立的目的主要是促进流域内的合作治理,因此也主要用于平衡流域内公共产品的外部性。首先,基金用于下游对上游地区流域保护行为的补偿,上游因水污染行为对下游地区的赔偿。当补偿额度能够弥补上游地区进

行流域保护带来的成本时,或赔偿额能够抵消上游地区水污染带来的额外收益时,这一基金推进合作治理的动力机制也就形成。也就是说,基金运作的目的是要实现有效的流域生态补偿机制和水污染经济赔偿机制。合理的生态补偿将起到正面的激励作用,将会主导上游地方政府提供足额和良好的水环境;对于下游地方政府而言,补偿意识也可避免其非理性的行为。补偿能否满足上游区政府的需要,又是否在基金的承受范围,以及补偿的标准、数量、方式等还有待进一步研究。如果说补偿是正面激励,那么反面的惩罚机制也不可少。基金可建立水污染经济赔偿机制,将赔偿资金纳入基金会,通过专款专用的形式用于对受污染影响的政府、企业、个人进行补偿。这样才能对上游地方政府起到警戒作用,使其强化环境管理,真正落实流域水污染的府际合作治理。

三、完善跨流域合作治理基金的社会参与

要治理好流域内的公共问题,防范流域内危机的发生,不能仅仅依靠政府一方的能力。在此案例中,政府打捞死猪的能力再强,也敌不过养殖户大量的抛尸入河行为。因此,嘉善县政府一边在打捞,一边也在积极印发死猪无害化处理联系卡以及加大处罚措施,阻止新的问题的产生。促进流域府际合作治理的成功,要重视公众参与。流域合作治理基金在转变公众思想观念,加强水域保护宣传和教育工作以及建立信息公开体系,开发公众参与渠道,确立公众参与的激励机制等方面也应有所作为。这样,有利于培育社会独立行动的能力以及与政府协调配合的能力,为危机的防控奠定现实基础。

在基金的支出方面我们强调对公众的投入,而在基金资金的来源中,我们也鼓励企业和个人的参与和出资。哥伦比亚考卡河流域灌溉者协会以及我国桂东南 B 乡 K 村互助基金案例都是成功的社会自主提供某种公共产品或公共服务的成功例子。在流域合作治理基金上,也可以鼓励企业和个人参与,在政府主导的情况下,加入市场和社会的力量,减轻国家财政压力。

附录一:《中华人民共和国畜牧法》

中华人民共和国畜牧法

(2005 年 12 月 29 日第十届全国人民代表大会常务委员会
第十九次会议通过)

目　录

第一章　总　则

第一条　为了规范畜牧业生产经营行为,保障畜禽产品质量安全,保护和合理利用畜禽遗传资源,维护畜牧业生产经营者的合法权益,促进畜牧业持续健康发展,制定本法。

第二条　在中华人民共和国境内从事畜禽的遗传资源保护利用、繁育、饲养、经营、运输等活动,适用本法。

本法所称畜禽,是指列入依照本法第十一条规定公布的畜禽遗传资源目录的畜禽。

蜂、蚕的资源保护利用和生产经营,适用本法有关规定。

第三条 国家支持畜牧业发展,发挥畜牧业在发展农业、农村经济和增加农民收入中的作用。县级以上人民政府应当采取措施,加强畜牧业基础设施建设,鼓励和扶持发展规模化养殖,推进畜牧产业化经营,提高畜牧业综合生产能力,发展优质、高效、生态、安全的畜牧业。

国家帮助和扶持少数民族地区、贫困地区畜牧业的发展,保护和合理利用草原,改善畜牧业生产条件。

第四条 国家采取措施,培养畜牧兽医专业人才,发展畜牧兽医科学技术研究和推广事业,开展畜牧兽医科学技术知识的教育宣传工作和畜牧兽医信息服务,推进畜牧业科技进步。

第五条 畜牧业生产经营者可以依法自愿成立行业协会,为成员提供信息、技术、营销、培训等服务,加强行业自律,维护成员和行业利益。

第六条 畜牧业生产经营者应当依法履行动物防疫和环境保护义务,接受有关主管部门依法实施的监督检查。

第七条 国务院畜牧兽医行政主管部门负责全国畜牧业的监督管理工作。县级以上地方人民政府畜牧兽医行政主管部门负责本行政区域内的畜牧业监督管理工作。

县级以上人民政府有关主管部门在各自的职责范围内,负责有关促进畜牧业发展的工作。

第八条 国务院畜牧兽医行政主管部门应当指导畜牧业生产经营者改善畜禽繁育、饲养、运输的条件和环境。

第二章　畜禽遗传资源保护

第九条 国家建立畜禽遗传资源保护制度。各级人民政府应当采取措施,加强畜禽遗传资源保护,畜禽遗传资源保护经费列入财政预算。

畜禽遗传资源保护以国家为主,鼓励和支持有关单位、个人依法发展畜禽遗传资源保护事业。

第十条 国务院畜牧兽医行政主管部门设立由专业人员组成的国家畜禽遗传资源委员会,负责畜禽遗传资源的鉴定、评估和畜禽新品种、配套系的审定,承担畜禽遗传资源保护和利用规划论证及有关畜禽遗传资源保护的咨询工作。

第十一条 国务院畜牧兽医行政主管部门负责组织畜禽遗传资源的调查工作,发布国家畜禽遗传资源状况报告,公布经国务院批准的畜禽遗传资源目录。

第十二条 国务院畜牧兽医行政主管部门根据畜禽遗传资源分布状况,制定全国畜禽遗传资源保护和利用规划,制定并公布国家级畜禽遗传资源保护名录,对原产我国的珍贵、稀有、濒危的畜禽遗传资源实行重点保护。

省级人民政府畜牧兽医行政主管部门根据全国畜禽遗传资源保护和利用规划及本行政区域内畜禽遗传资源状况,制定和公布省级畜禽遗传资源保护名录,并报国务院畜牧兽医行政主管部门备案。

第十三条 国务院畜牧兽医行政主管部门根据全国畜禽遗传资源保护和利用规划及国家级畜禽遗传资源保护名录,省级人民政府畜牧兽医行政主管部门根据省级畜禽遗传资源保护名录,分别建立或者确定畜禽遗传资源保种场、保护区和基因库,承担畜禽遗传资源保护任务。

享受中央和省级财政资金支持的畜禽遗传资源保种场、保护区和基因库,未经国务院畜牧兽医行政主管部门或者省级人民政府畜牧兽医行政主管部门批准,不得擅自处理受保护的畜禽遗传资源。

畜禽遗传资源基因库应当按照国务院畜牧兽医行政主管部门或者省级人民政府畜牧兽医行政主管部门的规定,定期采集和更新畜禽遗传材料。有关单位、个人应当配合畜禽遗传资源基因库采集畜禽遗传材料,并有权获得适当的经济补偿。

畜禽遗传资源保种场、保护区和基因库的管理办法由国务院畜牧兽医行政主管部门制定。

第十四条 新发现的畜禽遗传资源在国家畜禽遗传资源委员会鉴定前,省级人民政府畜牧兽医行政主管部门应当制定保护方案,采取临时保护措施,并报国务院畜牧兽医行政主管部门备案。

第十五条 从境外引进畜禽遗传资源的,应当向省级人民政府畜牧兽医行政主管部门提出申请;受理申请的畜牧兽医行政主管部门经审核,报国务院畜牧兽医行政主管部门经评估论证后批准。经批准的,依照《中华人民共和国进出境动植物检疫法》的规定办理相关手续并实施检疫。

从境外引进的畜禽遗传资源被发现对境内畜禽遗传资源、生态环境有危害或者可能产生危害的,国务院畜牧兽医行政主管部门应当商有关主管部门,采取相应的安全控制措施。

第十六条 向境外输出或者在境内与境外机构、个人合作研究利用列入保护名录的畜禽遗传资源的,应当向省级人民政府畜牧兽医行政主管部门提出申请,同时提出国家共享惠益的方案;受理申请的畜牧兽医行政主管部门经审核,报国务院畜牧兽医行政主管部门批准。

向境外输出畜禽遗传资源的,还应当依照《中华人民共和国进出境动植物检疫法》的规定办理相关手续并实施检疫。

新发现的畜禽遗传资源在国家畜禽遗传资源委员会鉴定前,不得向境外输出,不得与境外机构、个人合作研究利用。

第十七条 畜禽遗传资源的进出境和对外合作研究利用的审批办法由国务院规定。

第三章　种畜禽品种选育与生产经营

第十八条 国家扶持畜禽品种的选育和优良品种的推广使用,支持企业、院校、科研机构和技术推广单位开展联合育种,建立畜禽良种繁育体系。

第十九条 培育的畜禽新品种、配套系和新发现的畜禽遗传资源在推广前,应当通过国家畜禽遗传资源委员会审定或者鉴定,并由国务院畜牧兽医行政主管部门公告。畜禽新品种、配套系的审定办法和畜禽遗传资源的鉴定办法,由国务院畜牧兽医行政主管部门制定。审定或者鉴定所需的试验、检测等费用由申请者承担,收费办法由国务院财政、价格部门会同国务院畜牧兽医行政主管部门制定。

培育新的畜禽品种、配套系进行中间试验,应当经试验所在地省级人民政府畜牧兽医行政主管部门批准。

畜禽新品种、配套系培育者的合法权益受法律保护。

第二十条 转基因畜禽品种的培育、试验、审定和推广,应当符合国家有关农业转基因生物管理的规定。

第二十一条 省级以上畜牧兽医技术推广机构可以组织开展种畜优良个

体登记,向社会推荐优良种畜。优良种畜登记规则由国务院畜牧兽医行政主管部门制定。

第二十二条 从事种畜禽生产经营或者生产商品代仔畜、雏禽的单位、个人,应当取得种畜禽生产经营许可证。申请人持种畜禽生产经营许可证依法办理工商登记,取得营业执照后,方可从事生产经营活动。

申请取得种畜禽生产经营许可证,应当具备下列条件:

(一)生产经营的种畜禽必须是通过国家畜禽遗传资源委员会审定或者鉴定的品种、配套系,或者是经批准引进的境外品种、配套系;

(二)有与生产经营规模相适应的畜牧兽医技术人员;

(三)有与生产经营规模相适应的繁育设施设备;

(四)具备法律、行政法规和国务院畜牧兽医行政主管部门规定的种畜禽防疫条件;

(五)有完善的质量管理和育种记录制度;

(六)具备法律、行政法规规定的其他条件。

第二十三条 申请取得生产家畜卵子、冷冻精液、胚胎等遗传材料的生产经营许可证,除应当符合本法第二十二条第二款规定的条件外,还应当具备下列条件:

(一)符合国务院畜牧兽医行政主管部门规定的实验室、保存和运输条件;

(二)符合国务院畜牧兽医行政主管部门规定的种畜数量和质量要求;

(三)体外授精取得的胚胎、使用的卵子来源明确,供体畜符合国家规定的种畜健康标准和质量要求;

(四)符合国务院畜牧兽医行政主管部门规定的其他技术要求。

第二十四条 申请取得生产家畜卵子、冷冻精液、胚胎等遗传材料的生产经营许可证,应当向省级人民政府畜牧兽医行政主管部门提出申请。受理申请的畜牧兽医行政主管部门应当自收到申请之日起三十个工作日内完成审核,并报国务院畜牧兽医行政主管部门审批;国务院畜牧兽医行政主管部门应当自收到申请之日起六十个工作日内依法决定是否发给生产经营许可证。

其他种畜禽的生产经营许可证由县级以上地方人民政府畜牧兽医行政主管部门审核发放,具体审核发放办法由省级人民政府规定。

种畜禽生产经营许可证样式由国务院畜牧兽医行政主管部门制定,许可证有效期为三年。发放种畜禽生产经营许可证可以收取工本费,具体收费管理办法由国务院财政、价格部门制定。

第二十五条　种畜禽生产经营许可证应当注明生产经营者名称、场(厂)址、生产经营范围及许可证有效期的起止日期等。

禁止任何单位、个人无种畜禽生产经营许可证或者违反种畜禽生产经营许可证的规定生产经营种畜禽。禁止伪造、变造、转让、租借种畜禽生产经营许可证。

第二十六条　农户饲养的种畜禽用于自繁自养和有少量剩余仔畜、雏禽出售的,农户饲养种公畜进行互助配种的,不需要办理种畜禽生产经营许可证。

第二十七条　专门从事家畜人工授精、胚胎移植等繁殖工作的人员,应当取得相应的国家职业资格证书。

第二十八条　发布种畜禽广告的,广告主应当提供种畜禽生产经营许可证和营业执照。广告内容应当符合有关法律、行政法规的规定,并注明种畜禽品种、配套系的审定或者鉴定名称;对主要性状的描述应当符合该品种、配套系的标准。

第二十九条　销售的种畜禽和家畜配种站(点)使用的种公畜,必须符合种用标准。销售种畜禽时,应当附具种畜禽场出具的种畜禽合格证明、动物防疫监督机构出具的检疫合格证明,销售的种畜还应当附具种畜禽场出具的家畜系谱。

生产家畜卵子、冷冻精液、胚胎等遗传材料,应当有完整的采集、销售、移植等记录,记录应当保存二年。

第三十条　销售种畜禽,不得有下列行为:

(一)以其他畜禽品种、配套系冒充所销售的种畜禽品种、配套系;

(二)以低代别种畜禽冒充高代别种畜禽;

(三)以不符合种用标准的畜禽冒充种畜禽;

(四)销售未经批准进口的种畜禽;

(五)销售未附具本法第二十九条规定的种畜禽合格证明、检疫合格证明的种畜禽或者未附具家畜系谱的种畜;

(六)销售未经审定或者鉴定的种畜禽品种、配套系。

第三十一条 申请进口种畜禽的,应当持有种畜禽生产经营许可证。进口种畜禽的批准文件有效期为六个月。

进口的种畜禽应当符合国务院畜牧兽医行政主管部门规定的技术要求。首次进口的种畜禽还应当由国家畜禽遗传资源委员会进行种用性能的评估。

种畜禽的进出口管理除适用前两款的规定外,还适用本法第十五条和第十六条的相关规定。

国家鼓励畜禽养殖者对进口的畜禽进行新品种、配套系的选育;选育的新品种、配套系在推广前,应当经国家畜禽遗传资源委员会审定。

第三十二条 种畜禽场和孵化场(厂)销售商品代仔畜、雏禽的,应当向购买者提供其销售的商品代仔畜、雏禽的主要生产性能指标、免疫情况、饲养技术要求和有关咨询服务,并附具动物防疫监督机构出具的检疫合格证明。

销售种畜禽和商品代仔畜、雏禽,因质量问题给畜禽养殖者造成损失的,应当依法赔偿损失。

第三十三条 县级以上人民政府畜牧兽医行政主管部门负责种畜禽质量安全的监督管理工作。种畜禽质量安全的监督检验应当委托具有法定资质的种畜禽质量检验机构进行;所需检验费用按照国务院规定列支,不得向被检验人收取。

第三十四条 蚕种的资源保护、新品种选育、生产经营和推广适用本法有关规定,具体管理办法由国务院农业行政主管部门制定。

第四章 畜禽养殖

第三十五条 县级以上人民政府畜牧兽医行政主管部门应当根据畜牧业发展规划和市场需求,引导和支持畜牧业结构调整,发展优势畜禽生产,提高畜禽产品市场竞争力。

国家支持草原牧区开展草原围栏、草原水利、草原改良、饲草饲料基地等草原基本建设,优化畜群结构,改良牲畜品种,转变生产方式,发展舍饲圈养、划区轮牧,逐步实现畜草平衡,改善草原生态环境。

第三十六条 国务院和省级人民政府应当在其财政预算内安排支持畜牧业发展的良种补贴、贴息补助等资金,并鼓励有关金融机构通过提供贷款、保险服务等形式,支持畜禽养殖者购买优良畜禽、繁育良种、改善生产设施、扩大养殖规模,提高养殖效益。

第三十七条 国家支持农村集体经济组织、农民和畜牧业合作经济组织建立畜禽养殖场、养殖小区,发展规模化、标准化养殖。乡(镇)土地利用总体规划应当根据本地实际情况安排畜禽养殖用地。农村集体经济组织、农民、畜牧业合作经济组织按照乡(镇)土地利用总体规划建立的畜禽养殖场、养殖小区用地按农业用地管理。畜禽养殖场、养殖小区用地使用权期限届满,需要恢复为原用途的,由畜禽养殖场、养殖小区土地使用权人负责恢复。在畜禽养殖场、养殖小区用地范围内需要兴建永久性建(构)筑物,涉及农用地转用的,依照《中华人民共和国土地管理法》的规定办理。

第三十八条 国家设立的畜牧兽医技术推广机构,应当向农民提供畜禽养殖技术培训、良种推广、疫病防治等服务。县级以上人民政府应当保障国家设立的畜牧兽医技术推广机构从事公益性技术服务的工作经费。

国家鼓励畜禽产品加工企业和其他相关生产经营者为畜禽养殖者提供所需的服务。

第三十九条 畜禽养殖场、养殖小区应当具备下列条件:

(一)有与其饲养规模相适应的生产场所和配套的生产设施;

(二)有为其服务的畜牧兽医技术人员;

(三)具备法律、行政法规和国务院畜牧兽医行政主管部门规定的防疫条件;

(四)有对畜禽粪便、废水和其他固体废弃物进行综合利用的沼气池等设施或者其他无害化处理设施;

(五)具备法律、行政法规规定的其他条件。

养殖场、养殖小区兴办者应当将养殖场、养殖小区的名称、养殖地址、畜禽品种和养殖规模,向养殖场、养殖小区所在地县级人民政府畜牧兽医行政主管部门备案,取得畜禽标识代码。

省级人民政府根据本行政区域畜牧业发展状况制定畜禽养殖场、养殖小区的规模标准和备案程序。

第四十条 禁止在下列区域内建设畜禽养殖场、养殖小区:

(一)生活饮用水的水源保护区,风景名胜区,以及自然保护区的核心区和缓冲区;

（二）城镇居民区、文化教育科学研究区等人口集中区域；

（三）法律、法规规定的其他禁养区域。

第四十一条 畜禽养殖场应当建立养殖档案，载明以下内容：

（一）畜禽的品种、数量、繁殖记录、标识情况、来源和进出场日期；

（二）饲料、饲料添加剂、兽药等投入品的来源、名称、使用对象、时间和用量；

（三）检疫、免疫、消毒情况；

（四）畜禽发病、死亡和无害化处理情况；

（五）国务院畜牧兽医行政主管部门规定的其他内容。

第四十二条 畜禽养殖场应当为其饲养的畜禽提供适当的繁殖条件和生存、生长环境。

第四十三条 从事畜禽养殖，不得有下列行为：

（一）违反法律、行政法规的规定和国家技术规范的强制性要求使用饲料、饲料添加剂、兽药；

（二）使用未经高温处理的餐馆、食堂的泔水饲喂家畜；

（三）在垃圾场或者使用垃圾场中的物质饲养畜禽；

（四）法律、行政法规和国务院畜牧兽医行政主管部门规定的危害人和畜禽健康的其他行为。

第四十四条 从事畜禽养殖，应当依照《中华人民共和国动物防疫法》的规定，做好畜禽疫病的防治工作。

第四十五条 畜禽养殖者应当按照国家关于畜禽标识管理的规定，在应当加施标识的畜禽的指定部位加施标识。畜牧兽医行政主管部门提供标识不得收费，所需费用列入省级人民政府财政预算。

畜禽标识不得重复使用。

第四十六条 畜禽养殖场、养殖小区应当保证畜禽粪便、废水及其他固体废弃物综合利用或者无害化处理设施的正常运转，保证污染物达标排放，防止污染环境。

畜禽养殖场、养殖小区违法排放畜禽粪便、废水及其他固体废弃物，造成环境污染危害的，应当排除危害，依法赔偿损失。

国家支持畜禽养殖场、养殖小区建设畜禽粪便、废水及其他固体废弃物的综合利用设施。

第四十七条　国家鼓励发展养蜂业,维护养蜂生产者的合法权益。

有关部门应当积极宣传和推广蜜蜂授粉农艺措施。

第四十八条　养蜂生产者在生产过程中,不得使用危害蜂产品质量安全的药品和容器,确保蜂产品质量。养蜂器具应当符合国家技术规范的强制性要求。

第四十九条　养蜂生产者在转地放蜂时,当地公安、交通运输、畜牧兽医等有关部门应当为其提供必要的便利。

养蜂生产者在国内转地放蜂,凭国务院畜牧兽医行政主管部门统一格式印制的检疫合格证明运输蜂群,在检疫合格证明有效期内不得重复检疫。

第五章　畜禽交易与运输

第五十条　县级以上人民政府应当促进开放统一、竞争有序的畜禽交易市场建设。

县级以上人民政府畜牧兽医行政主管部门和其他有关主管部门应当组织搜集、整理、发布畜禽产销信息,为生产者提供信息服务。

第五十一条　县级以上地方人民政府根据农产品批发市场发展规划,对在畜禽集散地建立畜禽批发市场给予扶持。

畜禽批发市场选址,应当符合法律、行政法规和国务院畜牧兽医行政主管部门规定的动物防疫条件,并距离种畜禽场和大型畜禽养殖场三公里以外。

第五十二条　进行交易的畜禽必须符合国家技术规范的强制性要求。

国务院畜牧兽医行政主管部门规定应当加施标识而没有标识的畜禽,不得销售和收购。

第五十三条　运输畜禽,必须符合法律、行政法规和国务院畜牧兽医行政主管部门规定的动物防疫条件,采取措施保护畜禽安全,并为运输的畜禽提供必要的空间和饲喂饮水条件。

有关部门对运输中的畜禽进行检查,应当有法律、行政法规的依据。

第六章　质量安全保障

第五十四条　县级以上人民政府应当组织畜牧兽医行政主管部门和其他

有关主管部门，依照本法和有关法律、行政法规的规定，加强对畜禽饲养环境、种畜禽质量、饲料和兽药等投入品的使用以及畜禽交易与运输的监督管理。

第五十五条　国务院畜牧兽医行政主管部门应当制定畜禽标识和养殖档案管理办法，采取措施落实畜禽产品质量责任追究制度。

第五十六条　县级以上人民政府畜牧兽医行政主管部门应当制定畜禽质量安全监督检查计划，按计划开展监督抽查工作。

第五十七条　省级以上人民政府畜牧兽医行政主管部门应当组织制定畜禽生产规范，指导畜禽的安全生产。

第七章　法律责任

第五十八条　违反本法第十三条第二款规定，擅自处理受保护的畜禽遗传资源，造成畜禽遗传资源损失的，由省级以上人民政府畜牧兽医行政主管部门处五万元以上五十万元以下罚款。

第五十九条　违反本法有关规定，有下列行为之一的，由省级以上人民政府畜牧兽医行政主管部门责令停止违法行为，没收畜禽遗传资源和违法所得，并处一万元以上五万元以下罚款：

（一）未经审核批准，从境外引进畜禽遗传资源的；

（二）未经审核批准，在境内与境外机构、个人合作研究利用列入保护名录的畜禽遗传资源的；

（三）在境内与境外机构、个人合作研究利用未经国家畜禽遗传资源委员会鉴定的新发现的畜禽遗传资源的。

第六十条　未经国务院畜牧兽医行政主管部门批准，向境外输出畜禽遗传资源的，依照《中华人民共和国海关法》的有关规定追究法律责任。海关应当将扣留的畜禽遗传资源移送省级人民政府畜牧兽医行政主管部门处理。

第六十一条　违反本法有关规定，销售、推广未经审定或者鉴定的畜禽品种的，由县级以上人民政府畜牧兽医行政主管部门责令停止违法行为，没收畜禽和违法所得；违法所得在五万元以上的，并处违法所得一倍以上三倍以下罚款；没有违法所得或者违法所得不足五万元的，并处五千元以上五万元以下罚款。

第六十二条　违反本法有关规定，无种畜禽生产经营许可证或者违反种畜禽生产经营许可证的规定生产经营种畜禽的,转让、租借种畜禽生产经营许可证的,由县级以上人民政府畜牧兽医行政主管部门责令停止违法行为,没收违法所得;违法所得在三万元以上的,并处违法所得一倍以上三倍以下罚款;没有违法所得或者违法所得不足三万元的,并处三千元以上三万元以下罚款。违反种畜禽生产经营许可证的规定生产经营种畜禽或者转让、租借种畜禽生产经营许可证,情节严重的,并处吊销种畜禽生产经营许可证。

第六十三条 违反本法第二十八条规定的,依照《中华人民共和国广告法》的有关规定追究法律责任。

第六十四条 违反本法有关规定,使用的种畜禽不符合种用标准的,由县级以上地方人民政府畜牧兽医行政主管部门责令停止违法行为,没收违法所得;违法所得在五千元以上的,并处违法所得一倍以上二倍以下罚款;没有违法所得或者违法所得不足五千元的,并处一千元以上五千元以下罚款。

第六十五条 销售种畜禽有本法第三十条第一项至第四项违法行为之一的,由县级以上人民政府畜牧兽医行政主管部门或者工商行政管理部门责令停止销售,没收违法销售的畜禽和违法所得;违法所得在五万元以上的,并处违法所得一倍以上五倍以下罚款;没有违法所得或者违法所得不足五万元的,并处五千元以上五万元以下罚款;情节严重的,并处吊销种畜禽生产经营许可证或者营业执照。

第六十六条 违反本法第四十一条规定,畜禽养殖场未建立养殖档案的,或者未按照规定保存养殖档案的,由县级以上人民政府畜牧兽医行政主管部门责令限期改正,可以处一万元以下罚款。

第六十七条 违反本法第四十三条规定养殖畜禽的,依照有关法律、行政法规的规定处罚。

第六十八条 违反本法有关规定,销售的种畜禽未附具种畜禽合格证明、检疫合格证明、家畜系谱的,销售、收购国务院畜牧兽医行政主管部门规定应当加施标识而没有标识的畜禽的,或者重复使用畜禽标识的,由县级以上地方人民政府畜牧兽医行政主管部门或者工商行政管理部门责令改正,可以处二千元以下罚款。

违反本法有关规定,使用伪造、变造的畜禽标识的,由县级以上人民政府畜牧兽医行政主管部门没收伪造、变造的畜禽标识和违法所得,并处三千元以上三万元以下罚款。

第六十九条 销售不符合国家技术规范的强制性要求的畜禽的，由县级以上地方人民政府畜牧兽医行政主管部门或者工商行政管理部门责令停止违法行为，没收违法销售的畜禽和违法所得，并处违法所得一倍以上三倍以下罚款；情节严重的，由工商行政管理部门并处吊销营业执照。

第七十条 畜牧兽医行政主管部门的工作人员利用职务上的便利，收受他人财物或者谋取其他利益，对不符合法定条件的单位、个人核发许可证或者有关批准文件，不履行监督职责，或者发现违法行为不予查处的，依法给予行政处分。

第七十一条 种畜禽生产经营者被吊销种畜禽生产经营许可证的，由畜牧兽医行政主管部门自吊销许可证之日起十日内通知工商行政管理部门。种畜禽生产经营者应当依法到工商行政管理部门办理变更登记或者注销登记。

第七十二条 违反本法规定，构成犯罪的，依法追究刑事责任。

第八章 附 则

第七十三条 本法所称畜禽遗传资源，是指畜禽及其卵子(蛋)、胚胎、精液、基因物质等遗传材料。

本法所称种畜禽，是指经过选育、具有种用价值、适于繁殖后代的畜禽及其卵子(蛋)、胚胎、精液等。

第七十四条 本法自2006年7月1日起施行。

附录二:《中华人民共和国动物防疫法》

中华人民共和国动物防疫法

(1997 年 7 月 3 日第八届全国人民代表大会常务委员会第二十六次会议通过
2007 年 8 月 30 日第十届全国人民代表大会常务委员会第二十九次会议修订)

目　录

第一章　总　则

第一条　为了加强对动物防疫活动的管理,预防、控制和扑灭动物疫病,促进养殖业发展,保护人体健康,维护公共卫生安全,制定本法。

第二条　本法适用于在中华人民共和国领域内的动物防疫及其监督管理活动。

进出境动物、动物产品的检疫,适用《中华人民共和国进出境动植物检疫法》。

第三条 本法所称动物,是指家畜家禽和人工饲养、合法捕获的其他动物。

本法所称动物产品,是指动物的肉、生皮、原毛、绒、脏器、脂、血液、精液、卵、胚胎、骨、蹄、头、角、筋以及可能传播动物疫病的奶、蛋等。

本法所称动物疫病,是指动物传染病、寄生虫病。

本法所称动物防疫,是指动物疫病的预防、控制、扑灭和动物、动物产品的检疫。

第四条 根据动物疫病对养殖业生产和人体健康的危害程度,本法规定管理的动物疫病分为下列三类:

(一)一类疫病,是指对人与动物危害严重,需要采取紧急、严厉的强制预防、控制、扑灭等措施的;

(二)二类疫病,是指可能造成重大经济损失,需要采取严格控制、扑灭等措施,防止扩散的;

(三)三类疫病,是指常见多发、可能造成重大经济损失,需要控制和净化的。

前款一、二、三类动物疫病具体病种名录由国务院兽医主管部门制定并公布。

第五条 国家对动物疫病实行预防为主的方针。

第六条 县级以上人民政府应当加强对动物防疫工作的统一领导,加强基层动物防疫队伍建设,建立健全动物防疫体系,制定并组织实施动物疫病防治规划。

乡级人民政府、城市街道办事处应当组织群众协助做好本管辖区域内的动物疫病预防与控制工作。

第七条 国务院兽医主管部门主管全国的动物防疫工作。

县级以上地方人民政府兽医主管部门主管本行政区域内的动物防疫工作。

县级以上人民政府其他部门在各自的职责范围内做好动物防疫工作。

军队和武装警察部队动物卫生监督职能部门分别负责军队和武装警察部

队现役动物及饲养自用动物的防疫工作。

第八条　县级以上地方人民政府设立的动物卫生监督机构依照本法规定,负责动物、动物产品的检疫工作和其他有关动物防疫的监督管理执法工作。

第九条　县级以上人民政府按照国务院的规定,根据统筹规划、合理布局、综合设置的原则建立动物疫病预防控制机构,承担动物疫病的监测、检测、诊断、流行病学调查、疫情报告以及其他预防、控制等技术工作。

第十条　国家支持和鼓励开展动物疫病的科学研究以及国际合作与交流,推广先进适用的科学研究成果,普及动物防疫科学知识,提高动物疫病防治的科学技术水平。

第十一条　对在动物防疫工作、动物防疫科学研究中做出成绩和贡献的单位和个人,各级人民政府及有关部门给予奖励。

第二章　动物疫病的预防

第十二条　国务院兽医主管部门对动物疫病状况进行风险评估,根据评估结果制定相应的动物疫病预防、控制措施。

国务院兽医主管部门根据国内外动物疫情和保护养殖业生产及人体健康的需要,及时制定并公布动物疫病预防、控制技术规范。

第十三条　国家对严重危害养殖业生产和人体健康的动物疫病实施强制免疫。国务院兽医主管部门确定强制免疫的动物疫病病种和区域,并会同国务院有关部门制订国家动物疫病强制免疫计划。

省、自治区、直辖市人民政府兽医主管部门根据国家动物疫病强制免疫计划,制订本行政区域的强制免疫计划;并可以根据本行政区域内动物疫病流行情况增加实施强制免疫的动物疫病病种和区域,报本级人民政府批准后执行,并报国务院兽医主管部门备案。

第十四条　县级以上地方人民政府兽医主管部门组织实施动物疫病强制免疫计划。乡级人民政府、城市街道办事处应当组织本管辖区域内饲养动物的单位和个人做好强制免疫工作。

饲养动物的单位和个人应当依法履行动物疫病强制免疫义务,按照兽医主管部门的要求做好强制免疫工作。

经强制免疫的动物,应当按照国务院兽医主管部门的规定建立免疫档案,加施畜禽标识,实施可追溯管理。

第十五条　县级以上人民政府应当建立健全动物疫情监测网络,加强动物疫情监测。

国务院兽医主管部门应当制定国家动物疫病监测计划。省、自治区、直辖市人民政府兽医主管部门应当根据国家动物疫病监测计划,制订本行政区域的动物疫病监测计划。

动物疫病预防控制机构应当按照国务院兽医主管部门的规定,对动物疫病的发生、流行等情况进行监测;从事动物饲养、屠宰、经营、隔离、运输以及动物产品生产、经营、加工、贮藏等活动的单位和个人不得拒绝或者阻碍。

第十六条　国务院兽医主管部门和省、自治区、直辖市人民政府兽医主管部门应当根据对动物疫病发生、流行趋势的预测,及时发出动物疫情预警。地方各级人民政府接到动物疫情预警后,应当采取相应的预防、控制措施。

第十七条　从事动物饲养、屠宰、经营、隔离、运输以及动物产品生产、经营、加工、贮藏等活动的单位和个人,应当依照本法和国务院兽医主管部门的规定,做好免疫、消毒等动物疫病预防工作。

第十八条　种用、乳用动物和宠物应当符合国务院兽医主管部门规定的健康标准。

种用、乳用动物应当接受动物疫病预防控制机构的定期检测;检测不合格的,应当按照国务院兽医主管部门的规定予以处理。

第十九条　动物饲养场(养殖小区)和隔离场所,动物屠宰加工场所,以及动物和动物产品无害化处理场所,应当符合下列动物防疫条件:

(一)场所的位置与居民生活区、生活饮用水源地、学校、医院等公共场所的距离符合国务院兽医主管部门规定的标准;

(二)生产区封闭隔离,工程设计和工艺流程符合动物防疫要求;

(三)有相应的污水、污物、病死动物、染疫动物产品的无害化处理设施设备和清洗消毒设施设备;

(四)有为其服务的动物防疫技术人员;

(五)有完善的动物防疫制度;

(六)具备国务院兽医主管部门规定的其他动物防疫条件。

第二十条　兴办动物饲养场(养殖小区)和隔离场所,动物屠宰加工场所,以及动物和动物产品无害化处理场所,应当向县级以上地方人民政府兽医主管部门提出申请,并附具相关材料。受理申请的兽医主管部门应当依照本法和《中华人民共和国行政许可法》的规定进行审查。经审查合格的,发给动物防疫条件合格证;不合格的,应当通知申请人并说明理由。需要办理工商登记的,申请人凭动物防疫条件合格证向工商行政管理部门申请办理登记注册手续。

动物防疫条件合格证应当载明申请人的名称、场(厂)址等事项。

经营动物、动物产品的集贸市场应当具备国务院兽医主管部门规定的动物防疫条件,并接受动物卫生监督机构的监督检查。

第二十一条　动物、动物产品的运载工具、垫料、包装物、容器等应当符合国务院兽医主管部门规定的动物防疫要求。

染疫动物及其排泄物、染疫动物产品,病死或者死因不明的动物尸体,运载工具中的动物排泄物以及垫料、包装物、容器等污染物,应当按照国务院兽医主管部门的规定处理,不得随意处置。

第二十二条　采集、保存、运输动物病料或者病原微生物以及从事病原微生物研究、教学、检测、诊断等活动,应当遵守国家有关病原微生物实验室管理的规定。

第二十三条　患有人畜共患传染病的人员不得直接从事动物诊疗以及易感染动物的饲养、屠宰、经营、隔离、运输等活动。

人畜共患传染病名录由国务院兽医主管部门会同国务院卫生主管部门制定并公布。

第二十四条　国家对动物疫病实行区域化管理,逐步建立无规定动物疫病区。无规定动物疫病区应当符合国务院兽医主管部门规定的标准,经国务院兽医主管部门验收合格予以公布。

本法所称无规定动物疫病区,是指具有天然屏障或者采取人工措施,在一定期限内没有发生规定的一种或者几种动物疫病,并经验收合格的区域。

第二十五条　禁止屠宰、经营、运输下列动物和生产、经营、加工、贮藏、运输下列动物产品:

(一)封锁疫区内与所发生动物疫病有关的;

（二）疫区内易感染的；

（三）依法应当检疫而未经检疫或者检疫不合格的；

（四）染疫或者疑似染疫的；

（五）病死或者死因不明的；

（六）其他不符合国务院兽医主管部门有关动物防疫规定的。

第三章　动物疫情的报告、通报和公布

第二十六条　从事动物疫情监测、检验检疫、疫病研究与诊疗以及动物饲养、屠宰、经营、隔离、运输等活动的单位和个人，发现动物染疫或者疑似染疫的，应当立即向当地兽医主管部门、动物卫生监督机构或者动物疫病预防控制机构报告，并采取隔离等控制措施，防止动物疫情扩散。其他单位和个人发现动物染疫或者疑似染疫的，应当及时报告。

接到动物疫情报告的单位，应当及时采取必要的控制处理措施，并按照国家规定的程序上报。

第二十七条　动物疫情由县级以上人民政府兽医主管部门认定；其中重大动物疫情由省、自治区、直辖市人民政府兽医主管部门认定，必要时报国务院兽医主管部门认定。

第二十八条　国务院兽医主管部门应当及时向国务院有关部门和军队有关部门以及省、自治区、直辖市人民政府兽医主管部门通报重大动物疫情的发生和处理情况；发生人畜共患传染病的，县级以上人民政府兽医主管部门与同级卫生主管部门应当及时相互通报。

国务院兽医主管部门应当依照我国缔结或者参加的条约、协定，及时向有关国际组织或者贸易方通报重大动物疫情的发生和处理情况。

第二十九条　国务院兽医主管部门负责向社会及时公布全国动物疫情，也可以根据需要授权省、自治区、直辖市人民政府兽医主管部门公布本行政区域内的动物疫情。其他单位和个人不得发布动物疫情。

第三十条　任何单位和个人不得瞒报、谎报、迟报、漏报动物疫情，不得授意他人瞒报、谎报、迟报动物疫情，不得阻碍他人报告动物疫情。

第四章　动物疫病的控制和扑灭

第三十一条　发生一类动物疫病时,应当采取下列控制和扑灭措施:

(一)当地县级以上地方人民政府兽医主管部门应当立即派人到现场,划定疫点、疫区、受威胁区,调查疫源,及时报请本级人民政府对疫区实行封锁。疫区范围涉及两个以上行政区域的,由有关行政区域共同的上一级人民政府对疫区实行封锁,或者由各有关行政区域的上一级人民政府共同对疫区实行封锁。必要时,上级人民政府可以责成下级人民政府对疫区实行封锁。

(二)县级以上地方人民政府应当立即组织有关部门和单位采取封锁、隔离、扑杀、销毁、消毒、无害化处理、紧急免疫接种等强制性措施,迅速扑灭疫病。

(三)在封锁期间,禁止染疫、疑似染疫和易感染的动物、动物产品流出疫区,禁止非疫区的易感染动物进入疫区,并根据扑灭动物疫病的需要对出入疫区的人员、运输工具及有关物品采取消毒和其他限制性措施。

第三十二条　发生二类动物疫病时,应当采取下列控制和扑灭措施:

(一)当地县级以上地方人民政府兽医主管部门应当划定疫点、疫区、受威胁区。

(二)县级以上地方人民政府根据需要组织有关部门和单位采取隔离、扑杀、销毁、消毒、无害化处理、紧急免疫接种、限制易感染的动物和动物产品及有关物品出入等控制、扑灭措施。

第三十三条　疫点、疫区、受威胁区的撤销和疫区封锁的解除,按照国务院兽医主管部门规定的标准和程序评估后,由原决定机关决定并宣布。

第三十四条　发生三类动物疫病时,当地县级、乡级人民政府应当按照国务院兽医主管部门的规定组织防治和净化。

第三十五条　二、三类动物疫病呈暴发性流行时,按照一类动物疫病处理。

第三十六条　为控制、扑灭动物疫病,动物卫生监督机构应当派人在当地依法设立的现有检查站执行监督检查任务;必要时,经省、自治区、直辖市人民政府批准,可以设立临时性的动物卫生监督检查站,执行监督检查任务。

第三十七条　发生人畜共患传染病时,卫生主管部门应当组织对疫区易感染的人群进行监测,并采取相应的预防、控制措施。

第三十八条 疫区内有关单位和个人,应当遵守县级以上人民政府及其兽医主管部门依法作出的有关控制、扑灭动物疫病的规定。

任何单位和个人不得藏匿、转移、盗掘已被依法隔离、封存、处理的动物和动物产品。

第三十九条 发生动物疫情时,航空、铁路、公路、水路等运输部门应当优先组织运送控制、扑灭疫病的人员和有关物资。

第四十条 一、二、三类动物疫病突然发生,迅速传播,给养殖业生产安全造成严重威胁、危害,以及可能对公众身体健康与生命安全造成危害,构成重大动物疫情的,依照法律和国务院的规定采取应急处理措施。

第五章 动物和动物产品的检疫

第四十一条 动物卫生监督机构依照本法和国务院兽医主管部门的规定对动物、动物产品实施检疫。

动物卫生监督机构的官方兽医具体实施动物、动物产品检疫。官方兽医应当具备规定的资格条件,取得国务院兽医主管部门颁发的资格证书,具体办法由国务院兽医主管部门会同国务院人事行政部门制定。

本法所称官方兽医,是指具备规定的资格条件并经兽医主管部门任命的,负责出具检疫等证明的国家兽医工作人员。

第四十二条 屠宰、出售或者运输动物以及出售或者运输动物产品前,货主应当按照国务院兽医主管部门的规定向当地动物卫生监督机构申报检疫。

动物卫生监督机构接到检疫申报后,应当及时指派官方兽医对动物、动物产品实施现场检疫;检疫合格的,出具检疫证明、加施检疫标志。实施现场检疫的官方兽医应当在检疫证明、检疫标志上签字或者盖章,并对检疫结论负责。

第四十三条 屠宰、经营、运输以及参加展览、演出和比赛的动物,应当附有检疫证明;经营和运输的动物产品,应当附有检疫证明、检疫标志。

对前款规定的动物、动物产品,动物卫生监督机构可以查验检疫证明、检疫标志,进行监督抽查,但不得重复检疫收费。

第四十四条 经铁路、公路、水路、航空运输动物和动物产品的,托运人托运时应当提供检疫证明；没有检疫证明的，承运人不得承运。

运载工具在装载前和卸载后应当及时清洗、消毒。

第四十五条 输入到无规定动物疫病区的动物、动物产品，货主应当按照国务院兽医主管部门的规定向无规定动物疫病区所在地动物卫生监督机构申报检疫，经检疫合格的，方可进入；检疫所需费用纳入无规定动物疫病区所在地地方人民政府财政预算。

第四十六条 跨省、自治区、直辖市引进乳用动物、种用动物及其精液、胚胎、种蛋的，应当向输入地省、自治区、直辖市动物卫生监督机构申请办理审批手续，并依照本法第四十二条的规定取得检疫证明。

跨省、自治区、直辖市引进的乳用动物、种用动物到达输入地后，货主应当按照国务院兽医主管部门的规定对引进的乳用动物、种用动物进行隔离观察。

第四十七条 人工捕获的可能传播动物疫病的野生动物，应当报经捕获地动物卫生监督机构检疫，经检疫合格的，方可饲养、经营和运输。

第四十八条 经检疫不合格的动物、动物产品，货主应当在动物卫生监督机构监督下按照国务院兽医主管部门的规定处理，处理费用由货主承担。

第四十九条 依法进行检疫需要收取费用的，其项目和标准由国务院财政部门、物价主管部门规定。

第六章 动物诊疗

第五十条 从事动物诊疗活动的机构，应当具备下列条件：

（一）有与动物诊疗活动相适应并符合动物防疫条件的场所；

（二）有与动物诊疗活动相适应的执业兽医；

（三）有与动物诊疗活动相适应的兽医器械和设备；

（四）有完善的管理制度。

第五十一条 设立从事动物诊疗活动的机构，应当向县级以上地方人民政府兽医主管部门申请动物诊疗许可证。受理申请的兽医主管部门应当依照本法和《中华人民共和国行政许可法》的规定进行审查。经审查合格的，发给动物诊疗许可证；不合格的，应当通知申请人并说明理由。申请人凭动物诊疗许可证向工商行政管理部门申请办理登记注册手续，取得营业执照后，方可从事动物诊疗活动。

第五十二条　动物诊疗许可证应当载明诊疗机构名称、诊疗活动范围、从业地点和法定代表人(负责人)等事项。

动物诊疗许可证载明事项变更的,应当申请变更或者换发动物诊疗许可证,并依法办理工商变更登记手续。

第五十三条　动物诊疗机构应当按照国务院兽医主管部门的规定,做好诊疗活动中的卫生安全防护、消毒、隔离和诊疗废弃物处置等工作。

第五十四条　国家实行执业兽医资格考试制度。具有兽医相关专业大学专科以上学历的,可以申请参加执业兽医资格考试;考试合格的,由国务院兽医主管部门颁发执业兽医资格证书;从事动物诊疗的,还应当向当地县级人民政府兽医主管部门申请注册。执业兽医资格考试和注册办法由国务院兽医主管部门商国务院人事行政部门制定。

本法所称执业兽医,是指从事动物诊疗和动物保健等经营活动的兽医。

第五十五条　经注册的执业兽医,方可从事动物诊疗、开具兽药处方等活动。但是,本法第五十七条对乡村兽医服务人员另有规定的,从其规定。

执业兽医、乡村兽医服务人员应当按照当地人民政府或者兽医主管部门的要求,参加预防、控制和扑灭动物疫病的活动。

第五十六条　从事动物诊疗活动,应当遵守有关动物诊疗的操作技术规范,使用符合国家规定的兽药和兽医器械。

第五十七条　乡村兽医服务人员可以在乡村从事动物诊疗服务活动,具体管理办法由国务院兽医主管部门制定。

第七章　监督管理

第五十八条　动物卫生监督机构依照本法规定,对动物饲养、屠宰、经营、隔离、运输以及动物产品生产、经营、加工、贮藏、运输等活动中的动物防疫实施监督管理。

第五十九条　动物卫生监督机构执行监督检查任务,可以采取下列措施,有关单位和个人不得拒绝或者阻碍:

(一)对动物、动物产品按照规定采样、留验、抽检;

(二)对染疫或者疑似染疫的动物、动物产品及相关物品进行隔离、查封、扣押和处理;

（三）对依法应当检疫而未经检疫的动物实施补检；

（四）对依法应当检疫而未经检疫的动物产品，具备补检条件的实施补检，不具备补检条件的予以没收销毁；

（五）查验检疫证明、检疫标志和畜禽标识；

（六）进入有关场所调查取证，查阅、复制与动物防疫有关的资料。

动物卫生监督机构根据动物疫病预防、控制需要，经当地县级以上地方人民政府批准，可以在车站、港口、机场等相关场所派驻官方兽医。

第六十条　官方兽医执行动物防疫监督检查任务，应当出示行政执法证件，佩带统一标志。

动物卫生监督机构及其工作人员不得从事与动物防疫有关的经营性活动，进行监督检查不得收取任何费用。

第六十一条　禁止转让、伪造或者变造检疫证明、检疫标志或者畜禽标识。

检疫证明、检疫标志的管理办法，由国务院兽医主管部门制定。

第八章　保障措施

第六十二条　县级以上人民政府应当将动物防疫纳入本级国民经济和社会发展规划及年度计划。

第六十三条　县级人民政府和乡级人民政府应当采取有效措施，加强村级防疫员队伍建设。

县级人民政府兽医主管部门可以根据动物防疫工作需要，向乡、镇或者特定区域派驻兽医机构。

第六十四条　县级以上人民政府按照本级政府职责，将动物疫病预防、控制、扑灭、检疫和监督管理所需经费纳入本级财政预算。

第六十五条　县级以上人民政府应当储备动物疫情应急处理工作所需的防疫物资。

第六十六条　对在动物疫病预防和控制、扑灭过程中强制扑杀的动物、销毁的动物产品和相关物品，县级以上人民政府应当给予补偿。具体补偿标准和办法由国务院财政部门会同有关部门制定。

因依法实施强制免疫造成动物应激死亡的，给予补偿。具体补偿标准和办法由国务院财政部门会同有关部门制定。

第六十七条 对从事动物疫病预防、检疫、监督检查、现场处理疫情以及在工作中接触动物疫病病原体的人员,有关单位应当按照国家规定采取有效的卫生防护措施和医疗保健措施。

第九章 法律责任

第六十八条 地方各级人民政府及其工作人员未依照本法规定履行职责的,对直接负责的主管人员和其他直接责任人员依法给予处分。

第六十九条 县级以上人民政府兽医主管部门及其工作人员违反本法规定,有下列行为之一的,由本级人民政府责令改正,通报批评;对直接负责的主管人员和其他直接责任人员依法给予处分:

(一)未及时采取预防、控制、扑灭等措施的;

(二)对不符合条件的颁发动物防疫条件合格证、动物诊疗许可证,或者对符合条件的拒不颁发动物防疫条件合格证、动物诊疗许可证的;

(三)其他未依照本法规定履行职责的行为。

第七十条 动物卫生监督机构及其工作人员违反本法规定,有下列行为之一的,由本级人民政府或者兽医主管部门责令改正,通报批评;对直接负责的主管人员和其他直接责任人员依法给予处分:

(一)对未经现场检疫或者检疫不合格的动物、动物产品出具检疫证明、加施检疫标志,或者对检疫合格的动物、动物产品拒不出具检疫证明、加施检疫标志的;

(二)对附有检疫证明、检疫标志的动物、动物产品重复检疫的;

(三)从事与动物防疫有关的经营性活动,或者在国务院财政部门、物价主管部门规定外加收费用、重复收费的;

(四)其他未依照本法规定履行职责的行为。

第七十一条 动物疫病预防控制机构及其工作人员违反本法规定,有下列行为之一的,由本级人民政府或者兽医主管部门责令改正,通报批评;对直接负责的主管人员和其他直接责任人员依法给予处分:

(一)未履行动物疫病监测、检测职责或者伪造监测、检测结果的;

(二)发生动物疫情时未及时进行诊断、调查的;

（三）其他未依照本法规定履行职责的行为。

第七十二条　地方各级人民政府、有关部门及其工作人员瞒报、谎报、迟报、漏报或者授意他人瞒报、谎报、迟报动物疫情，或者阻碍他人报告动物疫情的，由上级人民政府或者有关部门责令改正，通报批评；对直接负责的主管人员和其他直接责任人员依法给予处分。

第七十三条　违反本法规定，有下列行为之一的，由动物卫生监督机构责令改正，给予警告；拒不改正的，由动物卫生监督机构代作处理，所需处理费用由违法行为人承担，可以处一千元以下罚款：

（一）对饲养的动物不按照动物疫病强制免疫计划进行免疫接种的；

（二）种用、乳用动物未经检测或者经检测不合格而不按照规定处理的；

（三）动物、动物产品的运载工具在装载前和卸载后没有及时清洗、消毒的。

第七十四条　违反本法规定，对经强制免疫的动物未按照国务院兽医主管部门规定建立免疫档案、加施畜禽标识的，依照《中华人民共和国畜牧法》的有关规定处罚。

第七十五条　违反本法规定，不按照国务院兽医主管部门规定处置染疫动物及其排泄物，染疫动物产品，病死或者死因不明的动物尸体，运载工具中的动物排泄物以及垫料、包装物、容器等污染物以及其他经检疫不合格的动物、动物产品的，由动物卫生监督机构责令无害化处理，所需处理费用由违法行为人承担，可以处三千元以下罚款。

第七十六条　违反本法第二十五条规定，屠宰、经营、运输动物或者生产、经营、加工、贮藏、运输动物产品的，由动物卫生监督机构责令改正、采取补救措施，没收违法所得和动物、动物产品，并处同类检疫合格动物、动物产品货值金额一倍以上五倍以下罚款；其中依法应当检疫而未检疫的，依照本法第七十八条的规定处罚。

第七十七条　违反本法规定，有下列行为之一的，由动物卫生监督机构责令改正，处一千元以上一万元以下罚款；情节严重的，处一万元以上十万元以下罚款：

（一）兴办动物饲养场（养殖小区）和隔离场所，动物屠宰加工场所，以及动物和动物产品无害化处理场所，未取得动物防疫条件合格证的；

（二）未办理审批手续,跨省、自治区、直辖市引进乳用动物、种用动物及其精液、胚胎、种蛋的;

（三）未经检疫,向无规定动物疫病区输入动物、动物产品的。

第七十八条 违反本法规定,屠宰、经营、运输的动物未附有检疫证明,经营和运输的动物产品未附有检疫证明、检疫标志的,由动物卫生监督机构责令改正,处同类检疫合格动物、动物产品货值金额百分之十以上百分之五十以下罚款;对货主以外的承运人处运输费用一倍以上三倍以下罚款。

违反本法规定,参加展览、演出和比赛的动物未附有检疫证明的,由动物卫生监督机构责令改正,处一千元以上三千元以下罚款。

第七十九条 违反本法规定,转让、伪造或者变造检疫证明、检疫标志或者畜禽标识的,由动物卫生监督机构没收违法所得,收缴检疫证明、检疫标志或者畜禽标识,并处三千元以上三万元以下罚款。

第八十条 违反本法规定,有下列行为之一的,由动物卫生监督机构责令改正,处一千元以上一万元以下罚款:

（一）不遵守县级以上人民政府及其兽医主管部门依法作出的有关控制、扑灭动物疫病规定的;

（二）藏匿、转移、盗掘已被依法隔离、封存、处理的动物和动物产品的;

（三）发布动物疫情的。

第八十一条 违反本法规定,未取得动物诊疗许可证从事动物诊疗活动的,由动物卫生监督机构责令停止诊疗活动,没收违法所得;违法所得在三万元以上的,并处违法所得一倍以上三倍以下罚款;没有违法所得或者违法所得不足三万元的,并处三千元以上三万元以下罚款。

动物诊疗机构违反本法规定,造成动物疫病扩散的,由动物卫生监督机构责令改正,处一万元以上五万元以下罚款;情节严重的,由发证机关吊销动物诊疗许可证。

第八十二条 违反本法规定,未经兽医执业注册从事动物诊疗活动的,由动物卫生监督机构责令停止动物诊疗活动,没收违法所得,并处一千元以上一万元以下罚款。

执业兽医有下列行为之一的,由动物卫生监督机构给予警告,责令暂停六个月以上一年以下动物诊疗活动;情节严重的,由发证机关吊销注册证书:

（一）违反有关动物诊疗的操作技术规范，造成或者可能造成动物疫病传播、流行的；

（二）使用不符合国家规定的兽药和兽医器械的；

（三）不按照当地人民政府或者兽医主管部门要求参加动物疫病预防、控制和扑灭活动的。

第八十三条　违反本法规定，从事动物疫病研究与诊疗和动物饲养、屠宰、经营、隔离、运输，以及动物产品生产、经营、加工、贮藏等活动的单位和个人，有下列行为之一的，由动物卫生监督机构责令改正；拒不改正的，对违法行为单位处一千元以上一万元以下罚款，对违法行为个人可以处五百元以下罚款：

（一）不履行动物疫情报告义务的；

（二）不如实提供与动物防疫活动有关资料的；

（三）拒绝动物卫生监督机构进行监督检查的；

（四）拒绝动物疫病预防控制机构进行动物疫病监测、检测的。

第八十四条　违反本法规定，构成犯罪的，依法追究刑事责任。

违反本法规定，导致动物疫病传播、流行等，给他人人身、财产造成损害的，依法承担民事责任。

第十章　附　则

第八十五条　本法自 2008 年 1 月 1 日起施行。

附录三：《中华人民共和国动植物进出境检疫法》

中华人民共和国动植物进出境检疫法

（1991 年 10 月 30 日第七届全国人民代表大会常务委员会
第二十二次会议通过　1991 年 10 月 30 日中华人民共和国主席令
第 53 号公布　自 1992 年 4 月 1 日起施行）

目　　录

第一章　总　则

第一条　为防止动物传染病、寄生虫病和植物危险性病、虫、杂草以及其他有害生物（以下简称病虫害）传入、传出国境，保护农、林、牧、渔业生产和人体健康，促进对外经济贸易的发展，制定本法。

第二条　进出境的动植物、动植物产品和其他检疫物，装载动植物、动植物产品和其他检疫物的装载容器、包装物,以及来自动植物疫区的运输工具,依照本法规定实施检疫。

第三条　国务院设立动植物检疫机关(以下简称国家动植物检疫机关),统一管理全国进出境动植物检疫工作。国家动植物检疫机关在对外开放的口岸和进出境动植物检疫业务集中的地点设立的口岸动植物检疫机关,依照本法规定实施进出境动植物检疫。

贸易性动物产品出境的检疫机关,由国务院根据情况规定。

国务院农业行政主管部门主管全国进出境动植物检疫工作。

第四条　口岸动植物检疫机关在实施检疫时可以行使下列职权:

(一)依照本法规定登船、登车、登机实施检疫;

(二)进入港口、机场、车站、邮局以及检疫物的存放、加工、养殖、种植场所实施检疫,并依照规定采样;

(三)根据检疫需要,进入有关生产、仓库等场所,进行疫情监测、调查和检疫监督管理;

(四)查阅、复制、摘录与检疫物有关的运行日志、货运单、合同、发票及其他单证。

第五条　国家禁止下列各物进境:

(一)动植物病原体(包括菌种、毒种等)、害虫及其他有害生物;

(二)动植物疫情流行的国家和地区的有关动植物、动植物产品和其他检疫物;

(三)动物尸体;

(四)土壤。

口岸动植物检疫机关发现有前款规定的禁止进境物的,作退回或者销毁处理。

因科学研究等特殊需要引进本条第一款规定的禁止进境物的,必须事先提出申请,经国家动植物检疫机关批准。

本条第一款第二项规定的禁止进境物的名录,由国务院农业行政主管部门制定并公布。

第六条　国外发生重大动植物疫情并可能传入中国时,国务院应当采取紧急预防措施,必要时可以下令禁止来自动植物疫区的运输工具进境或者封锁有关口岸；受动植物疫情威胁地区的地方人民政府和有关口岸动植物检疫机关,应当立即采取紧急措施,同时向上级人民政府和国家动植物检疫机关报告。

邮电、运输部门对重大动植物疫情报告和送检材料应当优先传送。

第七条　国家动植物检疫机关和口岸动植物检疫机关对进出境动植物、动植物产品的生产、加工、存放过程,实行检疫监督制度。

第八条　口岸动植物检疫机关在港口、机场、车站、邮局执行检疫任务时,海关、交通、民航、铁路、邮电等有关部门应当配合。

第九条　动植物检疫机关检疫人员必须忠于职守,秉公执法。动植物检疫机关检疫人员依法执行公务,任何单位和个人不得阻挠。

第二章　进境检疫

第十条　输入动物、动物产品、植物种子、种苗及其他繁殖材料的,必须事先提出申请,办理检疫审批手续。

第十一条　通过贸易、科技合作、交换、赠送、援助等方式输入动植物、动植物产品和其他检疫物的,应当在合同或者协议中订明中国法定的检疫要求,并订明必须附有输出国家或者地区政府动植物检疫机关出具的检疫证书。

第十二条　货主或者其代理人应当在动植物、动植物产品和其他检疫物进境前或者进境时持输出国家或者地区的检疫证书、贸易合同等单证,向进境口岸动植物检疫机关报检。

第十三条　装载动物的运输工具抵达口岸时,口岸动植物检疫机关应当采取现场预防措施,对上下运输工具或者接近动物的人员、装载动物的运输工具和被污染的场地作防疫消毒处理。

第十四条　输入动植物、动植物产品和其他检疫物,应当在进境口岸实施检疫。未经口岸动植物检疫机关同意,不得卸离运输工具。

输入动植物,需隔离检疫的,在口岸动植物检疫机关指定的隔离场所检疫。

因口岸条件限制等原因,可以由国家动植物检疫机关决定将动植物、动植物产品和其他检疫物运往指定地点检疫。在运输、装卸过程中,货主或者其代理人应当采取防疫措施。指定的存放、加工和隔离饲养或者隔离种植的场所,应当符合动植物检疫和防疫的规定。

第十五条 输入动植物、动植物产品和其他检疫物，经检疫合格的，准予进境；海关凭口岸动植物检疫机关签发的检疫单证或者在报关单上加盖的印章验放。

输入动植物、动植物产品和其他检疫物，需调离海关监管区检疫的，海关凭口岸动植物检疫机关签发的《检疫调离通知单》验放。

第十六条 输入动物，经检疫不合格的，由口岸动植物检疫机关签发《检疫处理通知单》，通知货主或者其代理人作如下处理：

（一）检出一类传染病、寄生虫病的动物，连同其同群动物全群退回或者全群扑杀并销毁尸体；

（二）检出二类传染病、寄生虫病的动物，退回或者扑杀，同群其他动物在隔离场或者其他指定地点隔离观察。

输入动物产品和其他检疫物经检疫不合格的，由口岸动植物检疫机关签发《检疫处理通知单》，通知货主或者其代理人作除害、退回或者销毁处理。经除害处理合格的，准予进境。

第十七条 输入植物、植物产品和其他检疫物，经检疫发现有植物危险性病、虫、杂草的，由口岸动植物检疫机关签发《检疫处理通知单》，通知货主或者其代理人作除害、退回或者销毁处理。经除害处理合格的，准予进境。

第十八条 本法第十六条第一款第一项、第二项所称一类、二类动物传染病、寄生虫病的名录和本法第十七条所称植物危险性病、虫、杂草的名录，由国务院农业行政主管部门制定并公布。

第十九条 输入动植物、动植物产品和其他检疫物，经检疫发现有本法第十八条规定的名录之外，对农、林、牧、渔业有严重危害的其他病虫害的，由口岸动植物检疫机关依照国务院农业行政主管部门的规定，通知货主或者其代理人作除害、退回或者销毁处理。经除害处理合格的，准予进境。

第三章　出境检疫

第二十条 货主或者其代理人在动植物、动植物产品和其他检疫物出境前，向口岸动植物检疫机关报检。

出境前需经隔离检疫的动物，在口岸动植物检疫机关指定的隔离场所检疫。

第二十一条　输出动植物、动植物产品和其他检疫物，由口岸动植物检疫机关实施检疫，经检疫合格或者经除害处理合格的，准予出境；海关凭口岸动植物检疫机关签发的检疫证书或者在报关单上加盖的印章验放。检疫不合格又无有效方法作除害处理的，不准出境。

第二十二条　经检疫合格的动植物、动植物产品和其他检疫物，有下列情形之一的，货主或者其代理人应当重新报检：

（一）更改输入国家或者地区，更改后的输入国家或者地区又有不同检疫要求的；

（二）改换包装或者原未拼装后来拼装的；

（三）超过检疫规定有效期限的。

第四章　过境检疫

第二十三条　要求运输动物过境的，必须事先商得中国国家动植物检疫机关同意，并按照指定的口岸和路线过境。

装载过境动物的运输工具、装载容器、饲料和铺垫材料，必须符合中国动植物检疫的规定。

第二十四条　运输动植物、动植物产品和其他检疫物过境的，由承运人或者押运人持货运单和输出国家或者地区政府动植物检疫机关出具的检疫证书，在进境时向口岸动植物检疫机关报检，出境口岸不再检疫。

第二十五条　过境的动物经检疫合格的，准予过境；发现有本法第十八条规定的名录所列的动物传染病、寄生虫病的，全群动物不准过境。

过境动物的饲料受病虫害污染的，作除害、不准过境或者销毁处理。

过境的动物的尸体、排泄物、铺垫材料及其他废弃物，必须按照动植物检疫机关的规定处理，不得擅自抛弃。

第二十六条　对过境植物、动植物产品和其他检疫物，口岸动植物检疫机关检查运输工具或者包装，经检疫合格的，准予过境；发现有本法第十八条规定的名录所列的病虫害的，作除害处理或者不准过境。

第二十七条　动植物、动植物产品和其他检疫物过境期间，未经动植物检疫机关批准，不得开拆包装或者卸离运输工具。

第五章　携带、邮寄物检疫

第二十八条　携带、邮寄植物种子、种苗及其他繁殖材料进境的,必须事先提出申请,办理检疫审批手续。

第二十九条　禁止携带、邮寄进境的动植物、动植物产品和其他检疫物的名录,由国务院农业行政主管部门制定并公布。

携带、邮寄前款规定的名录所列的动植物、动植物产品和其他检疫物进境的,作退回或者销毁处理。

第三十条　携带本法第二十九条规定的名录以外的动植物、动植物产品和其他检疫物进境的,在进境时向海关申报并接受口岸动植物检疫机关检疫。

携带动物进境的,必须持有输出国家或者地区的检疫证书等证件。

第三十一条　邮寄本法第二十九条规定的名录以外的动植物、动植物产品和其他检疫物进境的,由口岸动植物检疫机关在国际邮件互换局实施检疫,必要时可以取回口岸动植物检疫机关检疫;未经检疫不得运递。

第三十二条　邮寄进境的动植物、动植物产品和其他检疫物,经检疫或者除害处理合格后放行;经检疫不合格又无有效方法作除害处理的,作退回或者销毁处理,并签发《检疫处理通知单》。

第三十三条　携带、邮寄出境的动植物、动植物产品和其他检疫物,物主有检疫要求的,由口岸动植物检疫机关实施检疫。

第六章　运输工具检疫

第三十四条　来自动植物疫区的船舶、飞机、火车抵达口岸时,由口岸动植物检疫机关实施检疫。发现有本法第十八条规定的名录所列的病虫害的,作不准带离运输工具、除害、封存或者销毁处理。

第三十五条　进境的车辆,由口岸动植物检疫机关作防疫消毒处理。

第三十六条　进出境运输工具上的泔水、动植物性废弃物,依照口岸动植物检疫机关的规定处理,不得擅自抛弃。

第三十七条　装载出境的动植物、动植物产品和其他检疫物的运输工具,应当符合动植物检疫和防疫的规定。

第三十八条　进境供拆船用的废旧船舶,由口岸动植物检疫机关实施检疫,发现有本法第十八条规定的名录所列的病虫害的,作除害处理。

第七章　法律责任

第三十九条　违反本法规定,有下列行为之一的,由口岸动植物检疫机关处以罚款:

(一)未报检或者未依法办理检疫审批手续的;

(二)未经口岸动植物检疫机关许可擅自将进境动植物、动植物产品或者其他检疫物卸离运输工具或者运递的;

(三)擅自调离或者处理在口岸动植物检疫机关指定的隔离场所中隔离检疫的动植物的。

第四十条　报检的动植物、动植物产品或者其他检疫物与实际不符的,由口岸动植物检疫机关处以罚款;已取得检疫单证的,予以吊销。

第四十一条　违反本法规定,擅自开拆过境动植物、动植物产品或者其他检疫物的包装的,擅自将过境动植物、动植物产品或者其他检疫物卸离运输工具的,擅自抛弃过境动物的尸体、排泄物、铺垫材料或者其他废弃物的,由动植物检疫机关处以罚款。

第四十二条　违反本法规定,引起重大动植物疫情的,比照刑法第一百七十八条的规定追究刑事责任。

第四十三条　伪造、变造检疫单证、印章、标志、封识,依照刑法第一百六十七条的规定追究刑事责任。

第四十四条　当事人对动植物检疫机关的处罚决定不服的,可以在接到处罚通知之日起十五日内向作出处罚决定的机关的上一级机关申请复议;当事人也可以在接到处罚通知之日起十五日内直接向人民法院起诉。

复议机关应当在接到复议申请之日起六十日内作出复议决定。当事人对复议决定不服的,可以在接到复议决定之日起十五日内向人民法院起诉。复议机关逾期不作出复议决定的,当事人可以在复议期满之日起十五日内向人民法院起诉。

当事人逾期不申请复议也不向人民法院起诉、又不履行处罚决定的,作出处罚决定的机关可以申请人民法院强制执行。

第四十五条　动植物检疫机关检疫人员滥用职权,徇私舞弊,伪造检疫结果,或者玩忽职守,延误检疫出证,构成犯罪的,依法追究刑事责任;不构成犯罪的,给予行政处分。

第八章 附　则

第四十六条　本法下列用语的含义是:

(一)"动物"是指饲养、野生的活动物,如畜、禽、兽、蛇、龟、鱼、虾、蟹、贝、蚕、蜂等;

(二)"动物产品"是指来源于动物未经加工或者虽经加工但仍有可能传播疫病的产品,如生皮张、毛类、肉类、脏器、油脂、动物水产品、奶制品、蛋类、血液、精液、胚胎、骨、蹄、角等;

(三)"植物"是指栽培植物、野生植物及其种子、种苗及其他繁殖材料等;

(四)"植物产品"是指来源于植物未经加工或者虽经加工但仍有可能传播病虫害的产品,如粮食、豆、棉花、油、麻、烟草、籽仁、干果、鲜果、蔬菜、生药材、木材、饲料等;

(五)"其他检疫物"是指动物疫苗、血清、诊断液、动植物性废弃物等。

第四十七条　中华人民共和国缔结或者参加的有关动植物检疫的国际条约与本法有不同规定的,适用该国际条约的规定。但是,中华人民共和国声明保留的条款除外。

第四十八条　口岸动植物检疫机关实施检疫依照规定收费。收费办法由国务院农业行政主管部门会同国务院物价等有关主管部门制定。

第四十九条　国务院根据本法制定实施条例。

第五十条　本法自一九九二年四月一日起施行。一九八二年六月四日国务院发布的《中华人民共和国进出口动植物检疫条例》同时废止。

附录四：《重大动物疫情应急条例》

中华人民共和国国务院令

第 450 号

《重大动物疫情应急条例》已经 2005 年 11 月 16 日国务院第 113 次常务会议通过，现予公布，自公布之日起施行。

总理　温家宝

二○○五年十一月十八日

重大动物疫情应急条例

第一章　总　　则

第一条　为了迅速控制、扑灭重大动物疫情，保障养殖业生产安全，保护公众身体健康与生命安全，维护正常的社会秩序，根据《中华人民共和国动物防疫法》，制定本条例。

第二条　本条例所称重大动物疫情，是指高致病性禽流感等发病率或者死亡率高的动物疫病突然发生，迅速传播，给养殖业生产安全造成严重威胁、危害，以及可能对公众身体健康与生命安全造成危害的情形，包括特别重大动物疫情。

第三条　重大动物疫情应急工作应当坚持加强领导、密切配合，依靠科学、依法防治、群防群控、果断处置的方针，及时发现，快速反应，严格处理，减少损失。

第四条 重大动物疫情应急工作按照属地管理的原则,实行政府统一领导、部门分工负责,逐级建立责任制。

县级以上人民政府兽医主管部门具体负责组织重大动物疫情的监测、调查、控制、扑灭等应急工作。

县级以上人民政府林业主管部门、兽医主管部门按照职责分工,加强对陆生野生动物疫源疫病的监测。

县级以上人民政府其他有关部门在各自的职责范围内,做好重大动物疫情的应急工作。

第五条 出入境检验检疫机关应当及时收集境外重大动物疫情信息,加强进出境动物及其产品的检验检疫工作,防止动物疫病传入和传出。兽医主管部门要及时向出入境检验检疫机关通报国内重大动物疫情。

第六条 国家鼓励、支持开展重大动物疫情监测、预防、应急处理等有关技术的科学研究和国际交流与合作。

第七条 县级以上人民政府应当对参加重大动物疫情应急处理的人员给予适当补助,对作出贡献的人员给予表彰和奖励。

第八条 对不履行或者不按照规定履行重大动物疫情应急处理职责的行为,任何单位和个人有权检举控告。

第二章 应急准备

第九条 国务院兽医主管部门应当制定全国重大动物疫情应急预案,报国务院批准,并按照不同动物疫病病种及其流行特点和危害程度,分别制定实施方案,报国务院备案。

县级以上地方人民政府根据本地区的实际情况,制定本行政区域的重大动物疫情应急预案,报上一级人民政府兽医主管部门备案。县级以上地方人民政府兽医主管部门,应当按照不同动物疫病病种及其流行特点和危害程度,分别制定实施方案。

重大动物疫情应急预案及其实施方案应当根据疫情的发展变化和实施情况,及时修改、完善。

第十条 重大动物疫情应急预案主要包括下列内容:

(一)应急指挥部的职责、组成以及成员单位的分工;

(二)重大动物疫情的监测、信息收集、报告和通报;

(三)动物疫病的确认、重大动物疫情的分级和相应的应急处理工作方案;

(四)重大动物疫情疫源的追踪和流行病学调查分析;

(五)预防、控制、扑灭重大动物疫情所需资金的来源、物资和技术的储备与调度;

(六)重大动物疫情应急处理设施和专业队伍建设。

第十一条 国务院有关部门和县级以上地方人民政府及其有关部门,应当根据重大动物疫情应急预案的要求,确保应急处理所需的疫苗、**药品**、设施设备和防护用品等物资的储备。

第十二条 县级以上人民政府应当建立和完善重大动物疫情监测网络和预防控制体系,加强动物防疫基础设施和乡镇动物防疫组织建设,并保证其正常运行,提高对重大动物疫情的应急处理能力。

第十三条 县级以上地方人民政府根据重大动物疫情应急需要,可以成立应急预备队,在重大动物疫情应急指挥部的指挥下,具体承担疫情的控制和扑灭任务。

应急预备队由当地兽医行政管理人员、动物防疫工作人员、有关专家、执业兽医等组成;必要时,可以组织动员社会上有一定专业知识的人员参加。公安机关、中国人民武装警察部队应当依法协助其执行任务。

应急预备队应当定期进行技术培训和应急演练。

第十四条 县级以上人民政府及其兽医主管部门应当加强对重大动物疫情应急知识和重大动物疫病科普知识的宣传,增强全社会的重大动物疫情防范意识。

第三章 监测、报告和公布

第十五条 动物防疫监督机构负责重大动物疫情的监测,饲养、经营动物和生产、经营动物产品的单位和个人应当配合,不得拒绝和阻碍。

第十六条 从事动物隔离、疫情监测、疫病研究与诊疗、检验检疫以及动物饲养、屠宰加工、运输、经营等活动的有关单位和个人,发现动物出现群体发病或者死亡的,应当立即向所在地的县(市)动物防疫监督机构报告。

第十七条　县(市)动物防疫监督机构接到报告后,应当立即赶赴现场调查核实。初步认为属于重大动物疫情的,应当在 2 小时内将情况逐级报省、自治区、直辖市动物防疫监督机构,并同时报所在地人民政府兽医主管部门;兽医主管部门应当及时通报同级卫生主管部门。

省、自治区、直辖市动物防疫监督机构应当在接到报告后 1 小时内,向省、自治区、直辖市人民政府兽医主管部门和国务院兽医主管部门所属的动物防疫监督机构报告。

省、自治区、直辖市人民政府兽医主管部门应当在接到报告后 1 小时内报本级人民政府和国务院兽医主管部门。

重大动物疫情发生后,省、自治区、直辖市人民政府和国务院兽医主管部门应当在 4 小时内向国务院报告。

第十八条　重大动物疫情报告包括下列内容:

(一)疫情发生的时间、地点;

(二)染疫、疑似染疫动物种类和数量、同群动物数量、免疫情况、死亡数量、临床症状、病理变化、诊断情况;

(三)流行病学和疫源追踪情况;

(四)已采取的控制措施;

(五)疫情报告的单位、负责人、报告人及联系方式。

第十九条　重大动物疫情由省、自治区、直辖市人民政府兽医主管部门认定;必要时,由国务院兽医主管部门认定。

第二十条　重大动物疫情由国务院兽医主管部门按照国家规定的程序,及时准确公布;其他任何单位和个人不得公布重大动物疫情。

第二十一条　重大动物疫病应当由动物防疫监督机构采集病料,未经国务院兽医主管部门或者省、自治区、直辖市人民政府兽医主管部门批准,其他单位和个人不得擅自采集病料。

从事重大动物疫病病原分离的,应当遵守国家有关生物安全管理规定,防止病原扩散。

第二十二条　国务院兽医主管部门应当及时向国务院有关部门和军队有关部门以及各省、自治区、直辖市人民政府兽医主管部门通报重大动物疫情的发生和处理情况。

第二十三条 发生重大动物疫情可能感染人群时,卫生主管部门应当对疫区内易受感染的人群进行监测,并采取相应的预防、控制措施。卫生主管部门和兽医主管部门应当及时相互通报情况。

第二十四条 有关单位和个人对重大动物疫情不得瞒报、谎报、迟报,不得授意他人瞒报、谎报、迟报,不得阻碍他人报告。

第二十五条 在重大动物疫情报告期间,有关动物防疫监督机构应当立即采取临时隔离控制措施;必要时,当地县级以上地方人民政府可以作出封锁决定并采取扑杀、销毁等措施。有关单位和个人应当执行。

第四章 应急处理

第二十六条 重大动物疫情发生后,国务院和有关地方人民政府设立的重大动物疫情应急指挥部统一领导、指挥重大动物疫情应急工作。

第二十七条 重大动物疫情发生后,县级以上地方人民政府兽医主管部门应当立即划定疫点、疫区和受威胁区,调查疫源,向本级人民政府提出启动重大动物疫情应急指挥系统、应急预案和对疫区实行封锁的建议,有关人民政府应当立即作出决定。

疫点、疫区和受威胁区的范围应当按照不同动物疫病病种及其流行特点和危害程度划定,具体划定标准由国务院兽医主管部门制定。

第二十八条 国家对重大动物疫情应急处理实行分级管理,按照应急预案确定的疫情等级,由有关人民政府采取相应的应急控制措施。

第二十九条 对疫点应当采取下列措施:

(一)扑杀并销毁染疫动物和易感染的动物及其产品;

(二)对病死的动物、动物排泄物、被污染饲料、垫料、污水进行无害化处理;

(三)对被污染的物品、用具、动物圈舍、场地进行严格消毒。

第三十条 对疫区应当采取下列措施:

(一)在疫区周围设置警示标志,在出入疫区的交通路口设置临时动物检疫消毒站,对出入的人员和车辆进行消毒;

(二)扑杀并销毁染疫和疑似染疫动物及其同群动物,销毁染疫和疑似染疫的动物产品,对其他易感染的动物实行圈养或者在指定地点放养,役用动物限制在疫区内使役;

（三）对易感染的动物进行监测，并按照国务院兽医主管部门的规定实施紧急免疫接种，必要时对易感染的动物进行扑杀；

（四）关闭动物及动物产品交易市场，禁止动物进出疫区和动物产品运出疫区；

（五）对动物圈舍、动物排泄物、垫料、污水和其他可能受污染的物品、场地，进行消毒或者无害化处理。

第三十一条 对受威胁区应当采取下列措施：

（一）对易感染的动物进行监测；

（二）对易感染的动物根据需要实施紧急免疫接种。

第三十二条 重大动物疫情应急处理中设置临时动物检疫消毒站以及采取隔离、扑杀、销毁、消毒、紧急免疫接种等控制、扑灭措施的，由有关重大动物疫情应急指挥部决定，有关单位和个人必须服从；拒不服从的，由公安机关协助执行。

第三十三条 国家对疫区、受威胁区内易感染的动物免费实施紧急免疫接种；对因采取扑杀、销毁等措施给当事人造成的已经证实的损失，给予合理补偿。紧急免疫接种和补偿所需费用，由中央财政和地方财政分担。

第三十四条 重大动物疫情应急指挥部根据应急处理需要，有权紧急调集人员、物资、运输工具以及相关设施、设备。

单位和个人的物资、运输工具以及相关设施、设备被征集使用的，有关人民政府应当及时归还并给予合理补偿。

第三十五条 重大动物疫情发生后，县级以上人民政府兽医主管部门应当及时提出疫点、疫区、受威胁区的处理方案，加强疫情监测、流行病学调查、疫源追踪工作，对染疫和疑似染疫动物及其同群动物和其他易感染动物的扑杀、销毁进行技术指导，并组织实施检验检疫、消毒、无害化处理和紧急免疫接种。

第三十六条 重大动物疫情应急处理中，县级以上人民政府有关部门应当在各自的职责范围内，做好重大动物疫情应急所需的物资紧急调度和运输、应急经费安排、疫区群众救济、人的疫病防治、肉食品供应、动物及其产品市场监管、出入境检验检疫和社会治安维护等工作。

中国人民解放军、中国人民武装警察部队应当支持配合驻地人民政府做好重大动物疫情的应急工作。

第三十七条 重大动物疫情应急处理中，乡镇人民政府、村民委员会、居民委员会应当组织力量，向村民、居民宣传动物疫病防治的相关知识，协助做好疫情信息的收集、报告和各项应急处理措施的落实工作。

第三十八条 重大动物疫情发生地的人民政府和毗邻地区的人民政府应当通力合作，相互配合，做好重大动物疫情的控制、扑灭工作。

第三十九条 有关人民政府及其有关部门对参加重大动物疫情应急处理的人员，应当采取必要的卫生防护和技术指导等措施。

第四十条 自疫区内最后一头（只）发病动物及其同群动物处理完毕起，经过一个潜伏期以上的监测，未出现新的病例的，彻底消毒后，经上一级动物防疫监督机构验收合格，由原发布封锁令的人民政府宣布解除封锁，撤销疫区；由原批准机关撤销在该疫区设立的临时动物检疫消毒站。

第四十一条 县级以上人民政府应当将重大动物疫情确认、疫区封锁、扑杀及其补偿、消毒、无害化处理、疫源追踪、疫情监测以及应急物资储备等应急经费列入本级财政预算。

第五章 法律责任

第四十二条 违反本条例规定，兽医主管部门及其所属的动物防疫监督机构有下列行为之一的，由本级人民政府或者上级人民政府有关部门责令立即改正、通报批评、给予警告；对主要负责人、负有责任的主管人员和其他责任人员，依法给予记大过、降级、撤职直至开除的行政处分；构成犯罪的，依法追究刑事责任：

（一）不履行疫情报告职责，瞒报、谎报、迟报或者授意他人瞒报、谎报、迟报，阻碍他人报告重大动物疫情的；

（二）在重大动物疫情报告期间，不采取临时隔离控制措施，导致动物疫情扩散的；

（三）不及时划定疫点、疫区和受威胁区，不及时向本级人民政府提出应急处理建议，或者不按照规定对疫点、疫区和受威胁区采取预防、控制、扑灭措施的；

（四）不向本级人民政府提出启动应急指挥系统、应急预案和对疫区的封锁建议的；

（五）对动物扑杀、销毁不进行技术指导或者指导不力，或者不组织实施

检验检疫、消毒、无害化处理和紧急免疫接种的;

(六)其他不履行本条例规定的职责,导致动物疫病传播、流行,或者对养殖业生产安全和公众身体健康与生命安全造成严重危害的。

第四十三条 违反本条例规定,县级以上人民政府有关部门不履行应急处理职责,不执行对疫点、疫区和受威胁区采取的措施,或者对上级人民政府有关部门的疫情调查不予配合或者阻碍、拒绝的,由本级人民政府或者上级人民政府有关部门责令立即改正、通报批评、给予警告;对主要负责人、负有责任的主管人员和其他责任人员,依法给予记大过、降级、撤职直至开除的行政处分;构成犯罪的,依法追究刑事责任。

第四十四条 违反本条例规定,有关地方人民政府阻碍报告重大动物疫情,不履行应急处理职责,不按照规定对疫点、疫区和受威胁区采取预防、控制、扑灭措施,或者对上级人民政府有关部门的疫情调查不予配合或者阻碍、拒绝的,由上级人民政府责令立即改正、通报批评、给予警告;对政府主要领导人依法给予记大过、降级、撤职直至开除的行政处分;构成犯罪的,依法追究刑事责任。

第四十五条 截留、挪用重大动物疫情应急经费,或者侵占、挪用应急储备物资的,按照《财政违法行为处罚处分条例》的规定处理;构成犯罪的,依法追究刑事责任。

第四十六条 违反本条例规定,拒绝、阻碍动物防疫监督机构进行重大动物疫情监测,或者发现动物出现群体发病或者死亡,不向当地动物防疫监督机构报告的,由动物防疫监督机构给予警告,并处 2000 元以上 5000 元以下的罚款;构成犯罪的,依法追究刑事责任。

第四十七条 违反本条例规定,擅自采集重大动物疫病病料,或者在重大动物疫病病原分离时不遵守国家有关生物安全管理规定的,由动物防疫监督机构给予警告,并处 5000 元以下的罚款;构成犯罪的,依法追究刑事责任。

第四十八条 在重大动物疫情发生期间,哄抬物价、欺骗消费者,散布谣言、扰乱社会秩序和市场秩序的,由价格主管部门、工商行政管理部门或者公安机关依法给予行政处罚;构成犯罪的,依法追究刑事责任。

第六章 附 则

第四十九条 本条例自公布之日起施行。

附录五:《重大动物疫情应急预案》

国家突发重大动物疫情应急预案

1 总　　则

1.1　编制目的

及时、有效地预防、控制和扑灭突发重大动物疫情,最大程度地减轻突发重大动物疫情对畜牧业及公众健康造成的危害,保持经济持续稳定健康发展,保障人民身体健康安全。

1.2　编制依据

依据《中华人民共和国动物防疫法》、《中华人民共和国进出境动植物检疫法》和《国家突发公共事件总体应急预案》,制定本预案。

1.3　突发重大动物疫情分级

根据突发重大动物疫情的性质、危害程度、涉及范围,将突发重大动物疫情划分为特别重大(Ⅰ级)、重大(Ⅱ级)、较大(Ⅲ级)和一般(Ⅳ级)四级。

1.4　适用范围

本预案适用于突然发生,造成或者可能造成畜牧业生产严重损失和社会公众健康严重损害的重大动物疫情的应急处理工作。

1.5　工作原则

(1)统一领导,分级管理。各级人民政府统一领导和指挥突发重大动物疫情应急处理工作;疫情应急处理工作实行属地管理;地方各级人民政府负责扑灭本行政区域内的突发重大动物疫情,各有关部门按照预案规定,在各自的职责范围内做好疫情应急处理的有关工作。根据突发重大动物疫情的范围、性质和危害程度,对突发重大动物疫情实行分级管理。

（2）快速反应，高效运转。各级人民政府和兽医行政管理部门要依照有关法律、法规，建立和完善突发重大动物疫情应急体系、应急反应机制和应急处置制度，提高突发重大动物疫情应急处理能力；发生突发重大动物疫情时，各级人民政府要迅速作出反应，采取果断措施，及时控制和扑灭突发重大动物疫情。

（3）预防为主，群防群控。贯彻预防为主的方针，加强防疫知识的宣传，提高全社会防范突发重大动物疫情的意识；落实各项防范措施，做好人员、技术、物资和设备的应急储备工作，并根据需要定期开展技术培训和应急演练；开展疫情监测和预警预报，对各类可能引发突发重大动物疫情的情况要及时分析、预警，做到疫情早发现、快行动、严处理。突发重大动物疫情应急处理工作要依靠群众，全民防疫，动员一切资源，做到群防群控。

2　应急组织体系及职责

2.1　应急指挥机构

农业部在国务院统一领导下，负责组织、协调全国突发重大动物疫情应急处理工作。

县级以上地方人民政府兽医行政管理部门在本级人民政府统一领导下，负责组织、协调本行政区域内突发重大动物疫情应急处理工作。

国务院和县级以上地方人民政府根据本级人民政府兽医行政管理部门的建议和实际工作需要，决定是否成立全国和地方应急指挥部。

2.1.1　全国突发重大动物疫情应急指挥部的职责

国务院主管领导担任全国突发重大动物疫情应急指挥部总指挥，国务院办公厅负责同志、农业部部长担任副总指挥，全国突发重大动物疫情应急指挥部负责对特别重大突发动物疫情应急处理的统一领导、统一指挥，作出处理突发重大动物疫情的重大决策。指挥部成员单位根据突发重大动物疫情的性质和应急处理的需要确定。

指挥部下设办公室，设在农业部。负责按照指挥部要求，具体制定防治政策，部署扑灭重大动物疫情工作，并督促各地各有关部门按要求落实各项防治措施。

2.1.2　省级突发重大动物疫情应急指挥部的职责

省级突发重大动物疫情应急指挥部由省级人民政府有关部门组成，省级人民政府主管领导担任总指挥。省级突发重大动物疫情应急指挥部统一负责对本行政区域内突发重大动物疫情应急处理的指挥，作出处理本行政区域内突发重大动物疫情的决策，决定要采取的措施。

2.2　日常管理机构

农业部负责全国突发重大动物疫情应急处理的日常管理工作。

省级人民政府兽医行政管理部门负责本行政区域内突发重大动物疫情应急的协调、管理工作。

市(地)级、县级人民政府兽医行政管理部门负责本行政区域内突发重大动物疫情应急处置的日常管理工作。

2.3　专家委员会

农业部和省级人民政府兽医行政管理部门组建突发重大动物疫情专家委员会。

市(地)级和县级人民政府兽医行政管理部门可根据需要，组建突发重大动物疫情应急处理专家委员会。

2.4　应急处理机构

2.4.1 动物防疫监督机构：主要负责突发重大动物疫情报告，现场流行病学调查，开展现场临床诊断和实验室检测，加强疫病监测，对封锁、隔离、紧急免疫、扑杀、无害化处理、消毒等措施的实施进行指导、落实和监督。

2.4.2 出入境检验检疫机构：负责加强对出入境动物及动物产品的检验检疫、疫情报告、消毒处理、流行病学调查和宣传教育等。

3　突发重大动物疫情的监测、预警与报告

3.1　监测

国家建立突发重大动物疫情监测、报告网络体系。农业部和地方各级人民政府兽医行政管理部门要加强对监测工作的管理和监督，保证监测质量。

3.2　预警

各级人民政府兽医行政管理部门根据动物防疫监督机构提供的监测信息，按照重大动物疫情的发生、发展规律和特点，分析其危害程度、可能的发展

趋势,及时做出相应级别的预警,依次用红色、橙色、黄色和蓝色表示特别严重、严重、较重和一般四个预警级别。

3.3　报告

任何单位和个人有权向各级人民政府及其有关部门报告突发重大动物疫情及其隐患,有权向上级政府部门举报不履行或者不按照规定履行突发重大动物疫情应急处理职责的部门、单位及个人。

3.3.1　责任报告单位和责任报告人

(1)责任报告单位

a.县级以上地方人民政府所属动物防疫监督机构;

b.各动物疫病国家参考实验室和相关科研院校;

c.出入境检验检疫机构;

d.兽医行政管理部门;

e.县级以上地方人民政府;

f.有关动物饲养、经营和动物产品生产、经营的单位,各类动物诊疗机构等相关单位。

(2)责任报告人

执行职务的各级动物防疫监督机构、出入境检验检疫机构的兽医人员;各类动物诊疗机构的兽医;饲养、经营动物和生产、经营动物产品的人员。

3.3.2　报告形式

各级动物防疫监督机构应按国家有关规定报告疫情;其他责任报告单位和个人以电话或书面形式报告。

3.3.3　报告时限和程序

发现可疑动物疫情时,必须立即向当地县(市)动物防疫监督机构报告。县(市)动物防疫监督机构接到报告后,应当立即赶赴现场诊断,必要时可请省级动物防疫监督机构派人协助进行诊断,认定为疑似重大动物疫情的,应当在2小时内将疫情逐级报至省级动物防疫监督机构,并同时报所在地人民政府兽医行政管理部门。省级动物防疫监督机构应当在接到报告后1小时内,向省级兽医行政管理部门和农业部报告。省级兽医行政管理部门应当在接到报告后的1小时内报省级人民政府。特别重大、重大动物疫情发生后,省级人民政府、农业部应当在4小时内向国务院报告。

认定为疑似重大动物疫情的应立即按要求采集病料样品送省级动物防疫监督机构实验室确诊,省级动物防疫监督机构不能确诊的,送国家参考实验室确诊。确诊结果应立即报农业部,并抄送省级兽医行政管理部门。

3.3.4 报告内容

疫情发生的时间、地点、发病的动物种类和品种、动物来源、临床症状、发病数量、死亡数量、是否有人员感染、已采取的控制措施、疫情报告的单位和个人、联系方式等。

4 突发重大动物疫情的应急响应和终止

4.1 应急响应的原则

发生突发重大动物疫情时,事发地的县级、市(地)级、省级人民政府及其有关部门按照分级响应的原则作出应急响应。同时,要遵循突发重大动物疫情发生发展的客观规律,结合实际情况和预防控制工作的需要,及时调整预警和响应级别。要根据不同动物疫病的性质和特点,注重分析疫情的发展趋势,对势态和影响不断扩大的疫情,应及时升级预警和响应级别;对范围局限、不会进一步扩散的疫情,应相应降低响应级别,及时撤销预警。

突发重大动物疫情应急处理要采取边调查、边处理、边核实的方式,有效控制疫情发展。

未发生突发重大动物疫情的地方,当地人民政府兽医行政管理部门接到疫情通报后,要组织做好人员、物资等应急准备工作,采取必要的预防控制措施,防止突发重大动物疫情在本行政区域内发生,并服从上一级人民政府兽医行政管理部门的统一指挥,支援突发重大动物疫情发生地的应急处理工作。

4.2 应急响应

4.2.1 特别重大突发动物疫情(Ⅰ级)的应急响应

确认特别重大突发动物疫情后,按程序启动本预案。

(1)县级以上地方各级人民政府

a.组织协调有关部门参与突发重大动物疫情的处理。

b.根据突发重大动物疫情处理需要,调集本行政区域内各类人员、物资、交通工具和相关设施、设备参加应急处理工作。

c.发布封锁令,对疫区实施封锁。

d.在本行政区域内采取限制或者停止动物及动物产品交易、扑杀染疫或相关动物,临时征用房屋、场所、交通工具;封闭被动物疫病病原体污染的公共饮用水源等紧急措施。

e.组织铁路、交通、民航、质检等部门依法在交通站点设置临时动物防疫监督检查站,对进出疫区、出入境的交通工具进行检查和消毒。

f.按国家规定做好信息发布工作。

g.组织乡镇、街道、社区以及居委会、村委会,开展群防群控。

h.组织有关部门保障商品供应,平抑物价,严厉打击造谣传谣、制假售假等违法犯罪和扰乱社会治安的行为,维护社会稳定。

必要时,可请求中央予以支持,保证应急处理工作顺利进行。

(2)兽医行政管理部门

a.组织动物防疫监督机构开展突发重大动物疫情的调查与处理;划定疫点、疫区、受威胁区。

b.组织突发重大动物疫情专家委员会对突发重大动物疫情进行评估,提出启动突发重大动物疫情应急响应的级别。

c.根据需要组织开展紧急免疫和预防用药。

d.县级以上人民政府兽医行政管理部门负责对本行政区域内应急处理工作的督导和检查。

e.对新发现的动物疫病,及时按照国家规定,开展有关技术标准和规范的培训工作。

f.有针对性地开展动物防疫知识宣教,提高群众防控意识和自我防护能力。

g.组织专家对突发重大动物疫情的处理情况进行综合评估。

(3)动物防疫监督机构

a.县级以上动物防疫监督机构做好突发重大动物疫情的信息收集、报告与分析工作。

b.组织疫病诊断和流行病学调查。

c.按规定采集病料,送省级实验室或国家参考实验室确诊。

d.承担突发重大动物疫情应急处理人员的技术培训。

(4)出入境检验检疫机构

　　a.境外发生重大动物疫情时,会同有关部门停止从疫区国家或地区输入相关动物及其产品;加强对来自疫区运输工具的检疫和防疫消毒;参与打击非法走私入境动物或动物产品等违法活动。

　　b.境内发生重大动物疫情时,加强出口货物的查验,会同有关部门停止疫区和受威胁区的相关动物及其产品的出口;暂停使用位于疫区内的依法设立的出入境相关动物临时隔离检疫场。

　　c.出入境检验检疫工作中发现重大动物疫情或者疑似重大动物疫情时,立即向当地兽医行政管理部门报告,并协助当地动物防疫监督机构做好疫情控制和扑灭工作。

　　4.2.2　重大突发动物疫情(Ⅱ级)的应急响应

　　确认重大突发动物疫情后,按程序启动省级疫情应急响应机制。

　　(1)省级人民政府

　　省级人民政府根据省级人民政府兽医行政管理部门的建议,启动应急预案,统一领导和指挥本行政区域内突发重大动物疫情应急处理工作。组织有关部门和人员扑疫;紧急调集各种应急处理物资、交通工具和相关设施设备;发布或督导发布封锁令,对疫区实施封锁;依法设置临时动物防疫监督检查站查堵疫源;限制或停止动物及动物产品交易、扑杀染疫或相关动物;封锁被动物疫源污染的公共饮用水源等;按国家规定做好信息发布工作;组织乡镇、街道、社区及居委会、村委会,开展群防群控;组织有关部门保障商品供应,平抑物价,维护社会稳定。必要时,可请求中央予以支持,保证应急处理工作顺利进行。

　　(2)省级人民政府兽医行政管理部门

　　重大突发动物疫情确认后,向农业部报告疫情。必要时,提出省级人民政府启动应急预案的建议。同时,迅速组织有关单位开展疫情应急处置工作。组织开展突发重大动物疫情的调查与处理;划定疫点、疫区、受威胁区;组织对突发重大动物疫情应急处理的评估;负责对本行政区域内应急处理工作的督导和检查;开展有关技术培训工作;有针对性地开展动物防疫知识宣教,提高群众防控意识和自我防护能力。

　　(3)省级以下地方人民政府

　　疫情发生地人民政府及有关部门在省级人民政府或省级突发重大动物疫情应急指挥部的统一指挥下,按照要求认真履行职责,落实有关控制措施。具体组织实施突发重大动物疫情应急处理工作。

（4）农业部

加强对省级兽医行政管理部门应急处理突发重大动物疫情工作的督导，根据需要组织有关专家协助疫情应急处置；并及时向有关省份通报情况。必要时，建议国务院协调有关部门给予必要的技术和物资支持。

4.2.3　较大突发动物疫情（Ⅲ级）的应急响应

（1）市（地）级人民政府

市（地）级人民政府根据本级人民政府兽医行政管理部门的建议，启动应急预案，采取相应的综合应急措施。必要时，可向上级人民政府申请资金、物资和技术援助。

（2）市（地）级人民政府兽医行政管理部门

对较大突发动物疫情进行确认，并按照规定向当地人民政府、省级兽医行政管理部门和农业部报告调查处理情况。

（3）省级人民政府兽医行政管理部门

省级兽医行政管理部门要加强对疫情发生地疫情应急处理工作的督导，及时组织专家对地方疫情应急处理工作提供技术指导和支持，并向本省有关地区发出通报，及时采取预防控制措施，防止疫情扩散蔓延。

4.2.4　一般突发动物疫情（Ⅳ级）的应急响应

县级地方人民政府根据本级人民政府兽医行政管理部门的建议，启动应急预案，组织有关部门开展疫情应急处置工作。

县级人民政府兽医行政管理部门对一般突发重大动物疫情进行确认，并按照规定向本级人民政府和上一级兽医行政管理部门报告。

市（地）级人民政府兽医行政管理部门应组织专家对疫情应急处理进行技术指导。

省级人民政府兽医行政管理部门应根据需要提供技术支持。

4.2.5　非突发重大动物疫情发生地区的应急响应

应根据发生疫情地区的疫情性质、特点、发生区域和发展趋势，分析本地区受波及的可能性和程度，重点做好以下工作：

（1）密切保持与疫情发生地的联系，及时获取相关信息。

（2）组织做好本区域应急处理所需的人员与物资准备。

（3）开展对养殖、运输、屠宰和市场环节的动物疫情监测和防控工作，防止疫病的发生、传入和扩散。

（4）开展动物防疫知识宣传，提高公众防护能力和意识。

（5）按规定做好公路、铁路、航空、水运交通的检疫监督工作。

4.3　应急处理人员的安全防护

要确保参与疫情应急处理人员的安全。针对不同的重大动物疫病，特别是一些重大人畜共患病，应急处理人员还应采取特殊的防护措施。

4.4　突发重大动物疫情应急响应的终止

突发重大动物疫情应急响应的终止需符合以下条件：疫区内所有的动物及其产品按规定处理后，经过该疫病的至少一个最长潜伏期无新的病例出现。

特别重大突发动物疫情由农业部对疫情控制情况进行评估，提出终止应急措施的建议，按程序报批宣布。

重大突发动物疫情由省级人民政府兽医行政管理部门对疫情控制情况进行评估，提出终止应急措施的建议，按程序报批宣布，并向农业部报告。

较大突发动物疫情由市（地）级人民政府兽医行政管理部门对疫情控制情况进行评估，提出终止应急措施的建议，按程序报批宣布，并向省级人民政府兽医行政管理部门报告。

一般突发动物疫情，由县级人民政府兽医行政管理部门对疫情控制情况进行评估，提出终止应急措施的建议，按程序报批宣布，并向上一级和省级人民政府兽医行政管理部门报告。

上级人民政府兽医行政管理部门及时组织专家对突发重大动物疫情应急措施终止的评估提供技术指导和支持。

5　善后处理

5.1　后期评估

突发重大动物疫情扑灭后，各级兽医行政管理部门应在本级政府的领导下，组织有关人员对突发重大动物疫情的处理情况进行评估，提出改进建议和应对措施。

5.2　奖励

县级以上人民政府对参加突发重大动物疫情应急处理作出贡献的先进集

体和个人,进行表彰;对在突发重大动物疫情应急处理工作中英勇献身的人员,按有关规定追认为烈士。

5.3　责任

对在突发重大动物疫情的预防、报告、调查、控制和处理过程中,有玩忽职守、失职、渎职等违纪违法行为的,依据有关法律法规追究当事人的责任。

5.4　灾害补偿

按照各种重大动物疫病灾害补偿的规定,确定数额等级标准,按程序进行补偿。

5.5　抚恤和补助

地方各级人民政府要组织有关部门对因参与应急处理工作致病、致残、死亡的人员,按照国家有关规定,给予相应的补助和抚恤。

5.6　恢复生产

突发重大动物疫情扑灭后,取消贸易限制及流通控制等限制性措施。根据各种重大动物疫病的特点,对疫点和疫区进行持续监测,符合要求的,方可重新引进动物,恢复畜牧业生产。

5.7　社会救助

发生重大动物疫情后,国务院民政部门应按《中华人民共和国公益事业捐赠法》和《救灾救济捐赠管理暂行办法》及国家有关政策规定,做好社会各界向疫区提供的救援物资及资金的接收,分配和使用工作。

6　突发重大动物疫情应急处置的保障

突发重大动物疫情发生后,县级以上地方人民政府应积极协调有关部门,做好突发重大动物疫情处理的应急保障工作。

6.1　通信与信息保障

县级以上指挥部应将车载电台、对讲机等通讯工具纳入紧急防疫物资储备范畴,按照规定做好储备保养工作。

根据国家有关法规对紧急情况下的电话、电报、传真、通讯频率等予以优先待遇。

6.2　应急资源与装备保障

6.2.1　应急队伍保障

县级以上各级人民政府要建立突发重大动物疫情应急处理预备队伍,具体实施扑杀、消毒、无害化处理等疫情处理工作。

6.2.2 交通运输保障

运输部门要优先安排紧急防疫物资的调运。

6.2.3 医疗卫生保障

卫生部门负责开展重大动物疫病(人畜共患病)的人间监测,作好有关预防保障工作。各级兽医行政管理部门在做好疫情处理的同时应及时通报疫情,积极配合卫生部门开展工作。

6.2.4 治安保障

公安部门、武警部队要协助做好疫区封锁和强制扑杀工作,做好疫区安全保卫和社会治安管理。

6.2.5 物资保障

各级兽医行政管理部门应按照计划建立紧急防疫物资储备库,储备足够的药品、疫苗、诊断试剂、器械、防护用品、交通及通信工具等。

6.2.6 经费保障

各级财政部门为突发重大动物疫病防治工作提供合理而充足的资金保障。

各级财政在保证防疫经费及时、足额到位的同时,要加强对防疫经费使用的管理和监督。

各级政府应积极通过国际、国内等多渠道筹集资金,用于突发重大动物疫情应急处理工作。

6.3 技术储备与保障

建立重大动物疫病防治专家委员会,负责疫病防控策略和方法的咨询,参与防控技术方案的策划、制定和执行。

设置重大动物疫病的国家参考实验室,开展动物疫病诊断技术、防治药物、疫苗等的研究,作好技术和相关储备工作。

6.4 培训和演习

各级兽医行政管理部门要对重大动物疫情处理预备队成员进行系统培训。

在没有发生突发重大动物疫情状态下,农业部每年要有计划地选择部分地区举行演练,确保预备队扑灭疫情的应急能力。地方政府可根据资金和实际需要的情况,组织训练。

6.5 社会公众的宣传教育

县级以上地方人民政府应组织有关部门利用广播、影视、报刊、互联网、手册等多种形式对社会公众广泛开展突发重大动物疫情应急知识的普及教育,宣传动物防疫科普知识,指导群众以科学的行为和方式对待突发重大动物疫情。要充分发挥有关社会团体在普及动物防疫应急知识、科普知识方面的作用。

7　各类具体工作预案的制定

农业部应根据本预案,制定各种不同重大动物疫病应急预案,并根据形势发展要求,及时进行修订。

国务院有关部门根据本预案的规定,制定本部门职责范围内的具体工作方案。

县级以上地方人民政府根据有关法律法规的规定,参照本预案并结合本地区实际情况,组织制定本地区突发重大动物疫情应急预案。

8　附　　则

8.1　名词术语和缩写语的定义与说明

重大动物疫情:是指陆生、水生动物突然发生重大疫病,且迅速传播,导致动物发病率或者死亡率高,给养殖业生产安全造成严重危害,或者可能对人民身体健康与生命安全造成危害的,具有重要经济社会影响和公共卫生意义。

我国尚未发现的动物疫病:是指疯牛病、非洲猪瘟、非洲马瘟等在其他国家和地区已经发现,在我国尚未发生过的动物疫病。

我国已消灭的动物疫病:是指牛瘟、牛肺疫等在我国曾发生过,但已扑灭净化的动物疫病。

暴发:是指一定区域,短时间内发生波及范围广泛、出现大量患病动物或死亡病例,其发病率远远超过常年的发病水平。

疫点:患病动物所在的地点划定为疫点,疫点一般是指患病禽类所在的禽场(户)或其他有关屠宰、经营单位。

疫区:以疫点为中心的一定范围内的区域划定为疫区,疫区划分时注意考虑当地的饲养环境、天然屏障(如河流、山脉)和交通等因素。

受威胁区:疫区外一定范围内的区域划定为受威胁区。

本预案有关数量的表述中,"以上"含本数,"以下"不含本数。

8.2 预案管理与更新

预案要定期评审,并根据突发重大动物疫情的形势变化和实施中发现的问题及时进行修订。

8.3 预案实施时间

本预案自印发之日起实施。

参 考 文 献

[1] 闫振宇:《基于风险沟通的重大动物疫情应急管理完善研究》,华中农业大学 2012 年,博士论文。

[2] 刘瑞鹏:《动物疫情风险下养殖户经济损失评价研究》,西北农林科技大学 2012 年,硕士论文。

[3] 谢炼钦:《动物疫情防控政策绩效研究》,湖南农业大学 2012 年,硕士论文。

[4] 薛亮:《动物防疫信息上报系统的开发及应用》,东北农业大学 2013 年,硕士论文。

[5] 马金峰等:《动物疫情应急指挥空间决策系统》,《计算机应用》,2007 年第 5 期。

[6][英]哈特:《法律的概念》,张文显译,中国大百科全书出版社 1995 年版。

[7][日]美浓布达吉:《公法与私法》,黄冯明译,周旋勘校.中国政法大学出版社 2003 年版。

[8][美]德沃金:《认真对待权利》,信春鹰译,中国大百科全书出版社 1995 年版。

[9][法]狄冀:《法律与国家》,冷静译,中国法制出版社 2010 年版。

[10][美]富勒:《法律的德性》,强世功译,商务印书馆 2001 年版。

[11][美]霍菲尔德:《基本法律概念》,张书友编译,中国法制出版社 2009 年版。

[12][德]萨维尼:《历史法学派的基本思想》,郑永流译,法律出版社 2009 年版。

[13][英]梅因:《古代法》,沈景一译,商务印书馆 2010 年版。

[14][英]罗素:《西方哲学史》,何兆武、李约瑟译,商务印书馆 2008 年版。

[15][德]马克斯·韦伯:《经济与社会》,林荣远译,商务印书馆 2004 年版。

[16][法]卢梭:《论人与人之间不平等的起因和基础》,李平沤译,商务印书馆 2007 年版。

[17][英]亚当·斯密:《国民财富的性质与原因的研究》,郭大力、王亚男译,商务印书馆 2008 年版。

[18][法]萨伊:《政治经济学概论》,陈福生、陈振骅译,商务印书馆 1997 年版。

[19][英]穆勒:《政治经济学原理及其在社会哲学上的若干应用(上卷)》,赵荣潜、桑炳彦、朱泱译,商务印书馆 1991 年版。

[20] [英]马歇尔:《经济学原理》,陈良璧译,商务印书馆 2010 年版。

[21] [美]米德玛编:《科斯经济学:法与经济学和新制度经济学》,罗君丽等译,格致出版社 2010 年版。

[22] [英]边沁:《人性论》,关文运译,商务印书馆 1980 年版。

[23] [德]伽达默尔:《真理与方法》,洪汉鼎译,商务印书馆 2007 年版。

[24] [美]庞德:《法理学》,邓正来译,中国政法大学出版社 2004 年版。

[25] [美]庞德:《通过法律的社会控制》,沈宗灵译,商务印书馆 1984 年版。

[26] [美]霍姆斯:《哈佛法律评论:法理学精粹》,许章润译,法律出版社 2011 年版。

[27] [英]维特根斯坦:《逻辑哲学论》,王平复译,中国社会科学出版社 2009 年版。

[28] [美]房龙:《宽容》,张蕾芳译,译林出版社 2009 年版。

[29] [法]卢梭:《爱弥尔》,李平沤译,商务印书馆 1976 年版。

[30] [德]马克思·韦伯:《经济与社会》,阎克文译,上海人民出版社 2005 年版。

[31] [美]萨贝因:《政治学说史》,邓正来译,商务印书馆 1986 年版。

[32] [美]米尔恩:《人的权利与人的多样性》,夏勇、张志铭译,中国大百科全书出版社 1995 年版。

[33] [英]哈耶克:《自由秩序原理》,邓正来译,三联书店 1997 年版。

[34] [美]弗里德曼:《资本主义与自由》,张瑞玉译,商务印书馆 2004 年版。

[35] [美]伯尔曼:《法律与宗教》,梁治平译,中国政法大学出版社 2003 年版。

[36] [美]霍贝尔:《原始人的法》,严存生等译,法律出版社 2006 年版。

[37] 宁资利编:《政府应急管理理论与实务》,湖南人民出版社 2009 年版。

[38] 汪永清主编:《中华人民共和国突发事件应对法解读》,中国法制出版社 2007 年版。

[39] 马怀德主编:《法治背景下的社会预警机制和应急管理体系研究》,法律出版社 2010 年版。

[40] 周旺生主编:《法理学》,北京大学出版社 2007 年版。

[41] 戚建刚:《中国行政应急法学》,清华大学出版社 2013 年版。

[42] 林鸿潮:《公共应急管理机制的法治化》,华中科技大学出版社 2009 年版。

[43] 王旭坤:《紧急不避法治——政府如何应对突发事件》,法律出版社 2009 年版。

[44] 马怀德主编:《应急管理法治化研究》,法律出版社 2010 年版。

[45] 马怀德、李程伟主编:《地方层面突发事件应对的法律规制》,中国社会出版社 2009 年版。

[46] 李晓安、周序中、彭春:《突发性公共安全事件应对的法律经济分析》,首都经济贸易大学出版社 2010 年版。

[47] 莫于川、肖竹主编:《突发事件应对法制度解析与案例指导》,中国法制出版社 2009 年版。

[48] 王宏伟编:《突发事件应对法案例解读》,中国石化出版社 2010 年版。

［49］陈福今、唐铁汉:《公共危机管理》,人民出版社 2006 年版。

［50］陈新民:《德国公法学基础理论》,山东人民出版社 2001 年版。

［51］丁石孙:《城市灾害管理》,群言出版社 2004 年版。

［52］韩大元、莫于川:《应急法制论》,法律出版社 2005 年版。

［53］何海燕:《危机管理概论》,首都经济贸易大学出版社 2006 年版。

［54］黄顺康:《公共危机管理与危机法制研究》,中国检察出版社 2006 年版。

［55］蒋树声:《建立和完善保障公共安全的应急体系》,群言出版社 2007 年版。

［56］刘小冰:《国家紧急权力研究》,法律出版社 2009 年版。

［57］马怀德:《应急反应的法学思考——"非典"法律问题研究》,中国政法大学出版社 2004 年版。

［58］戚建刚:《法治国家架构下的行政紧急权力》,北京大学出版社 2008 年版。

［59］薛澜等:《危机管理:转型期中国面临的挑战》,清华大学出版社 2003 年版。

［60］应松年:《突发事件应急处理法律制度研究》,国家行政学院出版社 2004 年版。

［61］蔡志强:《社会参与——危机治理范式的一种解读》,《中共中央党校学报》2006 年第 6 期。

［62］戚建刚:《紧急权力的自由模式之演进》,《中国法学》2005 年第 4 期。

［63］戚建刚:《绝对主义、相对主义和自由主义——行政紧急权力与宪政的关系模式》,《法商研究》2004 年第 1 期。

［64］戚建刚:《我国应急行政主体制度之反思与重构》,《法商研究》2007 年第 3 期。

［65］戚建刚:《行政应急管理体制的内涵辨析》,《行政法学研究》2007 年第 1 期。

［66］薛澜等:《国家应急管理体制建设:挑战与重构》,《改革》2005 年第 3 期。

［67］薛澜等:《突发事件分类、分级与分期:应急体制的管理基础》,《中国行政管理》2005 年第 2 期。

［68］于安:《突发事件应对法着意提高政府应急法律能力》,《中国人大》2006 年第 7 期。

［69］于安:《制定紧急状态法的基本问题(上下)》,《法学杂志》2004 年第 4、5 期。

［70］莫纪宏主编:《紧急状态法学》,中国人民公安大学出版 1992 年版。

［71］莫纪宏、徐高编著:《外国紧急状态法律制度》,法律出版社 1994 年版。

［72］［美］斯蒂芬·L.埃尔金、卡罗尔·爱德华·索鸟坦:《新宪政论:为美好的社会设计政治制度》,周叶谦译,生活·读书·新知三联书店 1997 年版。

［73］季卫东:《宪政新论——全球化时代的法与社会变迁》,北京大学出版社 2002 年版。

［74］秦启文等:《突发事件的管理与应对》,新华出版社 2004 年版。

［75］［法］莱昂·狄冀:《公法的变迁——法律与国家》,郑戈、冷静译,辽海出版社、春风文艺出版社 1999 年版。

［76］郭济主编:《政府应急管理实务》,中共中央党校出版社 2004 年版。

[77] 黄俊杰:《法治国家之国家紧急权》,元照出版有限公司 2001 年版。

[78] [美]弗里德里希:《超验正义——宪政的宗教之维》,周勇等译,生活·读书·新知三联书店 1997 年版。

[79] [加]约翰·汉弗莱:《国际人权法》,世界知识出版社 1992 年版。

[80] [德]古斯塔夫·拉德布鲁赫:《法律智慧警句集》,舒国滢译,中国法制出版社 2001 年版。

[81] [美]路易斯·亨金等编:《宪政与权利》,郑戈等译,三联书店 1996 年版。

[82] 马怀德主编:《行政诉讼原理》,法律出版社 2003 年版。

[83] 徐继敏:《行政证据通论》,法律出版社 2004 年版。

[84] 马怀德主编:《司法改革与行政诉讼制度的完善》,中国政法大学出版社 2004 年版。

[85] 薛刚凌:《行政诉权研究》,华文出版社 1999 年版。

[86] [德]汉斯·J.沃尔夫、奥托·巴霍夫:《行政法》(第二卷),高家伟译,商务印书馆 2002 年版。

[87] 贺林波、李燕凌:《公共服务视野下的公法精神》,人民出版社 2012 年版。

[88] 贺林波、李燕凌:《公共服务视野下的宪法权利》,人民出版社 2013 年版。

[89] 贺林波、李燕凌:《公共服务视野下的行政法》,人民出版社 2013 年版。

[90] 李燕凌、贺林波:《公共服务视野下的公共危机法治》,人民出版社 2013 年版。

后　记

　　伟大的进化论奠基人达尔文先生说过,所有的生物都来自共同的祖先。从进化的历史看,各类动物都比人类要出现得早,人类是动物进化的最高级阶段。从这个意义上说,没有动物就不可能有人类,人类应当对动物存有天然的敬畏。

　　令人遗憾的是,人们早已逾越了自然法则的约束,人类的动物商业行为在竭力追逐金钱和物欲的同时,对动物世界进行着无情的损毁。人类对动物世界的打击,不仅仅使得许多珍稀动物濒临灭绝。更要紧的是,人们为了逐利目的开展的大规模动物产业行为,以及假借科学的名义进行无休止的、令动物道德沦丧的基因实验,致动物疫病越来越多且病源日益复杂。过去从未耳闻的SRAS病毒、H7N9等病种变异,成为威胁人类安全和毁灭动物世界的罪恶"大腕"。为了保护动物、为了生态平衡,当然也为了支持一个健康的动物产业,人类投入了天文数字的人力和财力,但是,所费不赀却不懂珍惜。我们今天还能企望与动物世界和平相处并平安地生活,既要拜上苍所赐,更应循法善行。如果我们不懂得尊重动物世界的自然秩序,我们就根本无法维护人类自身的自然秩序。那么,重大动物疫情及其蔓延将不只是非常态的危机,而必将会成为司空见惯的家常便饭。

　　我曾经说过:中国之治,难莫过于民主,艰莫困于法治。国家管理之道,治大国如烹小鲜,最要紧的在于权与法的平衡。把权力关进制度的笼子,法律是最高的制度形式。我们在这里讨论的权力,不只是管住人类社会自身的权力,当然也应包括人类向自然界索取的权力。这既是生态文明建设的客观要求,又是建立科学的国家治理体系和治理能力现代化的题中应有之义。动物保护法学家们有过种种努力,但是,毕竟"没有一套永恒不变的动物保护方法"。乔治·夏勒先生的告诫,不只是一位动物学家的恳言,更是一位自然法官的律令。动物有它们自己的社会,人类真的没有权力去扰乱动物社会本来的自然世界秩序。

我们提出作为公共服务的动物防疫法治这样一个命题,并不想否定个体的自然人在动物保护中应尽的责任。人人都有保护动物的责任和义务,这是毋庸置疑的。我们在这里更强调政府在动物保护中的角色功能,这是因为政府在动物防疫、限制动物商业、制裁违法捕猎行为等方面,具有个体自然人无法想象的巨大力量。事实上,政府还有许多事情可以去做,应当去做! 这才是我们破解这一命题的全部意义之所在。在这里,我们讨论了动物防疫中的政府行政和经济效率、公共服务的绩效目标和社会责任,我们还讨论了动物保护和防疫中的公民参与、建立一个协商民主的治理机制,我们甚至从府际合作的角度,探讨了动物防疫治理中的多元主体制度化建设等议题。总之,公共服务视野下的动物防疫法治,既要公共部门管理,又要公众参与治理,是人类与动物世界和谐相处的科学治理体系建设,是治理能力现代化建设。

三年前,我承担国家社科基金重大项目"突发性动物疫情公共危机演化机理及应急公共政策研究",实乃幸事,因为,我敬畏动物、喜欢动物,我热爱人类,愿为人类与动物世界和谐相处贡献毕生精力。贺林波博士是一位优秀的法学学者、勤奋的公共管理研究者,没有他的合作与支持,我们根本无法完成这样一部著作的撰写。但是,作为一部公共危机管理与法学交叉研究的学术成果,本著肯定还很不成熟,所有的疏漏甚至谬误,概由我独自承担责任。此著历经三年多艰辛努力终于付梓,得到公共管理学界和法学界许多大师的热忱帮助和指导,我要特别感谢周志忍老师的序,同时还要感谢中国政法大学应松年老先生、中国社会科学院李步云老先生、中国行政管理学会高小平副会长、清华大学薛澜教授、中国农业大学赵德明教授,正是在他们的鼓励和支持下,我们才得以长期坚持研究公共危机及动物防疫法治。人民出版社洪琼副主任和编辑们的包容、悉心及严谨,更是深深感动我们。在此一并表示感谢!

李燕凌

2014 年 7 月 29 日于勺水斋

责任编辑:洪 琼

图书在版编目(CIP)数据

公共服务视野下的动物防疫法治/李燕凌,贺林波 著.
－北京:人民出版社,2014.9
ISBN 978－7－01－013751－3

Ⅰ.①公… Ⅱ.①李…②贺… Ⅲ.①动物防疫法-研究-中国
Ⅳ.①D922.44

中国版本图书馆 CIP 数据核字(2014)第 166604 号

公共服务视野下的动物防疫法治
GONGGONGFUWU SHIYE XIA DE DONGWU FANGYI FAZHI

李燕凌 贺林波 著

人民出版社 出版发行
(100706 北京市东城区隆福寺街 99 号)

北京市文林印务有限公司印刷 新华书店经销

2014 年 9 月第 1 版 2014 年 9 月北京第 1 次印刷
开本:710 毫米×1000 毫米 1/16 印张:24.25
字数:350 千字 印数:0,001-1,500 册

ISBN 978－7－01－013751－3 定价:62.00 元

邮购地址 100706 北京市东城区隆福寺街 99 号
人民东方图书销售中心 电话 (010)65250042 65289539